TECHNIK, WIRTSCHAFT und POLITIK 35

Schriftenreihe des Fraunhofer-Instituts
für Systemtechnik und Innovationsforschung (ISI)

Frieder Meyer-Krahmer · Siegfried Lange
(Hrsg.)

Geisteswissenschaften und Innovationen

Mit 36 Abbildungen

Physica-Verlag
Ein Unternehmen des Springer-Verlags

Professor Dr. Frieder Meyer-Krahmer
Dr. Siegfried Lange

Fraunhofer-Institut für Systemtechnik und Innovationsforschung (ISI)
Breslauer Str. 48
D-76139 Karlsruhe

Dieses Vorhaben wurde mit Mitteln des Bundesministeriums für Bildung und Forschung unterstützt. Die Verantwortung liegt bei den Herausgebern und Autoren.

ISBN 3-7908-1197-1 Physica-Verlag Heidelberg

Die Deutsche Bibliothek - CIP-Einheitsaufnahme
Geisteswissenschaften und Innovationen / Hrsg.: Frieder Meyer-Krahmer; Siegfried Lange. -
Heidelberg : Physica-Verl., 1999
(Technik, Wirtschaft und Politik; 35)
ISBN 3-7908-1197-1

Umschlaggestaltung: Erich Kirchner, Heidelberg
SPIN 10709884 88/2202-5 4 3 2 1 0 – Gedruckt auf säurefreiem Papier

Vorwort

Das Fraunhofer-Institut für Systemtechnik und Innovationsforschung (ISI) beschäftigt sich seit seiner Gründung mit Innovationen und den Bedingungen, unter denen diese zustande kommen. Das Innovationsgeschehen ist dabei, sich zu ändern, neue Formen der Wissensgewinnung entwickeln sich. Der Zusammenhang zwischen Grundlagenforschung und Anwendung wird enger. Problemorientierung, Vernetzung der Akteure im Innovationssystem und flexible, reaktionsfreudige Strukturen werden wichtiger. Daß dies nicht nur auf die Technikwissenschaften zutrifft, sondern auch für die Geisteswissenschaften an Bedeutung zunimmt, ist Ausgangsthese und Ergebnis dieses Buches.

Das Buch entstand aus Beiträgen eines Kolloquiums "Beitrag der Geisteswissenschaften zu Innovationen", das im Juli 1998 in Bonn stattfand. Das Ministerium für Bildung und Forschung (BMBF) hatte das ISI beauftragt, das Kolloquium vorzubereiten, geeignete Themen auszuwählen, die den Beitrag der Geisteswissenschaften zu Innovationen sichtbar machen, und das Kolloquium als Plattform einer intensiven Diskussion ausgewählter, unterschiedlicher Fachzirkel zu organisieren.

Das Buch beschäftigt sich mit Innovationen aus sprachwissenschaftlicher, historischer und philosophischer Sicht. Querbezüge werden deutlich, wenn es um die Erforschung von Bewußtsein und Verhalten, den Umgang mit Sprache und Texten oder die wachsende Bedeutung der historischen Wissenschaften für die aktuelle technologische und wirtschaftliche Entwicklung geht. Das Gespräch über Fachgrenzen hinweg zwischen den verschiedenen Disziplinen der Geisteswissenschaften, der Natur-, Technik- und Sozialwissenschaften und zwischen Wissenschaft, Industrie und öffentlicher Verwaltung hat Aufgaben deutlich gemacht, die die Zusammenarbeit lohnen. Innovationen sind schon in der Vergangenheit unter Beteiligung von geisteswissenschaftlichen Disziplinen wie den Sprachwissenschaften entstanden. Innovationen bereiten sich zur Zeit unter maßgeblicher Beteiligung von Philosophen und Historikern vor.

Die Geisteswissenschaften sind auf dem Weg von der Defensive zur Offensive. Diese Erkenntnis, die den ganzen Band durchzieht, hat sich den Teilnehmern des Kolloquiums aufgedrängt, als sie darüber diskutiert haben, welches Innovationspotential die verschiedenen Disziplinen der Geisteswissenschaften bieten, wie diese zu Innovationen beitragen, Innovationen im Denken hervorbringen, Vorarbeiten für Innovationen leisten, die Innovationsfähigkeit stärken und die kritische Distanz zu Innovationen herstellen.

Neben thematischen Empfehlungen zu attraktiven Forschungsgebieten hat das Kolloquium auch eine Reihe struktureller Defizite offengelegt. Diese beziehen sich hauptsächlich auf die Bewältigung des Wandels in den Geisteswissenschaften, die Ausbildung von Ingenieuren und die Kooperation der Forschungsförderer. Die Defizite zu beheben, ist Aufgabe einer Reihe von Akteuren, die von den Geistes-, Technik-, Natur- und Sozialwissenschaften über die Wirtschaft bis zu den Forschungsförderern reicht.

Wir danken besonders den Sitzungsleitern Dr. Hans-Liudger Dienel, Prof. Dr. Dr. Gerhard Roth, Prof. Dr. Hans Uszkoreit und Prof. Dr. Ulrich Wengenroth, die gemeinsam mit dem ISI die Themen strukturiert und die Sitzungen vorbereitet, und allen Autoren, die mit ihrer Fachkenntnis und ihrem Mut, Grenzgänger zu sein, den Grund gelegt haben. Wir danken besonders Dr. Bernhard Döll, vom Bundesministerium für Bildung und Forschung, und Dr. Peter Binkelmann, vom Projektträger des BMBF für Geisteswissenschaften, die als Auftraggeber das Kolloquium möglich gemacht und Spielraum für neue Gedanken geschaffen haben. Die Teilnehmer am Kolloquium, die in intensiven Diskussionen zu den Ergebnissen beigesteuert haben, werden im Anhang dieses Buches genannt.

Wir hoffen, daß das Buch Leser aus allen Wissenschaften, aus dem Kreis der Forschungsförderer und aus Unternehmen dazu animiert, in der hier entwickelten Richtung weiterzudenken und dabei zu helfen, das Innovationspotential der Geisteswissenschaften aufzuschließen. Wir hoffen auch, daß die interessierte Öffentlichkeit den Schwenk von der Defensive zur Offensive der Geisteswissenschaften nachvollzieht und die Rolle der Geisteswissenschaften mit neuen Augen zu sehen beginnt.

Die Herausgeber

Inhaltsverzeichnis Seite

Teil 1:

Ergebnisse des Kolloquiums

Neue Aufgaben für die Geisteswissenschaften

Bernhard Döll

Die Standortbestimmung der Geisteswissenschaften, die neuerdings mit den Sozialwissenschaften unter dem Dach Kulturwissenschaften zusammengefaßt werden, bewegt sich zwischen den Polen mangelnder und hoher Aktualität. Beide Aussagen beschreiben einen Teilaspekt der gegenwärtigen Lage der Geisteswissenschaften. Der Zusammenfall von Ansehenskrise, Expansion der Geisteswissenschaften, Verlust eines allgemein verbindlichen Bildungs- und Kulturbegriffs und die Notwendigkeit einer theoretischen Neubegründung haben diese Disziplin einerseits in eine schwierige Lage gebracht. Dem steht andererseits ein hohes Interesse in der Wissenschaft und Öffentlichkeit an geisteswissenschaftlichen Themenstellungen gegenüber. Neben der Kunst und der schriftlichen Überlieferung sind die Geisteswissenschaften das anspruchsvollste Langzeitgedächtnis der Gesellschaft.

Als Teil der modernen Gesellschaft und der Kulturen, die sie behandeln, sind die Geisteswissenschaften eng in außerwissenschaftliche Zusammenhänge eingebunden, von denen sie Impulse erhalten und auf die sie einwirken. Ihr Beitrag reicht letztlich von der kritischen Auseinandersetzung mit weiterhin wirksamen Traditionen über Beiträge zur kollektiven Verständigung und Identitätsbindung bis zur Vermittlung kognitiver und praktischer Bildung als Rüstzeug zum vernünftigen Umgang mit den Problemen einer sich schnell wandelnden Welt. Dies drückt sich auch in der vielfach geäußerten Erwartung aus, daß die Geisteswissenschaften über ihren Status als positive Wissenschaften hinaus zur Deutung der Gegenwart beitragen sollen. In welchem Umfang und in welcher Weise die Geisteswissenschaften solche Orientierungsfunktionen wahrnehmen können, hängt nicht zuletzt davon ab, inwieweit sie sich für die technischen und industriellen Gegebenheiten des gesellschaftlichen Lebens öffnen und damit auch eine Kooperation mit den Natur- und Technikwissenschaften eingehen. Auch führt geisteswissenschaftliche Forschung in der Regel nicht zu einer unmittelbaren wirtschaftlichen Verwertbarkeit ihrer Ergebnisse. Als Verständigungsquellen für wirtschaftliche und soziale Vorgänge sind die Geisteswissenschaften aber auch in dieser Hinsicht gefordert. Eine solche Öffnung für Problemzusammenhänge, die – jenseits aller traditioneller Fachzuständigkeiten – die Bearbeitung interdisziplinärer Fragestellungen in stärkerem Maße als bisher ermöglicht, könnte ein Beitrag sein gegen eine weitere Zersplitterung und Isolation der geisteswissenschaftlichen Fächer untereinander wie auch gegenüber anderen Disziplinen. Einvernehmen besteht aber darin, daß die geforderte Orientierung keine exklusive Aufgabe der Geisteswissenschaften darstellt. Diese sind Fachwissenschaften und nicht „Leitwissenschaften".

Das Bundesministerium für Bildung und Forschung (BMBF) hat in seine Förderung der Geisteswissenschaften diese neuen Fragestellungen einbezogen. So wurde ein Förderbereich „Einsatz neuer Technologien in den Geisteswissenschaften" eingerichtet, um auf naturwissenschaftlichem und technischem Gebiet gewonnene Erkenntnisse auch für die Geisteswissenschaften nutzbar zu machen. Die primäre Problemstellung der Vorhaben kommt aus einer geisteswissenschaftlichen Disziplin, ihre Lösung erfolgt durch Einsatz naturwissenschaftlicher Erkenntnisse und/oder moderner Technik. Dabei wird auf das in Hochschulen, außeruniversitären Forschungszentren und Industriefirmen vorhandene Potential zurückgegriffen, zu dessen Aufbau vielfach bereits eine anderweitige Förderung des BMBF beigetragen hat. Die sekundäre Problemstellung stammt aus einer naturwissenschaftlich-technischen Disziplin. Die eingesetzte Technik selbst ist Forschungsgenstand, weist also „Entwicklungs- und Anwendungspotential" auf. Die geisteswissenschaftlichen Fragestellungen stammen zum überwiegenden Teil aus Bereichen der Geschichts-, Kunst- und Literaturwissenschaften. Der naturwissenschaftlich-technische Einsatz dient in erster Linie der Bestimmung der Materialzusammensetzung, Datierung, Form- oder Zeichenanalyse und der Ortung (sozio)kultureller oder kulturhistorischer Gegenstände, Dokumente oder Stätten. So wurden z.B. in einem Vorhaben die Einsatzmöglichkeiten von Bodenradar und geophysikalischen Meßmethoden zur Untersuchung archäologischer Fundstätten ohne Grabung mit Erfolg getestet. Als weitere Aufgabe steht die Erarbeitung von Konzepten zur verstärkten Förderung der Forschung über außereuropäische Kulturen an. Hier sind die Orientforschung sowie die Südostasienforschung zu nennen. Bei der Förderung dieser Disziplinen, die – wie viele andere – immer noch als „Kleine Fächer" bezeichnet werden, kommt es u.a. darauf an, die bewährte philologieorientierte Forschung mit sozial- und wirtschaftswissenschaftlichen Ansätzen zu verbinden.

Da für zahlreiche Problemstellungen, z.B. zur Bestimmung der Rolle der Geisteswissenschaften in der Industriegesellschaft oder zum Beitrag der Geisteswissenschaften zu Innovationen, keine fertigen Konzepte bereitliegen, mußte ein erster Schritt bei der Gewinnung von Argumentations- und Planungswissen ansetzen. Hierauf beruht die Initiative des BMBF, das Fraunhofer-Institut für Systemtechnik und Innovationsforschung mit der Erarbeitung einer „Blaupause" zum Thema „Beitrag der Geisteswissenschaften zu Innovationen" und in diesem Zusammenhang mit der Durchführung eines Kolloquiums zu beauftragen. Maßgeblich waren für das BMBF für die Wahl dieser Problemstellung:

- die langjährige Praxis des BMBF mit der Innovationsförderung, deren Schwerpunkt allerdings bisher auf den „harten Standortfaktoren" lag,
- die in der jüngsten Zeit vollzogene inhaltliche Erweiterung des Innovationsbegriffs in Richtung „weiche Standortfaktoren" (die so „weich" gar nicht sind) als Folge der Tatsache, daß der Charakter von Innovation sich in den vergangenen Jahrzehnten verändert hat, und
- die ebenfalls jahrzehntelange Förderung der Geisteswissenschaften.

Im Kolloquium wurde an ausgewählten Themenfeldern deutlich, daß einzelne Bereiche der Geisteswissenschaften in Verbund mit anderen wissenschaftlichen Disziplinen Innovationen anstoßen, auf Innovationen Einfluß nehmen oder die wissenschaftliche Grundlage für Innovationen liefern. Es hat ferner die Bedingungen herausgearbeitet, unter denen solche Innovationen entstehen und unter denen auch kritische Auseinandersetzungen mit Innovationen stattfinden können, bzw. die Gründe dargelegt, die solchen Innovationen im Wege stehen. Dabei ging es nicht um eine Neubestimmung der Geisteswissenschaften oder um ihre Instrumentalisierung, sondern um die Identifizierung der spezifischen Stärken der Geisteswissenschaften für die Belebung der Innovationsfähigkeit und um die Klärung der Frage, auf welche Art und Weise Innovationen unter Beteiligung verschiedener Wissenschaften stattfinden können.

Das Kolloquium hat zur Klärung der Frage beigetragen, welche Themen in den nächsten Jahren verstärkte Aufmerksamkeit der Forschungsförderung erfordern, weil sie Beiträge zu Innovationen zu liefern versprechen, und welche Anforderungen daraus für die Kooperation der Geisteswissenschaften mit den anderen wissenschaftlichen Disziplinen erwachsen.

In einem nächsten Schritt wird zwischen Wissenschaft und dem BMBF zu erörtern sein, welche Vorschläge aufgegriffen werden sollen.

Geisteswissenschaften in der Offensive

Siegfried Lange und Hans-Liudger Dienel

1 Ziel des Vorhabens

Die Überzeugung von der *Bedeutung von Innovationen* wächst in Deutschland. Innovationen und Innovationsfähigkeit sind ein Leitbild für die Entwicklung der Gesellschaft geworden, das soziale und politische Gräben überspannt. Die Steigerung der Zahl und der Reichweite von Innovationen gilt dabei nicht nur als ein Weg zur Lösung der hohen Arbeitslosigkeit und Bewältigung des wachsenden globalen Wettbewerbs, sondern auch als ein sichtbares Zeichen für die Bereitschaft der Gesellschaft zu Veränderungen, Reform, Ideen und Bewegung. Die Bereitschaft zu Innovationen und die Erfahrung der erfolgreichen Umsetzung von Innovationen prägen den Charakter einer Gesellschaft und sind Grundlage für Optimismus und Mut. Im engeren Sinn verstehen wir unter Innovationen neuartige Produkte, Verfahren und Dienstleistungen, im weiteren Sinn neue Ideen und Haltungen, die sich im Markt und in der Gesellschaft ausbreiten.

Der Charakter von Innovationen ändert sich, wie im Beitrag von Frieder Meyer-Krahmer gezeigt wird. Die Kennzeichen der Technologie am Beginn des 21. Jahrhunderts weisen eine Reihe von Veränderungen auf: drastisch steigende Innovationskosten, wachsende Bedeutung der Interdisziplinarität und der besonderen Dynamik überlappender Technikgebiete, einen enger werdenden Zusammenhang zwischen der Grundlagenforschung und ihrer industriellen Anwendung sowie eine engere Vernetzung von Forschung und Bedarf. Diese neue Form der Wissensgewinnung ist durch Problemorientierung, Anwendung, die Vernetzung der Akteure im Innovationssystem und flexible, reaktionsfreudige Strukturen gekennzeichnet. Immer mehr Innovationen kommen durch fachgrenzenüberschreitende Kooperationen zustande. Dazu gehören auch Übertragungs- oder Kombinationsinnovationen, die durch Übertragung und Anpassung von Analysen und Lösungen aus einem Wissens- und Gegenstandsbereich der Forschung in einen anderen zustande kommen oder kombinatorische Innovationen, in denen das Neue durch Kombination von Bekanntem entsteht (Pierer/Oetinger 1997). Anwendungen, Einführungsstrategien, Dienstleistungen und neue Tätigkeitsfelder werden zunehmend mitberücksichtigt. Dabei geht es sowohl um technische wie um organisatorische Innovationen.

Die neue Form der Wissensgewinnung gilt, so die These dieses Buches, auch für die Geisteswissenschaften und stellt ihnen neue Aufgaben. Die fachgrenzenüberschreitende Kooperation ist eine zentrale Anforderungen von Innovationen heute. Auch die Geisteswissenschaften können sich dieser Strömung nicht entziehen (EURO-HORC 1997). Dieses Buch tritt den Nachweis an, daß es Innovationen gibt, die die Kernkompetenz einzelner geisteswissenschaftlicher Disziplinen erfordern, und zeigt, daß sich die Geisteswissenschaften an solchen Innovationen beteiligen und beteiligen können. Durch die sich hier zeigenden neuen Kooperationen werden, so die zweite These, auch die Geisteswissenschaften selbst gestärkt. Manche der alten defensiven Auseinandersetzungen der jüngsten Vergangenheit über die Rolle der Geisteswissenschaften werden obsolet werden.

Mit dem *Kolloquium "Beitrag der Geisteswissenschaften zu Innovationen"* hat das Bundesministerium für Bildung und Forschung (BMBF) die Initiative ergriffen, die Herangehensweisen und Wissensbestände der Geisteswissenschaften für die Stärkung der Innovationskraft der deutschen Forschung zu nutzen und dafür neue Ansatzpunkte und Themenfelder zu identifizieren. Mit der Organisation des Kolloquiums wurde das Fraunhofer-Institut für Systemtechnik und Innovationsforschung (ISI) in Karlsruhe betraut. Das ISI hat für die Veranstaltung im Juli 1998, die in einem kleinen Kreis ausgewählter Fachleute stattfand, Themen der Sprachwissenschaften, historischen Wissenschaften und Philosophie als innovationsträchtige Beispiele ausgewählt und geprüft. Dieses Buch ist Ergebnis des Kolloquiums.

Das Kolloquium sollte zur Klärung beitragen, welche Themen in den nächsten Jahren verstärkte Aufmerksamkeit der Forschungsförderung verlangen, weil sie Beiträge zu Innovationen in Deutschland und Beiträge zur Bewältigung von Aufgaben im globalen Zusammenhang zu liefern versprechen, und welche Anforderungen daraus für die Kooperation der Geistes- mit den Natur-, Technik-, Wirtschafts- und Sozialwissenschaften erwachsen. Die aus dem Kolloquium hervorgegangenen Beiträge beschreiben nicht nur neue Chancen und Aufgaben für die Geisteswissenschaften sondern auch den Stimmungswandel in den geisteswissenschaftlichen Disziplinen selbst. In den 70er Jahren diskutierten Geisteswissenschaftler ihre Relevanz für die Gesellschaft in einer apologetischen, defensiven Weise. *Heute stellen sie sich selbstbewußt und offensiv den neuen Aufgaben.*

Im folgenden werden im Abschnitt „*Alte Identitäten und neue Aufgaben der Geisteswissenschaften*“ das Selbstverständnis der Geisteswissenschaften, vor allem der Geschichtswissenschaft, im Verhältnis zu den Naturwissenschaften beschrieben, die Gründe für die Schwierigkeiten der Kooperation genannt und die Bedingungen erläutert, unter denen die Geisteswissenschaften zu Innovationen beitragen können. Zweitens wird im Abschnitt „*Innovationsträchtige Arbeitsfelder*“ ein Überblick über Auswahl und ausgewählte Arbeitsfelder und ihre Behandlung im Kolloquium durch die in diesem Band versammelten Fachleute gegeben. Im Abschnitt „*Ergebnisse: Thematische und strategische Konsequenzen*“ werden die Ergebnisse des Kolloquiums zusammengefaßt und daraus Empfehlungen für Innovationen und für Forschung und Forschungsförderung abgeleitet.

2 Alte Identitäten und neue Aufgaben der Geisteswissenschaften

Das Selbstverständnis der Geisteswissenschaften in Deutschland fußt bis heute auf seinen Prägungen im 19. Jahrhundert, als sich die Geisteswissenschaften in Abgrenzung zu den aufsteigenden Naturwissenschaften, später auch den Technik und Wirtschaftswissenschaften erstmalig als eigenständiger Wissenschaftstyp definieren und positionieren mußten. Diese argumentative "Grabenkampfstellung" der Geisteswissenschaften hat einen apologetischen Charakter. Es ging immer auch darum, die Eigenständigkeit der Geisteswissenschaften und ihre Wissenschaftlichkeit gegenüber den auftrumpfenden Naturwissenschaften zu verteidigen, die den Geisteswissenschaften den Rang einer Wissenschaft abzusprechen begannen.

In der Regel bildeten dabei die methodischen Unterschiede zu den Naturwissenschaften das zentrale Abgrenzungsmoment für das Selbstverständnis der Geisteswissenschaften, auf die sich auch die heutige Diskussion immer wieder bezieht. Methodisch betonten die Geisteswissenschaften gegenüber den Naturwissenschaften ihren spezifisch hermeneutischen Zugang, die Wirklichkeit nacherlebend und verstehend zu begreifen (Dilthey 1883) und dabei der Realität in ihrer Individualität und Unterschiedlichkeit besonders gerecht zu werden. Aus diesem Grund verzichten Geisteswissenschaften weitgehend auf die Aufstellung von Gesetzen und unterscheiden die beschreibenden, idiographischen Geisteswissenschaften von den gesetzessetzenden, nomothetischen Naturwissenschaften (Spranger/Windelband 1904).

Diese methodische Abgrenzung wirkt bis heute nach. Für die Kooperation von Natur- und Geisteswissenschaften hat dies auch positive Auswirkungen, ermöglicht die idealtypische Abgrenzung doch Grenzgängern, unterschiedliche Identitäten zu erproben und multiperspektivisch zu arbeiten.

Neben der methodischen Abgrenzung haben sich die Geisteswissenschaften auch vom Gegenstandsbereich der Forschung her definiert: als alle diejenigen Wissenschaften, welche die geschichtliche und gesellschaftliche Wirklichkeit untersuchen, gegenüber den Naturwissenschaften, welche die Naturphänomene erforschen. Zu den geisteswissenschaftlichen Disziplinen gehören dann alle Kulturwissenschaften, also die Geschichtswissenschaft, Philologie, Theologie, Soziologie. Den Übergangsbereich zu den Naturwissenschaften markiert die Psychologie. Eine allgemein akzeptierte Aufzählung, welche Wissenschaften heute zu den Geisteswissenschaften zu zählen sind, gibt es nicht. Der im angelsächsischen Raum verwendete Begriff der Humanities ist weitgehend mit den Geisteswissenschaften deckungsgleich. Die European Science and Technology Assembly (ESTA) definierte 1997 die Geisteswissenschaften (Humanities) als diejenigen Disziplinen, die sich mit Kunst, Geschichte, Bewußtsein und Kommunikation beschäftigen. Dazu gehören Linguistik, Literaturwissenschaft, Geschichtswissenschaft, Archäologie, Kunstgeschichte, Musikwissenschaft, Philosophie und Theologie. In manchen europäischen Ländern zählen auch Psychologie, Pädagogik, Anthropologie und Recht dazu (EUROHORC 1997).

Einigkeit besteht darüber, daß die Philosophie, die historischen und die Sprachwissenschaften dazugehören. Die Psychologie und die Mathematik rechnet sich teils zu den Geistes- und teils zu den Naturwissenschaften, gleiches gilt für die Computerlinguistik. Die neu entstehenden Sozialwissenschaften gehörten im frühen 20. Jahrhundert zu den Geisteswissenschaften, während sie sich in den 60er Jahren in Abgrenzung von diesen definierten, sich seit einem Jahrzehnt aber wieder auf die Geisteswissenschaften zubewegen.

Die praktische Konsequenz für die Organisation des Kolloquiums war eine weite Interpretation und Definition der Geisteswissenschaften, um für das Kolloquium potentiell relevante Phänomene nicht von vornherein auszuschließen.

Unabhängig von dem geschilderten Zwei-Kulturen-Konflikt entwickelten sich die Technik- und Wirtschaftswissenschaften. Sie haben sich zum Teil erst nach den ersten Abgrenzungen von Geistes- und Naturwissenschaften als akademische Wissenschaften etabliert und waren daher keinem der Schützengräben für die Debatte zugeteilt. Sie standen zweitens auch vom Gegenstandsbereich und den Methoden her gesehen zwischen den Natur- und Geisteswissenschaften. Die Technikwissenschaften haben die "Naturgesetzlichkeit" der Technik immer recht pragmatisch interpretiert, die Wirtschaftswissenschaften standen und stehen zwischen der beschreibenden historischen und der gesetzlichen Schule.

Wie hat sich nun das Verhältnis zwischen den Geisteswissenschaften zu den anderen Disziplinen entwickelt? Im Verlauf des 20. Jahrhunderts hat es von beiden Kulturen aus gegenseitige Ursurpationsversuche gegeben. Von den Naturwissenschaften gibt es seit Haeckel über Oswald bis hin zu den spieltheoretischen Entwürfen Manfred Eigens Versuche, die soziale und kulturelle Wirklichkeit naturgesetzlich zu beschreiben (vgl. z.B. Oswalds Energetischer Imperativ). Umgekehrt gab es in den letzten 15 Jahren von soziologischer Seite (Pinch, Rip, Latour und anderen) viele Versuche, die Naturgesetze und die moderne Technik ausschließlich als eine soziale und kulturelle Konstruktion zu verstehen und zu begründen.

Die Debatte ist endlos, einfach deshalb, weil beide Seiten recht haben, bzw. weil idiographische und nomothetische Herangehensweisen beide sinnvoll sind und sich komplementär ergänzen können.

Welche Funktionen kann dieses wissenschaftliche Spannungsverhältnis zwischen den Wissenschaftstypen für Innovationen haben? Das konkrete Ziel der Tagung, die Suche nach Beiträgen der Geisteswissenschaften zu Innovationen, nimmt die alte oben beschriebene Debatte der Eigenständigkeit der Geisteswissenschaften zur Kenntnis, braucht sich aber im Einzelfall gar nicht zu entscheiden und läßt damit alte Frontstellungen links liegen, um sich der Kooperation zuzuwenden.

In der Geschichtswissenschaft war die Diskussion über ihre Rolle besonders heftig. Deswegen folgt hier eine ausführlichere Darstellung. Zum Kernbestand des historischen Credos der Geschichtswissenschaft gehörte seit den Gründungsvätern das Eigenrecht der historischen Epochen und Individualitäten und die Ablehnung der Gültigkeit ubiquitärer Entwicklungsgesetze. Mit dem Leitbild der Individualität ging es vor allem um die Abgrenzung von zeitgenössischen geschichtsphilosophischen Versuchen, Entwicklungsgesetze zu formulieren. Diese Abgrenzungsbewegung aus der Genesephase der Geschichtswissenschaft diente der Sicherung der historischen Methoden. Sie prägt die Geschichtswissenschaft bis heute, ist eine Erbschaft, aber auch eine Erblast. Denn der immer wiederholte Hinweis auf das Leitbild der Individualität und damit der Pluralität hat die Geschichtswissenschaft aus anwendungs- und handlungsorientierten Wissenschaften herauskatapultiert.

So wichtig und überzeugend der Gedanke der Individualität auch ist, so hat doch die Schlußfolgerung der Unübertragbarkeit historischer Befunde für die anwendungsorientierten Wissenschaften verheerende Auswirkungen. Der Rückzug der historischen Methoden aus den Wirtschaftswissenschaften, den Agrarwissenschaften, den Technikwissenschaften einschließlich der Architektur hängt ganz wesentlich mit der Selbstbeschränkung der Geschichtswissenschaft zusammen, mit dem Insistieren darauf, nichts über die Zukunft zu sagen, oder gar aus der Geschichte lernen zu können. Im Ergebnis haben sich andere Analyse- und Erklärungsmuster in diesen Wissenschaften in den Vordergrund geschoben oder ein Monopol ergriffen. Eine der wichtigsten Aufgaben in der Geschichtswissenschaft ist die Schulung der Problemreduktion und der Übertragung von Erkenntnissen.

Weniger Vorbehalte gab es gegen die relativierende und infragestellende Funktion der Geschichte. Geschichte mache "nicht klug für ein andermal, sondern weise für immer" (Burkhardt 1970). Die Beschäftigung mit der Geschichte gebe im Effekt eine größere Gelassenheit gegenüber übertriebenen Erwartungen, Heilsversprechungen wie auch Ängsten und Untergangsprophezeiungen in der Gegenwart. Diese relativierende Wirkung der Geschichte hat freilich eine den konkreten Aufgaben abgewandte Seite, die bereits von Friedrich Nietzsche als "Nachteil der Historie für das Leben" gebranntmarkt worden ist. Geschichte tötet das Leben, sie läßt den Betrachter selbst altern und raubt ihm die Kraft für Veränderung. An den lebensweltlichen Funktionen aber hat sich, so Nietzsche, Geschichte zu beweisen. Geschichte kann und soll nützlich für das Leben sein. Nach Nietzscheforscher Volker Gerhardt (1992) gewinnt die Geschichtswissenschaft allein im Interesse eines aktiv gestalteten Lebens einen Sinn. Die Frage sei daher allein, in welchem Verhältnis die Geschichte zu den Handlungen der Menschen stehe, genauer, ob sie die Handlungsabsichten stärke oder schwäche.

Die Selbstbeschränkung verlieh den Geisteswissenschaften Autonomie in Zeiten, in denen Gesellschaftsveränderung durch Wissenschaft propagiert wurde, setzte sie aber auch unter Legitimationsprobleme. Dies war periodisch wiederkehrend der

Fall, in den 30er und zuletzt in den 70er Jahren. "Wozu noch Geschichte" wurden etwa die Historiker gefragt, während Studentenzahlen, der Geschichtsunterricht an Schulen und das Interesse an historischen Büchern zurückgingen (Sywottek 1974). Anwendungsorientierte Konzepte in den Geschichts- und Sozialwissenschaften aber wurden von der breiten Mehrheit der Forscher weiterhin als ein Versuch, Geschichte zu instrumentalisieren, wahrgenommen.

Fünfzehn Jahre später hat sich die Situation für die Geisteswissenschaft entscheidend verändert: Geschichte hat wieder Konjunktur, historische Museen und Ausstellungen schießen wie Pilze aus dem Boden, in großer Zahl auch Technik- und Industriemuseen. Nicht mehr die emanzipatorische, kritische Funktion der Geschichte steht im Zentrum des Interesses sondern ihr Beitrag zu Identität und Pluralität der Gesellschaft. Diese neuen Erwartungen an die Geisteswissenschaften führten auch innerhalb der Geschichtswissenschaft zu einer neuen Funktions- und Standortbestimmung. Auf dem deutschen Historikertag 1996 griff Lothar Gall (Gall 1997) diese Erwartungen auf und bot dem kritischen Potential der Geschichtswissenschaft - ihrer Falsifizierungskapazität - eine neue affirmative Begründung als "kulturelles Gedächtnis" für die unterschiedlichen Selbstdefinitionen und Selbstidentifizierungen des Menschen an. Um dieser Aufgabe nachzukommen, müsse sich die Geschichtswissenschaft zu einer historischen Kulturwissenschaft erweitern. Im Ergebnis hat diese Debatte folgende Funktionen der Geisteswissenschaften identifiziert:

Erstens bieten die Geisteswissenschaften für andere Wissenschaften, die an Innovationen arbeiten, die Möglichkeit, sich in neue Situationen zu versetzen, andere Identitäten zu erproben und, ganz abstrakt gesprochen, die Zahl der möglichen Alternativen und Handlungsspielräume forschend zu erhöhen. Noch ist allerdings eine konkrete Erforschung zusätzlicher Handlungsspielräume selten (vgl. etwa die ernüchternden Befunde von v. Braun in diesem Band). Geisteswissenschaftliche Untersuchungen, die gezielt Handlungsspielräume erforschen wollen, sollten vergleichend sein und sollten unterschiedliche Perspektiven und Erklärungsansätze für menschliches Verhalten integrieren (Haupt/Kocka 1997).

Zweitens haben die Geisteswissenschaften nach dem Kompensationsmodell von Odo Marquard die Aufgabe, die Sinn-, Traditions- und Erfahrungsverluste, die die technische Welt und die damit verbundenen Wissenschaften mit sich bringen, auszugleichen (Marquard 1987). Dieses "Kompensationsmodell" aber sieht sich in einer doppelten Kritik: einerseits gefährde es die Geisteswissenschaften, wenn sie ihre Rolle aus den Defiziten anderer Wissenschaften ableiteten, andererseits überschätze es sie, wenn sie ein Orientierungsmonopol beanspruchten (Mittelstraß 1992).

Demgegenüber steht das Kongruenzmodell, daß die Geisteswissenschaften im Sog der Naturwissenschaften sieht, die begonnen haben, sich mit Bewußtsein und Geist zu beschäftigen und geisteswissenschaftliche Fragestellungen an sich zu ziehen.

Das Kongruenzmodell könnte, so definiert, zu einem Schrumpfen der Geisteswissenschaften führen. In der Vorstellung von Wissenschaft als Ort der Beschäftigung mit Strukturen in physikalischen, biologischen und sozialen Systemen entstehe, so wird argumentiert, zwischen den Natur- und den Geisteswissenschaften eine neue Grundform der Wissenschaften, die Strukturwissenschaft als Verbindung zwischen den Geistes- und Naturwissenschaften.

Die Strukturwissenschaft könnte zu einer einheitlichen Theorie von Phänomen wie Komplexität, Chaos, Synergetik und Selbstorganisation werden. Nach Bernd-Olaf Küppers (1994) könnten es die Strukturwissenschaften sein, "in denen sich die Einheit der Wissenschaften manifestiert, und ich denke, daß die moderne Biologie zum Modellfall für die Annäherung von Natur- und Geisteswissenschaften werden wird. Nicht zuletzt hat die Biologie mit der Darwinschen Evolutionslehre ihren konzeptionellen Schwerpunkt auf die einzigartigen, historisch gewachsenen Strukturen gelegt, also auf jene Strukturen, die für die Geisteswissenschaften seit jeher von genuinem Interesse sind."

Viele der hier beschriebenen, insgesamt eher defensiven Auseinandersetzungen über die Bestimmungen der Geisteswissenschaften werden um so mehr überwunden, je mehr es gelingt, nachzuweisen, daß es anwendungsbezogene gesellschaftlich sinnvolle Innovationen gibt, die die Kernkompetenz einzelner geisteswissenschaftlicher Disziplinen erfordern und die in Kooperation der Wissenschaften untereinander zu lösen sind. Es entstünden viele neue disziplinenübergreifender Forschungsgebiete, und die Beteiligung an Innovationen würde langfristig auch Lehrpläne verändern. Das Kolloquium hat sich als ein Schritt in diese Richtung verstanden. Das Thema der "Beitrag der Geisteswissenschaften zu Innovationen" bietet eine hervorragende Möglichkeit, um Anstöße zu geben, damit die Geisteswissenschaften ihr ungenutztes Potential für die Wissenschafts-, Technik- und Wirtschaftsentwicklung nutzen.

Der neue Modus der Wissensproduktion und die Stärkung von Innovationen verlangen die Zusammenarbeit verschiedener Geistes-, Natur-, Technik- und Sozialwissenschaften. Interdisziplinarität ist notwendig. Warum, so fragen wir, funktioniert diese Zusammenarbeit zwischen den Geistes-, Natur- und Technikwissenschaften nach Aussage derer, die es versucht haben, mehr schlecht als recht? Im folgenden nennen wir die Hemmfaktoren:

- Die Mühsamkeit des Dialogs. Nach Horst Albach ist der "Dialog zwischen Geisteswissenschaftlern, Sozialwissenschaftlern, Technikwissenschaftlern und Naturwissenschaftlern außerordentlich mühsam. Das zeigt sich besonders, wenn dieser Dialog aufgabenbezogen geführt werden und zu Ergebnissen führen soll, die von allen Beteiligten verantwortet werden" (Albach 1991). Der hohe Aufwand der multidisziplinären Kommunikation bremst auch die Kooperation zwischen den Geisteswissenschaften.

- Statusprobleme der beteiligten Wissenschaften. Die großen Schwierigkeiten in der Zusammenarbeit zwischen Geistes- und Naturwissenschaften in der Hirnforschung erklärt sich der Bremer Neurobiologe Gerhard Roth (1995) mit Statusproblemen der beteiligten Wissenschaften, sowie mit der weitgehenden Unkenntnis des Problembewußtseins, der Begriffssysteme, des methodisch-praktischen Vorgehens und insbesondere des Wissens- und Diskussionsstandes in den jeweils anderen Disziplinen.
- Abkehr der Geisteswissenschaft voneinander und von der Realität. Der Konstanzer Philosoph Jürgen Mittelstraß hat beobachtet, daß sich die geisteswissenschaftlichen Disziplinen untereinander, trotz aller Interdisziplinaritätsrhetorik, immer weniger zu sagen haben. "Eine ursprünglich gemeinsame Sprache zwischen diesen sich ausgrenzenden Disziplinen wird immer blasser. Schulen wetteifern um das disziplinäre Definitionsmonopol" (Mittelstraß 1992).
- Inflexibilität der Universitäten. Untersuchungen der europäischen Wissenschafts- und Forschungslandschaft weisen auf die Inflexibilität der Universitäten hin, auf die geforderte Interdisziplinarität zu reagieren und bezeichnen sie als eine zentrale Schwäche gerade auch der deutschen Hochschulen (EUROHORC 1997, Evelies Mayer in diesem Band).
- Bequemlichkeit der Wissenschaftler. In eine ähnliche Richtung wie Jürgen Mittelstraß argumentiert der Präsident des Wissenschaftszentrums Nordrhein-Westfalen, Gert Kaiser. Er macht die Bequemlichkeit der beteiligten Wissenschaftler für den weithin fehlenden Dialog zwischen den Wissenschaftskulturen in Technik-, Natur- und Geisteswissenschaft verantwortlich (Kaiser 1992).
- Fehlende Beteiligungschancen. Der Vorwurf der Bequemlichkeit zielt auch auf die Angebote zur Kooperation und die Entwicklung sinnvoller Beteiligungschancen für andere Wissenskulturen an der eigenen Forschung. Noch immer fällt es gerade den Technikwissenschaften schwer, über Akzeptanz- und Marketingstudien hinaus Beteiligungschancen für die Geisteswissenschaften zu formulieren.

Angesichts dieser Widerstände stellen sich die Fragen, unter welchen Bedingungen der Beitrag der Geisteswissenschaften zu Innovationen gelingt und wie die notwendige Kooperation organisiert werden kann.

- *Die Überwindung der Widerstände erfordert attraktive Aufgabenstellungen.* Die Aufgaben müssen für die beteiligten disziplinären Partner auch jeweils innerwissenschaftlich seriös und interessant sein. Die Beteiligung an der multidisziplinären Aufgabe darf die einzelnen Partner in ihrem disziplinären Kontext nicht diskreditieren, sondern muß sie aufwerten.
- *Die Überwindung der Widerstände erfordert in allen Fällen Zeit.* Dies zeigt die Erfahrung in interdisziplinär verfaßten Institutionen. Auch dort ist die interdisziplinäre Verständigung ein zeitaufwendiger Prozeß, der nur durch die Verpflichtung auf die gemeinsame Lösung von Aufgaben gelingt. Notwendig ist die Ent-

wicklung der Fähigkeit, mit den Maßstäben der anderen Disziplin messen zu können. Interdisziplinäre Kooperation muß über Jahre eingeübt werden, wie zum Beispiel die Entwicklung des Europäischen Museumsnetzes, in einer Kooperation von Geistes-, Sozialwissenschaftlern und Ingenieuren gezeigt hat (Lange 1992). Zur Überwindung der Schwierigkeiten reichen keine Lösungen, die ad hoc ergriffen werden wie einzelne interdisziplinäre Projekte, die Wissenschaftler auf begrenzte Zeit zusammenbringen. Verständnis für eine fremde Disziplin kann nicht nur angelesen werden.

- *Die Überwindung der Widerstände erfordert einen hohen Problemdruck.* Die genannten Widerstände können durch neue, drängende Aufgabenstellungen kompensiert bzw. überwunden werden. Hoher Problemdruck erleichtert Interdisziplinarität. Aus diesem Grund scheint es auch mehr interdisziplinäre Kooperationen in der Industrieforschung als in der Hochschulforschung zu geben.

- *Die Überwindung der Widerstände erfordert Akteure.* Innovationen müssen immer gegen Widerstand durchgesetzt werden. Der Prozeßcharakter von Innovationen verlangt die Gewinnung und Beteiligung zahlreicher Institutionen. Die dafür notwendige Überzeugungsarbeit kann aber nur von einzelnen Persönlichkeiten geleistet werden. Deswegen werden Akteure gebraucht, die sich für bestimmte Neuerungen einsetzen, die notwendigen Prozesse in Gang setzen und institutionelle Lösungen für die benötigte Kooperation entwickeln helfen.

In den vier exemplarisch vorgestellten und im Kolloquium diskutierten thematischen Feldern für die Beteiligung von Geisteswissenschaften an Innovationen sind die Bedingungen dafür unterschiedlich gelagert. In den einzelnen Artikeln wird deutlich, welche Widerstände zu überwinden sind und welche Wege beschritten werden müssen. Die Zusammenarbeit der Geisteswissenschaften mit Technik-, Natur- und Wirtschaftswissenschaften wird die beteiligten geisteswissenschaftlichen Disziplinen in ihrer Unabhängigkeit stärken, sie dabei methodisch bereichern, in ihren Fragestellungen und auf Problemlösungen hin öffnen.

Wenn die Innovationen gelingen, werden sie Rückwirkungen auf die beteiligten Geisteswissenschaften Philosophie und Ethik, Sprachwissenschaften und Geschichte haben und Anforderungen stellen: an die Weiterentwicklung der Philosophie von einer überwiegend historischen Wissenschaft zu einer mit den Naturwissenschaften kooperierenden Wissenschaft; an die Weiterentwicklung der Sprachwissenschaft von den traditionellen Methoden der Introspektion, Kategorisierung und Generalisierung zu formalen Methoden unter Benutzung von Rechnern, empirischen Methoden zur Massendatenverarbeitung und zu experimentellen Methoden der Simulation; an die Weiterentwicklung der Geschichte zu einer an aktuellen Problemen von Wirtschaft und Gesellschaft arbeitenden Wissenschaft. Diese Entwicklung kann die Gefahr der Spaltung von Disziplinen mit sich bringen. Genauso wird es Rückwirkungen auf die beteiligten Natur- und Technikwissenschaften geben und diese methodisch und thematisch bereichern.

Wenn die Innovationen gelingen, wird die Sorge der Geisteswissenschaften davor, zum Zulieferer zu werden und als Zulieferer direkt an Innovationen beteiligt zu sein, einem neuen Gefühl von Verantwortung weichen, Wissen weiterzugeben. Die Geisteswissenschaftler werden dann ihre Rolle offensiv vortragen und die Vorstellung von Kultur als einem weichen Standortfaktor durch neue Vorstellungen ersetzen.

Kultur wird heute im allgemeinen - unabhängig von ihrer Definition - als weicher Standortfaktor angesehen, der notwendig ist, solange man sich ihn leisten kann, und an dem Abstriche hingenommen werden müssen, wenn gespart werden muß. Die Geisteswissenschaften unterliegen der gleichen Gefahr, wenn sie als weicher Standortfaktor angesehen werden. So wichtig sie in unverbindlichen Erklärungen gehalten werden, so schnell geraten sie in den dritten Rang, wenn es um Entscheidungen geht.

Das Kolloquium hat gezeigt, daß es handfeste Gründe gibt, ausgewählte Disziplinen der Geisteswissenschaften für wichtig zu halten und weitere Disziplinen daraufhin abzuklopfen, welchen Beitrag sie zu Innovationen leisten und leisten können. Moderne Sprachwissenschaft und Bewußtseinsforschung, die Ausrichtung der Geschichtswissenschaft an aktuellen Themen und die soziokulturelle Einbindung der technischen Entwickler sind für Innovationen notwendig. Ohne sie fehlt Wissen, das kaum importiert werden kann. Der Mangel an dieser Art von Wissen behindert Innovationen und die Entwicklung bestimmter Märkte, verzögert Investitionen oder lenkt Ressourcen in falsche Kanäle, und mindert das intellektuelle Niveau der Auseinandersetzung um künftige Entwicklungsmöglichkeiten.

3 Innovationsträchtige Arbeitsfelder

3.1 Auswahl innovationsträchtiger Arbeitsfelder

Bei der Vorbereitung des Kolloquiums wurde schnell deutlich, daß dem Anliegen des Kolloquiums durch eine radikal beschränkte exemplarische Auswahl innovationsträchtiger Arbeitsfelder für Geisteswissenschaften, denen dann wiederum relativ viel Zeit für die Diskussion der Chancen und Hemmnisse eingeräumt werden kann, am besten gedient ist.

Das Kolloquium sollte Antworten auf die folgenden Fragen geben:

- Welchen Beitrag können Disziplinen der Geisteswissenschaften zu Innovationen leisten und welcher Stellenwert kommt ihnen zu?
- Welche Innovationen erfordern eine Beteiligung von Geisteswissenschaftlern?
- Welche bisherigen oder zu erwartenden Innovationen sind gute Beispiele für den Beitrag der Geisteswissenschaften?

- Welche wirtschaftlichen und gesellschaftlichen Probleme sollen mit diesen Innovationen gelöst werden und welche Märkte wirken als Antrieb?
- Welche wirtschaftlichen, technischen, sozialen oder organisatorischen Bedingungen müssen zur Realisierung der Innovationen erfüllt sein?
- Durch welche Methoden kann die Kooperation der Disziplinen erleichtert werden, wenn sie notwendig für die Innovation ist?
- Wird der Beitrag der Geisteswissenschaften in bestimmten Bereichen zu selten eingefordert und warum? Wie müßten sich die angesprochenen Wissenschaften verändern, um den geforderten Beitrag leisten zu können?
- Welche Konsequenzen ergeben sich für Akteure aus Wirtschaft, Gesellschaft, Politik und Wissenschaft?

Die Forschungsförderung kann hier nur unterstützend eingreifen; sie ist auf Wissenschaftler oder Praktiker angewiesen, denen die Umsetzung wichtig ist. Das Kolloquium soll Ansatzpunkte identifizieren, das Potential der Geisteswissenschaften für Innovationen stärker ins Spiel zu bringen.

Vor diesem Hintergrund wurden im Vorfeld des Kolloquiums von der mit der Vorbereitung betrauten Arbeitsgruppe unterschiedliche thematische Bereiche auf ihre exemplarische Eignung hin überprüft und dabei einerseits vier Forschungsfelder ausgewählt und andererseits die Kooperation selbst als Forschungsfeld benannt. Dies war keine Entscheidung gegen die Eignung weiterer thematischer Einstiege in den Beitrag der Geisteswissenschaften zu Innovationen, sondern nur eine praktische Beschränkung für die Durchführung des Kolloquiums. Die Suche nach innovationsträchtigen Themen wurde unter den folgenden Überschriften oder Suchpfaden durchgeführt:

- Wissenschaftsimmanente Veränderung von Einzeldisziplinen durch Kooperationen zwischen Geistes-, Natur- und Technikwissenschaften,
- konkrete Kooperationen bei der Entwicklung neuer technischer Werkzeuge für die geisteswissenschaftliche Arbeit,
- Lösung drängender gesellschaftlicher, wirtschaftlicher und technischer Aufgaben als Anforderung der Gesellschaft.

Die Fragestellung der wissenschaftsimmanenten Entwicklung durch Kooperationen ist für Innovationen deshalb wichtig, weil aus der Verbindung unterschiedlicher wissenschaftlicher Perspektiven neue Fragestellungen entstehen können. Mit der Evolutionsforschung etwa entstehen neue Gemeinsamkeiten zwischen den Geistes- und Naturwissenschaften. Eine neue naturwissenschaftlich fundierte Wissenschaft vom Geist formiert sich. Geisteswissenschaften werden als Hilfswissenschaften für andere Wissenschaften tätig. Die Philosophie hat begonnen, sich auch mit anderen

Naturwissenschaften außer der Physik zu beschäftigen. *Aus diesem eher grundlagenorientierten Forschungsfeld hat sich für das Kolloquium in der Hirnforschung die Entstehung einer neuen Wissenschaft vom Geist herauskristallisiert.*

Die zweite Fragestellung nach der Entwicklung neuer technischer Werkzeuge für die Arbeit der Geisteswissenschaftler richtet sich ebenfalls primär auf die Wissenschaft selbst, hat aber innovative Auswirkungen. Wenn Geisteswissenschaftler neue Werkzeuge für ihre eigene Tätigkeit und für den Umgang mit den ihnen eigenen Themen anfordern, kann das auch Auswirkungen auf die Wirtschaft haben. Beispielhaft sei der Transfer von technischen Lösungen aus der Geologie und der Geodäsie in die Archäologie oder von Multimediaanwendungen im Büro in museumspädagogische Fragestellungen genannt (Projektträger BEO 1997). Dazu gehört auch der Bereich neuer Werkzeuge für den Umgang mit Texten. Während noch vor zehn Jahren die Produktion von und der Umgang mit Texten als im Veralten begriffen angesehen wurde, erleben Schreiben und Lesen eine Renaissance mit neuen Werkzeugen wie dem Internet. Neue Werkzeuge der multimedialen Textverarbeitung sind entstanden und werden entstehen, an deren Entwicklung sich Sprach- und Literaturwissenschaftler beteiligen sollten (ZEIT/IBM 1997). *Ausgewählt wurde der Bereich neuer Werkzeuge für den Umgang mit Sprache und multilingualen Texten.* Das Thema hat mehrere mächtige Dimensionen: die Produktion und Verarbeitung von multilingualen Dokumenten; Ablage, Suche und Finden von relevanten Informationen in multilingualen Dokumenten ('Retrieval'), unterstützt durch die noch zu entwickelnde semantische Suche nach relevanten Informationen, die technische Unterstützung der Übersetzung von Texten; die automatische Spracherkennung, Sprachverarbeitung und Steuerung durch Sprache.

Kommen wir nun zu den von außen an die Geisteswissenschaft herangetragenen Aufgaben. Zu diesem Bereich gehört die Bewahrung des kulturellen Erbes, eine Aufgabe, die an vielen Stellen die Kooperation der Geisteswissenschaften erfordert, naturwissenschaftlich bei analytischen Methoden, ökonomisch bei Konzepten zur Wiederbelebung von Kulturtraditionen, etwa traditionellen Handwerken und dörflichen Industrien, und technisch bei der Verwendung von Werkzeugen der graphischen Datenverarbeitung. Auch die Denkmalpflege gehört hierher. Ein zweiter Arbeitsbereich ergibt sich aus den wirtschaftlichen Anforderungen der Medien. Hier war der geisteswissenschaftliche Einfluß traditionell groß und fand auch die fachgrenzenüberschreitende Kooperation statt, die zu Innovationen führt oder längst geführt hat, in Filmwirtschaft, Fernsehen, Verlags- und Pressewesen, der Werbung, Musik und dem Klangdesign, dem Internet und generell allen neuen Medien.

Aus den Aufgaben der Gesellschaft ergeben sich Forschungsaufgaben für die Geisteswissenschaften. In den vergangenen Jahrzehnten sind Ideen entstanden, die man als neue gesellschaftliche Leitmodelle bezeichnen könnte. Dazu gehört die Erkenntnis, daß der Verbrauch von Ressourcen gebremst und Ressourcen künftig im Kreislauf zu führen sind. Die Entwicklung einer Kreislaufwirtschaft (Hiessl/Toussaint

1995) erfordert ein erhebliches Umdenken und Umorganisieren gewohnter Abläufe, eine einschneidende Umstellung des Verhaltens, die Abkehr von die Umwelt belastenden Produktionsverfahren und die Entwicklung neuer Dienstleistungskonzepte. Es fragt sich, ob dieses Umdenken nicht von Historikern, Philosophen, Anthropologen und anderen Geisteswissenschaftlern unterstützt werden könnte. *Mit dem notwendigen Umdenken stellen sich neue Anforderungen an die Ingenieurausbildung und die Ingenieurarbeit.*

Geisteswissenschaftler können historische, ethnologische, politische Wurzeln und Hintergründe für die Wahl bestimmter technischer Lösungen bewußtmachen, mit Lösungen in anderen Regionen und Zeiten vergleichen, auf diese Weise relativieren und so neue Handlungsspielräume für Innovationen aufreißen. Ein großer Teil der Innovationen entsteht durch Kombination und durch Vergleich. Hier haben Geisteswissenschaften besondere Stärken. In Kooperation mit Wirtschafts- und Technikwissenschaften bieten sich viele Chancen für Übertragungsinnovationen durch Vergleiche. Demgegenüber kranken die Diskussionen über die aktuelle Technologie- und Innovationspolitik am mangelnden Bezug zu regionalen und diachronischen Vergleichen und damit an der fehlenden Rezeption kulturwissenschaftlicher Perspektiven (Hockerts 1994). Die Wirtschaftswissenschaft hatte bis Ende des 19. Jahrhunderts eine starke historische Komponente, die im Laufe des 20. Jahrhunderts verloren ging und durch das Denken in Modellen ersetzt wurde. Inzwischen zeigen sich die Mängel der ahistorischen Denkweise. Die verstärkte Kooperation von Geschichts- und Wirtschaftswissenschaft ist angebracht. Zu grundlegenden politischen Entscheidungen wie der Einführung des Euro sollten sich nicht nur Wirtschaftsforscher sondern auch Historiker äußern. Mit der Debatte über die Globalisierung sind die Anforderungen, die aus der wachsenden internationalen Kooperation erwachsen, in den Mittelpunkt wirtschaftspolitischer und politischer Debatten gerückt. Es wird diskutiert, welche Kenntnisse über Unterschiede zwischen Kulturen nötig sind, um als Unternehmen erfolgreich weltweit agieren zu können. *Aus diesen Überlegungen entstand das Thema Systeminnovationen durch interkulturelle Vergleiche.*

Die ausgewählten Themen sind für die Frage nach dem Beitrag der Geisteswissenschaften zu Innovationen aus unserer Sicht geeignet, aber nicht vollständig. Die Aufzählung der möglichen Themen soll deswegen als eine Liste verstanden werden, die fortgeschrieben und vertieft werden kann.

Nach Anwendung der Leitfragen und des Vergleichs der möglichen Themen untereinander wurden vier Themen exemplarisch für das Kolloquium gewählt. Bei den zwei ersten Themen überzeugte das attraktive Wissen, welches die Geisteswissenschaften für die Kooperation mit anderen Wissenschaften unverzichtbar machen, bei den zwei letzten Themen waren es außer dem Wissen die geisteswissenschaftlichen Methoden und Herangehensweisen, welche Innovationen auslösen können.

3.2 Hirnforschung als Brücke zwischen den Wissenschaften

Die Hirnforschung ist dabei, zur Brücke zwischen den Wissenschaften und zu einer neuen Wissenschaft vom Geist zu werden, die zu neuen Anschauungen im wissenschaftlichen Denken und im Bild des Menschen führen wird. Sie hat begonnen, sich unter Verwendung neuer neuroanatomischer und elektrophysiologischer Methoden und neuer bildgebender Verfahren mit den für den Menschen zentralen Fragen zu beschäftigen:

- Wie kommen Handlungen zustande?
- Was steuert das Verhalten und wie ändert sich Verhalten?
- Welche Rolle spielt das Bewußtsein?
- Steht der freie Wille im Konflikt zwischen naturwissenschaftlicher Kausalität und ethischer Forderung?

Während jahrzehntelang der Rechner das Nachdenken über die kognitiven Fähigkeiten des Menschen, vom "Elektronengehirn" bis zum "Deep Blue", dem neuesten Schachrechner beeinflußt hat und das Modell des Rechners dazu diente, Anregungen für die Erforschung des menschlichen Denkens zu gewinnen, stehen jetzt Verfahren zur Verfügung, die es gestatten, die Funktionsweise des Hirns direkt zu untersuchen. Nach Gerhard Roth (1997I) geht es um die "Erklärung komplexer kognitiver Leistungen und Zustände des Menschen wie Bewußtsein, Aufmerksamkeit, Gedächtnis und Handlungsplanung, von Phänomen also, die für viele Philosophen, Psychologen und auch Neurobiologen jenseits einer naturwissenschaftlich-empirischen Analyse liegen. In den letzten Jahren haben sich die Bedingungen für die Erforschung dieser Phänomene jedoch dramatisch verändert. Nun werden die Unterschiede des menschlichen Denkens im Vergleich mit dem Rechner herausgearbeitet.

Die wachsende Leistungsfähigkeit der Rechner zwang in der Vergangenheit immer wieder zu einer neuen Definition dessen, was menschliche Fähigkeiten ausmacht. Wurde seinerzeit Rechnen und logisches Schließen als Auszeichnung des Menschen angesehen, erkennt man heute die Überlegenheit des Rechners in diesen speziellen Fähigkeiten an und sieht die besondere Leistung des Menschen zum Beispiel in der Fähigkeit, ethische und ästhetische Fragen beantworten zu können. Gleichzeitig hat man erkannt, daß schon manche alltäglichen Fähigkeiten von kleinen Kindern und Tieren, sich in ihrer Umwelt zurechtzufinden und auf die Umwelt zu reagieren, weit über die Leistungsfähigkeit der derzeitigen Rechner hinausgehen. Nachdem die Rechner komplexe Rechnungen und logisches Schließen perfekt beherrschen, haben sich die Forschungsfragen über die potentielle Leistungsfähigkeit künftiger Rechner verschoben in Richtung selbständig handelnder technischer Systeme, Mustererkennung und Reaktionen auf Veränderungen in der Umgebung des Rechners. Die Standortbestimmung der ähnlichen und unterschiedlichen Fähigkeiten von Rechner und Hirn wird weiterhin mit der Entwicklung der Wissenschaften, dem Aufkommen neuer Forschungsfragen und der wachsenden Leistungsfähigkeit der Technik immer wieder neu vorgenommen werden. Die Diskussion über die Leistungsfähigkeit von Schachrechnern seit Norbert Wiener (1963) und Douglas R. Hofstadter (1985) beleuchtet die Entwicklung des Nachdenkens.

Nach Pöppel (1994) ist das menschliche Gehirn "nicht, wie dies von manchen der Neuroinformatik propagiert wird, mit dem Computer zu vergleichen, bei dem Bewertungsinstanzen keine Rolle spielen." Der erreichte Stand der Hirnforschung erlaubt es den Naturwissenschaften, sich mit dem Bewußtsein zu beschäftigen, das bisher als Domäne der Philosophen galt, und erlaubt es den Philosophen, sich in neuer Weise mit dem Menschen zu beschäftigen. Hirn und Bewußtsein müssen zusammen betrachtet werden.

Nach Helge Ritter (1997) ist aus "uns nicht klaren Gründen .. im Gehirn so etwas wie Bewußtsein zu Hause. Wir haben noch nicht einmal eine Vorstellung davon, wie auch nur eine Erklärung aussehen könnte, die dieses Phänomen beschreibt. .. Wir haben noch nicht einmal vernünftige Kriterien, um zu beurteilen, wann in einem Gehirn Bewußtsein sitzt. ... Uns fehlen noch die richtige Werkzeuge, denn wir haben das Phänomen des Bewußtseins aus der Naturwissenschaft aus durchaus nachvollziehbaren Gründen lange Zeit herausgenommen, um Komplikationen zu vermeiden. Aber jetzt nähern wir uns ... einem Punkt, an dem wir uns die Frage stellen müssen. Es eröffnet sich eine völlig neue Arena, die wir gar nicht betreten können, wenn wir nicht das Gehirn als Vorbild hätten und wenn wir nicht eine intensive Diskussion zwischen den wissenschaftlichen Disziplinen - wirklich zwischen allen Disziplinen - in Gang setzen."

Neurobiologie und Hirnforschung, Neurologie und Neuropsychologie, Kognitionspsychologie, Entwicklungspsychologie, Sozialpsychologie, Linguistik, Philosophie, Verhaltenstherapie, Sozial- und Wirtschaftswissenschaften, Physik, Mathematik und Informatik sind die Disziplinen, die für eine neue interdisziplinäre Bewußtseins- und Verhaltensforschung gebraucht werden. Da das Bewußtsein auch durch kulturelle Prozesse geprägt wird, sind auch die Sprach- und Geschichtswissenschaften gefordert (Mainzer 1997). Die notwendige Kooperation zwischen den Natur- und den Geisteswissenschaften, vor allem der Philosophie, kommt in Deutschland nur langsam voran, die Entwicklung in Amerika ist weiter fortgeschritten. Aber auch in Deutschland beginnen die Denker auf der einen und die Experimentatoren auf der anderen Seite miteinander zu reden, wie die in Bremen von Thomas Metzinger im Hanse Wissenschaftskolleg im Juni 1998 organisierte Tagung zu "Neural Correlates of Consciousness" zeigt (Schnabel/Sentker 1998).

Die angestrebten Erkenntnisse können zur Änderung grundlegender Anschauungen führen. Sie lassen neue medizinische Behandlungsmethoden und den technischen Ersatz von ausgefallenen Hirnstrukturen wie Verarbeitungszentren für Sinnesinformationen erhoffen. Die Erkenntnisse können auch zur weiteren Entwicklung autonomer Systeme ('Roboter') und neuer Industrieprodukte beitragen. Die Antworten auf die Leitfragen, die im Kolloquium überprüft werden sollten, sind:

- Innovationen sind in der medizinischen Behandlung und der Entwicklung autonomer Systeme zu erwarten. Die Wirkungen gehen aber weit darüber hinaus und können auch zu Innovationen in der Rechtsprechung führen.
- Die zu beteiligenden Geisteswissenschaften sind neben der Psychologie, die sich halb zu den Geistes- und halb zu den Naturwissenschaften zählt, die Philosophie und die Linguistik. Allerdings empfinden es manche Philosophen als Zumutung, daß sich Naturwissenschaftler überhaupt mit Geist und Bewußtsein beschäftigen, während sich Naturwissenschaftler Anregungen von der Philosophie erhoffen. In welchem Umfang die Philosophie zu der neu entstehenden Wissenschaft vom Geist beitragen kann, wird die weitere Entwicklung zeigen.
- Angesichts der Zunahme seelischer und geistiger Krankheiten werden neue Behandlungsmethoden dringend gebraucht. Funktionsfähige autonome Systeme werden in vielen Anwendungen Verwendung finden und neue Märkte entstehen lassen.
- Die erfolgreiche Organisation der langfristigen Zusammenarbeit zwischen den genannten Disziplinen ist die Hauptbedingung. Es scheint viel Widerstand zu geben.
- Akteure, vor allem Wissenschaftler, die fähig und bereit sind, die fachgrenzenüberschreitende Kooperation voranzutreiben, sind vorhanden.

Die Beiträge von Gerhard Roth, Werner X. Schneider und Thomas Metzinger in diesem Band zeigen die Relevanz der Hirnforschung für die Kooperation mit den Geisteswissenschaftlern.

Moderne bildgebende Untersuchungsverfahren lassen ein neues Bild vom Bewußtsein des Menschen entstehen und geben Anlaß, die Vorstellung der Willensfreiheit und Annahmen über die Steuerung menschlichen Verhaltens zu überdenken. Gerhard Roth (Roth 1996) bietet eine Übersicht über die neuesten Forschungsergebnisse der Hirnforschung aus dem Blickwinkel der Neurowissenschaften. Er erläutert die Gliederung des Hirnes und die Funktion seiner Teile in Prozessen der bewußten und unbewußten Handlungssteuerung. Gerhard Roth zeigt, wie groß die Kluft ist, die die Geisteswissenschaften überbrücken müssen, und welches naturwissenschaftliche Wissen nötig ist, wenn die Philosophie sich heute mit Bewußtsein und Geist beschäftigen will. Der Beitrag schafft die Grundlage für die folgenden Beiträge von Werner X. Schneider und Thomas Metzinger.

Werner X. Schneider beschäftigt sich mit der Handlungssteuerung aus neuropsychologischer Sicht, anhand des Sehens und den damit verbundenen Handlungen. Er untersucht, welcher Teil der internen vom Hirn produzierten visuellen Repräsentation bewußt ist und welcher nicht, und wie diese unterschiedlichen Repräsentationen zur Steuerung von Handlungen beitragen. Einsichten in die Funktionsweise bewußter und nicht-bewußter Informationsverarbeitungsprozesse können zur Entwicklung komplexer Mensch-Maschine-Kommunikation beitragen.

Der Beitrag von Thomas Metzinger behandelt die Fragen, wie ein phänomenales Handlungssubjekt entsteht, welche Folgen die Erkenntnisse der Bewußtseinsforschung für das Bild vom Menschen auf individueller und sozialer Ebene haben, und wie die Geisteswissenschaften beitragen können. Metzinger fragt sich, wie man den Fortschritt in den Neurowissenschaften dazu nutzen kann, die Autonomie des Einzelnen zu erhöhen und das Individuum vor erweiterten Manipulationsmöglichkeiten zu schützen.

3.3 Werkzeuge für Sprache und multilinguale Texte

Sprache, Texte und Bilder sind zentrale Inhalte der Geisteswissenschaften. Die moderne Informationstechnik stellt Text-, Sprach- und Bildwerkzeuge zur Verfügung und läßt ganz neue Möglichkeiten, mit Texten, Sprache und Bildern umzugehen, entstehen. Neuartige Werkzeuge unterstützen

- die Produktion und die Verarbeitung von Dokumenten ('Textverarbeitung'),
- das Ablegen, Suchen und Finden von Dokumenten ('Retrieval'),
- die Übersetzung von Texten und
- die Spracherkennung, Sprachverarbeitung und Sprachsteuerung.

Die Werkzeuge sind vielseitig einsetzbar. Sie dienen der Bewahrung des kulturellen Erbes, der Kommunikation zwischen Menschen und der Kommunikation zwischen Mensch und Maschine. Die Integration der Werkzeuge läßt neue Geräte und Problemlösungen entstehen und verändert das gewohnte Arbeitsumfeld von Geisteswissenschaftlern.

Von den Geisteswissenschaften sind an der Entwicklung vor allem die Linguisten und Computerlinguisten beteiligt. Die sprachwissenschaftliche Grundlagenforschung hat zusammen mit der Entwicklung von Informatik und Informationstechnik zu Werkzeugen der rechnerunterstützten Übersetzung und der Entwicklung der Sprachindustrie geführt, seit Noam Chomsky die modernen Grundlagen der Grammatik gelegt hatte. Zur Sprachindustrie zählen alle Unternehmen, die Softwareprodukte, Geräte und Dienstleistungen zur Unterstützung der Übersetzung herstellen und anbieten.

Die Entwicklung von Personalcomputern mit Textverarbeitungsprogrammen hat zusammen mit der weltweiten digitalen Kommunikation zu neuen Möglichkeiten, Texte zu schreiben, bildorientierte Medien zu integrieren und mit multimedialen Dokumenten umzugehen, geführt. Während Sprachwissenschaftler an der Entwicklung von Übersetzungstechniken beteiligt waren, beginnen die Geisteswissenschaftler gerade erst, sich mit den neuen Möglichkeiten der Produktion von Texten und von multimedialen Dokumenten und den Anforderungen, die solche Dokumente erfüllen sollten, zu beschäftigen.

Nicht zuletzt die weltweit starke Zunahme von über das Internet zur Verfügung stehenden Datenbanken, läßt die Nachfrage nach Werkzeugen wachsen, die die weltweite Suche nach bestimmten Inhalten ermöglichen. Die Suche ist zur Zeit stark eingeschränkt und führt häufig trotz Verwendung immer leistungsfähigerer Suchmaschinen nicht zum gewünschten Ergebnis, weil die Suche nach Bedeutungen oder der semantische Zugriff noch nicht gelöst, nur die Suche nach vorgegebenen Begriffen möglich ist und weil die Suche durch die Vielsprachigkeit behindert wird.

Die immer breitere und vielseitigere Verwendung von Rechnern, die auf Techniken zur Eingabe und Ausgabe von Texten und Daten angewiesen sind, läßt nach Möglichkeiten suchen, zur Vereinfachung der Kommunikation gesprochene Sprache zu verwenden und Spracherkennung, Sprachverarbeitung und Sprachsteuerung möglich zu machen.

Die Übersetzung von Texten und das Ablegen, Suchen und Finden von Dokumenten werden künftig in immer engerem Zusammenhang stehen. Die vielsprachige Dokumentation und die weltweite, vielsprachige Suche nach bedeutungsvollen Informationen sind wichtig für Gesellschaften, in denen das Wissen die Stelle eines erstrangigen Produktionsfaktors eingenommen hat. Auch wenn Linguisten hier schon in der Vergangenheit bedeutende Beiträge zu Innovationen geleistet haben, so gehen die Vorstellungen über das, was aus wirtschaftlichen Gründen machbar sein sollte, weit über das hinaus, was zur Zeit zu leisten ist. Die Entwicklung semantischer Filter zur Suche nach relevantem Wissen steht noch ganz am Anfang. Die korrekte, vollautomatische Übersetzung liegt noch in weiter Ferne, auch wenn Übersetzungswerkzeuge für verminderte Anforderungen zur Verfügung stehen.

Die technische Unterstützung der Vielsprachigkeit muß aber gerade für Geisteswissenschaftler noch aus einem weiteren Grund eine zentrale Aufgabe sein. Die Sprachenvielfalt nimmt weltweit ab. In der Europäischen Union gibt es neben den 12 offiziellen Nationalsprachen 50 weitere Sprachen wie Bretonisch, Walisisch, Sorbisch, Baskisch. Das Englische oder eine vereinfachte Form des Englischen entwickelt sich zur internationalen Umgangssprache, was dazu führt, daß international nur die Informationen Chancen haben, benutzt zu werden, die in Englisch angeboten werden. Ein Deutscher ohne Kenntnisse des Portugiesischen kann in einer portugiesischen Datenbank nur recherchieren, wenn die Informationen in Englisch angeboten werden. Damit geraten nicht nur die kleinen Sprachen wie das Bretonische unter Druck, sondern auch die Nationalsprachen. Die Notwendigkeit der internationalen Kommunikation läßt eine einzige Sprache als wünschenswert erscheinen. Im World Wide Web ist das Englische die dominierende Sprache. Eine Vielzahl von

Sprachen sind eine Barriere im internationalen Handel und im wissenschaftlichen Austausch. Gleichzeitig wird immer wieder die kulturelle und sprachliche Vielfalt Europas als Stärke hervorgehoben. Die Sprachenvielfalt zu erhalten, ist eine wichtige Aufgabe, nicht nur für den sozialen und politischen Zusammenhalt der Europäischen Union, sondern auch für die Bewahrung des kulturellen Erbes. Nach Hans Uszkoreit (1997) "stellen sich die spannenden wissenschaftlichen Herausforderungen erst, wenn man die Mehrsprachigkeit des weltumspannenden Informationsschatzes nicht als überwindbare Störung sondern als historische Chance versteht." Der Zielkonflikt ist noch nicht gelöst. Bisher konnte man sagen, daß mit der Alphabetisierung alle Sprachen verschwinden, die nicht gedruckt werden. Heute muß man befürchten, daß mit der Informatisierung alle Sprachen verschwinden, die nicht als Volltext im Rechner sind und auf die keine Übersetzungshilfen angewandt werden können. Deswegen werden Volltextdatenbanken und Übersetzungswerkzeuge gebraucht. Die Antworten auf die Leitfragen sind:

- Es geht um Innovationen bei Übersetzungen und der semantischen, weltweiten und vielsprachigen Suche nach relevanten Dokumenten. Für die Europäer ist wirtschaftlich gesehen die Vielsprachigkeit eine große Schwäche. Die erkannte Schwäche könnte aber gerade die Entwicklung von leistungsfähigen Werkzeugen vorantreiben, so daß langfristig aus der wirtschaftlichen Schwäche eine wirtschaftliche Stärke werden könnte, wenn die neuen Produkte und Dienstleistungen auf dem Weltmarkt zum Erfolg werden. Die Entwicklung wird aber auch Rückwirkungen auf die Linguistik haben und dort wissenschaftliche Innovationen auslösen.
- Die zu beteiligenden Geisteswissenschaften sind vor allem die Sprachwissenschaften und die Computerlinguistik.
- Die Entwicklung wird stark von den Märkten der Sprachindustrie und dem Wachstum der im Internet vorgehaltenen Informationen angetrieben. Die Fähigkeit, 'Informationsmüll' auszusortieren, wird immer dringlicher.
- Wissenschaftliche Grundlagenforschung ist zu leisten, vor allem in der Semantik. Der Markt für Fachkräfte der Computerlinguistik behindert zur Zeit die Entwicklung. Die Kooperation auch zwischen Unternehmen der zu beteiligenden Branchen (Verlage, Übersetzungsbüros, Softwarehäuser, Gerätehersteller) muß sich verbessern.
- Akteure in der Wissenschaft und der Industrie sind vorhanden.

Die Beiträge von Hans Uszkoreit, Peter Bosch, Erhard W. Hinrichs und Norbert Brinkhoff-Button zeigen, welchen Beitrag die Geisteswissenschaften zu Innovationen schon geleistet haben und noch leisten werden.

Hans Uszkoreit beschäftigt sich mit den Herausforderungen und Chancen für die Sprachtechnologie und die moderne Sprachwissenschaft, die aus der weltweiten Vernetzung des digitalisierten Wissens erwachsen. Er konzentriert sich auf das multilinguale Informationsmanagement und die semantische Vernetzung von digitaler Information und zeigt, welche Innovationen notwendig und künftig möglich sind und welche zentrale Rolle die Sprachtechnologie bei der Umwandlung von unstrukturierter Information in kollektives Wissen spielen wird. Er stellt dar, wie Sprachwissenschaft als geisteswissenschaftliche Disziplin und Computerlinguistik als technische Wissenschaft sich gegenseitig befruchten und befruchten können und welcher Methodenwandel in der Linguistik damit einhergeht. Der Beitrag von Hans Uszkoreit wird von Peter Bosch und Erhard W. Hinrichs anhand ausgewählter Innovationen vertieft und von Norbert Brinkhoff-Button mit Marktdaten angereichert.

Peter Bosch berichtet über Innovationen zur Verbesserung des Wissensmanagements. Wissen ist nach Lottermann/Bolduan 1998 die Beschaffung und Verarbeitung von Information. Wissensmanagement ist der Aufbau, die Nutzung, die Weitergabe und die Aufbewahrung von Wissen. Dazu gehört die Fähigkeit, für einen bestimmten aktuellen Zweck Informationen zu finden, die in irgendwelchen Speichern abgelegt und in verschiedenen Sprachen geschrieben sind. Die unübersichtlich wachsende Menge von Informationen und Wissen verlangt einen schnellen, semantischen Zugriff, der nicht nur Begriffe sondern gesuchte Inhalte liefert und unabhängig von der Sprache funktioniert, in der die Informationen verfaßt sind. Bosch beschäftigt sich zu diesem Zweck mit der Gruppierung von Texten in Ähnlichkeitsklassen.

Erhard W. Hinrichs klärt anhand eines ‘intelligenten Wörterbuchsystems für das Lesen fremdsprachlicher Texte’, welchen Beitrag die Sprachwissenschaft zu technologischen Innovationen leisten kann und leistet. Die Innovation, die er beschreibt, überwindet die Schwächen herkömmlicher konventioneller Wörterbücher dadurch, daß der Kontext in die Wortwahl einbezogen wird.

Norbert Brinkhoff-Button nennt die Leitlinien der Europäischen Kommission bei der Förderung der Sprachtechnologie und beschreibt die Größenordnung von Wachstumsmärkten, die die Sprachtechnologie nutzen.

3.4 Ingenieurausbildung und Ingenieurarbeit

Technische Entwicklung geschieht im soziokulturellen Kontext. Die gesellschaftliche Entwicklung, die Tradition und die kulturelle Umgebung gehen einerseits implizit in technische Entwicklungsvorhaben ein, ohne daß sich die Entwickler dessen bewußt sind. Andererseits können technische Entwicklungen scheitern, wenn sie nicht explizit die Veränderungen der soziokulturellen Umgebung einbeziehen. Der Wechsel von der Technikorientierung zur Anwendungsorientierung bei informationstechnischen Produkten, die Umorientierung vom wachsenden Verbrauch von Ressourcen zur Kreislaufwirtschaft oder der gewachsene Widerstand gegen großtechnische Anlagen sind Ausdruck der Veränderungen des soziokulturellen Kontexts, die zu Verständigungsproblemen über technische Fragen führen.

Die 'Verständigungsprobleme über technische Fragen' haben eine starke sprachliche Komponente, lassen sich aber nicht auf Verständigungsprobleme reduzieren, die in der Sprache begründet sind, sondern müssen breiter gefaßt werden. Zahlreiche Disziplinen beschäftigen sich damit:

- Sprachwissenschaften: Umgang mit Sprache in den verschiedenen Bezügen
- Historische Wissenschaften: Beitrag der Technikgeschichte zum verständnisvollen Umgang mit aktuellen technologischen Alternativen
- Philosophie: Beschäftigung mit der von ihr lange vernachlässigten Chemie, nicht nur überwiegend mit der Physik
- Sozialwissenschaften: Beschäftigung mit den sozialen Bezügen wie Interesse, Sozialisation, Macht, Konsensbildung
- Politologie: Willensbildung in und durch politische Parteien
- Technik- und Naturwissenschaften: Schulung der Fähigkeit von Fachleuten, sich Laien verständlich zu machen und in ihre Interessen hineindenken zu können
- Psychologie: Umgang mit Ängsten und Risiken
- Kommunikationswissenschaften: Rolle der Medien bei der Beurteilung von technologischen Alternativen
- Betriebswirtschaftslehre: Stärkung der Dienstleistungs- und Kundenorientierung
- Rechts-, Wirtschafts- und Technikwissenschaften: Ausarbeitung von Normen und Standards

Mangelhafte Kommunikation hat ihre Ursachen auch in mangelndem Wissen, unterschiedlicher Sozialisation und anderen Faktoren: Unfähigkeit, Fachsprache in Alltagssprache übertragen zu können, wie sich an unverständlich formulierten Bedienungsanleitungen zeigt; Mangel an Wissen, Zusammenhänge verstehen zu können; Mangel an Bildung oder Mangel an Einsicht in Bereiche und Zusammenhänge, die nicht unmittelbar mit dem Beruf zu tun haben, wie man an der Einstellung des Laien zu chemischen Stoffen sieht (Schummer 1996); mangelhafte Kenntnisse der jüngeren Technikgeschichte (Dienel 1997); Unterschiede im Denkstil wegen unterschiedlicher Sozialisation, Unterschiede in der Einstellung zu Risiko und Sicherheit (Lange 1984); dienstleistungsunfreundliche Haltung, die dem Leser, dem Anwender oder dem Kunden die Arbeit der Verständigung aufbürdet (Schneider 1976); Anforderungen der Unternehmensorganisation zum Beispiel bei der Zusammenarbeit zwischen Entwickler, Autor, Übersetzer, Graphiker (Hemer/Lange 1990); Denken in scharfen Gegensätzen statt in Schattierungen und Entdifferenzierung und Vereinseitigung durch die Medien (Radkau 1988); Ausübung von Macht, wie sich an Kernenergieproduzenten und Bürgern an betroffenen Standorten (Spranz-Fogasy

1997) oder am Verhältnis von Wissenschaftlern zu Laien zeigen läßt, das George Bernhard Shaw (1909) mit dem Satz karikierte "Jede Wissenschaft ist eine Verschwörung gegen Laien"; parteipolitische Einseitigkeiten; Vertrauensverlust in die Aussagen von Spezialisten; modische Begriffe und Sachverhalte vernebelnde Begriffe.

Die Verständigung zwischen den Beteiligten leidet, zusammengefaßt, an unzureichender Bildung, fehlendem Wissen und mangelhaft entwickelter Kooperationskompetenz.

Eine zentrale Rolle spielen dabei Ingenieure und Entwickler. Die Fähigkeit, sich verständlich auszudrücken, und die Fähigkeit, unterschiedliche Interessen in technische Entwicklungen einzubeziehen, ist unterentwickelt. Es fragt sich, welche Anforderungen Ingenieure und Entwickler außer den im engeren Sinn ingenieursmäßigen Aufgaben erfüllen müssen.

Die technische Leistungsfähigkeit, die ein Produkt aus Sicht des entwickelnden Ingenieurs hat, ist keine Garantie für die Zustimmung des vorgesehenen Abnehmers des Produkts. Das gilt für neue Software und technische Geräte, aber auch für Bauvorhaben wie eine neue U-Bahnstrecke oder die Anlage eines gentechnischen Versuchsfeldes. Die Fähigkeit, Kundeninteressen in Erfahrung zu bringen, ohne sie abfragen zu können, das neue Produkt als Teil eines Verfahrens und von sich ändernden Gewohnheiten zu sehen, stark voneinander abweichende Mentalitäten und kulturelle Unterschiede zu verstehen, historische Wurzeln zu kennen und mit unterschiedlichen Interessengruppen kommunizieren zu können, wird künftig den Wettbewerb entscheiden.

Als Ergebnis dieser Überlegungen sollte die schmale Brücke zwischen den Geisteswissenschaften und den Technikwissenschaften von der häufig gehörten Feststellung, auch technische Führungskräfte brauchten kulturelles Verständnis, zu einer breiten Brücke erweitert werden, da soziokulturelles Verständnis für die erfolgreiche Arbeit des Ingenieurs künftig zentrale Bedeutung erlangen wird. Es fragt sich, welche historischen, sozialen, kommunikativen und ethischen Kompetenzen technische Entwickler haben müssen. Die Antworten auf die Leitfragen sind:

- Innovationen in der Ausbildung von Ingenieuren durch die Beteiligung der historischen Wissenschaften und die Integration ethischer Fragen ist notwendig.
- Entwickler müssen ein zutreffendes Bild von Leistungsfähigkeit, Belastbarkeit und Handlungsstrategien der künftigen Nutzer ihrer Produkte haben. Der Mangel an soziokultureller Phantasie und Kompetenz und ein einseitiges Menschenbild führen zu für die Gesellschaft teuren Fehlentwicklungen.
- Akteure, die daran gehen, Ausbildungsgänge zu verändern, sind an mehreren technischen Universitäten vorhanden.

Die Beiträge von Ulrich Wengenroth, Hans G. Ulrich, Evelies Mayer und Bernd Thum zeigen, was notwendig ist.

Ulrich Wengenroth beschäftigt sich mit der wachsenden Diskrepanz der Produzenten- und Nutzerkompetenzen, deren Ursache er in der in allen Industrieländern zu beobachtenden Deindustrialisierung sieht. Ingenieuren werden neue Kompetenzen abverlangt: die Kompetenz, sich der wachsenden Mehrheit der nicht von der Industrie geprägten Erwerbstätigen verständlich zu machen und die kulturelle Komplexität der globalisierten Märkte der Ingenieurstägigkeit zugrunde zu legen. Diese doppelte Anforderung hat Konsequenzen für die Ingenieursausbildung: die sozialen und kulturellen Rahmenbedingungen verlangen die gleiche Aufmerksamkeit wie die natürlichen und technischen Bedingungen.

Hans G. Ulrich denkt über die heuristisch-hermeneutische Kompetenz des Ingenieurs nach. Er sieht ihn als Übersetzer für das Aufeinandertreffen unterschiedlicher Lebenswelten, den vorhandenen Technologien und den menschlichen Lebensformen, die sich zwischen Regionen und Kulturen unterscheiden. In die Übersetzungsarbeit kann vieles einfließen, was von den Geisteswissenschaften erschlossen wurde. Die Frage der Ethik müßte auf diesem Hintergrund viel breiter ausfallen als nur zu klären, welche Normen und Standards einzuhalten wären. Sie müßte sich auf das Thema einlassen, was "gute Technologie" sein kann.

Evelies Mayer weist angesichts der neuen Anforderungen an die kreative Kombination von Wissen und an die Beteiligung zahlreicher Institutionen aus Wissenschaft und Praxis an „Inovationen im Netz" auf den notwendigen Wandel in Universitäten hin. Sie beschäftigt sich am Beispiel Technik und Gesellschaft mit hochschulpolitischen Überlegungen zum Verhältnis von Disziplinarität und Interdisziplinarität im Alltag deutscher Hochschulen und schlägt interdisziplinäre Zentren vor, die zu einem Klima des Wandels an deutschen Universitäten beitragen sollen. Dabei werden notwendige Veränderungen in der Arbeits- und Organisationsweise von Universitäten unter der Perspektive betrachtet, wie Hochschulen sich in Netzwerke von innovativen Prozessen unter Einbeziehung aller Wissenschaftsrichtungen, auch der Geisteswissenschaften eingliedern können.

Bernd Thum beschäftigt sich mit der Rolle der Geisteswissenschaften an einer Technischen Universität, zeigt, in welcher Weise Geisteswissenschaftler von den Ingenieuren und Ingenieure von den Geisteswissenschaftlern lernen können, und stellt am Beispiel der Technischen Universität Karlsruhe Verfahren und Vorhaben der Zusammenarbeit von Geistes- und Ingenieurwissenschaften vor. Bernd Thum vertritt und begründet die Ansicht, daß beide Wissenschaften aufeinander angewiesen sind

3.5 Interkulturelle Vergleiche

Große technische Systeme und Organisationskulturen müssen sich heute stärker als noch vor wenigen Jahrzehnten einer Konkurrenz von alternativen Lösungen und Angeboten stellen. Dies hängt mit der Globalisierung und Liberalisierung auf der Angebots- und Nachfrageseite zusammen. Vor diesem Hintergrund wird der interkulturelle Vergleich von technischen Systemen und Organisationskulturen immer wichtiger, zeigt er doch, wie im Prinzip ähnliche wirtschaftlich-technische Aufgabenstellungen ganz unterschiedlich definiert und gelöst wurden (für das Beispiel Luftfahrt etwa: Dienel/Lyth 1998). Der Vergleich öffnet neue Einsichten in Alternativen, macht neue Leitbildangebote und schafft Raum für einen eigenen Typ von Innovationen, die Übertragungsinnovationen.

Übertragungsinnovationen können entweder ein angepaßter Transfer von Lösungen aus einer Problemwelt in die andere sein, oder aber eine geschickte Kombination unterschiedlicher Teillösungen zu einem neuen Ganzen. Die Problemlösungen können aus verschiedenen Kulturen, also etwa der Autoindustrie in Japan und Deutschland, oder aus verschiedenen industriellen Branchen in einem Land kommen, wie etwa aus der Übertragung einer technischen Lösung aus der Stahlindustrie in die Tieftemperaturtechnik.

Für solche Übertragungsinnovationen sind geisteswissenschaftliche Methoden sinnvoll einsetzbar. Es geht dabei weniger um die Wissensbestände als die methodischen Beiträge der Geisteswissenschaften für die Entwicklung eines bestimmten Typs von Innovationen. Eine Voraussetzung für Übertragungsinnovationen ist der gekonnte, treffende Vergleich. Hier wiederum sind Geisteswissenschaftler in ihrem Element. Kunsthistoriker betreiben den Stilvergleich von Artefakten, Historiker vergleichen Handlungen und Epochen. Die Typisierung von Handlungen, die Beschreibung komplexer Sachverhalte als Lebensform, Attitüde oder Habitus basieren allesamt auf Vergleichen (Dienel 1995II). Diese Stärke der Geisteswissenschaften kann für die Beschreibung eigener und fremder Identitäten und der Übertragbarkeit von Innovationen genutzt werden.

Die Beiträge von Hans-Liudger Dienel, Matthias Kipping, Joachim Radkau und Christoph-Friedrich von Braun in diesem Band zeigen die Möglichkeiten, die interkulturelle Vergleiche bieten, und die Schwierigkeiten, die noch zu überwinden sind. Auch der Beitrag von Bolko von Oetinger gehört in diesen Problemkreis.

Die methodischen Voraussetzungen der Geisteswissenschaften - insbesondere der Technik- und Wirtschaftsgeschichte - für interkulturelle Vergleiche werden von Hans-Liudger Dienel für technische Systeme und von Matthias Kipping für organisatorische Systeme entfaltet. Bisher ist diese analytische Stärke der Geisteswissenschaften aber noch zuwenig nachgefragt und genutzt worden, und wenn, dann vor allem für die Bewertung der Übertragbarkeit von Technik zwischen Kulturkreisen und damit der Bedingungen für erfolgreichen Technologietransfer.

Aus unternehmerischer Seite konnte Friedrich von Braun dieses Defizit bestätigen. Der Unternehmensberater zieht eine ernüchternde Bilanz des weitgehenden Fehlens geisteswissenschaftlicher Präsenz in den Unternehmen und Unternehmensberatungen. Das Potential der Geisteswissenschaften werde, so von Braun, in den Unternehmen keineswegs ausgeschöpft.

Die von Joachim Radkau vorgeschlagenen diachronischen Vergleiche ermöglichen eine neue Perspektive auf die untersuchten Innovationsentscheidungen der Energieunternehmen. Radkau kann insbesondere belegen, daß die differenzierte Skepsis und Vorsicht im Innovationsentscheidungsprozeß sich in der Regel ausgezahlt hat und ein Hinweis auf technologische Kompetenz und das entsprechende Selbstbewußtsein war (Radkau 1989, 1995).

Im Ergebnis zeigen die Beiträge, daß gerade in den Unternehmen neue Formen der Integration geisteswissenschaftlicher Perspektiven für interkulturelle Vergleiche gefunden werden müssen. Eine der möglichen Varianten ist die Integration geisteswissenschaftlicher Denkstile in die wirtschafts- und ingenieurwissenschaftlichen Curricula, so daß die Entscheidungsträger in den Unternehmen disziplinenübergreifend einen multiperspektivischen Blick einnehmen können. Eine zweite Möglichkeiten ist die über einen längeren Zeitraum sich erstreckende intensive Kooperation von Geistes- mit Technik- und Wirtschaftswissenschaften. Dafür müssen Geistes-, Technik- und Wirtschaftswissenschaftler für einen längeren Zeitraum in Arbeitsgruppen zusammenarbeiten. In diese Zusammenarbeit bringen die historischen Wissenschaften vor allem Methoden, nämlich ihr Interesse an Unterschieden und Vergleichen ein, während in den Technikwissenschaften das Vergleichen komplexer Systeme bekanntlich wenig geübt wird.

Für die Zukunft ist es wichtig, internationale Aufgaben für Übertragungsinnovationen forschungsseitig neu zu bewerten. Dazu gehören:

- Erforschung des Erfolgs für die Kooperation von Geistes-, Wirtschafts- und Technikwissenschaften in der strategischen Unternehmensentwicklung.
- Die Durchführung internationaler Vergleiche.
- Die vergleichende Gegenüberstellung von Forschungsthemen und -feldern, um gezielt Übertragungsinnovationen suchen zu lassen.
- Die Ermunterung von Unternehmen, Verbänden und Instituten Geistes-, Technik- und Wirtschaftswissenschaftler in Arbeitsgruppen bei der Generierung von Übertragungsinnovationen kooperieren zu lassen.

Auf diese Weise würden kulturelle Unterschiede im globalen Wettbewerb aktiv aufgegriffen und für Innovationen genutzt. Besonders drängende Aufgaben für Übertragungsinnovationen stellen sich in den nächsten Jahren im Technologietransfer und der Zusammenarbeit mit Osteuropa. Der Branchen- und Ländervergleich von Problemlösungsstrategien kann hier zu vielen Übertragungsinnovationen führen.

4 Thematische und strukturelle Konsequenzen für Forschung und Forschungsförderung

Das Kolloquium hat gezeigt, daß Disziplinen der Geisteswissenschaften auf vielfältige Weise zu Innovationen beitragen und beitragen können. Die Aussicht auf Innovationen führt zu thematischen und strukturellen Konsequenzen für Forschung und Forschungsförderung: Das Kolloquium hat zu Themen geführt, die unter Beteiligung der Geisteswissenschaften behandelt werden sollten und zum Teil schon erforscht werden, und strukturelle Defizite aufgedeckt, die vermindert werden sollten, um Innovationen möglich zu machen.
Die Themen sind beispielhaft genannt. Sie können aus der Kompetenz einzelner Disziplinen und der Kenntnis besonderer sozialer und ökonomischer Probleme vertieft und ergänzt werden.
Im folgenden werden als Ergebnis aus den Diskussionen und den in diesem Band veröffentlichten Aufsätzen ein Überblick über die Beiträge der Geisteswissenschaften zu Innovationen und Anregungen für Innovationen und für Forschung und Forschungsförderung gegeben.

4.1 Beiträge der Geisteswissenschaften zu Innovationen

Die Ausgangssituation vor dem Kolloquium, wie sie in den ersten Kapiteln dieses Papiers beschrieben wird, hat sich verändert: *Geisteswissenschaftler diskutieren ihre Rolle nicht mehr defensiv sondern offensiv.* Die Angebote der einzelnen Disziplinen der Geisteswissenschaften, die Anforderungen an sie und die für die Kooperation der Geisteswissenschaften mit anderen Disziplinen herzustellenden Bedingungen werden konkret genannt. Zentrale Themen der Geisteswissenschaften wie Sprache und Wissen, Verhalten und Verantwortung, Kultur, Welt- und Menschenbild stellen ein Potential dar, das gezielt für Innovationen genutzt und nicht nur als klassische Bildung genossen werden sollte.

Die Geisteswissenschaften rufen *Innovationen im Denken* hervor, leisten *Vorarbeiten für Innovationen, stärken* die *Innovationsfähigkeit* und die *kritische Distanz zu Innovationen*, wie das Kolloquium gezeigt hat. Mit Innovationen werden dabei im engeren Sinn neuartige Produkte, Verfahren und Dienstleistungen, im weiteren Sinn neue Ideen und Haltungen bezeichnet, die sich im Markt und in der Gesellschaft ausbreiten. Für den Innovationsbegriff im engeren Sinn stehen die Sprachwissenschaften, für den im weiteren Sinn die Philosophie.

Die Geisteswissenschaften beschäftigen sich mit den Problemen von Wirtschaft und Gesellschaft wie Vielsprachigkeit und Informationsmüll, Geisteskrankheiten und Bewußtseinstechniken, mit Fehlinvestitionen großtechnischer Vorhaben und den Schwierigkeiten der internationalen Zusammenarbeit. Diese Themen sind nicht eine reine Domäne der Natur-, Technik- Wirtschafts- und Sozialwissenschaften. Die Geisteswissenschaften bringen Fähigkeiten zur Lösung der Probleme mit, die gebraucht werden.

Die Neurophilosophie führt gemeinsam mit den Neurowissenschaften zu *Innovationen im Denken.* Während die Philosophie sich seit Jahrtausenden damit beschäftigt hat, ob wir die *Welt um uns* objektiv erkennen können, und gezeigt hat, welche Erkenntnisprobleme dabei auftreten, zeigt die Neurophilosophie, daß wir möglicherweise noch größere Schwierigkeiten haben, die *Welt in uns* objektiv zu erkennen (Metzinger 1995a). Die Fragen nach der individuellen Verantwortung und nach dem Verhältnis von Individuum zu Gesellschaft stellen sich neu. Eine kopernikanische Wende im Denken über das Bewußtsein des Menschen bereitet sich vor. Die Innovationen im Denken und eine neue Ethik vom Bewußtsein angesichts der sich am Horizont abzeichnenden Bewußtseinstechniken wird auch die Innovationen in Produkten und Dienstleistungen der Bewußtseins- und Medizintechniken beeinflussen (Thomas Metzinger, Gerhard Roth, Werner X. Schneider in diesem Band).

Die Sprachwissenschaften leisten gemeinsam mit der Informatik und der Industrie *Vorarbeiten für Innovationen.* Sie entwickeln semantische Werkzeuge, die zur Strukturierung des chaotisch wachsenden menschlichen Wissens beitragen und das Gefühl, im Informationsmüll zu ertrinken, durch das Bewußtsein ersetzen können, daß sich das weltweit verstreute Wissen tatsächlich nutzen läßt. Übersetzungshilfen wie intelligente Wörterbücher und halbautomatische Übersetzungen erleichtern das Lesen und die Auswertung fremdsprachlicher Texte. Übersetzungswerkzeuge helfen im Verein mit semantischen Werkzeugen, die Sprachenvielfalt gegen die Dominanz des Englischen zu bewahren. Die Märkte für Produkte und Dienstleistungen der Sprachindustrie wachsen (Peter Bosch, Norbert Brinkhoff-Button, Erhard W. Hinrichs, Hans Uszkoreit in diesem Band).

Die historischen Wissenschaften *stärken die Innovationsfähigkeit.* Sie erweitern die Anzahl der zu bedenkenden Optionen, zum Beispiel in technologiepolitischen Entscheidungen. Sie sind darin geübt, die Methode des Stilvergleichs einzusetzen und den einzelnen Fall auszuwerten, während Sozialwissenschaftler eher vom einzelnen Fall abstrahieren. Die historische Erfahrung erlaubt es ihnen, in aufgeregten aktuellen Diskussionen zu moderieren und zur distanzierten Beschäftigung mit Innovationen beizutragen. In einer Atmosphäre, die es kaum gestattet, über Alternativen der Globalisierung zu sprechen, können sie fragen, welche Vorgänge sich der Globalisierung entziehen und welche regionalen Eigenheiten als Chance und nicht als Störfaktor betrachtet werden sollten. Eine Innovationspolitik, die nur die Globalisierung, nicht aber die Regionalisierung sieht, läuft Gefahr, alle Kompetenzen weltweit für mobil und austauschbar zu halten. Die Beschleunigung von Innovationen muß sich nicht immer als der beste Weg erweisen, auch die 'Entschleunigung' kann angemessen sein. Ebenso sind organisatorische Innovationen wichtig (Christoph-Friedrich von Braun, Hans-Liudger Dienel, Matthias Kipping, Bolko von Oetinger, Joachim Radkau in diesem Band).

Historiker und andere Geisteswissenschaftler machen die Anforderungen an technische Entwicklungsvorhaben in einer Zeit bewußt, in der die technische Funktionsfähigkeit, die herzustellen Ingenieure gelernt haben, nur noch eine Anforderung von mehreren an ein Produkt ist. Auch die kulturellen, sozialen und ethischen Anforderungen gewinnen an Gewicht. Die *Chance auf den Erfolg von Innovationen* wächst. (Ulrich Wengenroth, Hans G. Ulrich, Evelies Mayer in diesem Band).

Die Geisteswissenschaften haben in Jahrhunderten Wissen angehäuft, das künftig mit den oben genannten neuen Sprachwerkzeugen auf neue Weise genutzt werden kann. So wie seinerzeit das alphabetisch - also eigentlich chaotisch - geordnete Konversationslexikon zur Verbreiterung des Wissens beigetragen hat, so können semantische Werkzeuge das Informations- und Wissensmanagement erleichtern und Inhalte erschließen, die über verschiedene Quellen und Fächer verstreut sind und in verschiedenen Sprachen vorliegen, und sie für einen spezifischen Gebrauch zur Verfügung stellen. In den geisteswissenschaftlichen Texten steckt *Innovationspotential*, das erschlossen werden sollte. Die ohnehin aus dem regulären Wissenschaftsbetrieb verfügbaren Arbeitsergebnisse der Geisteswissenschaften sollten für Innovationsprozesse besser und breiter verfügbar gemacht werden. Die Geisteswissenschaft hat hier die Bringschuld der Texte, die Industrie die Bringschuld der geeigneten Werkzeuge (Peter Bosch in diesem Band).

Die Geisteswissenschaften können also auf verschiedene Weise zu Innovationen beitragen. Zum Teil tragen sie schon bei wie die Sprachwissenschaftler, zum Teil bieten sie ihre Dienste an, ohne daß sie auf eine große Nachfrage stoßen wie die Historiker. Zum Teil müssen erst die Bedingungen hergestellt werden, damit sie beitragen können. Ein Verzicht auf ihre Beteiligung brächte Nachteile, verhinderte oder verzögerte Innovationen. Beiträge der Geisteswissenschaften zu Innovationen zu fordern, bedeutet nicht unbedingt, daß die Industrie Geisteswissenschaftler einstellen sollte. Im Kolloquium wurde im allgemeinen das beiderseitige Desinteresse deutlich, auch wenn im besonderen einzelne Fälle das Gegenteil belegen. Die Sprachindustrie hat sogar einen Bedarf an empirisch arbeitenden Sprachwissenschaftlern, dem zur Zeit kein ausreichendes Angebot an qualifizierten Fachkräften gegenübersteht. Die Ausführungen über die verschiedenen Wege, zu Innovationen zu kommen, zeigen die Möglichkeiten der Geisteswissenschaftler, mit Ihrem Wissen zu Innovationen beizutragen. Auch für die Geisteswissenschaften gilt, daß ihr Wissen "durch häufigen Gebrauch und Austausch an Substanz und Wert gewinnt" (Lottermann/Bolduan 1998).

4.2 Thematische Konsequenzen

Die Vorbereitung und die Diskussion auf dem Kolloquium haben ein Spektrum von Themen erzeugt, die für den hier interessierenden Zusammenhang besonders relevant erscheinen. Im folgenden werden – kursorisch und stichwortartig - Themen genannt, die unter Beteiligung von Geisteswissenschaftlern unterschiedlicher Disziplinen bearbeitet werden sollten oder schon bearbeitet werden. Die Themen sind von unterschiedlicher Mächtigkeit, beschreiben überwiegend eher Programme als Projekte und können keinesfalls als vollständig angesehen werden.

Sprache, Texte und Wissen

Es geht um die Entwicklung von neuartigen Werkzeugen für neuartige Dienstleistungen und die dafür notwendigen Vorarbeiten.

- Erforschung und Entwicklung von Werkzeugen zur Unterstützung des Übersetzers (Sprachwissenschaftler, Computerlinguisten, Informatiker, Neuropsychologen)

  Zu den Werkzeugen gehören *Werkzeuge zur Unterstützung des Übersetzers* wie intelligente Wörterbücher, Übersetzungssoftware zur automatischen oder halbautomatischen Übersetzung und semantische Werkzeuge, die die Suche nach Bedeutungen und Sinnzusammenhängen und die sinngemäße Übersetzung unterstützen.

- Erforschung und Entwicklung von Werkzeugen des Informations- und Wissensmanagements (Sprachwissenschaftler, Computerlinguisten, Informatiker, Betriebswirte, Neuropsychologen)

  Die Werkzeuge machen neue Dienstleistungen möglich. Sie erleichtern Übersetzungen und erlauben die schnelle rechnerunterstützte Durchsicht muttersprachlicher und fremdsprachlicher Textmengen. Sie erleichtern das in Wirtschaft und Verwaltung immer dringlicher erscheinende multilinguale Informations- und Wissensmanagement wie die weltweite und weltkonzernweite schnelle Suche nach spezifischen Informationen, die für die Lösung eines neu aufgetretenen Problems gebraucht werden. Das Internet macht zur Zeit die Informationsüberflutung und die Notwendigkeit deutlich, schnell die möglicherweise wenigen relevanten Informationen zu finden. Das Problem besteht aber auch ohne Internet. Angesichts des Wachstums des menschlichen Wissens, der wachsenden Arbeitsteilung zwischen den Produzenten von Wissen und seiner schriftlichen Niederlegung in zahlreichen Sprachen werden die Strukturierung des Wissens und der schnelle gezielte Zugriff immer wichtiger.

- Schaffung von hinreichend großen Textressourcen der deutschen Sprache (Sprachwissenschaftler, Computerlinguisten, Literaturwissenschaftler, Historiker und andere Geisteswissenschaftler)

Die semantischen Werkzeuge werden es erlauben, in neuer Weise ein- oder mehrsprachig historische, literarische oder wissenschaftliche Texte zu untersuchen, wenn die Texte vollständig in Rechnern erfaßt sind. Sie erlauben auch neue Möglichkeiten der Textproduktion. Die Geisteswissenschaften, die mit Sprache und Text umgehen, haben hier eine wichtige gestalterische Aufgabe. Voraussetzung sind *Forschungsvorhaben* wie die Entwicklung einer Wissensontologie für die lexikalische Semantik oder die Erforschung des assoziativen Denkens. Besonders wichtig als Grundlage für viele Innovationen ist die Schaffung von Textressourcen der deutschen Sprache als eine Grundlage der Forschungstätigkeit.

- Erforschung des Problems der Geschichtslosigkeit im Internet (Historiker, Informatiker, Kommunikationswissenschaftler)

  Zu einem Problem, nicht nur für Historiker, könnte die Schwierigkeit im Internet werden, die Originalität von Wissen und die Echtheit von Dokumenten zu beweisen. Durch die Dynamik im Internet und die Tatsache, daß vor allem aktuelle Informationen im Internet zu finden sind und überholte Informationen sozusagen überschrieben werden, entsteht die Gefahr der Geschichtslosigkeit. Es stellt sich die Frage, wie dieser Gefahr begegnet werden kann.

Bewußtsein und Verhalten

Die interdisziplinäre Erforschung des Bewußtseins und die naturwissenschaftliche Beschäftigung mit dem Geist sind zu einer wichtigen Aufgabe geworden, die Grundlage für Innovationen im Denken und für technische Innovationen sein wird.

- Integration der von den Neurowissenschaften ermittelten empirischen Fakten der Handlungssteuerung mit den Mitteln der analytischen Philosophie des Geistes zu einem neuen Denkmodell, in dem auch die künftige Bedeutung von Willensfreiheit, Seele, Verantwortung und Geist geklärt wird (Neurophilosophen, Neurowissenschaftler verschiedener Disziplinen)

  Eine empirisch informierte Philosophie des Geistes wird dringend benötigt. Sie muß kritische Kommentare zu der Flut der naturwissenschaftlichen Ergebnisse liefern, klassische Fragestellungen im Licht der Ergebnisse neu formulieren, Widersprüche aufdecken und neue Erklärungs- und Erkenntnisziele für die Forschung entwickeln.

- Erforschung der psychosozialen Folgen von Bewußtseinsforschung und Bewußtseinstechniken zur direkten Beeinflussung des Gehirns ("Anthropologiefolgenabschätzung") durch Neurophilosophen, Neurowissenschaftler verschiedener Disziplinen, Sozialwissenschaftler, Ingenieure. Der seit zehn Jahren rasch wachsende Wissenszuwachs wird zu technischen Möglichkeiten führen, das menschliche Gehirn direkt zu beeinflussen. Bewußtseinstechniken werden entwickelt werden, die ethische Fragen neuer Art aufwerfen und psychische und soziale Folgen haben werden. Eine Ethik des Bewußtseins wird gebraucht.

- Erforschung von Verhalten und Verhaltensänderungen

  Wie Verhalten und Verhaltensänderungen zustande kommen, ist eine Frage an alle Wissenschaften, die die Annahmen über das Verhalten von Menschen treffen und ihre eigene Sichtweise auf Verhalten und Verhaltensänderungen entwickelt haben, an Soziologen, die sich mit dem Einfluß der sozialen Umgebung beschäftigen, an Ökonomen, die Erwartungen für wichtig halten, an Psychologen und Werbepsychologen, die die inneren Antriebe erforschen, an Juristen, die sich mit der Wirkung von Sanktionen beschäftigen, an Evolutionsbiologen und Verhaltensforscher, die Wurzeln des Verhaltens in der tierischen Vergangenheit des Menschengeschlechts untersuchen, an Anthropologen und Ethnologen und Historiker, an Kulturhistoriker, die die Wirkungen des kulturellen Erbes untersuchen, an Therapeuten, die Verhalten verändern wollen, an Informatiker, die die Entwicklung künstlicher Lebenswelten im Rechner simulieren, und neuerdings an die Hirnforscher, Neurobiologen und Neuropsychologen, die sich fragen, wie der Mensch und welche Organe im Hirn bewußt oder unbewußt Entscheidungen fällen. Erkenntnisse, die über gute Menschenkenntnis hinausreichen, wären unmittelbar innovationsrelevant, wenn beantwortet werden könnte, warum z.B. so häufig gegen die geäußerte, eigene Überzeugung, die Umwelt sei ein schützenswertes Gut, gehandelt wird, warum neue Dienstleistungen, die deutliche Vorteile versprechen, oder neuartige Organisationslösungen so langsam Eingang in die Praxis finden.

  Welche Fragen gestellt und welche Annahmen getroffen werden, ist auch eine Frage des Menschen- und Weltbildes, das sich zwischen Zeitaltern, Gesellschaften, Forschungstraditionen und Berufen unterscheidet.

- Kooperation von Ingenieuren mit Geisteswissenschaftlern in Entwicklungsvorhaben wie: Simulation von Testfahrern (Anthropologen, Fahrzeugtechniker), Verbesserung der Luftqualität in Gebäuden (Psychologen, Ethnologen, Mediziner und Klimatechniker)

  Dieses Thema wird hier genannt, um darauf hinzuweisen, daß beispielsweise Anthropologen und Ethnologen, die sich mit dem menschlichen Verhalten beschäftigen, auch spezifisch zu Produktinnovationen beitragen können.

Ingenieurausbildung und Ingenieurarbeit

Dem *Ingenieur stellen sich Aufgaben*, die nicht nur mit guter Technik und ökonomischen Kenntnissen zu bewältigen sind, sondern Wissen über psychologische, soziale, historische und politische Zusammenhänge erfordern.

- Erforschung der reflexiven Technikentwicklung: Wie konstruieren Ingenieure? Wieviel Intuition und Erfahrung brauchen sie? Welche Denkmodelle, die den Geisteswissenschaften zugeschrieben werden, benutzen sie? Welches Menschenbild haben Ingenieure, welches Bild vom Nutzer bei der Entwicklung neuer Produkte und Dienstleistungen?

- Befähigung von Ingenieuren zur Kooperation mit Geistes- und Sozialwissenschaftlern, durch Entwicklung neuer Modelle der Ausbildung, auf der Basis von Erkenntnissen über die Rolle des Ingenieurs, an technischen wie an geistes- und sozialwissenschaftlichen Fakultäten

  Zur Beantwortung dieser Fragen werden außer Ingenieuren Anthropologen, Historiker, Sozialwissenschaftler, Philosophen und Psychologen gebraucht.

- Technikfolgenabschätzung innerhalb der Industrie durch Ingenieure unter Beteiligung von Geistes- und Sozialwissenschaftlern

  Die Abschätzung der erwünschten und unerwünschten Folgen technischer Entwicklungen findet meistens außerhalb der Industrie statt. Die frühzeitige Durchführung solcher Analysen innerhalb der entwickelnden Industrie unter Beteiligung von Geistes- und Sozialwissenschaftlern könnte den Ergebnissen mehr Relevanz für Innovationen verschaffen. Geistes- und Sozialwissenschaftler sollten an der Formulierung von Pflichtenheften teilnehmen.

Interkulturelle Vergleiche

Der interkulturelle Vergleich zwischen Regionen und zwischen Zeiten ist eine vor allem von Historikern angewandte Methode, die neue Einsichten erlaubt, die für Innovationsprozesse gebraucht werden.

- Interkulturelle Unterschiede und Standards von technologischen Prioritäten. Internationale und diachronische Vergleiche (Technikhistoriker, Sozialwissenschaftler, Ökonomen, Ingenieure)

  Vor allem Historiker beherrschen die Methode des Vergleichs. Bei wachsender internationaler Kooperation wird ihre Kompetenz gebraucht, um die Auswirkungen kultureller Unterschiede auf den Austausch von Produkten, Dienstleistungen und vor allem von großen technischen Systemen zu beurteilen.

  Wenn es Kompetenzen gibt, die in der regionalen Kultur wurzeln und die nicht anderswo kopiert werden können, dann kommt es darauf an, sich der Stärken der eigenen Kultur bewußt zu werden und diese zu pflegen. Deswegen ist zu fragen, was die besonderen deutschen und die besonderen europäischen Stärken sind, und welche Schwächen vorliegen, die sozioökonomisch, sozialpsychologisch und kulturhistorisch zu verstehen sind.

  Die Aufarbeitung der Technikgeschichte und der Geschichte der Innovationen der letzten Jahrzehnte dient der Stärkung der Innovationsfähigkeit durch die Herstellung der kritischen Distanz zu aktuellen Innovationen.

- Auswirkungen der kulturellen Vielfalt auf die Innovationsfähigkeit (Kulturhistoriker, Wirtschafts- und Sozialwissenschaftler, Ethnologen, Innovationsforscher und Ingenieure)

Die Forcierung europäischer Uniformität kann positive und negative Auswirkungen auf die Innovationsfähigkeit und die wirtschaftlichen Chancen Europas haben. Es fragt sich, ob nicht angesichts der Anforderungen der Globalisierung gleichzeitig die Regionen und die regionale Vielfalt gestärkt werden müssen.

- Historiker als Unternehmensberater

  Geisteswissenschaftliche Methoden wie Stilvergleich und Einzelfallbetrachtung könnten als ergänzende Ressourcen für die strategische Unternehmensberatung durch Historiker, Ingenieure und Ökonomen benutzt werden. Die Vorbehalte der Industrie gegen Geisteswissenschaftler scheinen groß zu sein. Erfolgsmodelle würden jedoch vermutlich Nachahmer finden.

- Chancen für die Kreislaufwirtschaft. Interkulturelle Erfolgsfaktorenforschung

  Neue gesellschaftliche Leitmodelle sind im Entstehen begriffen. Ein Beispiel ist die Vorstellung von der Nachhaltigkeit der wirtschaftlichen Entwicklung, für die zwei Ziele miteinander verknüpft werden: die Erhöhung der Ressourceneffizienz und die Reduktion der Umweltbelastung durch Einführung der Kreislaufwirtschaft. Die Idee der Kreislaufwirtschaft stößt auf zahlreiche Widerstände. Es fragt sich, welchen Beitrag Historiker, Philosophen, Wirtschafts- und Sozialwissenschaftler und Ingenieure dazu beitragen können, einen Gedanken wie den der Kreislaufwirtschaft zu fördern und Vorurteile abzubauen.

- Beitrag der Medien zu Bewußtsein und Verständnis der Einzelnen und der Gesellschaft in bezug auf Handlungserfordernisse aus dem Konzept der Nachhaltigkeit.

  Die zeitliche Eigendynamik der neuen Medien zwingt dem Nervensystem bestimmte Rhythmen und Zeittakte auf und verlangt vom menschlichen Gehirn unablässig eine erhöhte Aufmerksamkeitsleistung. Das könnte auf Dauer zu einer permanenten Verkürzung der Aufmerksamkeitsspanne, zu Konzentrationsstörungen und zu bleibenden Beeinträchtigungen kognitiver Fähigkeiten führen. Dies könnte sich verstärkt durch den verbreiteten Häppchen-Journalismus negativ auf die Fähigkeit und Bereitschaft vieler Menschen auswirken, sich der langfristigen Folgen ihres Tuns bewußt zu werden. Die Handlungsfähigkeit zur Bewältigung grundlegender Probleme mit langfristigen Auswirkungen, beispielsweise durch "nachhaltige Entwicklung", würde stark beeinträchtigt. Es fragt sich, welche Innovationen notwendig und möglich sind, um diesen Trend umzukehren.

- Weiterentwicklung des konkreten Denkens (Historiker, Wirtschafts- und Sozialwissenschaftler, Ingenieure)

  Interkulturelle Vergleiche schließen die Weiterentwicklung des konkreten Denkens jenseits allgemeiner und globaler Modelle, die von der konkreten historischen Situation abstrahieren, ein. Das gilt für die Wirtschaftspolitik wie für die Technologiepolitik. Die hermeneutische und multiperspektivische Methode des Historikers mit ihrem Grundprinzip, auch Gegenpositionen erst einmal so stark wie möglich zu machen, ist ein Mittel gegen die Illusion, es gebe bei politischen Entscheidungen ein durch Standardmethoden zu ermittelndes Pro oder Contra.

4.3 Strukturelle Konsequenzen

Das Kolloquium hat neben attraktiven Themen eine Reihe von Faktoren identifiziert, die als strukturelle Hemmnisse angesehen werden können:

- Entwicklung des Marktes für Geisteswissenschaftler

  Gemessen an der Innovationsfähigkeit der Geisteswissenschaftler überrascht die geringe Nachfrage nach ihnen aus der Wirtschaft. Geisteswissenschaftler scheinen in der Regel bisher auch geringe Neigungen zu haben, in der Wirtschaft tätig zu werden. Wenn sie in der Wirtschaft arbeiten, dann werden sie heute weniger ihrer spezifischen geisteswissenschaftlichen Kompetenzen, sondern mehr ihrer allgemeinen Fähigkeiten wegen beschäftigt. Dagegen gibt es aus der Sprachindustrie eine Nachfrage nach Computerlinguisten, der zur Zeit ein mangelhaftes Angebot gegenübersteht.

  Deswegen ist die Aufklärung über die spezifischen Fähigkeiten der einzelnen Disziplinen, die Erprobung ihrer beruflichen Einsatzmöglichkeiten und die Gewinnung von Erfahrungen über ihre Rolle bei der Vorbereitung von Innovationen notwendig. Daß sie die Eignung mitbringen, wird in den Beiträgen dieses Bandes deutlich.

- Unterstützung der geisteswissenschaftlichen Disziplinen bei der Bewältigung ihres konfliktreichen Wandels

  Die Computerisierung des Handwerkszeugs droht in den Sprachwissenschaften zur Abspaltung der Computerlinguisten von den klassischen Sprachwissenschaftlern zu führen. Die Verwendung moderner, computerunterstützter Methoden in den klassischen Sprachwissenschaften könnte zu neuen wissenschaftlichen und praktischen Erkenntnissen führen, die die Spaltung vermeiden helfen und die Innovationsfähigkeit weiter erhöhen. Die Sprachindustrie braucht Fachleute, die sowohl die Fähigkeit besitzen, mit modernem Handwerkszeug umzugehen, wie auch eine ausgeprägte Sprachkompetenz haben.

  Die Entwicklung der Neurophilosophie aus der Zusammenarbeit der Philosophie mit den Neurowissenschaften wird in Deutschland durch konservative philosophische Fakultäten behindert, während sie in den Vereinigten Staaten schon als eigene philosophische Richtung anerkannt ist. Die Förderung der neurophilosophischen Beteiligung an den Forschungen der Neurowissenschaften in Deutschland und der konstruktive und kritische Blick der Neurophilosophie käme einer Entwicklung zugute, die zur Veränderung des Menschenbildes und zu neuartigen Bewußtseinstechniken führen wird.

Interdisziplinären geisteswissenschaftlichen Grenzgängern mangelt es an Möglichkeiten, sich gegenüber den etablierten Wissenschaftlern Gehör zu verschaffen. Es fehlen Stätten der Diskussion für junge Wissenschaftler, die eher als ältere Wissenschaftler bereit sind, ausgetretene Wege zu verlassen und in der Konfrontation mit anderen Disziplinen neue Wege zu finden.

Eine Reihe geisteswissenschaftlicher Disziplinen hat einen Nachholbedarf an informations- und kommunikationstechnischer Ausstattung, um einerseits rechnerunterstützte Methoden einzusetzen und andererseits die schnelle nationale und internationale Kommunikation mit Kollegen innerhalb und außerhalb der eigenen Disziplin zu pflegen. Die Überwindung traditioneller Kommunikationsengpässe und die Beschleunigung des Informationsaustauschs würden die Verbreitung neuer Ideen beschleunigen und die Innovationsfähigkeit stärken.

Das Kolloquium hat gezeigt, daß es Akteure in den Geisteswissenschaften gibt, die diese strukturellen Defizite erkannt haben und sich für ihre Beseitigung einsetzen.

- Geisteswissenschaftler als 'Zulieferer'

  Geisteswissenschaftler schreckt im allgemeinen in der Debatte über ihren Beitrag zu Innovationen der Gedanke, als 'Zulieferer mißbraucht' zu werden. Ingenieure und Ökonomen dagegen sind eher stolz darauf, beitragen zu können und gebraucht zu werden. Wenn Geisteswissenschaftler stärker zu Innovationen beitragen sollen, müssen sie deswegen ein neues Selbstverständnis gewinnen, das die Kooperation über die Grenzen ihres Faches hinaus als wichtigen Bestandteil ihrer Tätigkeit anerkennt. Diesen Gedanken zu fördern, ist auch Aufgabe der Forschungsförderung.

- Schaffung von interdisziplinären Zentren an Universitäten im Themenfeld Technik und Gesellschaft

  Als Alternative zur radikalen Reorganisation von Fachbereichs- und Fakultätsstruktur zu wenigen problemorientierten, interdisziplinär zusammengesetzten Fachbereichen bietet sich die Möglichkeit an, zwischen der Hochschulleitung und den Fakultäten und Fachbereichen interdisziplinäre, problemorientierte Zentren als flexible Arbeitsebene zu etablieren. Zentren innerhalb einer Universität können zeitlich befristete Aufgaben in Forschung und Lehre wahrnehmen, die die traditionelle disziplinäre Struktur übergreifen. Der Vorteil für die Universitäten liegt darin, daß sie sich schneller auf die künftige Wissensentwicklung einstellen und frühzeitig neues Wissen gewinnen können. Voraussetzung für den Erfolg der Zentren sind eine angemessene Grundausstattung, Planungssicherheit für einen bestimmten Zeitraum, klarer Arbeitsauftrag und enge Verbindungen zu den Fachbereichen.

- Anpassung der Ingenieurausbildung an neue Anforderungen und Anpassung der geisteswissenschaftlichen Ausbildung an Herausforderungen durch die Technik

Philosophen, Historiker, andere Geisteswissenschaftler und Sozialwissenschaftler sollten sich stärker an der Ausbildung technischer Wissenschaftler beteiligen, wie das zur Zeit an einigen Universitäten schon geschieht. Neue Ausbildungsgänge für Ingenieure sind beispielsweise an den Technischen Universitäten in München, Berlin und Karlsruhe in der Erprobung, die weit über das "studium generale" hinausgehen und spezifische Kenntnisse für den Beruf vermitteln sollen. Umgekehrt können die Ingenieurwissenschaften Beiträge zur Innovation der Ausbildung in den Geisteswissenschaften liefern

Es geht allgemein darum, geisteswissenschaftliche Kompetenz für technische Disziplinen zu gewinnen und beide Bereiche füreinander zu öffnen, damit daraus Neues entstehen kann.

- Frühzeitige Beteiligung von Geisteswissenschaftlern an der öffentlichen Diskussion

  Historiker und Philosophen können Beiträge leisten, die eine frühzeitige, vielseitige und abgewogene Diskussion über Innovationen erlauben, den Spielraum der Alternativen erweitern, Verhärtungen und Aufgeregtheit vermeiden helfen und Auseinandersetzungen mit mehr Distanz ermöglichen. Die frühzeitige Beschäftigung mit Innovationen und die Kenntnisse ihrer sozialen und kulturellen Seite macht auf Alternativen aufmerksam und hilft auch Innovationen zu vermeiden, die nicht angebracht sind. Historiker und Philosophen können zum Bewußtsein beitragen, daß es nicht um Innovationen zu jedem Preis geht, sondern um die angemessene Lösung von Problemen. Sie sollten frühzeitig an der öffentlichen Diskussion von Innovationsprozessen beteiligt werden. Dies setzt allerdings voraus, daß sie auch bereit sind, ihre Erfahrungen in einer Weise einzusetzen, daß sie für die Bewältigung aktueller Aufgaben nützlich sind.

- Kooperation der Forschungsförderer

  Die geforderte Orientierung an der Entwicklung integrierter Lösungen geht sowohl die einzelnen geisteswissenschaftlichen Disziplinen wie auch die Forschungsförderer an. Die Integration verschiedener disziplinärer Ansätze, Methoden, Haltungen und Erfahrungen ist notwendig, wenn Innovationen entstehen sollen, wie alle Beiträge dieses Buches zeigen. Deswegen ist spiegelbildlich dazu auch die Kooperation von Referaten, Fachbereichen, fördernden Institutionen und Ministerien notwendig. Die Bereitschaft fördernder Einrichtungen zur Kooperation sollte als normale Haltung, die zu begründende Ablehnung der Kooperation als die Ausnahme angesehen werden. Die Kooperation der Förderer wirkt auch gegen die Zersplitterung und die Isolation von Disziplinen.

4.4 Ausblick

Forscher und Förderer werden in unterschiedlicher Weise die thematischen und strategischen Konsequenzen zur Kenntnis nehmen und sie je nach Zielen, Geltungsbereich und Finanzierung der Förderung und Interessen der Forschung in eigenen Projekten und Programmen berücksichtigen und in Vorhaben umsetzen.

Jeder Förderer kann aus der Fülle von thematischen Anregungen in diesem Band herausgreifen, was in den Rahmen seiner Förderung paßt. Im Vorteil sind dabei solche Förderer, die sich auf die interdisziplinären Anforderungen einstellen können. Für die anderen gilt um so mehr die Aufforderung, die Kooperation zwischen den Förderern nicht zu vergessen und Vorhaben beispielsweise nicht daran scheitern zu lassen, daß sie nicht in den disziplinären Rahmen passen.

Auch die genannten strategischen Konsequenzen berühren die Förderer in unterschiedlichem Maße. Die Universitäten und Fakultäten sind gefragt, wenn es um die Einrichtung neuer Lehrstühle, die Entwicklung neuer Ausbildungsinhalte und neuer fachübergreifender Kooperationsformen geht, die Industrie, wenn sich der Markt für Geisteswissenschaftler entwickeln soll, der Bund und die Bundesländer bei der weiteren Unterstützung der technischen Ausstattung geisteswissenschaftlicher Institute, der Bund und die Forschungsstiftungen bei der Entwicklung weiterer Instrumente der interdisziplinären Zusammenarbeit. Alle sind dazu aufgefordert, die Bereitschaft der Geisteswissenschaftler zu fördern, ihr Wissen zur Verfügung zu stellen, und sie frühzeitig an Diskussionen über Innovationen, die sich aus den geförderten Forschungs- und Entwicklungsvorhaben ergeben, zu beteiligen.

Dieser Band gibt Anregungen, die sich aus der Diskussion weniger ausgewählter Bereiche ergeben haben. Deswegen soll er auch den Blick dafür öffnen, daß es sich weiter lohnt, nach Themen zu suchen, die den Geisteswissenschaftlern erlauben, zu Innovationen beizutragen und neue Wege zu Innovationen zu finden. Die Geisteswissenschaften ihrerseits werden von der neuen Blickrichtung profitieren und Anregungen für ihre Arbeit bekommen.

Teil 2:

Geisteswissenschaften und Innovationen

Der Prozeßcharakter von Innovationen

Frieder Meyer-Krahmer

1 Zum Verständnis von Innovation

Man kann sich dem Thema des Kolloquiums "Beitrag der Geisteswissenschaften zu Innovationen" von zwei Seiten nähern. Einmal von der Seite der Geisteswissenschaften und einmal von der Seite der Innovationen. Es ist naheliegend, daß ich mich als Innovationsforscher diesem Thema von der Seite der Innovation nähere. Mein Ziel ist, gängige Definitionen von Innovation zu erläutern und auf einige wichtige ausgewählte Änderungen im Innovationsgeschehen einzugehen, die m. E. auf die wachsende Relevanz der Geisteswissenschaften (und der Sozialwissenschaften) sowohl zum Verständnis von Innovationen als auch zur Hervorbringung derselben hinweisen. Im Innovationsgeschehen ist eine Reihe von Änderungen zu beobachten, die die Bedeutung der Geisteswissenschaften wachsen lassen. Gert Kaiser (in diesem Band) bringt die Sichtweise der Geisteswissenschaften, insbesondere die literaturwissenschaftliche Perspektive, ein und Bolko von Oetinger (in diesem Band) thematisiert die Perspektive der Wirtschaft, die der wichtigste Akteur im Innovationsgeschehen ist. Wir präsentieren drei unterschiedliche generelle Sichtweisen vor dem Einstieg in die speziellen Themenbereiche.

Was verstehen wir unter Innovationen? Laut Brockhaus Enzyklopädie (Brockhaus 1997) wird der Innovationsbegriff in verschiedenen Wissenschaften wie folgt verwendet: Eine systematische Verwendungsweise erfahren die verschiedenen Bedeutungsvarianten des Begriffs Innovation u. a. in der Völkerkunde, wo Innovation ein eigenständig entdecktes oder aus fremden Kulturen übernommenes Kulturelement bezeichnet, das sich qualitativ von vorhandenen Formen unterscheidet und sich ihnen gegenüber ggf. durchsetzt. In der Erziehungswissenschaft bezieht sich Innovation auf die Um- oder Neugestaltung eines didaktischen Systems (Schulart, Unterrichtsmethode), die z. B. im Rahmen der Einführung neuer schulischer Organisationsformen, moderner Lehr- und Lerntechnologien, der Curriculumsrevision u. a. wirksam werden kann, aber auch auf die Änderung des Lernverhaltens (innovatives Lernen) abzielt, während sich die Psychologie eher mit der Entstehung individueller und gesellschaftlicher Verhaltensmuster sowie der sozialen Dimension der Kreativität befaßt. Die Soziologie analysiert u. a. den Zusammenhang zwischen der Verteilung sozialer Macht und den Innovationspotentialen innerhalb einer Gesellschaft sowie innovationsfördernde und innovationsbeschränkende Faktoren. In der Theorie des Strukturfunktionalismus (T. Parsons, R. K. Merton) bezeichnet Innovation eine Form oder Stufe im Anpassungsprozeß des individuellen Handelns an individuell oder gesamtgesellschaftlich erforderte Verhaltensweisen, Deutungsmuster und Lebensstile angesichts veränderter oder konflikthaft aufgeladener Umweltbedingungen oder innergesellschaftlicher Problemstellungen, die die bisherigen Verhaltensmuster als ungenügend erscheinen lassen. Unter diesem Blickwinkel ist Innovation sowohl Erscheinungsform als auch Ursache des sozialen Wandels und des technischen Fortschritts (H. P. Dreitzel, W. Zapf) und spielt in den Theorien über die Modernisierung traditioneller Gesellschaften (D. Lerner) eine Rolle. Hagen sieht Innovation als Reaktionsweise der Eliten an, die innerhalb eines gesamtgesellschaftlichen Kräftefeldes mit Statusverlust konfrontiert sind und nun mit Hilfe von Innovationen neue Machtpotentiale erschließen und hierüber den sozialen Wandel in Gang setzen oder aufrechterhalten.

In den Wirtschaftswissenschaften ist in der ersten Hälfte dieses Jahrhunderts der Begriff Innovation durch Joseph Schumpeter geprägt worden, der ein weites Verständnis von Innovation hatte. Er verstand hierunter die Entwicklung, Erzeugung und Durchsetzung neuer Produkte und Produktqualitäten (Produktinnovation), neuer Herstellungsverfahren (Prozeß- oder Verfahrensinnovation) sowie neue Methoden der Organisation und des Managements als auch institutionelle Änderungen (institutionelle Innovation). In der zweiten Hälfte dieses Jahrhunderts verengte sich die Begriffsbildung vornehmlich auf die Voraussetzungen, Bedingungen und den Prozeß des technischen Wandels und der damit verbundenen Produkt- und Prozeßinnovationen. Im Gefolge von Christopher Freeman wurde statt dessen stärker zwischen Basis- und Verbesserungsinnovationen unterschieden. Unter Basisinnovationen werden entweder sogenannte Schlüssel- oder Querschnittstechnologien verstanden wie auch Innovationen, die eine große Anzahl von Wirtschaftssektoren revolutionieren. Verbesserungs- oder inkrementale Innovationen beschreiben dagegen jenen Teil des Innovationsgeschehens, das durch evolutionäre, schrittweise Verbesserungen gekennzeichnet ist.

In jüngster Zeit wandelt sich das relativ enge Verständnis von Innovation wieder in eine breitere Sichtweise: Innovationen werden stärker "systemar" betrachtet, indem die Wissensproduktion und Entstehung von neuen Produkten und Verfahren stärker im Kontext gesamtwirtschaftlicher Einflußfaktoren, wie internationaler Wettbewerb, Rahmenbedingungen, Nachfrageveränderungen, die Schnittstelle Wissenschaft/Wirtschaft sowie unternehmensinterne "weiche" Innovationsfaktoren wie Arbeitsorganisation, Qualifikation und Einstellung des Managements einbezogen werden.

2 Absehbare Veränderungen des Innovationssystems

Ein neues Verständnis vom Innovationssystem

Lange Zeit wurde der Begriff Innovationssystem nur auf Forschung und Entwicklung bezogen; im wesentlichen verstand man darunter die Forschungsinfrastruktur -

Universitäten, Großforschungs- und außeruniversitäre Forschungseinrichtungen - sowie die industrielle Forschung und Entwicklung. Die Komplexität des Innovationsprozesses verlangt jedoch auch die Einbeziehung des Umfelds. Dies wird im angelsächsischen und skandinavischen Raum bereits seit Jahren und in jüngster Zeit auch in internationalen Organisationen wie der OECD diskutiert: Bestandteile des Innovationssystems sind staatliche, halbstaatliche und private Institutionen zur Finanzierung, Regulierung und Normensetzung. Neben der Forschungs- und Technologiepolitik gehören auch andere Politikfelder dazu wie Wirtschaft, Finanzen sowie Umwelt, Verkehr und Kommunikation bis hin zu Wettbewerbspolitik, die wesentliche Rahmenbedingungen des Funktionierens eines modernen Innovationssystems prägen.

Neuere Theorien betonen in besonderem Maße die dynamischen Effekte wissensintensiver Produktion. Diese reichen von positiven externen Effekten von Forschung und Entwicklung über Ausstrahlungseffekte der Wissensgewinnung auf andere Forschungsgebiete, Industriezweige oder Unternehmensteile bis zu Verbundeffekten, Lernkurven und technischen Standards (OECD 1993a). Die innovationsfinanzierenden Institutionen werden in ihrer Bedeutung für das Innovationssystem zunehmend als gewichtiger angesehen (OECD 1993b).

Dabei ist neben der Höhe der Aufwendungen eines Landes für Forschung und Technologie vor allem entscheidend, wie effizient die Mittel eingesetzt werden und wie gut das Innovationssystem funktioniert. Die Bedeutung nationaler Innovationssysteme für die Wettbewerbsposition der jeweiligen Länder und ihre Fähigkeit, neben dem wirtschaftlichen auch den öffentlichen Bedarf im Bereich Verkehr, Gesundheit, Energie und Umwelt zu decken, ist insbesondere in der evolutorischen Innovationsforschung immer wieder betont worden (Freeman 1982). Trotz Internationalisierung und Globalisierung sind nationale Innovationssysteme weiterhin von Bedeutung (Nelson, 1993). Empirische Untersuchungen (Pavitt/Patel 1988) weisen darauf hin, daß selbst für international tätige Unternehmen ihr Stammland einen erheblichen Einfluß behalten wird. Neben Forschung und Technologie sind dafür bekanntermaßen Humankapital, Ausbildungssystem und eine gute Infrastruktur ausschlaggebend.

Eine neue Art der Gewinnung wissenschaftlich-technischen Wissens

In den letzten Jahren sind zahlreiche Studien zur Einschätzung sogenannter "kritischer Technologiebereiche" in führenden Industrieländern entstanden. Ziel dieser Bemühungen war, diejenigen Technologiebereiche zu identifizieren, denen ein entscheidender Einfluß auf die künftige Problemlösungsfähigkeit der Volkswirtschaften zugesprochen wird. Auch in der Bundesrepublik Deutschland sind solche Untersuchungen durchgeführt worden (Grupp 1993).

Aus diesen Untersuchungen ergibt sich, daß die Technologie am Beginn des 21. Jahrhunderts nach herkömmlichen Gesichtspunkten nicht mehr aufteilbar ist. So verschieden die einzelnen Entwicklungslinien auch sein mögen, sie wirken letztlich alle zusammen. Trotz zunehmender Anwendungsnähe bleiben wichtige Bereiche in den nächsten zehn Jahren unverändert stark von der Grundlagenforschung dominiert (Bioinformatik, Aufbau- und Verbindungstechnik in der Mikrosystemtechnik, Fertigungsverfahren für Hochleistungswerkstoffe, Oberflächenwerkstoffe und andere). Auch nach dem Erreichen angewandter Ziele ist die Bedeutung der Grundlagenforschung ungebrochen: wissensbasierte Technologie von morgen bedarf der fortwährenden Unterstützung durch langfristig anwendungsorientierte Grundlagenforschung (Grupp/Schmoch 1992).

Die Multi- und Interdisziplinarität der Technikentwicklung wird weiterhin zunehmen. Neue Technologien werden sich transdisziplinär etablieren, d. h. nach ursprünglich interdisziplinär erarbeiteten Ergebnissen sich als eigenständige Arbeitsgebiete in komplexen disziplinären Vernetzungen fortentwickeln. Damit z. B. die Nanotechnologie als neue Basistechnologie zukünftige Innovationsprozesse und neue Technikgenerationen in voller Breite befruchten kann, ist das transdisziplinäre Zusammenwirken mit der Elektronik, der Informationstechnik, der Werkstoffwissenschaft, der Optik, der Biochemie, der Biotechnologie, der Medizin und der Mikromechanik eine wichtige Voraussetzung. Entsprechend reichen die Anwendungen der Nanotechnik in den Bereich der maßgeschneiderten Werkstoffe und der biologisch-technischen Systeme hinein, wenn sie auch vor allem im Bereich der Elektronik gesehen werden.

Zusammenfassend läßt sich feststellen, daß die Kennzeichen der Technologie am Beginn des 21. Jahrhunderts eine Reihe von Veränderungen aufweisen: Drastisch steigende Innovationskosten, wachsende Bedeutung der Interdisziplinarität und der besonderen Dynamik überlappender Technikgebiete, einen enger werdenden Zusammenhang zwischen Grundlagenforschung und industrieller Anwendung sowie eine engere Vernetzung von Forschung und Bedarf.

Dieser von vielen Innovationsforschern in der letzten Zeit beobachtete Umbruch des Innovationsgeschehens kann mit Gibbons et al. (1994) als "Übergang zu einem neuen Modus der Wissensproduktion" bezeichnet werden. Der traditionelle Modus beinhaltete eine eher lineare, disziplinär gebundene, vorwiegend interne Weise (innerhalb eines Forschungsinstituts oder eines Unternehmens) der Wissensproduktion; der neue Modus wissensbasierter Innovationsprozesse überwindet eine Reihe von konventionellen Trennungen. Diese neue Form der Wissensgewinnung hat folgende Elemente: Problemorientierung, Anwendung, die Vernetzung der Akteure im Innovationssystem und flexible, reaktionsfreudige Strukturen. Andere Analysen heben neben der Wissensgewinnung auch auf die produktionstechnische Umsetzung von Innovationen und deren Diffusion ab (Dertouzos, M. et al. 1989). Danach hat das deutsche Innovationssystem besondere Vorteile hinsichtlich der Ausbildung, eines bedeutenden exportintensiven Mittelstands, sowie engmaschiger Lieferverflechtungen. Die internationale Wettbewerbsstärke eines Landes beruht auf dem, was Michael Porter (1991) in seinem Standardwerk über "Nationale Wettbewerbsvorteile" Clusterbildung genannt hat. Deutschland besitzt zwei solcher Cluster: Ein großes, verflochtenes sektoral-technisches Cluster, das sich um den Maschinen- und Fahrzeugbau bildet, und ein weiteres, ebenso verflochtenes um die Chemie und Pharmazeutik. Patent- und Außenhandelsanalysen belegen dies (Gehrke/Grupp 1994; Sachverständigenrat 1994).

Im deutschen Innovationssystem wird es besonders auf den Optimierungsprozeß an den Schnittstellen zwischen den Akteuren und damit auf die Verbesserung von Vernetzung und Arbeitsteilung ankommen. Die klassische, auf einzelne Technologiegebiete orientierte Förderung wird den bereits eingeleiteten Trend zu einer stärkeren (horizontalen) Vernetzung von wissenschaftlichen Disziplinen und Technikgebieten weiter ausbauen müssen. Die neue Form der Wissensgewinnung in ihrer engen Verbindung mit Problemorientierung und Anwendung macht darüber hinaus eine verbesserte vertikale Vernetzung erforderlich. Eine nach Disziplinen ausgerichtete Forschungsförderung der DFG, des Stifterverbandes u. v. m. oder eine nach Technologiegebieten organisierte Politik des BMBF (sowie das bisherige System weitgehend unabhängig voneinander tätiger Projektträger) wird sich nicht unverändert aufrechterhalten lassen.

Neue Bedeutung dynamischer Effekte, des Umfelds und der Nachfrageorientierung von Innovationen

Neuere Theorien betonen in besonderem Maße die dynamischen Effekte wissensintensiver Produktion. Diese reichen, wie erwähnt, von positiven externen Effekten der Forschung und Entwicklung bis zu Ausstrahlungseffekten der Wissensgewinnung auf andere Forschungsgebiete, Industriezweige oder Unternehmensteile sowie von Verbundeffekten und Lernkurven bis zu technischen Standards.

Damit sind aus Sicht der neueren Theorie folgende Aspekte des Innovationsprozesses und moderner Innovationssysteme von besonderer Bedeutung:

- Optimierung von Schnittstellen und Arbeitsteilung der Akteure im Innovationssystem
- eine hohe Anpassungsfähigkeit von Forschungseinrichtungen, Unternehmen und deren Umfeld auf geänderte Rahmenbedingungen
- die Verbindung von Zukunftstechniken mit bisherigen Stärken im internationalen Technologiewettbewerb.
- Innovationserfolge werden erreicht, wenn eine sich wandelnde Nachfrage frühzeitig aufgegriffen und Technik als Instrument für Problemlösungen eingesetzt wird.

- Die Bereitstellung von Forschungsinfrastruktur, die Nutzbarmachung von externen Effekten (einschließlich derjenigen von Netzwerken und Ausstrahlungseffekten) und die Integration verschiedener innovationsbeeinflussender Politikbereiche werden als wichtige Aufgaben der Technologiepolitik gesehen.

Zukunftsentwürfe z. B. der Informationstechnik in den neunziger Jahren bestehen darin, daß sich das Interesse von Wirtschaft, Wissenschaft, Staat und Öffentlichkeit von dem, was technisch machbar ist, auf die Frage verschiebt, welchen Lösungsbeitrag die Informationstechnik zu vielen Problemen liefern kann (Zoche 1994). Im Vordergrund steht, welche Probleme in den verschiedenen Bereichen von Wirtschaft und Gesellschaft einer Lösung bedürfen, und - daraus abgeleitet - der Bedarf zur weiteren Entwicklung moderner Technologie. Die Dringlichkeit eines solchen "Perspektivwechsels" hat erheblich zugenommen.

Wandel der staatlichen Technologiepolitik

Die theoretische Literatur über mögliche Begründungen staatlicher Technologiepolitik ist begrenzt (Dasgupta/Stoneman, 1987; Mowery, 1994; Fritsch, 1995). Für die Bundesrepublik Deutschland ist es charakteristisch, daß in diesem Feld eine intensive ordnungspolitische Debatte entbrannt ist, die sich überwiegend damit beschäftigt, die Argumente gegen eine klassische Industriepolitik (die primär der Erhaltung gefährdeter traditioneller Industriezweige wie Kohle und Landwirtschaft dient) auf die Förderung von Technologien zu übertragen. In der internationalen Diskussion findet sich mit wenigen Ausnahmen diese Debatte nicht. Die bisherigen Ansätze beruhen primär auf der Public-Choice-Theorie, der Industrieökonomik, evolutionären Ansätzen und der neuen Wachstumstheorie (siehe Klodt, 1995; Fritsch 1995; Smith 1991).

Die in den letzten zwei Jahrzehnten in vielen OECD-Staaten zunehmend wichtiger werdende Argumentationslinie zur Begründung staatlicher Technologiepolitik hebt auf die *Verbreitung und die strukturellen Anpassungsprozesse* im Gefolge von neuen Technologien ab. Hemmnisse für strukturelle Anpassungsprozesse werden bei risikoscheuen Unternehmern und Kapitalmarktversagen gesehen (Klodt 1995). Eine wichtige Komponente des wirtschaftlichen Nutzens von technologischen Innovationen wird durch eine schnelle und effektive Anwendung und Nutzung neuer Technologien bestimmt. Ergas (1987) zeigt, daß der volkswirtschaftliche Nutzen ("national economic returns") einer diffusionsorientierten Politik hinsichtlich Einkommens- und Produktivitätswachstum beträchtlich sind. Die zugrundeliegende theoretische Argumentation bezieht sich auf unvollständige Information und Inflexibilität. Mögliche Marktdefizite sind hierdurch beeinflußt, die bereits sehr frühzeitig in der Literatur diskutiert wurden (z. B. Arrow 1962). Sie werden als ein wichtiges Hemmnis für die Diffusion neuer Technologien verstanden. Solche Inflexibilitäten können sowohl auf technischem Gebiet, beim Personal, der Unternehmensorganisation oder bei sozialen Hemmnissen (Regulierung, Akzeptanz etc.) auftreten (Fritsch 1995). Darüber hinaus zeigen neuere Arbeiten unter Hinweis auf den interaktiven und iterativen Charakter der Technologieentwicklung und ihrer Fusion, daß eine erfolgreiche Anwendung neuer Technologien in erheblichem Maße Forschung und Entwicklung und technologisches Know-how bei den Anwendern selbst voraussetzt (Cohen/Levinthal 1989; Jaffe 1988).

Ganz wesentlich für die Effizienz und Wirksamkeit des technologiepolitischen Instrumenteneinsatzes ist eine langfristige Orientierung. Den Forschungsakteuren in Wissenschaft und Wirtschaft wird dann die Möglichkeit gegeben, sich effizient anzupassen, wenn die Rahmenbedingungen stabil sind. Wesentlich ist auch, eine Mischung zwischen Angebots- und Nachfrageorientierung des Instrumenteneinsatzes zu erreichen: institutionelle Förderung und Verbund- und Projektförderung, die primär am frühen Techniklebenszyklus ansetzen, müssen um innovationsorientierte Dienstleistungen, Technologietransfermaßnahmen, Nachfrage und Regulierung ergänzt werden, um eine wirksame Nachfrage herzustellen. Zu ähnlichen Ergebnissen kommen Analysen zum Erfolg von Innovationen, die die Notwendigkeit der engen Kopplung von Technikangebot und -nachfrage betonen (z. B. Lundvall 1992).

Insgesamt findet damit eine Erweiterung der Wissenschafts- und Forschungspolitik von einer Förderung der Technik hin zu den Faktoren, die das Innovationsumfeld bestimmen oder z. T. als "weiche" Innovationsfaktoren bezeichnet werden können. Am Beispiel der Diffusion moderner Fertigungstechnik und neuer Produktionskonzepte sei dies kurz erläutert.

Diffusionsorientierte Technologiepolitik im Gegensatz zu Technologiepolitik mit nationalen Zielsetzungen (wie militärische Sicherheit, Gesundheit, Raumfahrt) spielt mittlerweile in einer ganzen Reihe von Ländern eine beträchtliche Rolle. Einer der Schwerpunkte dieses Ansatzes liegt auf der Verbreitung neuer Fertigungstechniken. In den letzten Jahren rücken auch die neuen Produktionskonzepte in den Blickpunkt der Technologiepolitik. Vorliegende Evaluationen in Deutschland und der Schweiz demonstrieren dieses.

Noch deutlicher wird der notwendige Wandel klassischer Technologie- und Innovationspolitik durch die Ergebnisse einer jüngeren Studie zum Diffusionsgrad neuer Produktionskonzepte in der deutschen Industrie. Angesichts der kontroversen Diskussion um Erfolge und Probleme schlanker Produktion hat das Fraunhofer-Institut für Systemtechnik und Innovationsforschung (ISI) im Auftrag des Bundesministerium für Wirtschaft eine Bestandsaufnahme neuer Produktionskonzepte in der Industrie erstellt (Dreher et al. 1995). Hierbei wurden die Verbreitung der Gestaltungselemente einer schlanken Produktion ermittelt, unausgeschöpfte Verbreitungspotentiale identifiziert und deren Ursachen analysiert.

Ein wichtiges Ergebnis ist die Einsicht, daß nicht jeder Betrieb seine Produktion nach den neuen Prinzipien einer schlanken Produktion organisieren kann: Es gibt Produkt- und Produktionsmerkmale, die die Einführung einzelner Elemente neuer Produktionskonzepte verhindern. Somit zeigt die Bestandsaufnahme, daß vom Stand der Verbreitung nicht direkt auf unausgeschöpfte Potentiale geschlossen werden kann.

Vor dem Hintergrund der tatsächlich gegebenen Verbreitungspotentiale haben im Mittel zwischen einem Fünftel und einem Drittel der deutschen Industriebetriebe die Chancen neuer Produktionskonzepte genutzt. Allerdings sind die Betriebe, die die neuen Konzepte gegenwärtig realisieren, nicht erfaßt. Während bei der Gestaltung der Wertschöpfungskette und der Produktentwicklung viele Maßnahmen verwirklicht wurden, liegen die größten, nicht ausgeschöpften Verbreitungspotentiale in der Arbeitsorganisation, Personalführung und Qualitätssicherung. Die starke öffentliche Diskussion dieser Elemente suggeriert, daß die Betriebe in diesen Bereichen bereits weiter seien. Tatsächlich werden hier - trotz der laufenden Aktivitäten und einer qualifizierten Arbeitnehmerschaft - immer noch Chancen vertan.

Die Ursachen dafür, daß die Chancen der neuen Konzepte nicht genutzt werden, liegen vor allem in den Unternehmen selbst. Externe Gründe - etwa standortbezogene Faktoren - spielen keine nennenswerte Rolle. Für einzelne Elemente der neuen Konzepte gibt es aus Sicht der Unternehmen oft gute Argumente für einen Verzicht. Der Kern liegt in der Unsicherheit der Unternehmer, den Nutzen und den Einführungsaufwand der neuen Konzepte abschätzen zu können sowie in der strategischen Orientierung der Betriebe. Oft ist es aber auch die mangelnde Veränderungsbereitschaft des Managements. Da staatliche Rahmenbedingungen die Verbreitung der neuen Produktions- und Organisationskonzepte nicht behindern bzw. die Reorganisationsfähigkeit der Unternehmen nicht einschränken, besteht kein originärer wirtschaftspolitischer Handlungsbedarf zur Beseitigung staatlich verursachter Hemmnisse. Diese Ergebnisse zeigen jedoch drastisch, wie notwendig der Perspektivenwandel der Technologie- und Innovationspolitik von der Technik hin zu den "weichen" Innovationsfaktoren ist, wie: Arbeitsorganisation, Qualifikation, Einstellung des Managements, Beratung, Planung, Information, Verhaltensstile. Analoges kann für eine Reihe anderer Technikgebiete wie Energieeinsparung, Umwelttechniken, Kommunikationstechnik gezeigt werden. Die zunehmende Bedeutung dieser Innovationsfaktoren wird auch eine analoge Änderung des innovationspolitischen Ansatzes nach sich ziehen. Gegenwärtig muß man allerdings feststellen, daß die technologiepolitischen Akteure in vielen Ländern sich nur zögerlich auf diesen Wandel einlassen.

3 Der Wechsel von der Technik zum Innovationsumfeld

In den letzten Jahrzehnten war in vielen OECD-Staaten die Forschungs- und Technologiepolitik vornehmlich auf den Entstehungsprozeß neuer Techniken konzentriert, zunehmend ergänzt durch Technologietransfer und Unterstützung der Diffusion dieser Techniken. Erst in jüngster Zeit ist ein sehr deutlicher Wechsel von der Technik hin zum Innovationsumfeld hin zu beobachten: Organisation der Produktion, Qualifikation der Beschäftigten, Aus- und Weiterbildung, Wagniskapital, (Re-) Regulierung, Technikakzeptanz, die engere Verbindung von gesellschaftlichen Problemen (Verkehr, Gesundheit, Umwelt) und technischen, organisatorischen und sozialen Innovationen. Die Literatur hierzu ist außerordentlich umfangreich. Ich möchte beispielhaft anhand sog. "Lead Märkte" den "Wechsel von der Technik zum Innovationsumfeld" schildern. Dieser Wechsel erhöht zweifellos die Relevanz der Geistes- und Sozialwissenschaften und ihrer Beiträge zu den anstehenden und sich dadurch aufwerfenden Fragen. Eine kürzlich abgeschlossene Untersuchung des ISI zu internationalen FuE-Strategien von Großunternehmen mag als Grundlage für meine folgenden Ausführungen gelten (Gerybadze/Meyer-Krahmer/Reger 1997; s. auch dort die angegebene Literatur).

Die Analyse der Innovationstätigkeit transnationaler Unternehmen zeigt, daß diese zunehmend in integrierten Prozeßketten denken und ihre Wertschöpfung nicht primär dorthin verlagern, wo allein die besten Bedingungen für die Forschung vorliegen. Für die FuE-Standortentscheidungen spielt offenbar die Nachfrageseite eine wichtigere Rolle als die Angebotsfaktoren. Betriebswirtschaftlich gesprochen steht eher die Frage im Vordergrund: "Wo werden Einnahmen erzielt, Nutzen gestiftet und neue Ressourcen geschaffen?" anstatt: "Wo fallen Kosten an und wo werden vorhandene Ressourcen verbraucht?" Die Unternehmen gehen bei ihren transnationalen Investitionsaktivitäten demgemäß nach folgendem Entscheidungsmuster vor: Wo sind die attraktiven, zukunftsweisenden Märkte, in denen von Anwendern gelernt werden kann und ein genügend hoher Ertrag für aufwendige Produktentwicklungen generiert wird? Wo können diese Märkte durch hochentwickelte Produktions-, Logistik- und Zulieferstrukturen bestmöglich bedient werden? Wo lohnt sich infolgedessen der Aufbau von Wertschöpfung am Ort? In welchen Ländern fallen attraktive Märkte, hochentwickelte Produktionsstrukturen und exzellente Forschungsbedingungen in einer Weise zusammen, so daß innovative Kernaktivitäten dort gebündelt werden können?

Vor diesem Hintergrund der strategischen Entscheide in multinationalen Unternehmen werfen die von uns herausgearbeiteten Bestimmungsfaktoren und Motive folgende Fragen für die Technologiepolitik auf:

- In welchen End-User-Märkten gilt die Bundesrepublik als Trendsetter auch im europäischen bzw. internationalen Rahmen?

- Wo sind regionale Produktionsstrukturen und Zuliefernetze auf einem derart hohen Entwicklungsstand, daß hochwertige Wertschöpfung langfristig am Standort Deutschland gesichert werden kann?
- Welche Bereiche des regionalen Forschungs- und Technologiesystems sind weltweit auf Spitzenniveau und können zugleich Verstärkungswirkungen auf deutsche und europäische Lead-Märkte und Produktionsstrukturen auslösen?
- Wo werden durch Beteiligung an Forschungs- und Normierungsverbünden oder an national bzw. regional inszenierten komplexen Lernprozessen für Innovationen "dominante technologische Designs" mitbeeinflußt, die anschließend zu Vorsprüngen im weltweiten Innovationswettbewerb führen?
- Welche relative strategische Bedeutung hat der deutsche Markt und Produktionsstandort aus Sicht der Unternehmen in der Europäischen Union und in anderen Handelsblöcken?

Durch Herstellung effektiver Verknüpfungen dieser Kompetenzfelder und durch Ausbau von "Forward-Backward-Linkages" kann es gelingen, schwer transferierbare Leistungsverbünde zu schaffen, die im weltweiten Maßstab einzigartig sind. Erst durch die Kombination von exzellenter Forschung mit hochentwickelten europäischen Lead-Märkten oder von Forschung mit hochentwickelten Produktionsstrukturen kann sich die Bundesrepublik Deutschland als Standort für international nicht ohne weiteres transferierbare Kernkompetenzen positionieren.

Eine wesentliche neue Erkenntnis aus dieser Untersuchung ergibt sich in der Bedeutung sogenannter Lead Markets. Auch kleine Länder können sehr innovativ sein und als Lead Market funktionieren. Beispiele hierfür sind die Schweiz für den Fall der medizinischen Implantate und klinischen Instrumente sowie die skandinavischen Länder im Falle der Standardsetzung beim Mobilfunk. Was sind die Kennzeichen von Lead Markets? Für sie treffen eines oder mehrere der folgenden Kennzeichen zu:

- eine Nachfragesituation, die durch hohe Einkommens- und niedrige Preiselastizitäten oder ein hohes Pro-Kopf-Einkommen geprägt ist,
- eine Nachfrage mit hohen Qualitätsansprüchen, großer Bereitschaft, Innovationen aufzunehmen, Innovationsneugier und hoher Technikakzeptanz,
- gute Rahmenbedingungen für rasche Lernprozesse bei Anbietern,
- Zulassungsstandards, die wegweisend für Zulassungen in anderen Ländern sind (z.B. Pharmazeutik in den USA),
- funktionierendes System des Explorationsmarketing (Lead-User-Prinzipien),
- spezifischer, innovationstreibender Problemdruck,
- offene, innovationsgerechte Regulierung.

Die Attraktivität des deutschen (und des europäischen) Innovationssystems wird aus dieser Perspektive weniger von komparativ-statischen Wettbewerbsfaktoren wie Kosten, Löhne bestimmt, sondern von seiner "dynamischen Effizienz" (die Wirtschaftstheorie unterscheidet zwischen statischer - bezogen auf einen Zeitpunkt - und dynamischer - bezogen auf eine längerfristige Entwicklung - Effizienz. Statische und dynamische Effizienz können durchaus im Widerspruch stehen). Letztere ist weitgehend vom Ausmaß der sozialen und organisatorischen Intelligenz beim Finden und Durchsetzen neuer Strukturen und Märkte abhängig. Werden in Deutschland komplexe Systeminnovationen (wie Road Pricing, Produkt-/Dienstleistungspakete, Kreislaufwirtschaftskonzepte, neue Anwendungen der Informationstechnik) erarbeitet, die weltweit Anwendungsmöglichkeiten finden? Offensives Lernen durch vielfältige Feldversuche und Pilotvorhaben zum Finden technischer, wirtschaftlicher, rechtlicher und sozialer Lösungen ist wesentlich. Solche Lernprozesse benötigen oft Jahre. Das Innovationssystem, das diese komplexen Lösungen zuerst beherrscht, ermöglicht den beteiligten Unternehmen Wettbewerbsvorsprünge und weist eine höhere internationale Attraktivität für Investoren auf.

Die Aufgaben, die sich hier stellen, gehen weit über die bisherigen Formen und Instrumente - wie Technologieexport oder wissenschaftlich-technische Zusammenarbeit - hinaus. Komplexe Innovationsprozesse, die Technik, Organisation, Recht, Steuersystem, Verhaltensstile von Herstellern und Anwendern sowie Konsumenten betreffen, müssen durch einen systemaren Ansatz "inszeniert" werden.

Als Fazit ist festzuhalten, daß die Globalisierung die nationale und europäische Technologiepolitik zwingt, den Fokus von der Technikförderung auf das Initiieren von komplexen Innovationen zu verändern, die weit in wirtschaftliche, rechtliche, soziale und gesellschaftliche Räume reichen. Auch hier kommt es auf das Tempo des Lernens und das Beherrschen neuer Lösungen an. Nicht nur Spitzenforschung, sondern auch die Erschließung neuer (Lead-) Märkte durch frühe und zukunftsorientierte Pilotvorhaben bestimmen entscheidend die internationale Attraktivität des deutschen Innovationssystems ("die Nase vorn auf der Lernkurve").

4 Vom Organisations- zum Individualverhalten

Eine weitere wesentliche Änderung besteht im Wandel der Bedeutung der verschiedenen Akteure im Innovationsgeschehen. Standen bisher vernehmlich Organisationen im Mittelpunkt des Interesses der Innovationsforscher: Unternehmen, Forschungseinrichtungen, Staat, Forschungsfördereinrichtungen, Technologietransfer u. a. m., so gerät zunehmend das Verhalten von Individuen und privaten Haushalten in das Blickfeld. Dieser Wandel, hier als These "Vom Organisations- zum Individualverhalten" beschrieben, soll im folgenden an einigen Beispielen aus der Arbeit des ISI zu illustriert werden. Eine Frage, mit der sich das ISI in den letzten Jahren intensiv auseinandergesetzt hat, ist, welche Faktoren die Verbreitung neuer produktionstechnischer Konzepte bestimmen. Hier geht es hauptsächlich um das Zusammenspiel von Organisation, Qualifikation und Technik. Die Frage war, warum der Verbreitungsgrad solcher Konzepte in bestimmten Bereichen in Deutschland sich relativ schlecht entwickelt hat. Einer der wesentlichen Gründe hierfür läßt sich unter dem Begriff "organisatorischer Konservativismus" fassen. Das ist die Bereitschaft des Managements sich in bestimmten Situationen auf neue Produktionskonzepte einzulassen. Die ISI-Forscher fanden eine eindeutige Korrelation zwischen Leidensdruck einerseits und Änderungsbereitschaft andererseits; d. h. also ein Phänomen, das man eher aus Psychologie kennt. Die Unternehmen lassen sich erst dann auf neue Konzepte ein, wenn ihnen das Wasser bis zum Halse steht. Eine solche ungünstige Situation bietet natürlich schlechte Voraussetzungen für die erfolgreiche Einführung neuer Konzepte. Die Wissenschaftler interessierte die Frage, wie man Unternehmen dazu bringen kann, neue Produktionskonzepte einzuführen, solange sie sich in einer wirtschaftlich günstigen Situation befinden. Ausgehend von einer Analyse neuer Produktionskonzepte und der Einführung moderner Produktionstechnik landeten die Forscher zu ihrer eigenen Überraschung schließlich bei Managern, ihren Einstellungen und ihrem Entscheidungsverhalten. Ähnliches ergab auch die Untersuchung von Existenzgründungsprozessen sowie der Globalisierung von FuE in multinationalen Unternehmen.

Die Ausschöpfung von Energieeinsparpotentialen bietet ein weiteres Beispiel. Hier geht es um die Ermittlung technischer und wirtschaftlicher Einsparmöglichkeiten, das Finden der geeigneten Technik, die Wirkung der Preissysteme, neue Organisationsformen, Beratung, Fortbildung und öffentliche Forschungsförderung. Das ISI entwickelt Fortbildungssysteme für Handwerker, die die Energiespartechnik installieren. Eine Abteilung des Forschungsinstituts hat zehn Jahre lang in einer kleinen Stadt in der Nähe von Kaiserslautern akribisch gemessen, wie sich die Bewohner einer Reihe von Wohnhäusern verhalten haben, die mit passiver und aktiver Solarenergietechnik ausgestattet waren. Das Ergebnis war, daß der eigentliche Energieeinspareffekt zentral vom Nutzungsverhalten der Bewohner abhängt. Es wurden Hypothesen entwickelt, wie veränderte Preissignale oder Information und Wissen das Verhalten von Handwerkern, Architekten, Installateuren und Hausbewohnern beeinflußt. Ob die relativ einfachen Verhaltensprämissen angesichts der Komplexität der Zusammenhänge adäquat sind, ist jedoch keinesfalls sicher. Auch hier gilt: Der Wechsel vom Organisations- zum Individualverhalten zwingt uns, kognitive, individualpsychologische und andere Faktoren stärker als bisher zu berücksichtigen und neue moderne interdisziplinäre Ansätze zu entwickeln. Das ist ein außerordentlich spannender Prozeß für (vielleicht manchmal zu techniklastige) Innovationsforscher.

Ein letztes Beispiel soll illustrieren, daß insbesondere die privaten Haushalte eine zunehmende Aufmerksamkeit als Akteure im Innovationssystem verdienen. Die privaten Haushalte bestimmen eine Reihe von wichtigen technischen Entwicklungslinien. Sie sind bedeutsame Verbraucher von Energie und Wasser und produzieren erhebliche Mengen von Abfall; betroffen ist hiervon die Umwelttechnik. Neben der geschäftlichen ist die private Kommunikation ein wichtiger Markt geworden - betroffen ist also die Informations- und Kommunikationstechnik. Bio- und Gentechnik werden desto stärker von privaten Haushalten beeinflußt, je mehr sie in den Bereich der Ernährung und Gesundheit eindringen. Man könnte auch noch das Mobilitätsverhalten - also die Verkehrstechnik - hinzurechnen. Aus technologischer Sicht sind demnach vier bis fünf ganz große Technikfelder zunehmend stärker von dem Individualverhalten von privaten Haushalten bestimmt. Der Akteur "private Haushalte" ist an sich nicht neu, aber neu ist seine wachsende Bedeutung für die Einführung dieser Techniken. Wenn man sich mit diesem Teil des Innovationsgeschehens analytisch befassen oder darauf gar mit Hilfe von Politik Einfluß nehmen will, so werden eine ganze Palette von Prämissen zu speziellen Verhaltensweisen aufgestellt werden müssen. Damit sind Werthaltungen angesprochen, über die uns die Geschichte, die Philosophie oder die Theologie Auskunft geben können. Damit ist das komplexe Geflecht menschlichen Verhaltens angesprochen, zu dem uns die Verhaltensforschung, die Psychologie und die Neurowissenschaften neue Erkenntnisse liefern, wie der Beitrag von Gerhard Roth in diesem Band zeigt. Innovationsforscher geraten damit in Themenbereiche und Fragestellungen, die ohne den Beitrag und die Mitwirkung der Geisteswissenschaften nicht mehr sinnvoll bearbeitet werden können. Deshalb ist es wichtig, den Beitrag der Geisteswissenschaften zu Innovationen zum Thema zu machen.

Geistige Trends und technologische Innovationen

Gert Kaiser

In der Spanne meiner wissenschaftlichen Lebenserfahrung sind die Geisteswissenschaften in Deutschland in der Defensive. Deshalb haben wir Geisteswissenschaftler immer wieder Wellen der Diskussion erzeugt über Sinn, Aufgaben und natürlich Neubestimmung der Geisteswissenschaften. Deshalb auch hält der Streit an über die zwei oder drei Kulturen, der Streit, ob man überhaupt davon sprechen kann und wenn ja: wie diese Kulturen miteinander ins Gespräch kommen können, falls sie noch wollen.

Gerade eben ist der schöne Band der Bremer Universitätsgespräche erschienen mit dem Titel "Zwei Welten in der Krise. Neue Perspektiven im Dialog zwischen den Natur- und Geisteswissenschaften". Dort wird noch einmal mit Verstand und Leidenschaft der große Selbstzweifel der Geisteswissenschaften umrungen. Symptomatisch dafür die Unvermeidlichkeit von Odo Marquard.

Die Veranstalter des Kolloquiums wollen offenbar etwas anderes. Offenkundig wollen sie nicht unsere schönen Pirouetten um C. P. Snow und seine legendären Bosheiten über die Intellektuellen. Offenbar auch wollen sie nicht mit uns bei Friedrich Dürenmatt und seiner Annektierung der Zwei-Kulturen-Problematik für die Dichtung verweilen. Offenbar also soll uns alles verwehrt werden, was wir für unseren verletzten Narzissmus üblicherweise bereithalten.

Statt dessen formuliert das Programm in schnöder Härte, man wolle herausfinden, ob und wie Geisteswissenschaften zu solchen Innovationen beitragen können, die die Arbeitslosigkeit verringern. Man beschwichtigt die Sensiblen unter uns insoweit, es gehe nicht um eine Instrumentalisierung der Geisteswissenschaften, aber anderseits wolle man auch nichts hören von der ewigen Neubestimmung ihrer Rolle.

Klarer geht es nicht – und auch das ist ein Zeichen für das geistige Klima unserer Tage. Ich will diese Haltung nicht schelten, sondern mich darauf einlassen, so gut es geht und so weit ich kann.

Ich werde über geistige Trends sprechen, die mit Innovationen, gerade auch mit technischen Innovationen zu tun haben, werde mich also den geistigen Bedingungen für Innovationen zuwenden.

Das erste Kapitel versammelt einige Äußerungen zur Diagnose und Bewertung der Innovationsstimmung in Deutschland, das zweite macht einige Anmerkungen zur heraufziehenden Wissensgesellschaft und das dritte erzählt eine Geschichte vom verlorenen Paradies, eine Geschichte, die eine neue Antwort auf eine alte Frage weiß.

Innovationsfähigkeit beginnt im Kopf

Von politischer Seite wurde das Thema der Innovationsstimmung bekanntlich in jüngster Zeit durch jene Berliner Rede von Roman Herzog aufgegriffen, die viel öffentliche Zustimmung und ebensoviel intellektuelle Kritik auf sich gezogen hat. Ich erinnere an einige Kernsätze:
"Hier (in Deutschland) herrscht ganz überwiegend Mutlosigkeit, Krisenszenarien werden gepflegt. Ein Gefühl der Lähmung liegt über unserer Gesellschaft (...) Was ist los mit unserem Land? Im Klartext: Der Verlust wirtschaftlicher Dynamik, die Erstarrung der Gesellschaft, eine unglaubliche mentale Depression - das sind die Stichworte der Krise. Unser eigentliches Problem ist ein mentales: Es ist ja nicht so, als ob wir nicht wüßten, daß wir Wirtschaft und Gesellschaft dringend modernisieren müssen. Trotzdem geht es nur mit quälender Langsamkeit voran. Uns fehlt der Schwung zur Erneuerung, die Bereitschaft, Risiken einzugehen, eingefahrene Wege zu verlassen, Neues zu wagen. (...) Innovationsfähigkeit – so fährt Roman Herzog fort – Innovationsfähigkeit fängt im Kopf an, bei unserer Einstellung zu neuen Techniken, zu neuen Arbeits- und Ausbildungsformen, bei unserer Haltung zur Veränderung schlechthin." Und schließlich das große Wort ins Stammbuch einer bloß noch ökonomisch orientierten Gesellschaft: "Ich meine sogar: Die mentale und die intellektuelle Verfassung des Standorts Deutschland ist heute schon wichtiger als der Rang des Finanzstandorts oder die Höhe der Lohnnebenkosten. Die Fähigkeit zur Innovation entscheidet über unser Schicksal."
In dieser Perspektive ist Deutschland – sieht man von einigen dynamischen wirtschaftlichen Feldern ab - ein müdes, ein bleiernes Land.

Nach dem Kriege hat sich Deutschland bekanntlich und verständlicherweise nicht mehr kulturell definiert, sondern ökonomisch. Unseren Stolz haben wir gegründet auf unsere Exporterfolge als Zeichen unserer Tüchtigkeit.

Heute müssen wir jedoch feststellen, daß der Anteil an *wirklichen* High-Tech-Produkten bei unserem Export stetig sinkt. Das ist ein Zeichen an der Wand. Aber das ist nur das Ende einer Ursachenkette, die sich bis in die Schulen und Elternhäuser zurückverfolgen läßt. Der geistige Trend in den Köpfen unserer jungen Leute läuft in den letzten Jahren massiv gegen die Natur- und Technikwissenschaften. In den Schulen kehren sie scharenweise den harten Fächern, den Naturwissenschaften, den Rücken und richten sich wohlig ein in den Sozial-, Wirtschafts- und Deutungswissenschaften. Selbst in Gymnasien mit naturwissenschaftlicher Spezialisierung kommen oft keine Leistungskurse mehr in Physik und Chemie zustande. Auf den Universitäten stehen die teueren Kapazitäten in den Natur- und Ingenieurwissenschaften halb leer. Nur eine illustrierende und erschreckende Prognose, an der sich freilich nichts mehr ändern läßt: im Jahr 1995 gab es in Deutschland 1.500 Doktoranden der Physik, im Jahre 2000 werden es lediglich noch 500 sein. Das hat nicht nur mit den schlechteren Berufsaussichten zu tun. Das ist ein Mentalitätswandel der jungen Leute. Der Trend ist verhängnisvoll für Deutschland als Industrienation. Wir werden, wenn das anhält, in der Tat bald eine Nation der Deuter und Denker sein.

Die skeptische und schleichende Massenbewegung gegen die Industriegesellschaft - sie hat nicht ihre Ursache in der antikapitalistischen Revolte der siebziger Jahre und der eilfertigen Nachgiebigkeit der Eltern, der Professoren und der Politik. Nicht die achtundsechziger Gegner des Kapitalismus haben die Zuversicht in unsere industrielle Zukunft untergraben, sondern jene viel sanfteren Bewegungen, die in der Technik und der Naturwissenschaft Bedrohungen der Natur sehen.

Diese Bewegung ist im übrigen nirgendwo so ausgeprägt wie in Deutschland. Sie hat zu tun mit einer spezifisch deutschen Seelenverfassung, nämlich einem verbreiteten Hang zur Vormoderne, genauer: mit der unbewußten Bindung an die deutsche Romantik zu Beginn des 19. Jahrhunderts. Keine andere Industrienation hat so hartnäckige romantische Traditionen und Sehnsüchte wie Deutschland. Es sind im übrigen dieselben Quellen, aus denen sich auch jene antimodernen Ideologien vom Völkischen gespeist haben, die so viel Unglück über Europa brachten.

Meine Erfahrung der letzten Jahre ist: Je moderner und komplexer die Welt wird, um so verführerischer wird der romantisch-antimoderne Widerstand für viele und nicht nur junge Leute.

Das ist ein dramatischer Vorgang angesichts der in den entwickelten Nationen heraufziehenden Wissensgesellschaft. Dazu einige flüchtige Anmerkungen:

Latente Technikscheu der jungen Generation

Wissen, besonders wissenschaftlich fundiertes Wissen, wird in den nächsten Jahrzehnten zum wichtigsten Produktionsfaktor werden - und zwar in dem ganz handfesten Sinne, daß die Herstellungskosten eines Microchips oder, sagen wir, von Windows 98 zu ungefähr 70 bis 90 Prozent auf Wissen entfallen, also auf Forschung, Entwicklung und Testen. Aber auch bei eher traditionellen Wertschöpfungen, etwa bei der Herstellung eines Autos, wird der Anteil des Wissens immer größer und zwar auf Kosten der Produktionsfaktoren Arbeit, Rohstoffe und Kapital. Man kann zeigen, daß längerfristiges wirtschaftliches Wachstum in der Industrieproduktion fast ausschließlich in den wissensfundierten Sektoren stattfindet.

Übrigens ist in dieser Entwicklung auch ein enormer sozialpolitischer Sprengsatz angelegt: Da Wissen immer stärker an die Stelle von Kapital und Arbeit tritt, wird es in Zukunft weniger einem entfesselten Kapitalismus anzulasten sein, wenn die Arbeitslosigkeit in den herkömmlichen Berufen zunimmt. Vielmehr benötigt der Produktionsfaktor Wissen eben sehr viel weniger Menschen zur Herstellung von Produkten. Das führt zu ganz neuen sozialen Ungleichheiten, mit denen fertigzuwerden wir noch viel Phantasie brauchen. Anderseits könnte der Wettbewerbsvorteil jener Länder mit billiger Arbeitskraft schrumpfen. Gerald Segal vom International Institute for Strategic Studies (London) formuliert das im Hinblick auf die südostasiatischen Arbeitsmärkte so: "Künftiger Erfolg kommt wahrscheinlich eher von intelligenter Software für Maschinen als von einer eingeschüchterten und fügsamen Arbeitnehmerschaft".

Angesichts dieser Entwicklungen - und ich nehme jetzt meine vorige Argumentation auf neuer Ebene wieder auf - angesichts also der zunehmenden Bedeutung von Wissen, gerade von technisch belangvollem Wissen, ist die latente Technikscheu von relevanten Teilen der gegenwärtigen jungen Generation wahrscheinlich unser größtes handicap der Zukunft. Unsere übrigen Probleme, die so übergroß vor uns stehen, also Steuer- und Sozialreform, Arbeitskosten etc. werden wir wohl lösen können, weil wir es müssen. Aber die Frage ist, in welcher wissenschaftlich-technischen Liga wir dann spielen werden.

Damit bin ich bei meinem dritten und letzten Kapitel. Es heißt – ich kündigte es schon an – "Das verlorene Paradies - von einer Geschichte, die eine neue Antwort auf eine alte Frage weiß".

Das verlorene Paradies

Die Menschen verstehen und interpretieren ihre Welt stets mit Hilfe eines ziemlich kleinen Bestands von Elementargeschichten, Geschichten, die sozusagen zu unserer Innenausstattung gehören. So auch hier. Die verbreitete Technikskepsis und Technikangst beruft sich ständig - ohne es immer zu wissen - auf eine alte Geschichte und ihre moderne Antwort. Die alte Geschichte ist die Vertreibung des Menschen aus dem Paradies - eindrucksvoll erzählt im Alten Testament - und sie bringt unsere Erfahrung auf den Punkt, daß wir uns zunehmend von der Natur entfernt haben, ja daß wir sie zu unterjochen suchen - jedenfalls nicht mehr in Harmonie mit ihr leben. Und die moderne Antwort, die uns dann sofort parat ist, stammt aus einer Geschichte des 18. Jahrhunderts; sie ist zusammengefaßt in einem Schlagwort, geprägt von Jean Jacques Rousseau; es lautet - Retour à la nature, Zurück zur Natur - um auf diese Weise, die Entfremdung von der Natur rückgängig zu machen.

Diese beiden Geschichten haben in unserem Jahrhundert eine große Wirkung entfaltet - nicht nur bei der grünen Protestbewegung, sondern auch bei ihren gutsituierten bürgerlichen Wählerinnen und Wählern. Sie alle erliegen der suggestiven Plausibilität dieser Geschichte und ihrer einfachen Antwort.

Und das ist auch kein Wunder in einer so technisch dominierten Welt wie der unseren. Vor allem junge Leute erfahren die Belastung und oft auch Überbelastung unserer Welt durch Menschen und Technik als eine schwere Hypothek für ihre Zukunft. Und wenn wir genau hinsehen - in der Tat ist ja der Stand unserer Technik oft noch sehr grob, oft noch sehr dumm. So dumm, daß sie - jedenfalls in breiter Anwendung - eine gefährliche Zahl und Qualität von Nebenwirkungen hat. Denn Mikrochips und Fuzzy-Logic und Solarstromtechnologie sind ja nicht unsere technische Realität, sondern Verbrennungsmotoren, die rabiate Ausbeutung der Bodenschätze und energiefressende Aluminiumhütten. Fast immer benötigen wir für unsere technischen Ziele eine große Verschwendung von Energie, Materie und Zeit. Der sogenannte Effizienzgrad ist miserabel.

Das heißt: in den meisten Technikfeldern sind wir noch weit von einem Reifestadium entfernt. Nur in wenigen Feldern sind Wissenschaft und Technik so hochentwickelt, daß sie in der Intelligenz ihrer Verfahren und Produkte etwa den Verfahren der Natur vergleichbar sind.

Ich gebe ein paar Beispiele. Von technischer Reife wird man erst sprechen können,

- wenn etwa Pharmazeutika mit so feinen Wirkstoffen arbeiten werden wie Homöopathica,
- wenn etwa Energietechnik und -verbrauch den biologischen Vorbildern nahekommt,
- wenn etwa Gentherapie das Nachwachsen zerstörter Organe ermöglichen wird,
- wenn etwa unsere Haustechnik nicht mehr ein Raubbau an Material und Energie ist,
- wenn wichtige Technologien zu ähnlichen Kreisläufen führen wie in der Natur und damit die Ausbeutung und Vermüllung unseres blauen Planeten mindern.

Kurz - und das will ich damit sagen: es ist kein Wunder, wenn viele der jungen Leute angesichts dieser technisch hochentwickelten, aber technisch sehr unvollkommenen Welt ihr Heil in der Forderung "Retour à la nature!" sehen.

Weil die Magie dieser Forderung so stark ist, weil sie scheinbar eine plausible Antwort auf das verbreitete Unbehagen und auch Leiden gibt - deshalb will ich hier eine andere berühmte Geschichte - etwa aus derselben Zeit - dagegensetzen, eine Geschichte, die Sie vielleicht in diesem Zusammenhang nicht erwarten würden. Sie ist die heimliche Schlüsselgeschichte der Moderne und gibt eine ungleich intelligentere Antwort als Jean-Jacques Rousseau auf die Klage nach dem Verlust der Natur und des Paradieses. Die Geschichte stammt von Heinrich von Kleist, ist zu

Beginn des 19. Jahrhunderts niedergeschrieben und trägt den wunderlichen Titel "Über das Marionettentheater".

Die Erzählung ist ein poetisches Kleinod und handelt vom Verlust der Natur und der Natürlichkeit. Ihr Ausgangspunkt ist, daß der Mensch dadurch, daß er die Natur erforscht, sie reflexiv durchdringt und sie sich aneignet, sein ungezwungenes Verhältnis zur Natur verliert.
Hier findet sich auch, das sei nur nebenbei erwähnt, jene ergreifende Geschichte des schönen Jünglings, dessen Statue sich in vielen Sammlungen findet, des sogenannten Dornausziehers, der all seine Anmut, Grazie und Natürlichkeit in dem Augenblick verliert, als er sich zufällig in einer anmutigen Haltung im Spiegel erblickt und nun beginnt, über diese Anmut nachzudenken. Er versucht, diese Haltung bewußt und absichtlich wiederherzustellen - vergeblich, und von Stund an hat er all seinen Zauber und all seine Natürlichkeit verloren. "Von diesem Tage," so heißt es bei Kleist, "gleichsam von diesem Augenblick an, ging eine unbegreifliche Veränderung mit dem jungen Menschen vor. Er fing an, tagelang vor dem Spiegel zu stehen; und immer ein Reiz nach dem anderen verließ ihn. Eine unsichtbare und unbegreifliche Gewalt schien sich, wie ein eisernes Netz, um das freie Spiel seiner Gebärden zu legen, und als ein Jahr verflossen war, war keine Spur mehr von der Lieblichkeit in ihm zu entdecken, die die Augen der Menschen sonst, die ihn umringten, ergötzt hatte."

Der Verlust der Natürlichkeit durch Reflexion, die Entfremdung von der Natur - das ist das hier ins Bild gesetzte Dilemma des modernen Bewußtseins. Es ist ein schönes Bild für unsere Erfahrung der letzten drei Jahrhunderte: Eben daß wir durch fortschreitendes Erforschen der Natur, durch Naturwissenschaft und Naturbeherrschung gleichsam aus einem natürlichen Zustand, aus dem Paradies, aus der Einheit mit der Natur, herausgefallen sind.

Ich werde die Geschichte nicht ausführlich nacherzählen. Aber das zentrale poetische Exempel ist auch schnell wiedergegeben - und damit erklärt sich der Titel "Über das Marionettentheater":

Die beiden Erzählfiguren, zwei einander flüchtig bekannte Männer, beobachten ein Marionettentheater auf dem Marktplatz der Stadt. Der eine, ein Tänzer am städtischen Theater, erläutert seinem Gesprächspartner einen wenig bekannten Umstand: daß nämlich die Bewegungen einer Marionette dort, wo sie meisterhaft und natürlich sind, nicht etwa durch den Marionettenspieler bewirkt werden, sondern durch eine ausgeklügelte Hebel- und Pendeltechnik: "Jede Bewegung hat einen Schwerpunkt im Innern der Figur; die Glieder, welche nichts als Pendel sind, folgen ohne irgend ein Zutun, auf eine mechanische Weise von selbst." So vermag die Gliederpuppe häufig ungleich natürlichere Bewegungen hervorzubringen als die oft verkrampften lebendigen Tänzer.

Auf dieser Beobachtung ruht eine ganz neue Idee der künstlerischen und der technischen Perfektion, einer Perfektion nämlich, die so vollkommen sei, daß sie am Ende natürlich wird.

Zwar erzählt die Geschichte vom Verlust der Natur und Natürlichkeit, aber das Sensationelle in Kleists Abhandlung ist dies: Er zieht nicht den üblichen Schluß, nämlich "Zurück zur Natur", sondern das genaue Gegenteil. Denn der Weg zurück ist uns versperrt, "das Paradies", wie er sagt, "verriegelt", offen ist nur der Weg nach vorn - und das ist ein Weg geistiger Mühe und Anstrengung. Aber er kann wieder zur Natur führen. Kleist sagt es so: "Erst wenn die Erkenntnis gleichsam durch ein Unendliches gegangen ist", dann "stellt sich Natur wieder ein".

Das heißt nicht mehr und nicht weniger als das: auf den Feldern von Kunst und Technik kann durch außerordentliche, ja durch extreme Anstrengung wieder der Natur nahekommen, was sich im Laufe der menschlichen Geschichte von ihr entfernt hat.

Das spannende Fazit ist in zwei scheinbar beiläufige Sätze der Erzählfiguren gekleidet: "Mithin", sagt der eine, "müßten wir wieder von dem Baum der Erkenntnis essen, um in den Stand der Unschuld zurückzufallen?" "Allerdings", antwortet der andere, "das ist das letzte Kapitel von der Geschichte der Welt."

Was bedeutet dieses große und zunächst paradox erscheinende Wort: "wieder von dem Baum der Erkenntnis essen, um in den Stand der Unschuld zurückzufallen"? Sollen wir von jenem Baum des Wissens essen, von dem wir einst frevlerisch gegessen hatten und so in den Stand der Schuld verstoßen wurden? In der Tat: Nur so werden wir der Natur wieder nahekommen, aber es ist ein Weg geistiger, künstlerischer, technischer Anstrengung.

Und Kleist zeigt auch die Richtung, in der diese Anstrengung zu gehen hat: "Wir müssen die Reise um die Welt machen, und sehen, ob das Paradies vielleicht von hinten irgendwie wieder offen ist." Das heißt vor allem: Wir können nicht "zurück" ins Paradies und nicht "Zurück zur Natur" - das wäre das Ende menschlicher Zivilisation. Statt dessen ist von uns die Mühsal des Vorwärts gefordert, brauchen wir die extreme Anstrengung, brauchen wir einen Innovationsschub ohnegleichen, um das Gleichgewicht zwischen Mensch und Natur wiederherzustellen. Das heißt: das Ziel der künftigen technischen Revolution muß lauten: "Vorwärts zur Natur!" Oder - wie mir ein angelsächsischer Kollege das treffend übersetzte: "Closer to nature!"

Das könnte ein vernünftiges und zugleich attraktives Wissenschafts- und Technik-Leitbild der Zukunft sein. Dieses Leitbild kann den jungen Menschen zeigen, daß sie eben nicht gegen die Natur freveln, wenn sie sich dem technischen Fortschritt verschreiben - daß sie dabei vielmehr auf dem Weg zur Natur sein können.

Das wird manchen von Ihnen an die von Max Weber vorgenommene Unterscheidung von christlichen und konfuzianischen Gesellschaften erinnern: während unsere Kultur auf eine rationale Beherrschung der Natur hin geprägt ist, suchen konfuzianische Gesellschaften ihren Weg in der rationalen Anpassung an die Natur. Ich kann diesen Gedanken hier nicht weiter verfolgen.

Wichtig ist mir dies: wir sind meines Erachtens wirklich auf dem Weg dahin. Wenn man wichtige Trends der Entwicklung zur künftigen Wissensgesellschaft einmal rabiat vereinfacht und die verfügbaren Daten und Studien zusammenfaßt, dann treten zwei Beobachtungen hervor, mit denen ich schließen will:

Der Anteil des Wissens - das führte ich schon aus - an den Produkten wird immer größer, und der Anteil des Rohstoff- und Naturverbrauchs sinkt zum Teil drastisch. Ja, es gibt sogar international eine anschwellende wissenschaftliche Diskussion über ein noch utopisch anmutendes Ziel, nämlich den Ressourcenverbrauch und die Energienutzung um den Faktor 10 zu optimieren, also aus einer Tonne Steinkohle das zehnfache an Energie und Wohlstand herauszuholen oder einen Kubikmeter Trinkwasser zehnmal sparsamer zu nutzen als bisher.

Die künftigen Querschnittstechnologien, also die Techniken der Bio- und Neurowissenschaften, die neuen Werkstoffe, die Mikrosystemtechnik, die neuen Energietechniken, die Telekommunikationstechniken - sie alle folgen der Logik der Ressourcenoptimierung, Naturschonung und Vermeidung von unerwünschten Folgewirkungen, folgen tatsächlich der Logik "Closer to nature". Hinzu kommt, daß ein wesentlicher Teil der künftigen Technologien - und damit auch der wirtschaftlichen Aktivitäten - zur Sicherung der natürlichen Lebensgrundlagen bestimmt sind.

Das ist die technische und zu einem wesentlichen Teil auch gesellschaftliche Entwicklungslogik des 21. Jahrhunderts. Heinrich von Kleist hatte sie seherisch ins poetische Bild gefaßt - und es ist der Auftrag an unsere Generation, die Jugend dafür zu gewinnen - dafür zu gewinnen, durch außerordentliche innovative Anstrengung den Frieden, ja die Harmonie mit der Natur wiederzufinden.

Wie kommt das Neue in die Welt? Beitrag der Geisteswissenschaften zu Innovationen

Bolko von Oetinger

Geisteswissenschaften als "Zulieferer"

Wären die Geisteswissenschaften wirklich bedroht, wenn sie sich zu "Zulieferern" anderer Disziplinen entwickelten?

Aus Sicht eines Unternehmens stellt diese vermeintliche Gefahr *die* große Chance dar, die Firmen stets suchen. Sie sind stolz darauf, ihre Leistungen an Kunden zu verkaufen. So verdienen sie ihr Geld. Am liebsten wollen sie beim Kunden alleiniger Zulieferer werden, nicht weil sie sich dann monopolartiger Zustände erfreuen könnten - das erlaubt sowieso kein Kunde - sondern weil sie dann mit ihren Kunden so enge Kooperationen eingehen, daß bahnbrechend Neues entsteht. Je stärker sich beide Seiten gegenseitig *öffnen* und *zusammenschließen*, desto größer wird die Kraft des Neuen. Dann gewinnt der Kunde den lang gesuchten großen Vorteil, der den Kern jeder Strategie ausmacht.

Wenn Zulieferer den Kunden "erkunden", dann entdecken sie neue Möglichkeiten, Wert zu schaffen. "Wert" schaffen bedeutet, daß etwas entsteht, was aus Sicht des Kunden bisher nicht verfügbar war. Je "wertvoller" es ihm erscheint, desto höher wird der Preis sein, den er zu zahlen bereit ist.

Überträgt man diese Erfahrung des unternehmerischen Alltags auf die Geisteswissenschaften, dann heißt dies, geisteswissenschaftliche Fächer können erfolgreiche "Zulieferer" zu anderen Disziplinen sein, indem sie bisher unbekannte Eigenschaften erfolgreicher Innovationen aufzeigen und durch diese zusätzlichen neuen Erkenntnisse "Wert" schaffen. Ist dies überhaupt möglich?

Nehmen wir ein Beispiel aus dem Gebiet der Unternehmensstrategie: Die Firma Shell ist für ihr Szenario-Planungssystem bekannt, in dem die Entwicklung des Wettbewerbsumfelds nicht geradlinig extrapoliert, sondern in mögliche Szenarien zerlegt wird, auf die sich das Unternehmen vorbereiten kann. Ariel de Geus (1997), der Vater dieses Planungssystems, hatte seine Überlegungen aus der Neurobiologie gewonnen. Er übernahm eine These von David Ingvar, dem Leiter der neurobiologischen Abteilung in der Universität Lund, daß im Gehirn Besuche über eine antizipierte Zukunft ablaufen. Man kann aber die Zukunft nur besuchen, wenn sie schon einmal angesprochen wurde. Es finden also Vergleiche mit einer Erinnerung an eine antizipierte Zukunft statt.

Diesem Ziel dienen die Szenarien über den Ölpreis. Shell hat nicht mehr geplant, *was* wahrscheinlich passieren wird, also die Zukunft erraten, sondern *wie* man sich auf verschiedene Preisszenarien einstellen wird. Die möglichen Zukünfte waren durchdacht, die Organisation vorbereitet, die Ölkrisen konnten gemeistert werden.

Natürlich kann man sagen, dies sei ja nur eine Assoziation gewesen, eine Transferierbarkeit 1:1 gebe es nicht. Aber liegt nicht in der Anregung aus der Neurobiologie, in der Inspiration, ein großer innovativer Wert? Dieser Wert entsteht häufig an den Rändern, und deswegen zögern natürlich Wissenschaftler oft, hier einen wirklichen Beitrag zu sehen. Aber wie gerade das Beispiel der Szenarioplanung von Shell zeigt, ist der wirtschaftliche Wert einer solchen Übertragung riesig.

Schon heute gibt es direkte Beiträge der Geisteswissenschaften wie der Geschichte, der Kulturgeschichte, der Militärgeschichte, der Psychologie, der Neurobiologie, der Evolutionsbiologie mit dem Ziel, die Innovation besser zu verstehen. Man muß gar nicht so weit schauen, um diese Beiträge zu finden! Um nur einige zu nennen: Wilsons Soziobiologie, von der Bruce D. Henderson, der Vater der modernen Unternehmensstrategie und Gründer der Boston Consulting Group, stark beeinflußt wurde, die Verbindung von Evolution und Komplexität bei Murray Gell-Mann (Gell-Mann 1994), die Übertragung ins Management, z. B. bei Laszlo und Liechtenstein (Laszlo u.a. 1992), sowie Capras (Capra 1996) Beobachtung, daß die Welt und auch die Wirtschaft als lebendes System zu betrachten sei. James Dunnigan und Daniel Masterson haben Militär- und Wirtschaftsführung direkt miteinander verglichen. Auf die Verbindung von Neurobiologie und Planungssysteme wurde schon hingewiesen.

Den Zulieferer in der Wirtschaft treibt immer die Sorge, er könne von seinem Kunden "ausgequetscht" werden, und der Lopez-Effekt in der Automobilindustrie ist ja ein hinreichend bekanntes Beispiel. Das passiert einem aber nur, wenn man austauschbare, undifferenzierte Leistung anbietet und von einem Kunden abhängig wird. Wer viel mit Ingenieuren zusammenarbeitet, weiß genau, daß im Design-to-cost, also in der Konstruktion des Zulieferteils, mehr Rationalisierungspotential steckt als im Einkaufsdruck. Das heißt, erst in einer engen, völlig offenen Zusammenarbeit zwischen verschiedensten Funktionen offenbart sich der wirkliche Wert. Zuliefern bedeutet also nicht, einen neuen Gedanken über den "Zaun der Disziplin zu werfen", sondern sich gegenseitig und gemeinsam öffnen.

Was kann in einer solchen Zusammenarbeit von einem zum anderen fließen? "Anders sehen", d. h. das gleiche Phänomen aus unterschiedlichen Perspektiven zu betrachten, gehört zu den wichtigsten Werkzeugen unternehmerischer Innovation (Brown/Oetinger 1998). Genau das macht ja der Zulieferer. Er kommt mit einer neuen Idee, weil er etwas anderes sieht, von allein, oder aus der Erfahrung mit anderen Kunden.

Die Geisteswissenschaften haben *viele* Möglichkeiten, neue Perspektiven aufzuzeichnen. Warum tun sie alles für ihr eigenes Gebiet und so wenig für andere Fächer? Wenn man den Begriff "andere Fächer" mit dem des "Kunden" gleichsetzt, kann man leicht sehen, daß das Zuliefern eigentlich der "Normalzustand" sein sollte. Und wenn dies von der empfangenen Disziplin als wertvoll angesehen wird, dann sollte sie auch dafür einen Preis bezahlen.

Innovationen: mehr als technische Erfindungen

Innovationen sind nicht nur technische Erfindungen. Das ist der kleinere Teil der Innovationen. Ein viel größerer Teil orientiert sich an dem, was sich organisatorisch neu gestalten läßt, ob man ein Geschäft anders betreiben kann, ob sich die Geschäfts*modelle* ändern lassen.

Wer z. B. einen Benetton-Pullover kauft, der kauft – wirtschaftlich gesehen – nur zu einem kleinen Teil einen Pullover. Benetton ist nicht nur ein Markenartikler und Modeunternehmen, sondern ein großer Logistiker, aufbauend auf einer weltweiten Ziehfertigung. Die Innovation liegt in der globalen Pull-Strategie, da die Push-Strategie bei Mode immer ins Dilemma führt, ausverkauft zu sein oder Ausverkauf zu haben. Wenn dagegen die Produktion nachfrageabhängig fast in Realzeit gesteuert wird, dann verschwindet das Lagerproblem. Benetton hat also das Mode- in ein Logistikgeschäft verwandelt – von den inneren Erfolgsfaktoren aus gesehen, von außen betrachtet kauft der Konsument immer noch seinen Pullover! Innovationen greifen also weit über das Produkt in die Verfahren, Prozesse und organisatorischen Verknüpfungen.

Der nicht-technische Teil der Innovation bietet sehr viel Freiheit zur Kreativität, und das ist natürlich auch das Feld, auf dem viele Nicht-Techniker und damit auch Geisteswissenschaftler eine große Rolle spielen können. Hier geht es darum, Dinge nicht nur *besser*, sondern *anders* zu *gestalten.* Und anders gestalten kann man nur, wenn man eine andere Perspektive einnimmt.

Jede technisch neue Lösung beinhaltet natürlich auch die Frage, ob die Menschen in einem Unternehmen und im Markt überhaupt willens sind, diese Technik anzunehmen. Dabei spielt der verhaltensorientierte Teil eine entscheidende Rolle. Das wird extrem deutlich in allen High-Tech-Produkten, wo man es vielleicht gar nicht vermuten würde. Viele High-Tech-Produkte versuchen, einen neuen technischen Standard zu schaffen. Dieser läßt sich nur durchsetzen, wenn man schnell eine kritische Masse an Nutzern erreicht, wie es sich an der Geschichte der Fax-Maschine gut ablesen läßt. Diese Masse läßt sich nur gewinnen, indem sich zunehmend positive

Feedback-Loops auswirken: Je mehr Menschen das Fax akzeptieren, desto wichtiger wird ein internationaler Faxstandard. Die Feedback-Loops weisen darauf hin, daß Erkenntnisse der Psychologie die Erfolge in High-Tech gut erklären können. Erst wenn mehr und mehr Kunden das Produkt annehmen, wird ein neuer Standard etabliert – Innovation par excellence.

Geisteswissenschaften sollte man nicht erst dann zur Innovation heranziehen, wenn man sie gebrauchen kann, sondern man sollte sich umgekehrt die Frage stellen, wie können uns denn die Geisteswissenschaften inspirieren? Könnten wir durch sie etwas Zusätzliches erkennen, was wir vorher noch nicht gesehen haben? Dies ist in einem Buch geschehen, das der Vorstandsvorsitzende der Siemens AG, Dr. Heinrich v. Pierer, und ich im September 1997 unter dem Titel "Wie kommt das Neue in die Welt" herausgegeben haben (Pierer/Oetinger 1997).

Wie kommt das Neue in die Welt?

Warum dieses Buchprojekt? High-Tech-Firmen haben doch Technology road maps, betreiben anspruchsvolle Forschungslabors, kooperieren mit den bedeutendsten Universitäten und Forschungseinrichtungen der Welt, betreiben globale Marktforschung, sprechen mit den führenden Abnehmern und Zulieferern der Welt, senden Scouting teams in die Märkte, die explorativ tätig sind, nutzen Unternehmensberatungen – was können da die Geisteswissenschaften eigentlich noch hinzufügen?

Die Herausgeber sind einen anderen Weg gegangen. Sie haben Menschen angesprochen, die nachgewiesenermaßen mit der Innovation in Berührung gekommen waren, und sie gefragt, wie war das damals, als der innovative Durchbruch kam, was ist da eigentlich geschehen? Die Hälfte der Verfasser der verschiedenen Artikel und Interviews haben wahrscheinlich nie in einem Industriebetrieb gearbeitet. Da treffen Berufe aufeinander wie Filmproduzent, Komponist, Architekt, Choreograph, Psychologe, Sozialforscher, Kreativitätsforscher, Physiker, Politiker, Diplomat, Journalist, Lehrer, und dann kommt natürlich auch der Personenkreis, den man eher vermuten würde: Professoren der Betriebswirtschaft, Agenturchef, Verleger, Unternehmer, Manager.

Nachdem die Verfasser ihre Beiträge zum Thema Innovation geschrieben hatten und/oder interviewt worden waren, ließ sich eine sinnvolle Gliederungsstruktur erkennen. Diese Struktur zeigt u. a. auch eine sehr wertvolle Befruchtung der Wirtschaftswissenschaften durch die Geisteswissenschaften. Geisteswissenschaften können also ganz beruhigt gute Ideen für die Innovation "zuliefern". Sie sollten nicht warten, bis man sie fragt, sie sollten von sich aus aktiv werden.

Das Bestehende vergessen

Ein Unternehmen ähnelt einer Burg. Ein Geschäft besteht ja nicht nur aus Umsatz, ein Geschäft wird von Menschen betrieben. In Automobil-, Flugzeug- oder Computerfirmen oder in großen Softwarehäusern, um nur einige zu nennen, sind Tausende von Menschen beschäftigt. Menschen in einem Unternehmen entwickeln im Laufe ihres Lebens durch Versuch und Irrtum tiefe Überzeugungen, warum etwas erfolgreich wird und warum etwas scheitert. Diese Glaubenssätze führen langsam zu Regeln, aus diesen Regeln werden Systeme, aus den Systemen bilden sich Gesetze und kulminieren in Tabus. Tabus sind wie eine Burg. Sie schützen nach außen und geben Sicherheit nach innen. "So und nicht anders betreiben wir hier das Geschäft!" Das hält die Organisation zusammen.

Paßt die Organisation nicht auf, zieht die Entwicklung an ihr vorbei, so wie die beweglichen Armeen an den Burgen des Mittelalters vorbeigezogen sind. Die Menschen verlassen zwar ihre Burg, aber es ist zu spät, ihr Unternehmen versinkt in Bedeutungslosigkeit. Die Tragödien, die uns aus vielen Unternehmensgeschichten, wie z. B. Nixdorf, AEG, KHD, Bremer Vulkan, um nur einige zu nennen, gut bekannt sind, weisen alle in die gleiche Richtung: Die Führung erkannte zu spät, daß sich Fundamentales verändert hat. Die Erosion, jene schleichende Aushöhlung der Erfolgsfaktoren, ist die gefährlichste aller Unternehmenskrankheiten.

Hier könnte die Psychologie helfen: Wie entwickeln Menschen diese Modelle in ihren Köpfen? Wie entsteht eine dominante Logik, warum etwas erfolgreich wird. Warum beherrscht diese Logik die Organisation dermaßen, daß die Menschen nicht mehr ausbrechen können. Und wie könnten Organisationen die vorherrschende Logik verändern ?

Keiner der Autoren hat es so deutlich ausgedrückt wie der Filmproduzent Peter Greenaway, der das Bestehende als Tyrann bezeichnet (Greenaway 1997). Es beherrscht das Denken der Organisation. Daher muß man das Bestehende vergessen, um das Neue hereinzulassen. Das erinnert an Schumpeters berühmtes Wort der "kreativen Zerstörung" (Swedberg 1994). Wenn wir das Alte bestehen lassen, wehrt es sich gewaltig gegen das Neue. Kreativ zerstören heißt ja, es schon mit der Blaupause im Kopf einzureißen, weil man weiß, was man daraus machen will.

Gelingt dies nicht in Unternehmen, gründet man eine neue Organisation. Die neue kleine Einheit hat noch keine Geschichte und entwickelt sich nach eigenen Gesetzen. Die vielen Start-ups, die Silicon-Valley-Firmen, die neuen Bio-tech-Organisationen, sie lassen sich alle darunter subsumieren. Sie tun nichts, was die etablierten Unternehmen nicht hätten auch tun können. Aber sie sind nicht den enormen Zwängen der bestehenden Organisation ausgeliefert.

Der holländische Dichter Harry Mulisch (Mulisch 1997), dem wir u. a. ein so schönes Werk wie die ‚Entdeckung des Himmels' verdanken, spricht vom *Ablernen* und nimmt sich die Zeit, um sich für einen neuen Roman vom Alten zu lösen. Wenn er einen neuen Roman beginnt, dann muß er sich eine Pause gönnen: "Man muß 'ablernen', man muß vergessen, was man weiß. Man muß sich lösen können", denn das neue Werk darf ja nicht ein Plagiat früherer Werke sein. Und er spricht davon, wie hart er daran arbeitet, abzulernen.

Wer sich mit der biographischen Seite der Philosophie beschäftigt, wird sich an die Auseinandersetzung zwischen Immanuel Kant und seinem Diener Martin Lampe erinnern. Kant entließ seinen alten Diener, mit dem er unzufrieden war, stellte einen neuen an, litt aber darunter, daß er ihn immer mit seinem Vorgänger verglich. Dies plagte ihn dermaßen, daß er sich einen Zettel in seine Rocktasche steckte, auf dem geschrieben stand: "Der Name Lampe muß nun völlig vergessen werden" (Schultz 1965). Wie kann man sich einen Erinnerungszettel schreiben, etwas zu vergessen? Aber die Botschaft ist deutlich: Vergessen bedeutet härteste Arbeit!

Harald Weinrich hat die Kunst des Vergessens in Philosophie und Literatur verfolgt (Weinrich 1996, 1997). Die Interpretation des Faust als ein lärmendes Feuerwerk des Mephisto, um Faust die heutige Welt vergessen zu lassen, ist vielleicht ein Vorläufer unserer ablenkungsreichen Mediengesellschaft, in der dem Konsumenten immer Neues geboten wird. Könnte hier nicht hier die Literaturwissenschaft interpretierend helfen?

Für die geisteswissenschaftlichen Disziplinen müßte allein in der Aufgabe, wie man den Betriebswirten das Vergessen beibringt, schon ein reiches Betätigungsfeld liegen. Historiker werden natürlich einwenden, es sei geradezu ihre Aufgabe, die Menschen zu erinnern, nichts zu vergessen, oder sie daran zu erinnern, was schon mit Erfolg vergessen wurde. Nun bedeuten die Begriffe des "Vergessens" und "Ablernens" nicht, daß man sich nicht mehr an etwas erinnert. Wäre das so, dann gäbe es in der Wirtschaft ja keine Erfahrungskurven und kein Wissensmanagement. Sie drücken allerdings aus, daß einem etwas nicht mehr so wichtig erscheint. Vergessen setzt die Prioritäten neu. Vielleicht werden die Historiker dieser Aussage wieder zustimmen können, hat doch niemand anderes als Friedrich Schiller in seiner bekannten Antrittsvorlesung in Jena 1789 über die Geschichtswissenschaften gesagt, daß das, was als Geschichte gelehrt werde, eine Auswahl dessen sei, was einem heute als wichtig erscheint. Die Gegenwart bildet den Filter für die Vergangenheit (Schiller 1945).

Die Angst vor dem Fremden überwinden

"Neues zögert, dort zu erscheinen, wo es erwartet wird". Dies ist nicht nur eine immer wieder gemachte Erkenntnis der Wirtschaft, es ist ein Beitrag des Komponisten

Wolfgang Rihm (Rihm 1997), als er gefragt wurde, wie Neues in seinen Kompositionen entsteht.

Das Neue, wenn wir auf die lateinische Wurzel *novitas* zurückgehen, ist es ja nicht nur das Neue, sondern auch das Fremde und Ungewohnte. Der Mensch hat vor dem Fremden Angst. Der Begriff der Angst vor der Innovation ist eine weitere Einladung an die Psychologen, den Managern zu helfen. Da die Angst groß und das System verfestigt ist, findet sich der größte Widerstand natürlich im Zentrum, also dort, wo die großen Fabriken stehen, dort, wo die Hauptverwaltungen residieren, dort, wo die wichtigen Landesgesellschaften Einfluß ausüben. Dort verfestigt sich die kulminierte Erfahrung.

Gerade deswegen findet Innovation häufig an den Rändern statt; irgendwo draußen in einer kleinen Tochtergesellschaft, in einem Zweigwerk, in einer untergeordneten Abteilung. Hier können die Historiker wieder Auskunft geben: War Luther nur erfolgreich, weil er nicht in Rom, sondern in Wittenberg gelebt hat? Als man in Rom merkte, was dort passierte, war es schon zu spät. Das römische Weltreich ist an den Grenzen zerbröckelt, die "Innovation" Christentum fand in den Kolonien statt. Der Kulturhistoriker Egon Friedell spricht von einer "schöpferischen Peripherie" (Friedell 1927).

Daß Innovation sich an den Rändern leichter tut, hat etwas mit der Aufmerksamkeit zu tun. Das Zentrum wehrt sich gegen das Neue sicherlich nicht immer, aber doch meistens. Die Zentren sind stabil, die Peripherien weicher.

Regeln brechen – Freiräume schaffen

Die aktuelle Kritik an der viel zu starken Regulierungsdichte in Deutschland und der daraus abgeleiteten Innovationsbremse gilt auch für große Organisationen. In Gullivers Reisen erfahren wir, wie die Liliputaner Gulliver mit vielen kleinen Strikken bewegungsunfähig machen. Wenn man die Volkswirtschaft mit 5.000 Stricken lähmt und sich aufgeregt darüber unterhält, wie sinnvoll es ist, den 4.999sten zu lockern, dann werden wir nichts erreichen. 3.000 Stricke sind zu kappen.

Was heißt das für ein Unternehmen? Stricke ignorieren und Ansätze wählen, neue Perspektiven zu erleben. Dazu gehören Projektgruppen quer über alle funktionalen Bereiche, mehr Freiräume, in denen Menschen arbeiten können, und Rotation im Job. Alles das dient einem einzigen Zweck: Neues kommt in die Welt, weil Menschen ein gleiches Problem aus einem anderen Blickwinkel betrachten, und der Blickwinkel ist es dann, der ihnen plötzlich Aspekte zeigt, die sie vorher nicht erkannt haben (Brown/Oetinger 1998).

Dazu gehört auch die Einstellung zur Technik, zur Gentechnik, zur Kernkraft, Biotechnologie, zur Hochtechnologie im allgemeinen. Wenn wir alles regeln, was wir nicht dürfen, können wir auch nicht experimentieren, und wenn wir nicht experimentieren, werden wir das Neue nicht erfahren. Daher brauchen wir auch eine Regelungsfreiheit zum Experimentieren. Aber wie weit kann und darf der Mensch experimentieren? Fragen an die Ethik?

Eigentlich begrenzt den kreativen Menschen nichts außer der Konstellation, unter der er tätig ist. Franz Emanuel Weinert, Direktor des Max-Planck-Instituts für psychologische Forschung spricht von "Bedingungskonstellationen". Wir müssen dem Menschen eine Konstellation der Freiräume schaffen. Der Physiker und Nobelpreisträger Gerd Binning hat noch einen wichtigen Aspekt hinzugefügt, als er sagte, Freiräume in einer Organisationseinheit sind nur dann hilfreich, wenn sie selber in eine Organisation eingebettet sind, die einen Freiraum genießt, und wenn diese wiederum Teil einer Organisation ist, die ihr einen Freiraum gibt usw. Läßt sich dies nicht verwirklichen, dann verebbt die Kreativität ganz schnell.

Die Evolution gestalten

Es wird in der Wirtschaft nie einen Gleichgewichtszustand geben, sondern eine Evolution. Evolution heißt, die Entwicklung ist nicht planbar, Innovation ist nichts anderes als die Feststellung, daß wir heute etwas haben, was es gestern noch nicht gab. Und in dem Augenblick, in dem es da ist, erklärt das Neue das Bestehende zum Alten. Diese Entwicklung geht immer weiter und wird nie zu einem Stillstand kommen. Sie lädt uns ein, mit Optionen zu spielen. Und es gibt im wirtschaftlichen Bereich sehr viel mehr Varianten als wir glauben.

Für den phantasievollen Menschen ist es wichtig, wenn er vor der intakten, festen Burg steht, daß er sich vorstellen kann, was aus dieser Burg einmal werden könnte, wenn er sie kreativ zerstören würde. Haben wir eine Vision im Kopf, wie die neue Wirklichkeit aussehen könnte? Und müssen wir dann nicht in die Prinzipien des lateralen Denkens eintreten? Denn die Disziplin, lateral denken zu können, kann uns helfen, aus den bestehenden Regeln, Systemen und Tabus wieder auszutreten.

Diese Kurzbetrachtung einiger Beiträge aus dem Buch "Wie kommt das Neue in die Welt" soll auf die Fundgrube der Geisteswissenschaften verweisen. Die Beispiele sind unsystematisch, aber die überraschende Erkenntnis, daß die nicht im wirtschaftlichen Bereich Tätigen den Betriebswirten so viel zur Innovation zu sagen haben, nährt den Anfangsverdacht, daß die Geisteswissenschaften einen wertvollen Beitrag zur Innovation leisten können. Selten wird eine reine Übertragung genügen, meist folgt eine Anpassung. Die Institutionenökonomie, Evolutionstheorie und Organisationsverhalten sind größere Gebiete, auf denen dies schon möglich war .

Die Begeisterung für geisteswissenschaftliche Beiträge beruht auf der Suche nach Übertragungsinnovationen, dem assoziativen Lernen von anderen. Wie weit dies sinnvoll erscheint, hängt auch von der Kenntnis der anderen Disziplinen ab. Dies muß für den einzelnen (und hier schließt sich der Verfasser selber ein) begrenzt bleiben. Aber Egon Friedells Ermunterung, die "ganze Geschichte der Wissenschaften" sei "ein fortlaufendes Beispiel für den Wert des Dilettantismus", ist ein Trost. "Der Mut, über Zusammenhänge zu reden, die man nicht vollständig kennt, über Tatsachen zu berichten, die man nicht genau beobachtet hat, Vorgänge zu schildern, über die man nichts ganz Zuverlässiges wissen kann, kurz: Dinge zu sagen, von denen sich höchstens beweisen läßt, daß sie falsch sind, dieser Mut ist die Voraussetzung aller Produktivität ..." (Friedell 1927). Insofern wird von den Geisteswissenschaften unternehmerischer Mut verlangt, ihren Beitrag deutlicher herauszustellen.

Teil 3:

Bewußte und unbewußte Handlungssteuerung

Bewußte und unbewußte Handlungssteuerung aus neurobiologischer Sicht

Gerhard Roth

1 Einführung

Die Frage, wer oder was unser Verhalten bestimmt, betrifft den Kern menschlichen Selbstverständnisses. Entsprechend verschieden sind die Antworten auf diese Frage und reichen von der Vorstellung universeller Vorbestimmtheit unseres Tuns durch ein göttliches Wesen bzw. ein blindes Schicksal bis hin zum Glauben an die Selbstbestimmtheit (Autonomie) menschlichen Handelns. Eng verbunden hiermit ist die Frage nach der "Willensfreiheit": Bin ich als bewußt planendes, wollendes Ich der Verursacher meiner Handlungen, oder ist das Gefühl, daß dies so sei, eine Illusion?

Sich mit diesen Problemen zu befassen, war bis vor kurzem das Recht der Geisteswissenschaften, vornehmlich der Philosophie und Theologie. Wie hätten denn auch die Naturwissenschaften einschließlich der Biologie hier mitreden können, galt es doch seit Kant als ausgemacht, daß das Reich der Natur das Reich der Notwendigkeit ist, des Kausalitätsprinzips, in dem Freiheit des Handelns per definitionem keinen Platz hat. Selbst das starke Aufkommen der Neurobiologie und Hirnforschung seit Ende vorigen Jahrhunderts hat hieran lange nichts ändern können. Die experimentelle Hirnforschung hat sich – freiwillig oder notgedrungen – bei der Frage, wie Verhalten durch das Gehirn gesteuert wird, weitgehend auf Untersuchungen an Tieren beschränkt, die nach traditioneller Auffassung prinzipiell keinen freien Willen haben. Bei aller anerkannten biologischen Ähnlichkeit zwischen Mensch und Tier (zumindest zwischen Menschen und nichtmenschlichen Primaten) bestand der abgrundtiefe Unterschied gerade in der Einmaligkeit von Vernunft und Willensfreiheit beim Menschen. Insofern waren alle derartigen Erkenntnisse, die an Tieren gewonnen wurden, für das vorliegende Thema grundsätzlich irrelevant und bestätigten nur die Anschauung von Descartes, daß Tiere – wie übrigens auch der menschliche Körper einschließlich seines Gehirns, aber ausschließlich des mit dem Gehirn verbundenen Geistes – Automaten seien.

Selbstverständlich gibt es seit langem einen reichen Erfahrungsschatz aus der Neurologie, Neuropsychologie und Psychiatrie über die neuronale Steuerung menschlichen Verhaltens und ihre Störungen. Bestimmte Hirnerkrankungen bzw. -verletzungen gehen mit einer eigentümlichen "Willensschwäche" einher bis zum Krankheitsbild bei Parkinsonschen Patienten, die etwas tun wollen, aber nicht können. Die genaue Aufklärung der Ursachen der Parkinsonschen Erkrankungen - eine der häufigsten Alterserkrankungen überhaupt – gab den "Startschuß" für eine Neubewertung der Frage nach der Steuerung menschlichen Verhaltens. In den letzten zwei Jahrzehnten wurde das handlungssteuernde System bei Primaten, vor allem beim Makakenaffen, auf allen Funktionsebenen genau untersucht und mit den Gegebenheiten beim Menschen verglichen. Schließlich kam in den letzten Jahren die Entwicklung der sogenannten bildgebenden Verfahren hinzu, vor allem die Positronen-Emissions-Tomographie (PET) und die funktionelle Kernspintomographie (fNMR), die es möglich machen, innerhalb gewisser Grenzen der räumlichen und zeitlichen Auflösung der jeweiligen Methoden zu überprüfen, welche Hirnzentren bei welchen kognitiven, emotionalen und motorischen Funktionen aktiv sind. Zusammen mit den bereits lange zur Verfügung stehenden Erkenntnissen aus der Volitionspsychologie und bestimmten neuropsychologischen Experimenten haben die genannten Ereignisse – so die hier vertretene Auffassung - zu einem Bild geführt, welches stark von dem traditionellen Konzept der Vernunft- und Ich-geleiteten Handlung beim Menschen abweicht. Das Bedeutsame hieran ist nicht so sehr, daß die sich nunmehr ergebenden Einsichten radikal verschieden sind von den traditionellen Positionen, sondern daß diese Argumentation auf einer empirisch-experimentellen Grundlage geführt werden kann, die von geisteswissenschaftlicher Seite nicht mehr einfach geleugnet werden kann.

Von den traditionellen Geisteswissenschaften wird dies – soweit diese Entwicklung bisher überhaupt zur Kenntnis genommen wird – als Schock erlebt. Es ist aber klar, daß die Geisteswissenschaften sich auf diese neuen Erkenntnisse und Konzepte einlassen müssen, wenn sie bei der Frage, welches die Determinanten menschlichen Verhaltens sind, überhaupt noch mitreden wollen. Diese Frage kann selbstverständlich nicht allein von der Hirnforschung und auch nicht von der Hirnforschung und der Psychologie allein gelöst werden, sondern bedarf der Mitwirkung vieler Disziplinen. Die vorliegende Darstellung will zu dieser Diskussion eine erste Grundlage schaffen. Es ist klar, daß sie vornehmlich aus dem Blickwinkel der Neurowissenschaften geschrieben ist; sie versucht aber, philosophische und handlungspsychologische Aspekte mit aufzunehmen.

2 Philosophische und handlungspsychologische Beschreibung von Willkürhandlungen

Das traditionelle philosophische Modell menschlichen Handelns ist das der freien Wahl zwischen Alternativen aufgrund eigener Einsicht oder gar Willkür und unabhängig von äußeren Einflüssen. Hierzu gehört die Bildung von Intentionen, d.h. Absichten und Plänen, sowie das Initiieren und schließlich die Kontrolle der beabsichtigten Handlungen (Heckhausen 1987). Dieses Konzept ist eng mit der Vorstellung des *Willens* verbunden, der die intendierten Handlungen vorantreibt und sie dadurch zur *Willenshandlung* oder *Willkürhandlung* macht. Das Problem, ein in sich konsistentes Konzept der Willkürhandlungen zu entwickeln, ergibt sich aus der

Schwierigkeit, den genauen Anteil zu bestimmen, den die bewußte Planung und Kontrolle hierbei hat. Traditionell philosophisch werden mit Willkürhandlungen solche Handlungen bezeichnet, die *bewußt* intendiert und "gewollt" sind. D.h. man achtet bei ihnen auf das, was man gerade tut, man plant es, erwägt Alternativen und Konsequenzen, bevor man zur Tat schreitet. Eine *unbewußt* eingeleitete oder kontrollierte Willkürhandlung ist danach ein Widerspruch in sich. Das traditionelle Konzept der Willkürhandlung ist *ratio-zentristisch*, wie ein kurzer Blick in die Philosophiegeschichte zeigt.

Schon bei den Vorsokratikern wird angenommen, daß sich der Mensch von den Tieren allein durch die Vernunft unterscheidet; Lebensseele und Empfindungen teilt er mit den Tieren. Platon übernimmt diese Vorstellung und siedelt – wie auch einige Vorsokratiker – die Vernunft im Gehirn an (auch wenn Vernunft nicht im eigentlichen Sinne als Gehirnfunktion angesehen wird, sondern als etwas rein Geistiges und Unsterbliches). Die Tapferkeit hingegen wird von Platon im Herzen bzw. der Brust angesiedelt, und sie muß von der Vernunft gelenkt werden ebenso wie die Begierden, die im Unterleib hausen. Für Platon ist der Wille nichts anderes als die *Idee des Guten*, die vorschreibt, was man wirklich und begründet will bzw. wollen soll. Aristoteles schließt sich weitgehend diesen Vorstellungen an: Allein der Mensch besitzt eine "Denkseele" (psyche noetike, anima rationalis); allerdings wird diese Seele im Herzen bzw. Blut und nicht im Gehirn angesiedelt (das Gehirn ist nach Aristoteles ein empfindungsloses Kühlorgan). Auch bei Aristoteles ist Wille vernunftgemäßes Streben; im Willen realisiert sich, was vorher Gegenstand eines abwägenden Überlegens war. Dementsprechend kann der Wille gar nicht zum Widersacher des Verstandes werden. Handeln ist nach Anschauung dieser antiken Philosophen dann frei, wenn es vernünftiges Handeln ist und wenn seine Ursache im Handelnden selbst liegt, und zwar geleitet durch die Einsicht in die Idee des Guten.

Dieses ratiozentristische Weltbild gerät ernsthaft erst mit den englisch-schottischen Empiristen ins Wanken, welche die Vorstellung des Willens von jedem Inhalt befreien und ihn zum bloßen Lenker des Handelns machen. In diesem Zusammenhang stellt sich auch die Frage nach der Freiheit des Willens nicht mehr in klassischer Weise. Nach Hobbes ist das Handeln dann frei, wenn es durch einen Willen gelenkt ist. Die Menschen haben das Vermögen, das zu tun, was sie wollen, aber sie haben nicht das Vermögen, frei zu wollen. Entsprechendes findet sich bei Locke und Hume. Bei letzterem geht es ebenfalls um das Vermögen, entsprechend einem Willen etwas zu tun oder zu lassen, nicht aber um die Freiheit dieses Willens, die Hume als Täuschung ansieht. Der Wille wird damit zur rein psychologischen Triebkraft.

Bei Kant findet sich eine Rückwendung zur antiken Metaphysik gepaart mit der Anerkennung einer überall in der Natur waltenden Determiniertheit. Die klassische Definition von Willen nach Kant lautet: Wille ist die *Kausalität der Vernunft*, das Vermögen, der Vorstellung gewisser Gesetze gemäß sich selbst zum Handeln zu bestimmen (Grundlage der Sitten, BA 63). In der Kritik der reinen Vernunft heißt es: Willensfreiheit ist die Unabhängigkeit der Willkür von der Nötigung durch Antriebe der Sinnlichkeit. Hier wird das antike Modell der Dominanz der Vernunft deutlich ebenso wie dasjenige des "unbewegten Bewegers", wenn Kant Freiheit des Willens als das Vermögen definiert, außerhalb der Kausalität in den natürlichen Ablauf der Dinge einzugreifen. Daß eine solche Vorstellung dem neuzeitlichen Kausalitätsdenken radikal widerspricht, war Kant ebenso klar wie Descartes (dem eigentlichen Begründer dieses Kausalitätsdenkens): Willenshandlungen sind für Kant nur *der Idee nach*, nicht aber empirisch frei. Sie befinden sich damit außerhalb der Kausalität der Natur (KrdrV, B 561). Daraus folgt für Kant, daß der Versuch, Willensfreiheit empirisch nachweisen zu wollen, absurd ist. Willensfreiheit gibt es, weil es sie aus sittlich-ethischen Gründen wie auch wegen unseres subjektiven Erlebens, in unseren Willensakten frei zu sein, *geben muß*.

In der Philosophie und insbesondere bei philosophierenden Naturwissenschaftlern hat es dennoch bis heute nicht an Versuchen gefehlt, das Prinzip der Willensfreiheit in der Natur nachweisen zu wollen, etwa bei J. Eccles mit der Idee der Steuerung der Wahrscheinlichkeit der Transmitterausschüttung an Synapsen im menschlichen Gehirn durch den freien Willen oder bei R. Penrose (Penrose 1995) in der Aktivität von sog. Mikrotubuli der Nervenzellen. Solche Ansätze werden aber sowohl von philosophischer als auch fachwissenschaftlicher Seite allgemein als Verirrungen angesehen, weil sie empirisch nicht haltbar sind und überdies eine "freie, subjektive Willkürentscheidung" im Sinne Kants durch einen quantenmechanischen Indeterminismus ersetzen.

Die Untersuchung des Wesens und der Verursachung von Willenshandlungen hat in der Psychologie gegen Ende des vorigen und in der ersten Hälfte unseres Jahrhunderts eine große Rolle gespielt. In aller Regel sah man wie bei den Empiristen den Willen als treibende Kraft an, stand aber der Vorstellung einer Willens*freiheit* skeptisch bzw. ablehnend gegenüber. Berühmt ist die Abhandlung über den Willen in den "Principles of Psychology" von W. James (1890), in dem ausgeführt wird, daß es sich beim Willen um dominante, erfahrungsabgeleitete Vorstellungen des Auszuführenden ("kinaesthetic idea of what the act is to be") handelt, welche die Realisierung vorantreiben. Es gibt für James keine eigene Willensenergie, an die sein Lehrer W. Wundt glaubte. Was es zwischen der Vorstellung des Auszuführenden und dem tatsächlichen Ausführen gibt, ist ein "fiat!" ("es geschehe!"), ein Ruck oder Entschluß, der den Motorapparat über eine bestimmte Hemmschwelle bringt. Ebenso zeigt James auf, daß eine bewußt geplante Tat einschließlich des "fiat!" die große Ausnahme unseres Willkürhandelns ist. Diese tritt nur dann auf, wenn innerliche oder äußerliche Schwierigkeiten oder Gegenstimmen zu überwinden sind. Im allgemeinen haben wir bestimmte klare, unklare oder ganz unbewußte Vorstellungen des Auszuführenden, die – kaum aufgetreten – in Handlungen umgesetzt werden. Bei diesen "ideomotorischen" Handlungen handelt es sich um bewährte, weithin automatisierte Akte, denen keine ernsthaften Alternativen entgegenstehen; wir führen die Handlungen "einfach aus". Umgekehrt - dies wird von James am Beispiel des Aufstehenmüssens an einem kalten Wintermorgen diskutiert - kann es zu starken Willensakten kommen, ohne daß eine Handlung (das Aufstehen) tatsächlich folgt, weil nämlich widerstrebende Tendenzen zu stark sind (die große Müdigkeit, das warme Bett). Einige Zeit später treibt uns die *starke Vorstellung* etwa vom Zorn des Vorgesetzten aufgrund eines Zuspätkommens, plötzlich aus dem Bett, ohne daß irgendein expliziter Willensentschluß dazu nötig war. Nach James ist es diese Vorstellung, die direkt – ohne einen Willensakt dazwischen – die Muskeln antreibt.

Diese bedeutende, durch N. Ach (Ach 1905; 1910) in Deutschland Anfang dieses Jahrhunderts weiter vorangetriebene Psychologie der Willenshandlung (auch "Volitionspsychologie" genannt), kam für lange Zeit durch das Aufkommen des amerikanischen Behaviorismus in den Verhaltenswissenschaften völlig zum Erliegen. Das Verhalten von Tier und Mensch ist nach behavioristischer Anschauung bestimmt durch das Zusammenwirken von Außenreizen und bestimmten inneren Zuständen, die wiederum das bloße Resultat von Konditionierungsvorgängen sind. Ob ein Tier oder ein Mensch auf einen bestimmten Reiz reagiert und – wenn ja – in welcher Weise, hängt ausschließlich von den Konsequenzen ab, die eine frühere Reaktion auf diesen Reiz hatte (Lernen am Erfolg, operante Konditionierung usw.). Solche Prozesse laufen rein mechanistisch ab, und ihre adäquate Beschreibung benötigt keinerlei "mentalistische" Konzepte wie Bewußtsein, Wille und Absicht. Derartige alltagspsychologischen Termini sind überflüssige Beschreibungen der Tatsache, daß ein Tier oder Mensch unter bestimmten Bedingungen etwas in einer ganz bestimmten Weise *tut*. Jemandem einen Willen, einen Handlungsvorsatz zuzuschreiben oder abzusprechen beruht auf bestimmten Merkmalen seines Verhaltens, nicht auf prinzipiell unbeobachtbaren mentalen Zuständen. Das Willenskonzept ist danach in der Psychologie ein überflüssiges Konzept, ganz zu schweigen von der Frage, ob dieser hypothetische mentale Zustand auch noch "frei" sei.

Die berühmte kognitive Wende in der Psychologie hat auch die Erkenntnis zurückgebracht, daß Phänomene wie "innere Bereitschaft", "Wille", "Intentionen", "Erwartungen" unabdingbar sind, um komplexes tierisches und menschliches Verhalten adäquat erklären zu können. Allerdings war bis vor kurzem in der Psychologie immer eine starke Betonung des Kognitiven gegenüber dem Emotionalen und Volitionalen zu finden; eine substantielle Weiterentwicklung der Willenspsychologie findet erst seit kurzem statt, und zwar zeitgleich mit dem wachsenden Interesse der Hirnforschung für die neuronalen Grundlagen des Emotionalen und der Handlungssteuerung.

Bedeutsam für die psychologische und neurobiologische Handlungstheorie ist die bereits genannte Tatsache, daß explizites, bewußtes Planen von Handlungen und abwägendes Entscheiden zwischen Handlungsalternativen nur das eine Extrem eines großen Spektrums bilden, an dessen anderem Ende sich mehr oder weniger automatisierte Aktionen befinden, die einer bewußten Kontrolle gar nicht mehr unterliegen und dennoch die Kriterien von Willkürhandlung erfüllen. Dazwischen liegen solche Handlungen, die von einer mehr oder weniger bewußten, auf relativ hoher Ebene angesiedelten Zielvorstellung geleitet sind, deren Realisierung sich aber aus Ketten von Handlungen zusammensetzt, bei denen nur der Zeitpunkt, aber nicht der Ablauf einer gewissen Willenskontrolle unterliegen. Dies ist zum Beispiel der Fall, wenn ich morgens die jahrelang eingeübte Fahrt von zu Hause zu meinem Arbeitsplatz absolviere. Hierbei zeigt sich deutlich, daß der Ablauf feststeht, ich jedoch in der Lage bin, die Initiierung bestimmter Teilhandlungen der gegebenen Situation anzupassen. Subjektiv erlebe ich dies als "glatte" Abfolge der Teilhandlungen ohne explizite Willensentschlüsse, während Abweichungen von dieser Routine (z.B. das Fahren eines Umweges wegen eines Staus) ausdrücklich und bewußt von mir vorgenommen werden müssen. Bin ich mit meinen Gedanken "ganz woanders", so führe ich komplexe Sequenzen von Handlungen aus, ohne überhaupt zu wissen, wie dies geschieht (ich wollte eigentlich zu einem ungewohnten Ziel und befinde mich plötzlich vor meinem Institut). Hier wirkt die bloße Wahrnehmung externer Reizkonstellationen direkt handlungsleitend ("..an dieser Kreuzung biege ich rechts ab..").

Nach Heckhausen (1987) sind bei einer vollständigen Willenshandlung idealtypisch folgende Phasen zu unterscheiden: (1) die realitätsorientierte Motivationsphase, (2) die Intentionsbildung, (3) die realisierungsorientierte, präaktionale Phase, (4) die aktionale Volitions- bzw. Handlungsphase, und (5) die postaktionale Phase, die das Erzielte bewertet und für spätere Handlungen berücksichtigt. Mentale Zielrepräsentationen müssen nach Heckhausen keineswegs bewußt und können auf unterschiedlichen Hierarchieebenen angesiedelt sein. Motivationale Repräsentationen sind auf der höchsten Zielebene angesiedelt, volitionale auf der niedrigsten Zielebene; sie sind vorgestellte Quasi-Realisierungen von Zielen, welche die Entschlußbildung direkt befördert. Wir haben also hier kurz gesagt die Abfolge von Motivation – Intentionsbildung – präaktionale Volition – "fiat!" – aktionale Volition – bewertende Motivation vor uns (Gollwitzer 1987). Prinz unterscheidet in diesem Zusammenhang *Pläne*, die Dispositionen für die Organisation langfristiger und komplexer Handlungszusammenhänge sind, *Absichten* als abstrakte Zielsetzungen, die erst in der Handlung selbst konkretisiert werden, und *Ziele* als konkrete Zustände, die durch einfache Handlungen konkretisiert werden (Prinz 1998).

Menschen haben in aller Regel eine Vielzahl von Wünschen, Neigungen und Handlungsimpulsen oder durch Außenreize herbeigeführte Aufforderungen, die in jedem Augenblick auf ganz unterschiedlichen Stufen des Kontinuums zwischen unbewußtem, automatisiertem Handeln und dem von höchstem Bewußtsein begleiteten Tun miteinander streiten. Ein Willensprozeß wird in dem Augenblick in Gang gesetzt, in dem einer dieser konkurrierenden Prozesse sich durchsetzt und zur dominanten Handlungstendenz wird. Gleichzeitig müssen konkurrierende Tendenzen unterdrückt werden, damit die präaktionale Phase eintreten kann. Während dieser Phase muß die intendierte Handlung wiederum von dem "Einspruch" alternativer Tendenzen abgeschirmt werden. Je stärker diese alternativen Tendenzen werden, desto mehr steigt – wie N. Ach bereits zu Beginn unseres Jahrhunderts nachgewiesen hat – die Willensanspannung. D.h. eine subjektiv erlebte Willensanstrengung ergibt sich nur, wenn äußere oder innere Widerstände einschließlich verlockender Handlungsalternativen zu überwinden sind. Folglich tritt das Gefühl eines Willensaktes gar nicht auf, wenn "alles klar" ist.

Insgesamt zeigt sich, daß die traditionell philosophische Annahme, Willkürhandlungen würden durch einen Willensakt kausal verursacht, falsch ist. Erstens tritt ein solches Gefühl nur in Ausnahmefällen auf (d.h. bei tatsächlichen oder erwarteten "Hindernissen" und Handlungsalternativen), und aus ihm folgt überhaupt nicht zwingend eine Aktion; zweitens ist dieses Gefühl des Wollens die subjektive Erlebnisseite eines unbewußt ablaufenden Abschirm- und Kontrollvorgangs. Wie geschildert, kann dieses Gefühl völlig fehlen, ohne daß die Willkürhandlung ihr Charakteristikum verliert, nämlich das der Selbstzuschreibung. Ob ich nun mit höchster Willensanstrengung einen fast unbezwingbaren Gipfel erklommen habe oder gedankenverloren zu meiner Arbeitsstätte gefahren bin, - ich werde immer das Gefühl haben, daß *ich* es war, der das getan hat. Wille wird hier also nicht als punktueller Akt gesehen, sondern als ständig wirksames, bewußt oder auch unbewußt arbeitendes Kontrollsystem, das die natürlichen Bedürfnisse des Menschen in Einklang mit übergeordneten Zielen, sozialen Normen und internalisierten Regeln bringt (Weinert 1987).

Von besonderer Bedeutung ist in diesem Zusammenhang die von Prinz und Mitarbeitern seit einigen Jahren entwickelte Vorstellung einer gemeinsamen und gleichartigen Repräsentation von Wahrnehmungsinhalt, Zielvorstellung und Bewegungsvorstellung, die sich von der klassischen Trennung von Wahrnehmen und Handeln bewußt absetzt. Ausgangspunkt ist die James´sche Idee, daß die Antizipation von Handlungseffekten die Aktivierung derjenigen Bewegungsabläufe herbeiführt, die erfahrungsgemäß zu ihrer Herstellung führen. Wir sehen – grob gesagt – die Welt stets durch die Brille unserer bereits ausgeführten und intendierten Handlungen. Dieser Wahrnehmung-Handlungs-Prozeß ist notwendigerweise *distal fokussiert*, d.h. wir nehmen bewußt die Gegenstände und Prozesse dieser Welt so wahr, als seien sie direkt vor uns und nicht durch einen überaus komplizierten sensorischen Apparat vermittelt (an dessen Ende sich unser "Bewußtseinsauge" befindet), und als würde unser "Wille" direkt unseren Arm und unsere Hand beim Greifen nach einem Gegenstand leiten, ohne den ebenso komplizierten motorischen Apparat von der Großhirnrinde zu den distalen Muskeln bewußtseinsmäßig wiederzugeben (was auch völlig unmöglich wäre). Wie wir sehen werden, sprechen viele neurobiologische Erkenntnisse für eine solche Vorstellung.

3 Bewußte und unbewußte Informationsverarbeitung und Handlungssteuerung

Im Gehirn lassen sich idealtypisch unbewußte und bewußte Informationsverarbeitung und Handlungssteuerung unterscheiden. Das unbewußte System arbeitet schnell (d.h. im Millisekundentakt), hochgradig parallel, fehlerarm und aufgabenspezifisch, es hat eine nahezu unbegrenzte Verarbeitungs- und Speicherkapazität, es ist jedoch nur in engen Grenzen flexibel, d.h. nur hinsichtlich der Entscheidung zwischen bekannten Alternativen. Dieses System ist repräsentiert durch weiter unten genannte subcorticale sensorische, motorische und limbische Zentren sowie durch primäre und sekundäre corticale Areale. Das bewußte System arbeitet langsam (d.h. im Sekundentakt) und weitgehend sequentiell, ist kapazitätsbegrenzt und hochgradig störanfällig. Es ist jedoch sehr flexibel und kommt immer dann zum Einsatz, wenn es um die Bewältigung unbekannter oder neuartiger perzeptiver, kognitiver und motorischer Aufgaben geht. Es ist mit der Aktivität in assoziativen Arealen der Großhirnrinde verbunden. Bewußtsein ist also nur dann nötig, wenn es sich um Aktionen handelt, die mit der Bewältigung neuartiger Probleme zu tun haben, für die es noch keine "Routinen" gibt, oder die in Situationen stattfinden, die durch stark wechselnde Reizsituationen gekennzeichnet sind, in denen sich also keine verläßlichen Erwartungshaltungen ausbilden können und die Verhaltensweisen flexibel bleiben müssen.

Grundsätzlich sind uns nur solche Prozesse bewußt, die mit einer Aktivität des assoziativen Cortex verbunden sind. Dieser umfaßt Bereiche des Scheitellappens (Parietallappens), des Schläfenlappens (Temporallappens) und des Stirnlappens (Frontallappens) und in begrenztem Umfang auch des Hinterhauptslappens (Occipitallappens) (vgl. Abb. 1 und 2). Mit einigen Abstrichen liegt eine funktionale Asymmetrie zwischen linkem und rechtem Parietallappen vor: Der linke Parietallappen hat mit symbolisch-analytischer Informationsverarbeitung zu tun, mit Mathematik, Sprache, der Bedeutung von Zeichnungen und von Symbolen. Schädigungen betreffen Lesen und Schreiben und entsprechende Gedächtnisfunktionen. Der rechte Parietallappen hat mit der Repräsentation des konkreten, vorgestellten und abstrakten Raumes zu tun, mit räumlicher Orientierung und dem Wechsel der konkreten und vorgestellten räumlichen Perspektive sowie mit räumlicher Aufmerksamkeit. Er ist das Zentrum des Körperschemas und der Körperidentität, der Beziehung zwischen Körper und umgebendem Raum wie auch der abstrakten Lokalisation des eigenen Selbst im Raum (auf Karten usw.).

Der obere und mittlere Schläfenlappen beinhaltet die Verarbeitung einfacher und komplexer Hörwahrnehmung einschließlich (bei den meisten Menschen links) des Wernickeschen Sprachzentrums, das für das Verstehen von Sprache und die Produktion sinnvoller Sprache zuständig ist. Der untere Teil des Schläfenlappens umfaßt Zentren, die mit komplexer Sehwahrnehmung zu tun haben, z.B. mit der Wahrnehmung von Gesichtern und ganzen Szenen und insbesondere deren korrekter Interpretation. Der präfrontale Cortex (PFC) schließlich ist besonders wichtig für die Bewertung von äußeren und inneren Ereignissen im Zusammenhang mit der Verhaltensplanung. Der obere Teil, der sog. dorsolaterale PFC, hat mit folgenden Funktionen zu tun: (1) Aufmerksamkeit und selektive Kontrolle von Sinneserfahrungen; (2) Handlungsplanung und Handlungsentscheidung; (3) zeitliche Analyse von Ereignissen; (4) Beurteilung und Einsicht im Hinblick auf Geschehnisse der externen Welt; (5) strategisches und assoziatives Denken; und schließlich (6) Arbeits- oder Kurzzeitgedächtnis, also das Gedächtnis, in dem alles extern Erlebte für wenige Sekunden verfügbar bleibt. Der dorsolaterale PFC ist also wesentlich, wenn auch nicht ausschließlich, mit Dingen der Außenwelt und deren Relevanz für das eigene Handeln befaßt. Der untere oder *orbitofrontale* PFC hat hingegen mehr mit emotionalen und motivationalen Aspekten zu tun. Er schaut also eher "nach innen". Schädigungen dieses Teils des PFC führen zum Verlust des Interesses an wichtigen Ereignissen des Lebens, zu Ich-Verlust und unpassendem bzw. "unmoralischem" Verhalten und insbesondere zur Unfähigkeit, die negativen Konsequenzen des eigenen Verhaltens entweder überhaupt zu erkennen oder sie zumindest zur Grundlage des weiteren Verhaltens zu machen.

Wir finden die verschiedenen Zustände von Bewußtsein mit der Aktivität unterschiedlicher Areale der Großhirnrinde verbunden, nämlich allgemeine Wachheit, Erleben von Sinneswahrnehmungen, Körperidentitätsbewußtsein, autobiographisches Bewußtsein, Bewußtsein, Autor der eigenen Handlungen zu sein, Bewußtsein der Handlungsplanung und schließlich selbstreflexives Bewußtsein.

Wenn auch der assoziative Cortex der "Sitz" dieser Bewußtseinsformen ist, so ist er doch nicht deren alleiniger "Produzent". Die verschiedenen Bewußtseinsformen können nur entstehen, wenn die Großhirnrinde in sehr spezifischer Form mit Gehirnzentren außerhalb der Großhirnrinde interagieren, deren Aktivität jedoch grundsätzlich unbewußt ist (Abb. 3 und 4). Die für das Bewußtsein wichtigsten subcorticalen Zentren befinden sich in der sogenannten retikulären Formation (FR). Diese besteht aus drei langgezogenen Zellgruppen (Kolumnen), die vom Mittelhirn bis zum Ende des verlängerten Marks ziehen. Die *mediale Kolumne* besteht aus Kernen, d.h. Ansammlungen von Nervenzellen, die von der Sinnesperipherie Information erhalten und Fasern zu Kernen des Thalamus (sog. intralaminare Kerne) senden. Diese Kerngebiete senden ihrerseits Faserzüge zur gesamten Großhirnrinde. Über diese aufsteigenden Projektionen kontrolliert die mediale Kolumne der retikulären Formation den allgemeinen Aktivitätszustand der Großhirnrinde und damit unseren Wachheitszustand. Ist die mediale FR nicht genügend aktiv, so sind wir nicht bei Bewußtsein; Verletzungen führen zu Bewußtlosigkeit (Koma).

Die außen liegende, *laterale Kolumne* umfaßt u.a. den "blauen Kern" (Locus coeruleus), der zu allen Teilen des sog. limbischen Systems (s. unten) und zur gesamten assoziativen Großhirnrinde projiziert. Der Locus coeruleus ist durch den Neuromodulator *Noradrenalin* gekennzeichnet. *Neuromodulatoren* sind solche Botenstoffe,

Abbildung 1: Seitenansicht des menschlichen Gehirns mit den typischen Windungen und Furchen, und anatomisch-funktionelle Gliederung der seitlichen Hirnrinde (Cortex)

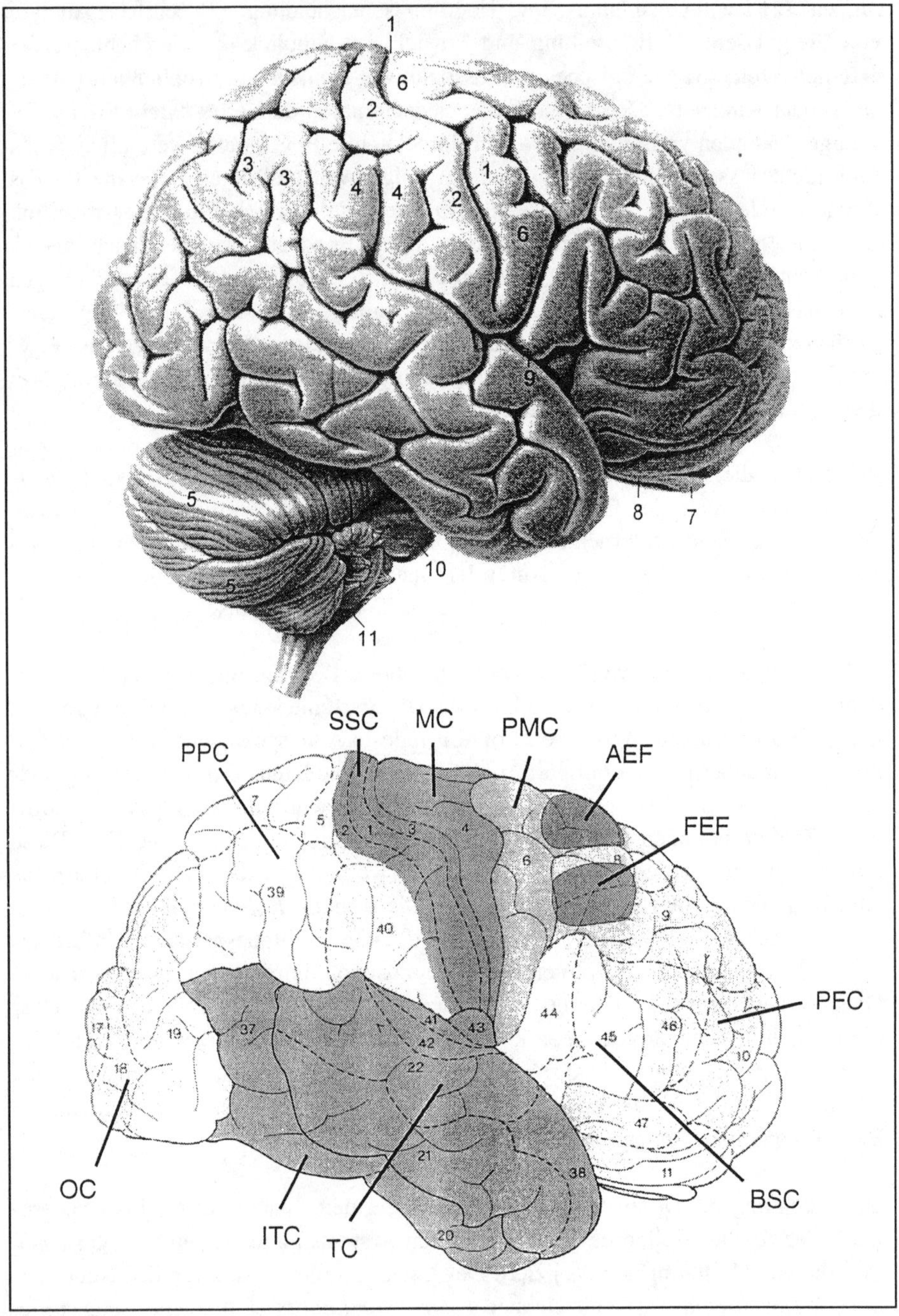

Erläuterung der Abb. 1:
Oben: Seitenansicht des menschlichen Gehirns mit den typischen Windungen (Gyrus/Gyri) und Furchen (Sulcus/Sulci). 1 Zentralfurche (Sulcus centralis); 2 Gyrus postcentralis; 3 Gyrus angularis; 4 Gyrus supramarginalis; 5 Kleinhirn-Hemisphären; 6 Gyrus praecentralis; 7 Riechkolben (Bulbus olfactorius); 8 olfaktorischer Tract; 9 Sulcus lateralis; 10 Brücke (Pons); 11 Verlängertes Mark (Medulla oblongata).
Unten: Anatomisch-funktionelle Gliederung der seitlichen Hirnrinde (Cortex). Die Zahlen geben die übliche Einteilung in cytoarchitektonische Felder nach K. Brodmann an (s. Text). Abkürzungen: AEF = vorderes Augenfeld; BSA = Brocasches Sprachzentrum; FEF = frontales Augenfeld; ITC = inferotemporaler Cortex; MC = (primärer) motorischer Cortex; OC = occipitaler Cortex (Hinterhauptslappen); PFC = präfrontaler Cortex (Stirnlappen); PMC = dorsolateraler prämotorischer Cortex; PPC = posteriorer parietaler Cortex; SSC = somatosensorischer Cortex; TC = temporaler Cortex (Schläfenlappen). Weitere Erläuterungen siehe Text. Nach Nieuwenhuys et al. 1991, verändert.

die nicht die schnelle Erregungsübertragung (im Millisekundenbereich) an den Synapsen vermitteln, wie dies etwa die Transmitter Glutamat (erregend) oder Gamma-Amino-Buttersäure (GABA, hemmend) tun, sondern die die Wirkungsart und den Wirkungsbereich dieser schnellen Substanzen verändern. Es wird angenommen, daß der Locus coeruleus mit der ständigen Überwachung der äußeren und inneren Welt im Hinblick auf wichtige Ereignisse und – als Folge hiervon – mit der unbewußten Steuerung von Aufmerksamkeit zu tun hat. Besonders seine Verbindungen zum präfrontalen Cortex scheinen Informationen über bedeutungshafte komplexe Ereignisse zu vermitteln.

Die entlang der Mittellinie liegende *mediane Kolumne* der FR wird durch die Raphe-Kerne gebildet (Raphe = Naht); im vorliegenden Zusammenhang ist der dorsale Raphekern besonders wichtig. Er ist durch den Neuromodulator *Serotonin* charakterisiert. Ähnlich wie der Locus coeruleus sendet er Fasern zu allen Zentren, die mit limbischen und kognitiven Funktionen zu tun haben, nämlich zu Hippocampus, Amygdala, basalem Vorderhirn, limbischen thalamischen Kern, cingulärem und entorhinalem Cortex (s. unten) sowie zum frontalen, parietalen, temporalen und occipitalen Assoziationscortex. Die Raphekerne scheinen der Arbeit des Locus coeruleus entgegenzuwirken, indem sie dessen erregende Wirkung dämpfen. Ebenfalls mit der Steuerung von Aufmerksamkeit befaßt ist das Projektionssystem, das seinen Ausgang vom sog. basalen Vorderhirn einschließlich der Septumkerne nimmt. Es erregt wie der Locus coeruleus in gezielter Weise die Aktivität der Großhirnrinde, in diesem Falle über den Neuromodulator *Acetylcholin.*

Zwischen der Großhirnrinde und den mit Bewußtheit und Aufmerksamsteuerung befaßten neuromodulatorischen Systemen (Locus coeruleus, Raphe-Kerne und basales Vorderhirn) befindet sich das *limbische System* im engeren Sinne. Es umfaßt innerhalb der Großhirnrinde den präfrontalen, cingulären und entorhinalen Cortex und die Hippocampus-Formation, weiterhin subcorticale Gebiete wie die Amygdala

Abbildung 2: Medialansicht (Längsschnitt) des menschlichen Gehirns und anatomisch-funktionelle Gliederung der medialen Hirnrinde

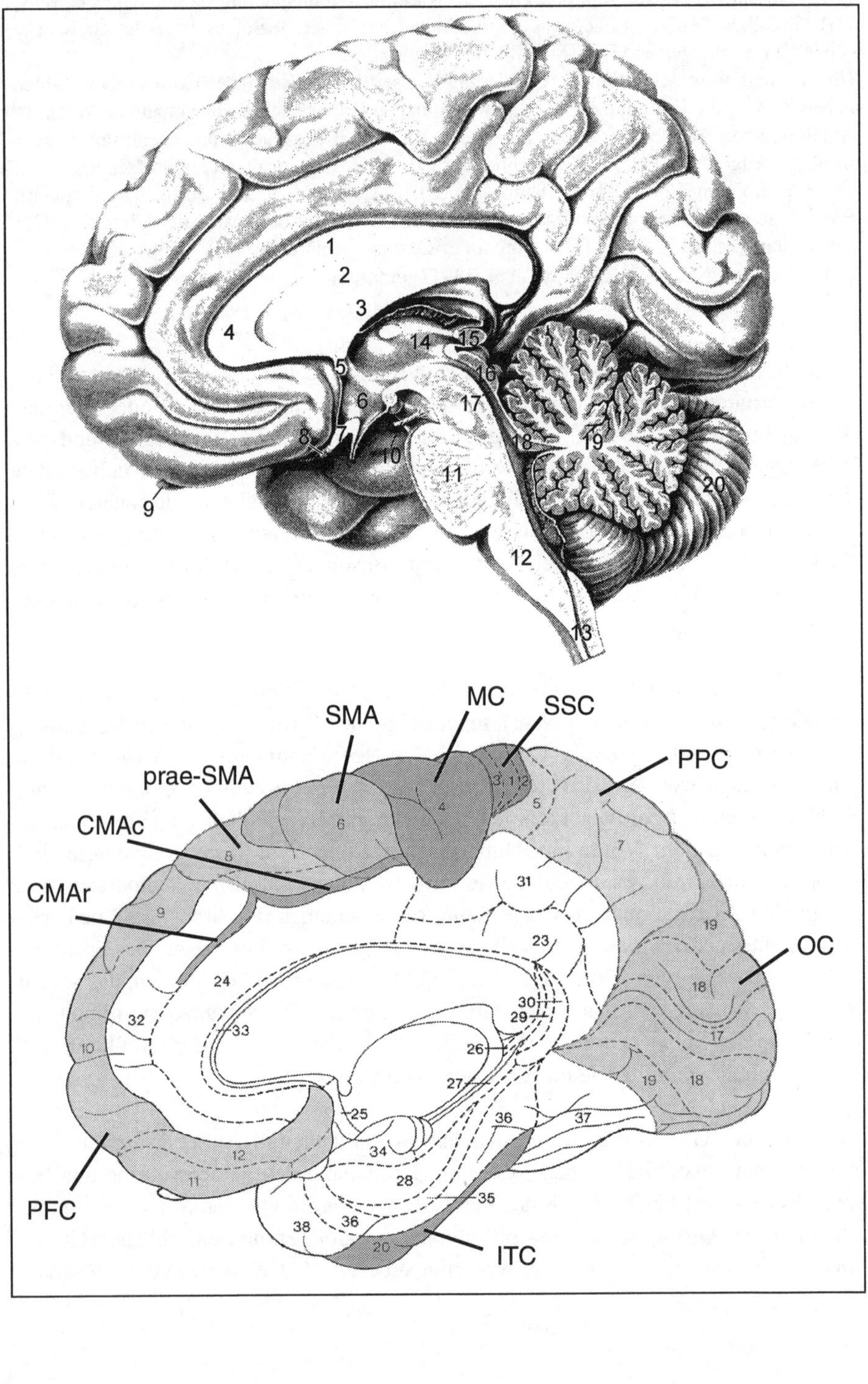

Erläuterung der Abb. 2:
Oben: Medialansicht (Längsschnitt) des menschlichen Gehirns. 1 Balken (Corpus callosum); 2 Septum pellucidum; 3 Fornix; 4 Knie des Balkens; 5 Commissura anterior; 6 Hypothalamus; 7 Sehnervkreuzung (Chiasma opticum); 8 Sehnerv (Nervus opticus); 9 Bulbus olfactorius; 10 Nervus oculomotorius; 11 Brücke (Pons); 12 Verlängertes Mark (Medulla oblongata); 13 Rückenmark (Medulla spinalis); 14 Thalamus; 15 Pinealorgan; 16 Vierhügelplatte des Mittelhirns; 17 Tegmentum des Mittelhirns; 18 vierter Ventrikel; 19 Wurm (Vermis) des Kleinhirns; 20 Kleinhirnhemisphären.
Unten: Anatomisch-funktionelle Gliederung der medialen Hirnrinde. Die Zahlen geben wie in Abb. 1 die Einteilung in cytoarchitektonische Felder nach K. Brodmann an. Abkürzungen: CMAc = caudales cinguläres motorisches Areal; CMAr = rostrales cinguläres motorisches Areal; ITC = inferotemporaler Cortex; MC = motorischer Cortex; OC = occipitaler Cortex (Hinterhauptslappen); prae-SMA = prae-supplementär-motorisches Areal; PFC = präfrontaler Cortex (Stirnlappen); PPC = posteriorer parietaler Cortex; SMA = supplementär-motorisches Areal; SSC = somatosensorischer Cortex; Weitere Erläuterungen siehe Text. Nach Nieuwenhuys et al. 1991, verändert.

und das Septum, das ventrale Striatum, Gebiete im Zwischenhirn wie den ventralen Globus pallidus, den Hypothalamus, die Mamillarkörper, anteriore, mediale und intralaminare Kerne des Thalamus und Gebiete im Mittelhirn wie die Substantia nigra und das ventrale tegmentale Areal (vgl. Nieuwenhuys 1986; Nieuwenhuys et al. 1991).

Das limbische System ist für die Organisation der verschiedenen Wissensgedächtnisse und für die Bewertung der Konsequenzen des Handelns zuständig (Abb. 3). Nach neuerer – sicherlich noch unzulänglicher – Vorstellung besteht es aus einem Verarbeitungssystem bzw. Gedächtnis für kontextabhängiges Wissen, einem für kontextfreies Wissen, einem für die positiven Ereignisse und einem für die negativen Ereignisse in unserem Leben. Diese vier Systeme arbeiten grundsätzlich unbewußt; die in ihnen verarbeiteten Informationen werden erst bewußt, wenn sie über die entsprechenden Projektionen zur assoziativen Großhirnrinde gelangen.

Seit langem ist die Hippocampus-Formation (Subiculum, Ammonshorn und Gyrus dentatus) als Organisator des Einspeicherns und Abrufens *kontextabhängigen* Wissens (beim Menschen des deklarativ-episodischen Wissens) bekannt, während die entsprechenden Gedächtnisinhalte offensichtlich modalitäts- und inhaltsspezifisch in denjenigen Arealen der Großhirnrinde gespeichert sind, die für die korrespondierenden Wahrnehmungsleistungen und kognitiven Akte zuständig sind. Entsprechend führt eine beidseitige Zerstörung des Hippocampus nicht zum Verlust stark konsolidierten Wissens, sondern zur Unfähigkeit, nicht stark konsolidiertes Wissen abzurufen und neues Wissen zu erwerben. Die Organisation *kontextfreien, semantischen* Wissens wird der den Hippocampus umgebenden entorhinale Rinde zugeschrieben.

Abbildung 3: Querschnitt durch das menschliche Gehirn

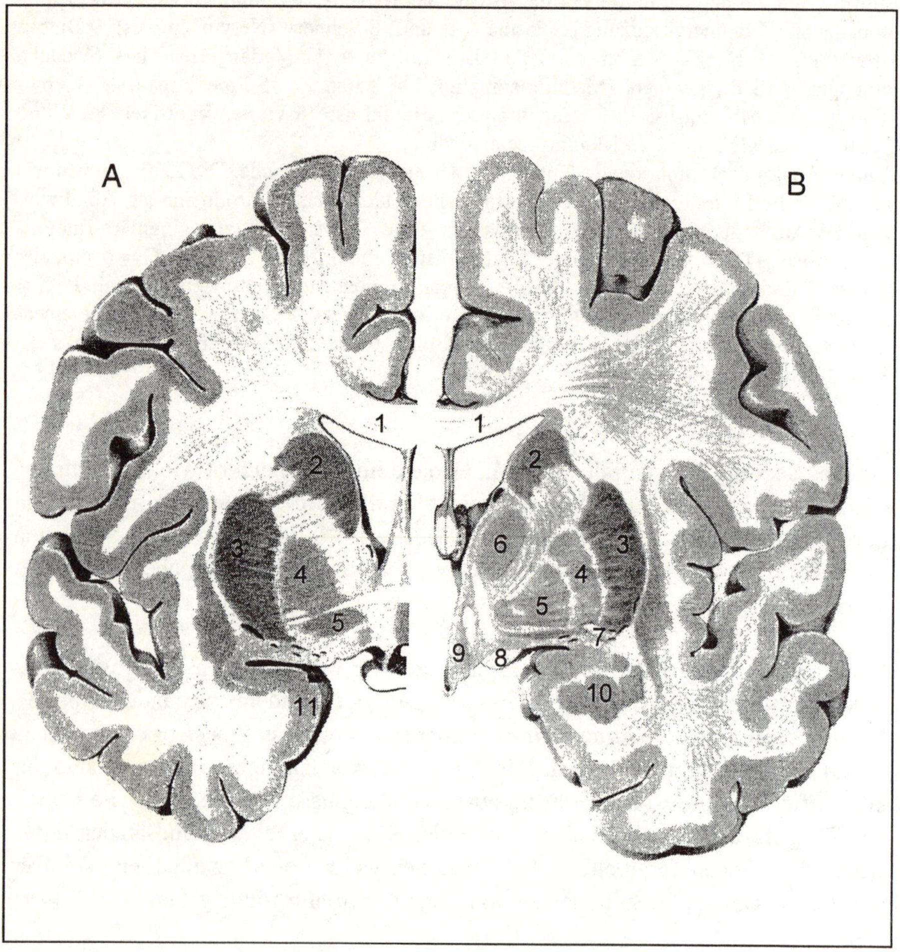

Erläuterung der Abb. 3:
A Höhe des Striatum, B Höhe des Infundibulum. 1 Balken (Corpus callosum; 2 Kopf des Nucleus caudatus; 3 Putamen; 4 Globus pallidus, lateraler Teil; 5 Globus pallidus, medialer Teil; 6 Nucleus anterior des Thalamus; 7 Commissura anterior; 8 optischer Trakt; 9 Hypothalamus; 10 Amygdalakomplex; 11 Gyrus parahippocampalis. Nach Nieuwenhuys et al. 1991, verändert.

Für das Erkennen und Erlernen der *negativen Bedeutung* von Ereignissen ist die Amygdala, der Mandelkern, wichtig. Beidseitige Läsionen der Amygdala führen zur Furchtlosigkeit und zur Unfähigkeit, negative Konsequenzen des Verhaltens zu erkennen. *Kontextuelles* Furchtlernen setzt entsprechend die Beteiligung des Hippocampus voraus. Entorhinaler, perirhinaler und parahippocampaler Cortex könnten hier als Konvergenzzone für detailhafte Furchtinformation dienen.

Abbildung 4: Allgemeiner Aufbau des limbischen Systems und seine Verbindungen (striae, fasciculi, tractus)

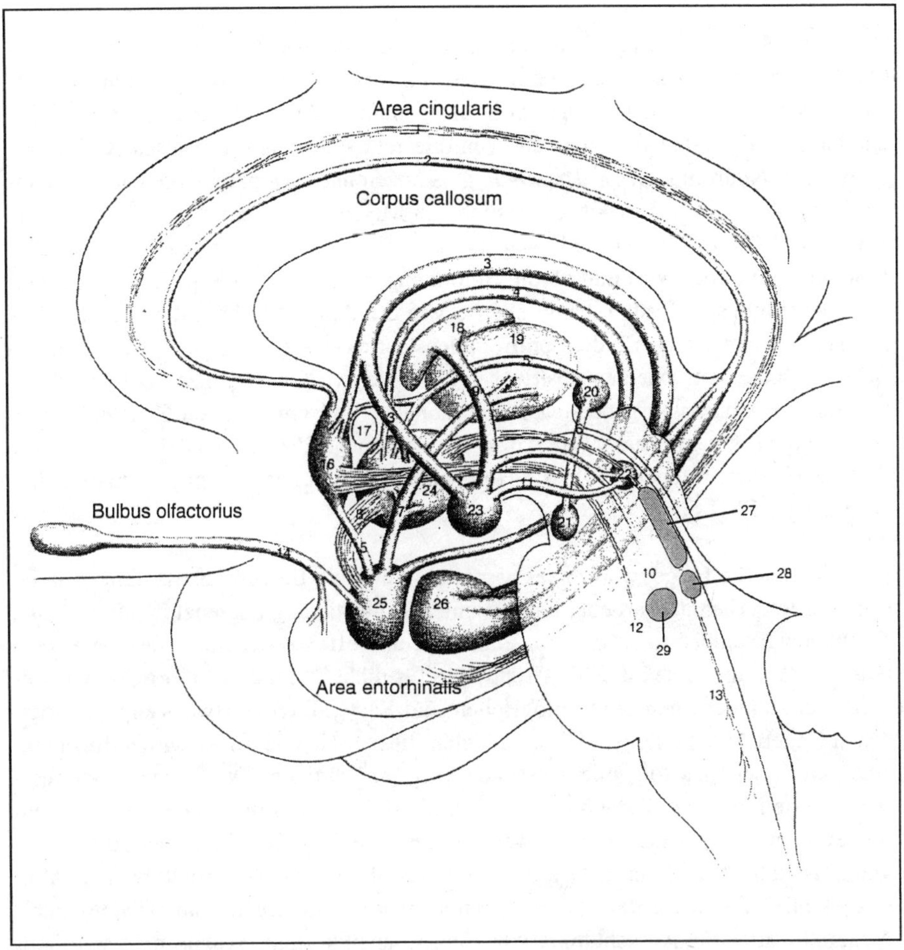

Erläuterung der Abb. 4:
1 Cingulum; 2 Striae longitudinales; 3 Fornix; 4 Stria terminalis; 5 Stria medullaris; 6 Tractus habenulo-interpeduncularis; 7 Pedunculus thalami inferior; 8 basale Mandelkernstrahlung; 9 Tractus mamillo-thalamicus; 10 Tractus mamillo-tegmentalis; 11 Pedunculus mamillaris; 12 Fasciculus telencephalicus medialis (mediales Vorderhirnbündel); 13 Fasciculus longitudinalis dorsalis; 14 Tractus olfactorius - Stria olfactoria lateralis; 15 Diagonales Band von Broca; 16 Area septalis/Septum-Kerne; 17 Commissura anterior; 18 Nucleus anterior des Thalamus; 19 Nucleus medialis dorsalis des Thalamus; 20 Habenula; 21 Nucleus interpeduncularis; 22 Nucleus tegmentalis dorsalis; 23 Mamillarkörper; 24 Area praeoptica/Hypothalamus; 25 Amygdalakomplex; 26 Hippocampusformation; 27 dorsaler Raphekern; 28 Parabrachialkerne; 29 Locus coeruleus. Nach Nieuwenhuys et al. 1991, verändert.

Besonders enge Verbindungen hat die Amygdala mit der Hippocampus-Formation und dem anliegenden entorhinalen Cortex sowie über den mediodorsalen thalamischen Kern mit dem präfrontalen Cortex.

"Gegenspieler" der Amygdala ist das meso-limbische System, welches für die positiven, lustbetonten Dinge in unserem Leben zuständig ist. Hierzu gehören der Nucleus accumbens (auch ventrales Striatum genannt), der ventrale Globus pallidus, der laterale Hypothalamus und das ventrale tegmentale Areal. Dieses System ist durch den Neuromodulator *Dopamin* gekennzeichnet. Dopaminerge Neurone im ventralen Striatum liefern – wie Versuche an Makakenaffen gezeigt haben – Informationen über Belohnung, und zwar darüber, ob eine Belohnung erfolgte, ob eine Belohnung erwartet wird und ob die Belohnung mit der Erwartung übereinstimmte. Das mesolimbische System hängt ebenso wie die Amygdala über den mediodorsalen Thalamuskern eng mit dem präfrontalen Cortex zusammen, der – wie oben berichtet – seinerseits mit den positiven und negativen Konsequenzen des Handelns und den sich daraus ergebenden motivationalen und emotionalen Zuständen und Erwartungen zu tun hat. Wir können annehmen, daß Amygdala und mesolimbisches System (ebenso wie der Hippocampus) die unbewußten Informationslieferanten des PFC sind.

Es stellt sich die Frage, warum das assoziativ-corticale Bewußtseinssystem so langsam und fehlerbehaftet arbeitet und in seiner Kapazität eng begrenzt ist, und warum das unbewußt-subcorticale System so schnell und effektiv arbeitet. Die hier vertretene Anschauung lautet, daß die Gründe hierfür nicht in kognitiv-informationsverarbeitenden, sondern neurophysiologischen und letztendlich stoffwechselphysiologischen Gegebenheiten liegen. Diese vielleicht überraschende These wird sofort plausibel, wenn wir uns folgende Tatsachen vergegenwärtigen: Das unbewußt-subcorticale System arbeitet deshalb so schnell und effektiv, weil in ihm bereits bestehende neuronale Netzwerke aktiviert werden; der Erregungsfluß durch derartige Netzwerke ist schnell und energiesparend. Die Produktion und Weiterleitung von Aktionspotentialen und lokalen Feldpotentialen in ihnen geschieht entlang dem Energiegefälle, auch die Ausschüttung von Neurotransmittern an Synapsen ist sehr "billig". Was teuer ist, ist vor allem die ständige "Betriebsbereitschaft" der Neuronen (d. h. das Aufrechterhalten des Membranruhepotentials). Das assoziativ-corticale Bewußtseinssystem hingegen muß, da es mit der Bewältigung von neuen bzw. neuartigen perzeptiven, kognitiven und motorischen Aufgaben zu tun hat, neue Nervennetze anlegen, d.h. vorhandene synaptische Kontakte verstärken oder abschwächen (das Auswachsen neuer und das Abbauen vorhandener Synapsen geschieht auf einer noch viel langsameren Zeitskala), woraus dann neue Funktionen und Leistungen erwachsen. Dies ist ein langsamer Vorgang, der zudem wegen notwendiger intrazellulärer Signalkaskaden, Genexpression, Proteinsynthese und zellulären Umstrukturierungen viel Stoffwechselenergie (Sauerstoff und Glukose) benötigt. Diese Energie ist vor Ort meist nicht ausreichend vorhanden, sondern muß aus der zerebralen Umgebung über die Erhöhung der lokalen Hirndurchblutungsrate herbeigeschafft werden, was ungefähr eine Sekunde dauert. Diese Gegebenheiten sind übrigens die physikalisch-physiologische Grundlage der sogenannten bildgebenden Verfahren (z.B. Positronen-Emissions-Tomographie, PET, und funktionelle Kernspintomographie, fMRI). Man sieht hieran sehr deutlich, daß die hohe Flexibilität dieses Systems unvermeidlich seine Langsamkeit und ebenso seine Stör- und Fehleranfälligkeit bedingt, denn die Neuverknüpfungen erfolgen prinzipiell nach Versuch und Irrtum (wenngleich meist relativ schnell, aber doch im Sekunden- bis Minutentakt).

(Anmerkung: Beim Menschen verbraucht dieses Bewußtseinssystem zehn- bis zwanzigmal mehr Stoffwechselenergie, als ihm vom Gehirnvolumen her zukäme. Man kann zeigen, daß ein solches "kostspieliges" zerebrales System sich erst in warmblütigen Tieren (d. h. Vögeln und Säugern ausbilden konnte, die in der Lage waren, sich ständig mit energiereicher Nahrung zu versorgen).

Sobald neuartige Netzwerke im assoziativen Cortex angelegt sind, geht – bildlich gesprochen – das Gehirn daran, diese Netzwerke hinsichtlich der Erregungsflüsse effektiver zu gestalten. In PET und fMRI zeigt sich dies in zunehmend verringerter lokaler corticaler Stoffwechsel- und Blutflußrate. Dies geht verhaltensmäßig einher mit der Ausbildung von perzeptiven, kognitiven und motorischen Routinen und subjektiv mit dem "Ausschleichen" der bewußten Kontrolle dieser Vorgänge. Hochgradig automatisierte Prozesse laufen dann nur noch in den primären sensorischen und motorischen corticalen Arealen oder überhaupt nur noch in subcorticalen Arealen (z.B. dem Kleinhirn, den Basalkernen, dem Mittelhirndach, Colliculus superior) ab. Netzwerke in subcorticalen Zentren sind nicht notwendig starr, sondern können durchaus übungs- und erfahrungsabhängig verändert werden. Allerdings geschehen solche Veränderungen nur während früher Lebensabschnitte schnell und später sehr langsam.

Charakteristisch ist die starke Asymmetrie in der gegenseitigen Kontrollmöglichkeit zwischen assoziativem Cortex und subcorticalen Zentren. Während subcorticale Zentren – wie geschildert - in vielfacher Weise die Zustände des assoziativen Cortex determinieren und modulieren, ist die umgekehrte Einflußnahme des assoziativen Cortex auf die subcorticalen Zentren sehr begrenzt, was offenbar durch deren verringerte Plastizität im Erwachsenenalter bedingt ist. Auf subjektiver Erlebnisebene bedeutet dies, daß wir in unserem Bewußtsein weitgehend von unbewußten Vorgängen bestimmt werden, umgekehrt aber nur geringe Einflußmöglichkeiten auf unbewußte Prozesse haben, auch wenn uns unser Bewußtsein ständig das Gegenteil vorgaukelt. Die Belege aus der Psychologie für diese Tatsache sind Legion und können hier aus Platzgründen nicht im Detail dargestellt werden. Bereits die Untersuchungen des Psychologen Duncker zum einsichtigen Denken haben deutlich gemacht, daß die denkende Person keine wesentliche Einsicht in die Natur und Grundlagen ihrer Denkprozesse hat.

4 Neurobiologische Grundlagen von Willkürhandlungen

In der Neurobiologie unterscheidet man vier Typen von motorischen Reaktionen: (1) Reine mono- oder disynaptische Reflexe, (2) rhythmische, hochgradig stereotype Bewegungen wie Atmen, Laufen, Kauen, Schlucken, Kratzen, (3) reflexartige, automatisierte Leistungen der Stützmotorik, (4) reflexartige, automatisierte Hinwende-, Schreck- und Abwehrreaktionen, (5) automatisierte Handlungsabläufe wie Radfahren, sich die Schuhe zubinden, eine Tastatur bedienen, und (6) Planhandlungen i. e. S.

Reine Reflexe sind ununterdrückbar und nicht durch Lernen beeinflußbar. Sie sind selten, und im wesentlichen handelt es sich dabei um die monosynaptischen Reflexe, denn alle anderen Reflexe sind durch "höhere Zentren" modulierbar. Rhythmische Bewegungen wie Laufen, Kauen, Schlucken werden durch einen "zentralen Rhythmusgenerator" (hypothetisch oder identifiziert) gesteuert, sind aber in bestimmtem Maße willentlich steuerbar und unterdrückbar ebenso wie die Stützmotorik und die Hinwende-, Schreck- und Abwehrreaktionen. Automatisierte Handlungsabläufe entstehen meist aus primär geplanten, da *ungewohnten* Handlungsabläufen, die stets von Aufmerksamkeit begleitet sind. Durch zunehmende Übung vervollkommnen sie sich; in demselben Maße wird die bewußte Kontrolle überflüssig oder gar störend. Geplante Handlungen werden hingegen immer bewußt erlebt.

Die strenge neurobiologische Definition von Willkürhandlungen, die aus dieser Aufzählung folgt, ist die der erfahrungsbedingten Veränderbarkeit (so Passingham in seinem einflußreichen Buch "The frontal lobes and voluntary action"). Unter Willkürhandlung fällt also all das, was verändert oder zurückgehalten werden kann, und umfaßt daher praktisch alle Handlungen bis auf die reinen Reflexe. *Bewußte* Planhandlungen sind danach nur ein kleiner Teil der Willkürhandlungen.

Die hier aufgezählten Typen von Handlungsabläufen haben eine unterschiedliche Repräsentation im Gehirn. Reine Reflexe beruhen auf einem spinalen Reflexbogen und unterliegen wenig oder gar nicht der Kontrolle durch das Gehirn. Alle polysynaptischen Reflexe sind daher keine Reflexe im eigentlichen Sinn. Rhythmisierte Motorreaktionen, Tätigkeiten der Stützmotorik und automatisierte Orientierungs- und Abwehrreaktionen umfassen Aktivitäten im Rückenmark, in der Medulla oblongata (Formatio reticularis), im Kleinhirn (Spino- und Vestibulocerebellum) und im Mittelhirn (z.B. Nucleus ruber, Colliculus superior bei visueller Aufmerksamkeitsreaktion). Diese Funktionen stehen unter teilweiser Kontrolle der Großhirnrinde, treten aber auch ohne sie auf (wenn auch in veränderter Form).

Das System, welches in unserem Gehirn Willkürhandlungen im engeren Sinne steuert, ist relativ gut untersucht, insbesondere hinsichtlich der Bedeutung solcher Untersuchungen für die Behandlung von Erkrankungen des motorischen System, z.B. der Parkinsonschen oder Huntingtonschen Erkrankung, wo es einerseits zu einer

Verarmung und andererseits zu einem unkontrollierten Überschießen der Willkürmotorik kommt. Solche Handlungen umfassen zum einen das corticale Willkürmotorsystem (traditionell das *pyramidale System*) und das subcorticale Willkürmotorsystem (traditionell das *extrapyramidale System*).

Nach heutiger Auffassung sind an der Vorbereitung und Ausführung von Willkürhandlungen (z. B. Augen-, Lippen- oder Handbewegungen) folgende Hirnzentren beteiligt (Abb. 1): Areale in der Großhirnrinde (Cortex), und zwar (1) der *primäre motorische Cortex* (Brodmann-Areal A 4), der *dorsolaterale prämotorische Cortex* (A 6) und der *mediale prämotorische Cortex* (*supplementär-motorisches Areal, SMA* und *cinguläres motorisches Areal, CMA*) sowie das *frontale Augenfeld (frontal eye field, FEF)* (A 6) und das *supplementäre Augenfeld* (*supplementary eye field, SEF*, Teile von A 6).

Der *primäre motorische Cortex* befindet sich direkt vor der Zentralfurche der Großhirnrinde. Hier sind die Muskeln des Körpers in systematischer Weise abgebildet, und zwar so, daß sich die Repräsentationen des Fußes auf der Innenseite der Großhirnrinde, die sich anschließenden Teile des Unterkörpers im oberen Bereich und die Teile des Oberkörpers im unteren Bereich der außenliegenden Großhirnrinde befinden; dieser "Homunculus" ist also mit dem Kopf nach unten abgebildet, genauso wie der sensorische Homunculus, der jenseits der Zentralfurche abgebildet ist. Die Größenverhältnisse des motorischen ebenso wie des sensorischen Homunculus werden durch die Dichte der sensorischen bzw. motorischen Innervation bestimmt; entsprechend sind die einzelnen Teile des Homunculus in ihrer Größe stark verzerrt. Der primäre motorische Cortex reguliert einzelne Muskeln (mit Ausnahme der Augenmuskeln), insbesondere die körperfernen, distalen Muskeln (z.B. diejenigen der Finger).

Nach vorn an den primären motorischen Cortex schließt sich der *dorsolaterale prämotorische Cortex* an. Er kontrolliert über die körpernahe, proximale Muskulatur komplexere Bewegungsweisen der Gliedmaßen, des Kopfes und des Rumpfes. Er hat mit der Planung und Auswahl erlernter Bewegungsweisen zu tun. Hier finden sich bei Affen Zellen, die dann feuern, wenn das Tier eine Bewegung vorbereitet; ebenso sind Zellen aktiv, wenn das Tier eine visuomotorische Aufgabe zu lernen hat (z.B. unter bestimmten Bedingungen einen bestimmten Hebel zu betätigen). Insgesamt ist der laterale prämotorische Cortex eher dann aktiv, wenn es sich um die Planung, und Vorbereitung *außenreizgeleiteter* Bewegungen handelt.

Auf der Innenseite der Großhirnrinde liegt der *mediale prämotorische Cortex*, d.h. das supplementärmotorische Areal und das cinguläre motorische Areal (SMA, CMA). Diese Bereiche sind ebenfalls in die Planung und Auswahl von Bewegungen involviert, jedoch mehr in solche, die *nicht reizinduziert* sind, sondern "von innen" kommen, z.B. gedächtnisgeleitet sind. SMA ist auch dann aktiv, wenn man sich eine Bewegung nur *vorstellt*. Dieses corticale Willkürmotorsystem hat seinen Ausgang im Pyramidentrakt, der von Zellen in Schicht 5 und 6 der Großhirnrinde ausgeht und ins Rückenmark absteigt. Die meisten Fasern des Pyramidentrakts stammen vom primären motorischen Areal A 4 und vom prämotorischen Areal A 6, aber 20% vom somatosensorischen und parietalen Cortex. Der Pyramidentrakt enthält direkte Projektionen zu Motorneuronen der distalen Gliedmaßenmuskeln und der Gesichtsmuskeln, die hauptsächlich dem Areal A 4 entspringen. Diese sind im seitlichen (lateralen) Trakt enthalten und steuern die Feinmotorik. Der vordere (anteriore) Trakt entstammt dem hinteren Anteil von A 6 und innerviert proximale Muskeln. Indirekte Projektionen laufen über verschiedene Zwischenstationen (z.B. Nucleus ruber).

Während die genannten Großhirnrindenareale zum motorischen Cortex im engeren Sinne gehören, sind weitere Bereiche der Großhirnrinde an der Handlungsplanung beteiligt. Hierzu gehören Teile des hinteren parietalen Cortex (PPC), der insbesondere mit der Einpassung komplexer Bewegungen in die räumlichen und körperbezogenen Gegebenheiten zu tun hat. Besonders der ventrale PPC ist für die Planung und die Zielgerichtetheit bei Greif- und Reichbewegungen notwendig. Läsionen in diesem Bereich führen zu nachhaltigen Störungen des Bewegungsentwurfs, *ideatorische* und *ideomotorische Apraxie* genannt. Der PPC wirkt allerdings nicht direkt oder über den primären motorischen Cortex auf die Willkürmotorik ein, sondern über den dorsolateralen prämotorischen und den supplementär-motorischen Cortex, SMA.

Besonders wichtig für die Handlungsplanung ist das Stirnhirn, der *präfrontale Cortex* (PFC). Der PFC wird deshalb häufig als der "oberste Handlungsorganisator" im Gehirn angesehen. Wenn dies auch nicht richtig ist - denn an der Handlungsorganisation sind noch viele andere Hirnzentren beteiligt -, so kommt dem PFC doch eine wichtige Rolle bei der Handlungsplanung und -organisation zu. Anatomisch gibt es eine Zweiteilung in den *dorsalen* PFC (Brodmann-Areale 46 und 9) und den *ventralen* (*orbitofrontalen*) PFC (Areale 11, 12, 13, 14), die jeweils unterschiedliche Eingänge und Funktionen haben. Der *dorsale* PFC erhält Eingänge hauptsächlich aus dem hinteren parietalen Cortex und wird geradezu als dessen funktionale Fortsetzung angesehen. Hier fließen die vielen Informationen über Körper- und Augenbewegungen zusammen sowie Informationen über die Lokalisation von Objekten im Raum. Entsprechend wird angenommen, daß der dorsale PFC mit der Planung von Bewegungen im Raum und mit räumlichem Lernen zu tun hat, insbesondere auch mit der zeitlichen Analyse von handlungsrelevanten Ereignissen, mit "taktischem" und "strategischem" Denken. Der *ventrale* PFC hingegen erhält seine wesentlichen Eingänge vom Temporallappen und von mediotemporalen limbischen Anteilen (vor allem Amygdala und Hippocampus-Formation). Er hat – wie bereits geschildert – mit emotionalen und motivationalen Aspekten des Verhaltens zu tun. Läsionen im PFC bedeuten den Verlust der Fähigkeit, den sozial-kommunikativen Kontext, z.B. die Bedeutung von Szenendarstellungen oder die Mimik von Gesichtern, zu erfassen oder den Inhalt von Denken und Tun umzulenken. Bei Patienten mit präfrontalen Verletzungen zeigt sich einerseits der Hang zur "Perseveration", also zum hartnäckigen Verbleiben bei einer Sache, aber auch eine überhöhte Ablenkbarkeit. Beobachtet wird ein Verlust der Verhaltensspontaneität und Kreativität, sowie eine generelle Einschränkungen des adaptiven Verhaltens, besonders im Sozialbereich. Patienten mit Schädigung des ventralen PFC sind außerdem unfähig, aus den Konsequenzen (insbesondere den negativen) ihres Handelns zu lernen. Wichtig in diesem Zusammenhang ist die enge Verbindung des ventralen PFC zum limbischen System als dem zentralen Bewertungssystem des Gehirns.

Wie neuere Forschungen ergeben haben (Passingham 1993), kann der PFC, obwohl er mit dem prämotorischen Cortex in Verbindung steht, diesen und den nachgeschalteten motorischen Cortex nicht so stark aktivieren, daß eine beabsichtigte Handlung abläuft, sondern nur oder nur zusätzlich über den Umweg über subcorticale Zentren. Zu den *subcorticalen* Zentren, die an der Steuerung der Willkürmotorik beteiligt sind, gehören: (1) die *Basalganglien,* (2) verschiedene Kerne des *Thalamus*, (3) die *Kleinhirn*-Hemisphären.

Das Kleinhirn ist über die Brücke (Pons) und thalamische Kerne eng mit den prämotorischen und motorischen Rindenarealen verbunden und spielt eine wichtige Rolle beim motorischen Lernen, und zwar insbesondere bei solchen Handlungen, die mit zunehmender Übung automatisiert werden und bei denen keine komplexen Entscheidungen zu treffen sind. Dies gilt auch für sprachliche Reaktionen, etwa das schnelle Beantworten von Stichwörtern. Das Kleinhirn wirkt auf die motorischen und prämotorischen Cortexareale ein. Dort und im Kleinhirn bilden sich dann effektiv verschaltete motorische Netzwerke aus (deshalb sind sie auch nur wenig oder gar nicht von Bewußtsein begleitet).

Die Basalganglien liegen tief im Innern des Großhirns und umfassen das dorsale Striatum (N. caudatus, Putamen), den dorsalen Globus pallidus externus und internus, die Substantia nigra pars compacta und pars reticulata und den Nucleus subthalamicus (Abb. 3 und 4). Lange Zeit wurde angenommen, daß die Basalganglien ein eher primitives Motorsystem zur Kontrolle der Haltungs- und Stützmotorik darstellen; später glaubte man, sie seien für automatisierte Bewegungsabläufe, z.B. sog. Instinkthandlungen, zuständig. Heute sieht man in den Basalganglien ein System, das zusammen mit dem corticalen, pyramidalen System für jede Art von Willkürhandlungen unabdingbar ist, die nicht hochgradig automatisiert sind. Ihre besondere Rolle besteht in der Steuerung von Willkürhandlungen unter Abgleich des Handlungsziels und Handlungsablaufs mit früherer Erfahrung. D.h. die Basalganglien erfüllen offenbar weniger direkte motorische als vielmehr kognitive, motivationale und emotionale Aufgaben.

Die Basalkerne sind über mehrere Schleifen mit der Großhirnrinde verbunden. Innerhalb der Großhirnrinde sind es der präfrontale Cortex (PFC) sowie der motorische (MC), laterale prämotorische (lPMC) und mediale oder supplementärmotorische Cortex (SMA). Daneben gibt es Projektionen des posterioren Parietallappens (PP), jedoch wenige vom Temporallappen und keine vom Occipitallappen. Die unterschiedlichen Eingänge vom Cortex werden in den Basalkernen auch weithin getrennt weiterverarbeitet (s. weiter unten).

Im einzelnen ergeben sich zwischen Cortex und Basalganglien folgende Schaltkreise (Abb. 5): Die Großhirnrinde projiziert *erregend* (über den Transmitter Glutamat) parallel zum Striatum, die Substantia nigra pars compacta, den Nucleus subthalamicus und die Substantia nigra pars reticulata, wobei das Striatum die Hauptmasse des Eingangs erhält. Innerhalb des Striatum haben der präfrontale Cortex, das supplementärmotorische Areal und der prämotorische Cortex getrennte Zielgebiete, von denen zumindest teilweise getrennte Verarbeitungspfade ihren Ausgang nehmen. Das Striatum wirkt *hemmend* über GABAerge Neurone auf die Substantia nigra pars reticulata ein, und diese wiederum wirkt *hemmend* auf thalamische Kerne, nämlich den Ncl. ventralis anterior, den Ncl. ventralis lateralis und den Ncl. medialis ein. Diese schließlich projizieren *erregend* (über den Transmitter Glutamat) zum Cortex zurück, und zwar der Ncl. medialis zum PFC und der Ncl. ventralis anterior und lateralis zum SMA und PMC. Wir haben hier eine Schleife, die aus einem erregenden, einem hemmenden, einem hemmenden und einem erregenden Abschnitt besteht ("direkte Schleife").

In einer zweiten Schleife wirkt das Striatum *hemmend* auf den Globus pallidus internus ein, der wiederum *hemmend* auf die o. g. thalamischen Kerne wirkt. Schließlich wirkt in einer dritten Schleife das Striatum *hemmend* auf Globus pallidus externus ein. Dieser wirkt *hemmend* auf den Globus pallidus internus ein sowie auf die Substantia nigra pars reticulata. Der Globus pallidus internus wirkt ebenso wie die Substantia nigra pars reticulata *hemmend* auf die Thalamuskerne ein. Wir haben hier also eine "Großschleife" vor uns, die aus einem erregenden (Cortex), einem hemmenden (Striatum), einem hemmenden (Globus pallidus externus), einem hemmenden (Globus pallidus internus) und einem erregenden (Thalamus) Abschnitt besteht ("indirekte Schleife").

In diese Schleifen sind nun zwei Nebenschleifen eingebaut, indem das Striatum hemmend auf die Substantia nigra pars compacta einwirkt (die ihrerseits einen erregenden Eingang vom Cortex erhält). Die Substantia nigra pars compacta wirkt über dopaminerge Neurone auf das Striatum *zurück* und beeinflußt die hemmenden Ausgangsneurone des Striatum. Diese hemmenden Ausgangsneurone haben zwei verschiedene Rezeptoren ("Andockstellen") für den Neuromodulator Dopamin, nämlich eine, über die das Dopamin erregend wirkt (D1-Rezeptor) und einen anderen (D2-Rezeptor), über den Dopamin die Neurone hemmt. Als Konsequenz wird durch Dopamin über D1-Rezeptoren die hemmende Wirkung der Striatum-Ausgangsneurone auf die nachgeschalteten Zentren verstärkt, über die D2-Rezeptoren deren hemmende Wirkung vermindert.

Abbildung 5: Steuerung der Willkürmotorik

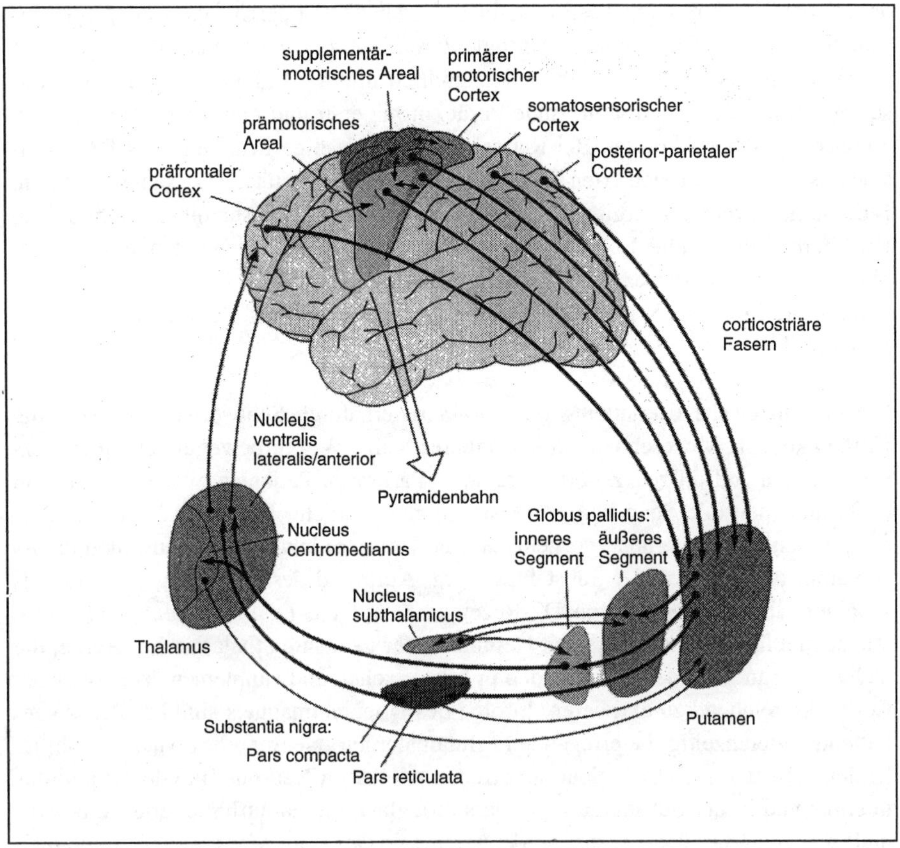

Erläuterung der Abb. 5:
Gezeigt ist die Rückkopplung zwischen Großhirnrinde, Basalganglien (Putamen, Globus pallidus, Nucleus subthalamicus, Substantia nigra) und Thalamus. Weitere Erklärungen im Text. Nach Kandel et al. 1991, verändert.

Die D1-Rezeptoren sind in den Verarbeitungsweg involviert, der zwischen motorischem bzw. prämotorischem Cortex und Basalganglien besteht, während die D2-Rezeptoren in dem Verarbeitungsweg eine Rolle spielen, der vom präfrontalen Cortex kommt und zu ihm zurückkehrt.

Die zweite Nebenschleife entsteht dadurch, daß der Globus pallidus externus *hemmend* auf den Nucleus subthalamicus einwirkt, der seinerseits *erregend* (über Glutamat) auf den Globus pallidus internus und die Substantia nigra pars reticulata einwirkt.

Der gesamte Informationsfluß durch das Striatum wird also durch ein außerordentlich komplexes Wechselspiel zwischen erregendem (glutamatergen) und hemmendem (GABAergen) Input bestimmt, in das sich das Dopamin als *Modulator* einschaltet. Erhöhte Dopaminausschüttung durch Neurone der Substantia nigra pars compacta in das Striatum resultiert letztendlich in einer Enthemmung der thalamischen Kerne, die zur Großhirnrinde zurückprojizieren und damit zu einer Verstärkung motorischer Aktivität. Bei Ratten führt eine mäßige Erhöhung des Dopaminspiegels zu einem erleichterten Wechsel von einem Aktivitätstyp zu einem anderen. Eine starke Erhöhung ergibt ständige Lokomotion und in ständigem Schnüffeln, Knabbern, Beißen und Lecken. Dadurch ergeben sich Ähnlichkeiten mit Schizophrenie-Verhalten; dieses Verhalten wird durch antipsychotische Drogen blockiert. Umgekehrt führt ein Senken des Dopaminspiegels zu einer Verarmung der Willkürmotorik.

Die Parkinsonsche Erkrankung ist charakterisiert durch Schwierigkeiten bzw. die Unfähigkeit, in Abwesenheit starker äußerer Reize Willkürbewegungen zu starten, sowie durch auffälliges Zittern (Tremor). Parkinson-Patienten wollen etwas tun (z.B. aufstehen oder losgehen), aber sie können es nicht. Bei ihnen liegt eine Störung in den Basalganglien vor, genauer eine Unterproduktion des Neuromodulators Dopamin in Neuronen der Substantia nigra. Aufgrund des DA-Mangels kommt es zu einer Überaktivierung von D2-Rezeptoren, auf die Dopamin hemmend wirkt, und schließlich zu einer massiven Hemmung der genannten thalamischer Kerne, die dadurch daran gehindert werden, den prämotorischen und supplementärmotorischen Cortex hinreichend zu aktivieren. Infolge des Dopaminmangels sind bei Parkinson-Patienten gleichzeitig die erregenden (glutamatergen) Neurone des Nucleus subthalamicus überaktiv. Dessen Neurone erregen wiederum Neurone im Globus pallidus internus und in der Substantia nigra pars reticulata, die daraufhin überaktiv werden und die thalamischen Kerne stark hemmen. Dopamin-Mangel und Glutamat-Überschuß haben also in den Basalganglien denselben Effekt, nämlich die thalamischen Kerne zu blockieren. Im Augenblick wird deshalb erfolgreich versucht, die Parkinsonsche Erkrankung durch Absenkung der Hyperaktivität des Nucleus subthalamicus mit Hilfe von chronisch implantierten Elektroden zu behandeln.

Was bedeuten all diese Befunde für das Problem der Steuerung von Willkürhandlungen? Es sieht - vereinfacht gesagt - so aus, daß bei innengeleiteten Willkürhandlungen, die nicht hinreichend automatisiert sind, der präfrontale Cortex eine bestimmte Handlung plant, daß aber diese Planung durch die "Zensur" der Basalganglien gehen muß, ehe sie auf die prämotorischen und motorischen Zentren der Großhirnrinde einwirken kann, die schließlich die Handlungen im Detail festlegen und auslösen. Es scheint, daß diese Zensur im wesentlichen zwei Fragen betrifft, nämlich (1) ob die geplante Handlung im Lichte der bewerteten vergangenen Erfahrung wirklich getan werden soll oder nicht etwas anderes, und (2) ob die intendierte Handlung auch der Situation angemessen ist. Erst wenn beide Fragen bejaht werden, dann aktivieren die Basalkerne über den Thalamus ihrerseits den prämotorischen und motorischen Cortex (genauer: sie reduzieren die Hemmung der thalamischen Kerne). Dies bedeutet, daß die Entscheidung über das Ausführen von Willkürhandlungen - oder ein wesentlicher Teil davon - in Gehirnzentren vor sich geht, die dem Bewußtsein *unzugänglich* sind.

Das "Ja-Wort" der Basalganglien scheint durch das Dopaminsignal vermittelt zu werden, welches von der Substantia nigra pars compacta produziert wird und auf die hemmenden (GABAergen) Striatum-Neurone erregend (über D1-Rezeptoren) oder hemmend (über D2-Rezeptoren) einwirkt. Daß dies wirklich so ist, zeigt sich an der Tatsache, daß die Gabe von L-Dopa, welches im Gehirn zu Dopamin verwandelt wird, Parkinson-Patienten vorübergehend zu Personen mit normaler Motorik macht. Denselben Effekt hat die geschilderte Dämpfung der (aufgrund des Dopaminmangels entstandenen) Hyperaktivität des Nucleus subthalamicus. Dies bedeutet, daß bei Parkinson-Patienten kein motorischer Defekt im engeren Sinne vorliegt.

Die Ausschüttung von Dopamin durch die Substantia nigra kann natürlich nur dann als "Ja-Wort" zu der geplanten Willkürhandlung interpretiert werden, wenn sie durch das limbische Bewertungssystem vermittelt ist. Dies ist in der Tat der Fall, denn die Substantia nigra ist sowohl mit dem dorsalen Striatum und dadurch mit den Basalkernen, als auch dem ventralen Striatum und dadurch mit dem mesolimbischen System verbunden. Das ventrale Striatum erhält zudem massive Eingänge vom Hippocampus und von der Amygdala, und schließlich projizieren die Basalkerne und das mesolimbische System über das dorsale bzw. das ventrale Pallidum z.T. auf dieselben thalamischen Kerne, z.B. den dorsomedialen thalamischen Kern, der zum präfrontalen Cortex projiziert. Es gibt also verschiedene Konvergenzzentren zwischen Handlungssystem bzw. Handlungsplanungssystem einerseits und limbischem Bewertungssystem andererseits, nämlich die Substantia nigra, der dorsomediale thalamische Kern und – bewußtseinsfähig – der präfrontale Cortex.

Wir haben also hier ein Steuerungssystem vor uns, dessen "oberste" Zentren teils in der Großhirnrinde sitzen, nämlich im parietalen und im präfrontalen Cortex einschließlich SMA, zum anderen in subcorticalen Regionen, nämlich in den Basalganglien und dem Kleinhirn. Deren Aktivität geht in aller Regel derjenigen der motorischen und prämotorischen Cortexareale voraus und gibt das Startsignal für Bewegungen. Entsprechend liegen die Antriebe unseres Handelns teils in der Tätigkeit des präfrontalen und parietalen assoziativen Cortex im Zusammenhang mit bewußter Handlungsplanung, teils in subcorticalen Gebieten unseres Gehirns, nämlich in den Basalkernen und dem Kleinhirn. Basalkerne und präfrontaler Cortex haben ihrerseits eine enge Verbindung mit dem limbischen System (z.B. über die ventralen Teile des Striatum und die medialen und intralaminaren thalamischen Kerne). Über diese Verbindungen nimmt das limbische Bewertungs- und Gedächtnissystem entscheidenden Einfuß auf unsere Handlungen.

5 Die Ontogenese des bewußten, handlungsplanenden Ich

Die erste Etappe - vielleicht die wichtigste – der Entstehung des bewußten Handlungs-Ich vollzieht sich im Mutterleib während der letzten Wochen vor der Geburt. Die Sinnesorgane und die primären Sinneszentren des Gehirns sind zu dieser Zeit bereits aufnahmefähig, ebenfalls hat das limbische System als zentrales Bewertungssystem des Gehirns seine Arbeit aufgenommen. Gleichzeitig stehen Körper und Gehirn des Foetus über den Blutkreislauf noch in engster Verbindung mit Körper und Gehirn der Mutter, und alle neuronalen Botenstoffe, sofern sie die Blut-Hirnschranke des Foetus zu passieren vermögen, beeinflussen massiv das sich entwickelnde Gehirn und teilen ihm alle Informationen über emotional-affektive Zustände der Mutter mit. Ob solche Informationen gerichtet oder ungerichtet auf das Gehirn des Foetus einwirken, ist unklar, aber es kann keinen Zweifel daran geben, daß diese Einwirkungen nachhaltig sind. Bekannt ist auch, daß das ungeborene Kind bereits im Uterus die Stimme seiner Mutter lernt.

Auch die Geschehnisse bei der Geburt, insbesondere hinsichtlich der damit verbundenen Belastung und der entsprechenden Hormonausschüttungen können wir in ihrer Bedeutung für das Gehirn und seine Funktionen schwerlich überschätzen. Die Entwicklung des kognitiven und emotionalen Systems einschließlich der entsprechenden Gedächtnisfunktionen setzt unmittelbar nach der Geburt ein. Entwicklungspsychologen gehen davon aus, daß sich aufgrund der ständig sich wiederholenden Erlebnisse von Schlafen, Aufwachen, Gebadet- und Gestilltwerden während der ersten zwei nachgeburtlichen Wochen dem Gehirn eine stabile Erwartungshaltung einprägt. Der Säugling erlebt eine regelmäßige Abfolge von Wachheits- und Bewußtseinszuständen (Tiefschlaf, Traumschlaf, Dösen, verschiedene Zustände der Aktivität). Es gilt als gesichert, daß Neugeborene bereits kreuzmodal wahrnehmen, d.h. Informationen aus unterschiedlichen Sinnessystemen werden miteinander verglichen und integriert, wenn auch nicht unbedingt über die Großhirnrinde, sondern z.B. über das Mittelhirndach (Colliculus superior). Es wir vermutet, daß Neugeborene durchaus globalere Erlebnisse über ihren eigenen Zustand haben, die aber wegen des fehlenden Arbeitsgedächtnisses nicht miteinander verbunden sind.

Zwischen dem dritten bis siebten Lebensmonat entstehen offenbar erste konzeptuelle Informationen, und es bilden sich erste Erwartungshaltungen aus, bei der visuellen Wahrnehmung etwa hinsichtlich der Beschaffenheit von teilweise verdeckten Objekten. Das vorbewußte, implizite Langzeitgedächtnis arbeitet bereits, und die Vergessenskurve wird zwischen drei und sechs Monaten deutlich flacher. Der Säugling zeigt jetzt die Fähigkeit, zielgerichtetes, motiviertes menschliches Verhalten auf eine sehr einfache, intuitive Weise zu verstehen. Innerhalb der lautlichen Kommunikation entwickelt sich die Fähigkeit zum Erfassen der lautlich-stimmlichen Art des Sprechens, der Prosodie, und zwar im Zusammenhang mit der affektiven Ammensprache, und diese Prosodie entwickelt sich deutlich vor der Semantik. Hier gibt es nach Auskunft der Fachleute eine klare Korrelation mit dem Ausreifen der beiden

Großhirnhemisphären: Es gilt als gesichert, daß die rechte Hemisphäre prosodische Information, die linke semantische Sprachinformation verarbeitet. Bis zu einem Alter von zwei Jahren scheint in diesem Zusammenhang die rechte Hirnhemisphäre weiter entwickelt zu sein als die linke. Dann erst wird die linke Hemisphäre dominant (zumindest bei den meisten Menschen).

Die Entwicklung zwischen dem 9. und 18. Monat ist charakterisiert durch den Beginn eines Konzepts von äußerem Verhalten und innerer Motivation oder Intention. Ein neun Monate altes Kind sieht beim Zeigen nicht mehr auf den Finger, sondern auf den durch den Finger gezeigten Gegenstand. Das Kind beginnt zu begreifen, daß hinter einem äußeren Verhalten eine innere Absicht besteht. Es entwickelt eine erste Vorstellung vom "Inneren", die sich dann etwa bis zum vierten Lebensjahr zu dem ausgestaltet, was man "Theory of Mind" nennt, nämlich die Fähigkeit, bei einer Person nicht allein ihr Äußeres wahrzunehmen, sondern ihre inneren Absichten zu verstehen, Vorhersagen zu machen und ihr Verhalten zu erklären.

Während das Fertigkeitsgedächtnis, das sogenannte nicht-deklarative, prozedurale Gedächtnis bereits gut arbeitet, beginnt nun das sogenannte deklarative Gedächtnis zu arbeiten, welches alles umfaßt, was uns an Gedächtnisinhalten bewußtseinsmäßig zugänglich ist. Dies wird offenbar durch eine Reifung des präfrontalen Cortex, sowie des Hippocampus als des Organisators des deklarativen Gedächtnisses ermöglicht. Ebenso verstärkt sich in dieser Zeit die Integration limbischer Stukturen, zum Beispiel der Amygdala, mit der Großhirnrinde, wodurch emotionale Erlebnisse bewußt werden können. Insbesondere gibt es erste Anzeichen des sogenannten Arbeitsgedächtnisses, also der Fähigkeit, für eine Zeitspanne von Sekunden bis zu einer Minute Dinge gegenwärtig zu halten. Damit wird das Arbeitsgedächtnis zur Grundlage unseres kontinuierlichen Erlebnis- und Bewußtseinsstroms. Das Arbeitsgedächtnis siedelt man im dorsolateralen Teil des präfrontalen Cortex an. Bei einer sog. verzögerten Vergleichsaufgabe, bei der die Identität zweier Gegenstände überprüft werden muß, die – durch eine Pause getrennt – nacheinander gezeigt werden, behalten den erstgezeigten Gegenstand 9-10-monatige Säuglinge für 2 Sekunden, 10-11-monatige für 5-8 Sekunden und 12 Monate alte für 12 Sekunden. Es gibt entsprechend bei Säuglingen dieses Alters bereits ein präverbales *explizites*, deklaratives Gedächtnis, das man über das Auftreten verzögerter Imitation (über 24 Stunden) nachweisen kann.
Die Entwicklung zwischen dem 18. und 36. Monat (also bis zum Ende des dritten Jahres) ist durch das Entstehen eines reflexionsfähigen Bewußtseins, durch Symbolbildung und Spracherwerb gekennzeichnet. In diesem Stadium erkennt sich das Kleinkind im Spiegel, packt sich bei rotem Tupfer an die eigene Nase, zeigt vor dem Spiegel Verlegenheit, Scheu, Selbstbewunderung und Scham. Es scheint sich dabei aber eher noch als dritte oder zweite denn als erste Person zu erkennen. Es stellt eine Identitätsbeziehung zum Spiegelbild her, es hat aber noch keine reflektierbare, subjektive Selbstrepräsentanz. Es agiert noch egozentrisch, es kann sich zum Bei-

spiel nicht vorstellen, daß das Innere der anderen anders ist als sein Inneres. In der englischsprachigen Literatur wird dies "copy-theory of mind" genannt.

Es kommt in diesem Zeitraum vom 18. bis 36. Monat zur ersten Ausbildung von Fantasiewelten durch Sprache und symbolische Verdichtungen. Allerdings wird noch nicht zwischen Bezeichnetem und Bezeichnendem genau unterschieden (das Wort "Nadel" wird als spitz erlebt). Wichtig für die kognitive-sprachliche Kompetenz ist in dieser Entwicklungsphase der Übergang von der *Aufzählung* zur *Erzählung*: Erlebnisse werden in Gestalt von Geschichten mitgeteilt. Diese Narrationen bilden einen wichtigen Übergang zum autobiographischen Gedächtnis als der höchstentwickelten Form menschlichen Gedächtnisses.

Die Entwicklung vom 4. – 7. Lebensjahr ist dadurch gekennzeichnet, daß die Ausformung der Theory of Mind abgeschlossen wird, und damit ist die Kindheit im engeren Sinne beendet. Es bildet sich allmählich ein autobiographisches Gedächtnis aus, ein selbst-gewisses, *autonoetisches* Bewußtsein. Hierdurch schwindet die "infantile Amnesie", die in der Psychotherapie und Psychoanalyse eine große Rolle spielt, nämlich die Unfähigkeit, sich an Ereignisse in früher Kindheit zu erinnern. Die frühkindliche Erinnerungsfähigkeit wird in aller Regel aufgrund der Beeinflussung durch Berichte der Eltern usw. weit überschätzt; erst nach dem dritten Lebensjahr setzen klarere Erinnerungen ein. Man muß also die infantile Amnesie keineswegs psychoanalytisch als Folge frühkindlicher Verdrängungsprozesse deuten, sondern sie scheint einfach dadurch bedingt zu sein, daß die autobiographischen Gedächtnisstrukturen im Gehirn noch nicht ausgereift sind.

Ab dem 4. Lebensjahr wird vom Kind die Bedeutung von Ereignissen für das Selbst erkannt, ein bedeutungsvolles Erlebnisganzes formt sich aus, Vergangenheit wird mit der Gegenwart in Verbindung gebracht. Selbstreflexion, die Bewertung von eigenen Aktionen und Emotionen, Selbstbeschreibung treten auf. Eine wichtige Voraussetzung hierfür ist das Vermögen, die Perspektive eines anderen einnehmen zu können. Neurophysiologisch wird in dieser Zeit ein Reifesprung des präfrontalen Cortex beobachtet, und diese Ausreifung des präfrontalen Cortex wird als Grundlage der Ausbildung des reflexiven Denkens und höherer kognitiver Leistungen gesehen. Dreijährige sprechen beim Ansehen von Videofilmen, in denen sie dargestellt sind, über sich in der zweiten oder dritten Person. Sie sind auch nicht in der Lage, eine Kausalbeziehung der Erinnerungen mit ihrem gegenwärtigen Zustand herzustellen oder Schein und Wirklichkeit zu unterscheiden. Drei- bis Vierjährige können noch nicht verstehen, daß eine Person sowohl nett als auch unfreundlich sein kann, Lehrer und zugleich Vater ist. Ab einem Alter von vier Jahren sind Kinder hierzu fähig ebenso wie zur Unterscheidung von Morgen und Nachmittag, mit 5 Jahren wissen sie, welcher Wochentag heute ist, mit 7 Jahren können sie die Uhrzeit angeben, mit 8 Jahren kennen sie das Jahr und den Tag des Monats.

Wir sehen, daß sich Selbsterleben und Selbstbewußtsein im autonoetischen und autobiographischen Sinne, sowie das Wissen um Fremdbewußtsein sehr langsam vollzieht. Das Bewußtsein, ein eigenständiges Wesen zu sein, ein "independent sense of self" liegt wohl ab dem 18. Lebensmonat vor, gefolgt von der "Theory of Mind", d.h. der Erkenntnis, daß andere ebenfalls diese merkwürdige Erlebniswelt im Kopf haben, die sich schließlich zum Bewußtsein entwickelt, ein Selbst mit einer eigenen Geschichte zu sein (theory of self). Wichtig in diesem Zusammenhang ist die Tatsache, daß sich die unbewußten Funktionen weit vor den bewußten entwickeln, die emotionalen Funktionen weit vor den kognitiven. Das Furchtsystem, im wesentlichen repräsentiert durch Netzwerke in der Amygdala, und das Lustsystem, repräsentiert durch Nucleus accumbens und ventrales tegmentales Areal, sind weit früher ausgereift als das hippocampo-corticale System, das die Grundlage einfacherer Formen von Bewußtsein bildet, und erst recht als der präfrontale Cortex, der Voraussetzung für das Entstehen des reflexiven Bewußtseins ist. Dies bedeutet auch, daß unsere grundlegende Weltsicht, unsere Persönlichkeit, unser Zutrauen oder Mißtrauen gegenüber der Welt, sich weit vor der Ratio entwickeln. Mit dem Auswachsen und der Verstärkung der Verbindung zwischen subcorticalem limbischen System und dem Assoziationscortex werden die Gefühle bewußt und zum Teil cortical kontrollierbar. Ob sie dadurch aber grundlegend verformbar werden, ob zum Beispiel frühe, vorbewußte Furchtkonditionierungen reversibel sind, wird von einigen Autoren wie dem amerikanischen Neurobiologen Joseph LeDoux bezweifelt. Sie gehen davon aus, daß sich die corticale Kontrolle höchstens auf die vegetativen Manifestationen der Affekte, nicht aber auf die unbewußten affektiven Zustände selbst beziehen kann. Ob eine solche eher pessimistische Sicht der Dinge sich empirisch bewahrheitet, wird die Zukunft zeigen.

6 Gibt es eine Freiheit des Willens?

Wir haben bei wesentlichen Teilen unseres Tuns das Gefühl, daß wir frei, d.h. ohne äußeren und inneren Zwang, entscheiden können. Die allgemeine Überzeugung, daß es sich hierbei nicht um eine Täuschung handelt, ist die Grundlage dafür, daß wir für derartige Willenshandlungen zur Verantwortung gezogen werden können. Sie werden uns zugerechnet (im Gegensatz zu den Handlungen, bei denen wir als *unzurechnungsfähig* gelten). Nach herkömmlicher Meinung geht den Willkürhandlungen ein mentales Ereignis voraus, nämlich ein *Willensakt;* dieser wird als der Verursacher der Handlung angesehen. Nach Kant ist der Wille das Vermögen des Menschen, eine Handlungskette *von sich aus*, d.h. ohne vorausgehende Fremdverursachung zu beginnen. Dieser philosophischen Auffassung entspricht auch das alltagspsychologische Verständnis: Ich habe bei Willkürhandlungen das unabweisliche Gefühl, daß *ich* es bin, der das wollte, was gerade von meinem Körper getan wird, ganz im Gegensatz zu Reflexen oder neurotischen Zwangshandlungen, bei denen die Betroffenen das Gefühl haben, daß sie diese Verhaltensweisen ohne oder gar gegen ihren Willen tun.

Allerdings gibt es – wie bereits oben dargestellt – Willkürhandlungen ohne vorausgegangenen expliziten "Willensakt" (nämlich im Fall der automatisierten Willkürhandlungen), und es gibt "Willensakte" ohne nachfolgende Willenshandlung (das Aufstehenwollen am kalten Wintermorgen). Diese verwirrende Tatsache hat von der Antike bis heute Philosophen und Wissenschaftler dazu gebracht, die Existenz des Willens als eines eigenständigen psychischen Aktes und erst recht eine Willensfreiheit vehement zu bestreiten (z.B. die Philosophen D. Hume im achtzehnten und G. Ryle in unserem Jahrhundert). Kritiker des Willenskonzeptes haben darauf hingewiesen, daß dieses Konzept seit der Antike im wesentlich dazu diente, das Hauptdilemma eines Leib-Seele-Dualismus zu lösen, nämlich wie überhaupt ein immaterieller Geist bewegend auf das materielle Gehirn einwirken könne. Zu diesem Zweck sei der "Willensimpuls" erfunden worden (Neumann und Prinz 1987).

Wie zuvor dargestellt, sieht es - vereinfacht gesagt - so aus, daß bei innengeleiteten Willkürhandlungen, die nicht automatisiert sind, der präfrontale Cortex eine bestimmte Handlung bewußt plant, daß aber diese Planung durch die "Zensur" der Basalganglien und des Kleinhirns gehen muß, ehe sie auf die prämotorischen und motorischen Zentren der Großhirnrinde einwirken kann, die schließlich die Handlungen im Detail festlegen und auslösen. Es scheint, daß diese Zensur im wesentlichen zwei Fragen betrifft, nämlich (1) ob die geplante Handlung im Lichte der bewerteten vergangenen Erfahrung wirklich getan werden soll oder nicht etwas anderes, und (2) ob die intendierte Handlung auch der Situation angemessen ist. Erst wenn beide Fragen bejaht werden, dann aktivieren die Basalkerne über den Thalamus den prämotorischen und motorischen Cortex (genauer: sie reduzieren die Hemmung der thalamischen Kerne). Dies bedeutet, daß die Entscheidung über Willkürhandlungen - oder ein wesentlicher Teil davon - in Gehirnzentren vor sich geht, die dem Bewußtsein *unzugänglich* sind.

Wie läßt sich dies nachweisen? Über dem prämotorischen, frontalen und parietalen Cortex und besonders stark über den supplementärmotorischen Arealen SMA und CMA läßt sich bei Willkürbewegungen mit Hilfe des EEG eine langsam ansteigende negative neuronale Aktivität registrieren, das sogenannte *Bereitschaftspotential.* Das Bereitschaftspotential startet 0.5 bis 2 Sekunden vor der Bewegung, während das corticale Motorsignal 50 bis 100 ms vor der Bewegung auftritt (Abb. 6). Aufgrund dieser Tatsache haben der amerikanische Neurobiologe Benjamin Libet und seine Mitarbeiter bereits 1983 aufsehenerregende Versuche zur Beziehung zwischen Bereitschaftspotential und Willensakt durchgeführt. Die Versuchspersonen wurden trainiert, innerhalb einer gegebenen Zeit (1-3 s) spontan den Entschluß zu fassen, einen Finger der rechten Hand oder die ganze rechte Hand zu beugen. Dabei blickten sie auf eine Art Oszilloskop-Uhr, auf der ein Punkt mit einer Periode von knapp drei Sekunden rotierte.
Zu genau dem Zeitpunkt, an dem die VPs den Entschluß zur Bewegung faßten, mußten sie sich die Position des rotierenden Punktes auf der "Uhr" merken.

Abbildung 6: Entstehung des Bereitschaftspotentials

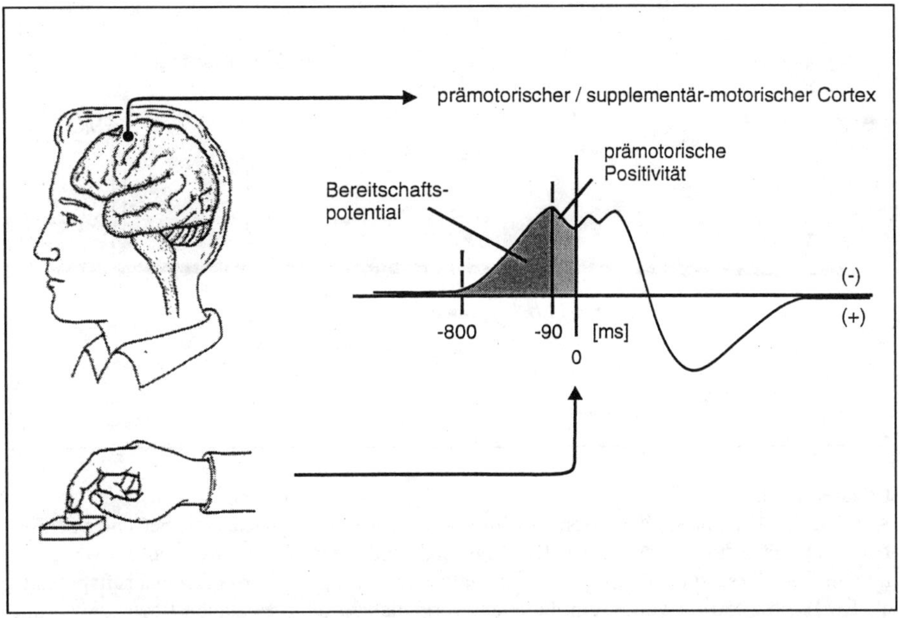

Erläuterung der Abb. 6:
Neurone im dorsolateralen und supplementär-motorischen Cortex beginnen ca. 800 Millisekunden vor einer willkürlichen Fingerbewegung zu feuern. Die motorischen Neurone, welche die eigentliche Bewegung steuern, feuern ca. 90 Millisekunden vor Bewegungsbeginn (= Zeitpunkt 0). Nach Kandel et al. 1991, verändert.

In einer anderen Serie genügte es, sich zu merken, ob der Entschluß vor oder nach einem Stop der Punktrotation gefaßt wurde, was für die Versuchspersonen erheblich einfacher ist. Bei allen Versuchspersonen wurde während der Experimente das Bereitschaftspotential gemessen, d.h. aus dem EEG herausgefiltert. Es zeigte sich, daß der Willensakt immer der Motorreaktion vorausging (durchschnittlich 200 ms) und daß das Bereitschaftspotential im Durchschnitt 550 - 350 ms, mit einem Minimum bei 150 ms und Maximum bei 1025 ms, dem "Willensentschluß" vorausging (Abb. 7). In keinem Fall fiel das Bereitschaftspotential mit dem "Willensentschluß" zeitlich zusammen oder folgte diesem gar.

Dieser Befund wird von manchen Neurobiologen, Psychologen und Philosophen dahingehend interpretiert, daß der Willensentschluß nicht die *Ursache* der Bewegung ist, sondern ein *Begleitgefühl* für die Handlung selber. Libet selbst hat die Bedeutung dieser Befunde hinsichtlich der Frage der Willensfreiheit sehr vorsichtig interpretiert.

x) daß bew. Erleben des Entschlusses

Abbildung 7: Abfolge der Ereignisse

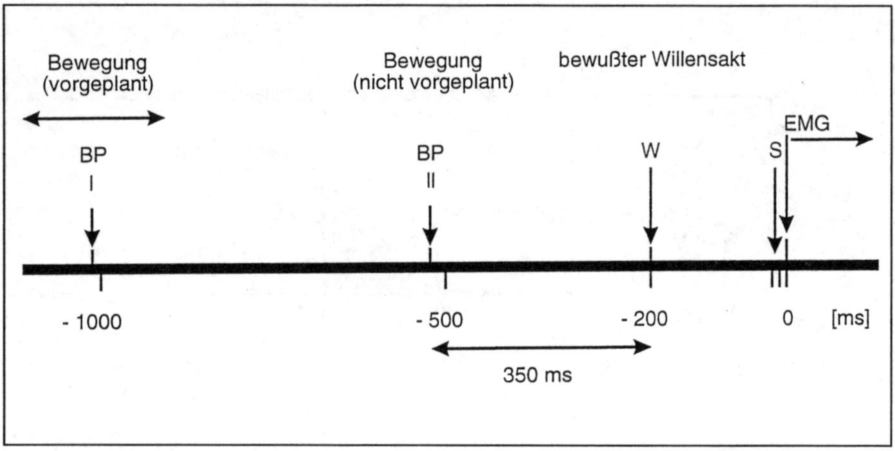

Erläuterung der Abb. 7:
Abfolge der Ereignisse, gemessen in Millisekunden (ms), die nach B. Libet einer selbstinitiierten Handlung vorausgehen. Die Muskelaktivität, registriert durch das Elektromyogramm (EMG), setzt bei 0 ein. Bei vorgeplanten Bewegungen tritt das Bereitschaftspotential (BP I) um 1050 ms vorher ein, bei nicht vorgeplanten oder spontanen Bewegungen um 500 ms (BP II). Das subjektive Erleben des Willensaktes (W) tritt um 200 ms vorher auf, also deutlich nach Beginn der beiden Typen von Bereitschaftspotentialen. Das subjektive Erleben eines Hautreizes (S) trat um 50 ms vor der tatsächlichen Reizung auf, d.h. die von Libet ebenfalls entdeckte "Vordatierung" von Sinnesreizen kann nicht für das Auftreten der Bereitschaftspotentiale vor dem "Willensakt" verantwortlich sein. Nach Libet 1990, verändert.

Er glaubt im Anschluß an seine Untersuchungen, daß die Antriebe unseres Handelns subcortical-unbewußt zustandekommen und dann infolge einer genügend starken corticalen Aktivierung bewußt werden. Er stellte aber fest, daß Versuchspersonen manchmal, nachdem sie einen Entschluß faßten, ein "Veto" gegen das Ausführen der bestimmten Reaktion verspürten und die Bewegung in der Tat dann nicht folgte. Libet vermutet, daß es eine gegenseitige Beeinflussung *bewußter* Prozesse gibt, und hierdurch sieht er den freien Willen gerettet, was andere Autoren wiederum bestreiten und als ad-hoc-Annahme ansehen. Denn auch diesem Veto muß ein neuronaler Prozeß vorausgehen - es sei denn, man glaubt doch an eine "übernatürliche" Herkunft eines solchen Vorgangs. An der subcorticalen unbewußten Steuerung des Verhaltens läßt aber auch Libet keinen Zweifel, ebensowenig daran, daß das Gefühl, etwas zu wollen, *nachdem* das Bereitschaftspotential auftritt.

Diese Versuche haben bis heute großes Aufsehen erregt, und man ist sich nach wie vor uneins, wie sie genau zu interpretieren sind. Sie stimmen aber mit den geschilderten Befunden überein, daß bei Willkürhandlungen zuerst in den Basalkernen und

Das Bereitschaftspotential ist kein Entschluß

im Kleinhirn neuronale Aktivität auftritt und dann erst im prämotorischen und motorischen Cortex. Hierzu paßt auch die Tatsache, daß Parkinson-Patienten ein stark vermindertes Bereitschaftspotential aufweisen, was auf eine ungenügende Aktivierung der supplementärmotorischen Areale SMA und CMA durch die Basalkerne hindeutet. Der Willensakt - so scheint es - geht den neuronalen Prozessen nicht voraus, sondern ergibt sich aus ihnen (Abb. 8). In entsprechender Weise *folgt* das Gefühl, eine Handlung intendiert zu haben, den für eine Willkürhandlung notwendigen corticalen und subcorticalen Prozessen und tritt *zusammen* mit den nachfolgenden Handlungen auf. Das Gefühl des Willensentschlusses ist demnach nicht die Ursache für eine Handlung, sondern eine Begleitempfindung, die auftritt, nachdem subcorticale und corticale Entscheidungsprozesse begonnen oder bereits stattgefunden haben.

Bei dieser Betrachtung soll natürlich nicht geleugnet werden, daß bewußte Handlungsplanungsprozesse, wie sie im präfrontalen Cortex ablaufen, durchaus die subcorticalen Prozesse beeinflussen können. Es kann aber weder für den Hirnforscher aufgrund anatomischer und physiologischer Befunde noch in den Augen der meisten Handlungspsychologen einen Zweifel daran geben, daß auch der präfrontale Cortex bei seinen Planungen und Abwägungen zutiefst von unbewußten Erfahrungen, Motiven und Antrieben beeinflußt wird, die in den Zentren des limbischen Systems beheimatet sind. Weiter oben wurde dargestellt, daß die verschiedenen Zentren des limbischen Systems massiv zum präfrontalen Cortex projizieren.

Es besteht also offensichtlich eine doppelte Kontrolle unseres willkürlichen Verhaltens durch das Unbewußte, nämlich zum einen dadurch, daß unsere bewußten Wünsche, Motive und Planungen bereits im Rahmen der im limbischen System gespeicherten Vorerfahrung stattfinden, und zum anderen dadurch, daß die Basalkerne eine "letzte Abfrage" darüber anstellen, ob das, was vorgesehen ist, *in dieser Weise* und *jetzt* getan werden soll. Diese doppelte Kontrolle bewirkt das, was die Volitionspsychologen die *Realitätsorientierung* der Planungsphase und die *Realisierungsorientierung* der Willensphase genannt haben. Dadurch wird in aller Regel garantiert, daß wir dasjenige tun, was sich in der Vergangenheit bewährt hat, und das unterlassen, was sich nicht bewährt hat. Unter der Voraussetzung, daß die hier dargestellten empirischen Befunde sich bestätigen und ihre Interpretation korrekt ist, müssen wir das Gefühl, unser subjektives Ich sei Ursache und Ausgangspunkt unserer Handlungen, als *Illusion* ansehen. Dieses Gefühl kommt offenbar nachträglich auf, nachdem im Gehirn schon "alles" entschieden ist. In diesem Zusammenhang formuliert der Psychologe Wolfgang Prinz treffend: Wir tun nicht, was wir wollen, sondern wir wollen, was wir tun.

Nicht beantwortet ist dabei die Frage, warum wir - wenn das alles sich wirklich so verhält - *überhaupt* das Gefühl freier Entscheidung und der willentlichen Kontrolle unserer Handlungen haben. Dies hat mit der Frage nach der Funktion des Bewußtseins zu tun.

Abbildung 8: Schema zur Steuerung von Willkürhandlungen und des Auftretens des Gefühls "freien Willens"

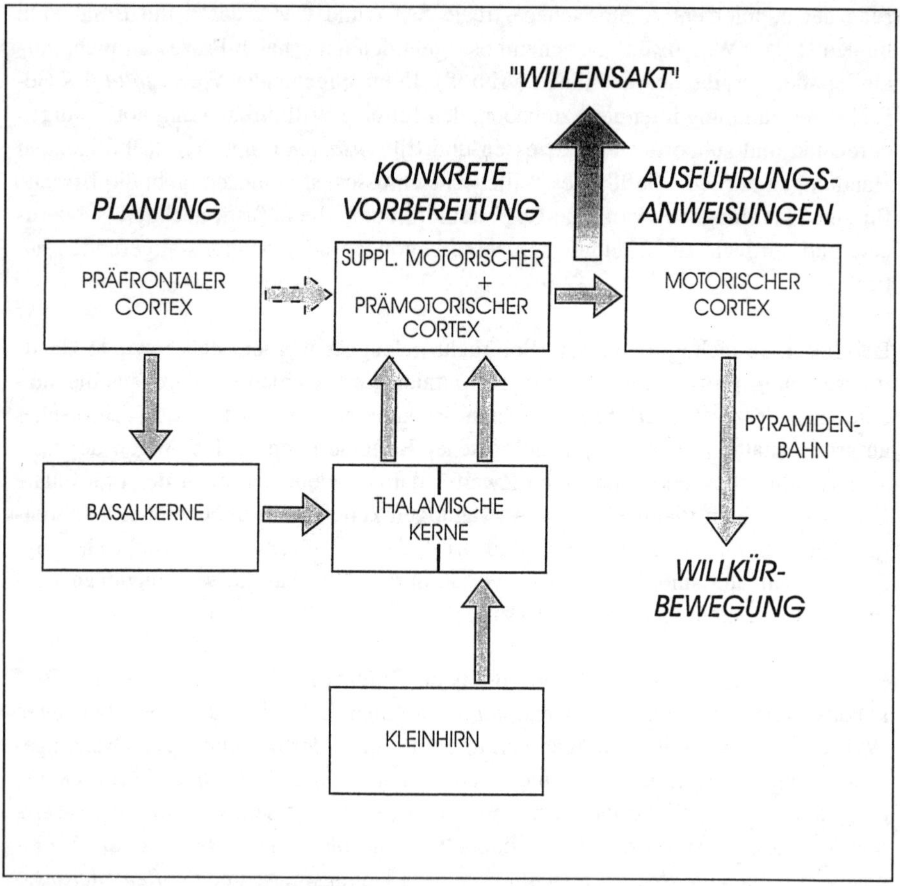

Erläuterung der Abb. 8:
An der bewußten Handlungsplanung ist wesentlich der präfrontale Cortex beteiligt, die konkrete Vorbereitung der Handlung geschieht durch den supplementärmotorischen und prämotorischen Cortex, die "Ausführungsanweisungen" an die Muskeln über die Pyramidenbahn geschehen durch den motorischen Cortex. Der präfrontale Cortex vermag den supplementärmotorischen und prämotorischen Cortex nicht direkt hinreichend zu aktivieren (gestrichelter Pfeil), sondern nur über die subcorticale Schleife, welche die Basalkerne und thalamische Kerne umfaßt. Das Gefühl des "Willensaktes" tritt ungefähr bei der Aktivierung des motorischen Cortex durch den supplementär-motorischen und prämotorischen Cortex auf. Bei automatisierten Willkürhandlungen beeinflußt das laterale Kleinhirn über andere thalamische Kerne den supplementär-motorischen und prämotorischen Cortex.

Ich habe diese Frage in meinem Buch "Das Gehirn und seine Wirklichkeit" ausführlicher diskutiert und fasse mich deshalb hier sehr kurz: Auch wenn Bewußtseins- und Erlebniszustände (die "Qualia" der Philosophen), zu denen das Gefühl der willentlichen Handlungssteuerung gehört, nicht die kausale Ursache von Gehirnzuständen sind, sondern "nur" deren Begleitzustände, so sind sie doch offenbar funktional unabdingbar. So wie ich neue, komplexe Sinneseindrücke nur *bewußt* in ihrer Bedeutung erfassen kann, so kann ich neue, komplexe Bewegungsabläufe nur mit Konzentration ausführen. Psychologen wie N. Ach (Ach 1905; 1910) haben schon vor langer Zeit herausgefunden, daß die Willensanstrengung bzw. die Stärke des Willensimpulses mit der Stärke der äußeren und inneren Widerstände und der Komplexität der intendierten Handlung steigt. Je mehr dann die Bewegungsabläufe eingeübt werden, desto geringer wird der Bewußtseins- und Konzentrationsaufwand, bis alles schließlich "wie geschmiert" läuft und Aufmerksamkeit sogar stört. Dieser Vorgang beinhaltet auf neuronaler Ebene offenbar anfänglich das Neuverschalten neuer prämotorischer bzw. motorischer Netzwerke, die dann zunehmend effektiver werden und die - wie Experimente mit Hilfe bildgebender Verfahren zeigen - auch in ihrer cortikalen Ausdehnung schrumpfen. Schließlich scheinen sie sich ganz in die Schleife zwischen motorischem Cortex und Kleinhirn zu verlagern und dann ohne Beteiligung von SMA/CMA und präfrontalem Cortex abzulaufen.

Das Gehirn benötigt offenbar die *Kennzeichnung* corticaler Reorganisationsprozesse mit Hilfe von Erlebniszuständen, wenn es um komplexe mentale Leistungen geht. Stört man nämlich psychologisch oder pharmakologisch die Erlebniszustände, dann treten auch die corticalen Reorganisationsprozesse nicht auf, und umgekehrt. Das Gefühl, daß ich das, was ich tue, auch will bzw. gewollt habe, ist offenbar im Zusammenhang mit der Steuerung bestimmter Handlungen erforderlich, und zwar als *Kennzeichner* dieser Handlungen. Diese Kennzeichnung wiederum ist offenbar notwendig für das Aufrechterhalten des Körperschemas und die Bestätigung des Ich als des – virtuellen – Verursachers der Handlungen. Es ist für das verhaltenssteuernde System offenbar wichtig festzustellen, daß die intendierten Handlungen *tatsächlich* vom corticalen motorischen System veranlaßt wurden. Eine solche Auffassung bedarf allerdings noch einer sorgfältigen Ausgestaltung und empirischen Untermauerung.

Es soll hier nicht diskutiert werden, inwieweit und ob die hier vorgestellten Überlegungen tatsächlich - wie häufig behauptet wird - die Würde des Menschen beleidigen und die Strafrechtstheorie ins Wanken bringen. Führende Rechtstheoretiker sind seit langem der Meinung, daß man im Strafrecht auch ohne das Prinzip persönlicher Schuld auskommt. Gezeigt werden sollte, daß die neueren neurobiologischen, neuropsychologischen und klinischen Befunde über die Steuerung von Willkürhandlungen und ihrer Störungen wichtige Argumente in eine Diskussion einbringen, die bisher ausschließlich von den Geisteswissenschaften geführt wurde.

Bewußte und unbewußte Handlungssteuerung aus neuropsychologischer Sicht

*Werner X. Schneider**

1 Einleitung

In diesem Aufsatz soll die Frage, wie Bewußtsein und Handlungssteuerung zusammenhängen, aus neuropsychologischer Sicht angegangen werden. "Neuropsychologisch" meint, daß neben genuin psychologischen Befunden und Theorien auch neurobiologische berücksichtigt werden, besonders solche, die sich auf Patienten mit Hirnschädigungen beziehen (Kolb & Whishaw 1990). Ich werde meine Ausführungen über den Zusammenhang zwischen Handlungssteuerung und Bewußtsein auf die visuelle Modalität, d.h. das Sehen und die damit verbundenen Handlungen beschränken - die visuelle Modalität kann als die bisher am besten verstandene höhere Hirnfunktion angesehen werden (Zeki 1993; Crick 1994; Goldstein 1997, als aktuelle Einführungen). Ausgangspunkt meiner Überlegungen ist das Faktum, daß sich beim Sehvorgang im Gehirn des Menschen und seines nächsten Verwandten, des Affen, mannigfaltige, hochdifferenzierte Repräsentationen der visuellen Welt ausbilden (Zeki 1993; Milner & Goodale 1995). Licht trifft auf die Netzhäute der beiden Augen und erzeugt ein Aktivitätsmuster in den etwa 130 Millionen Photorezeptoren jedes Auges. Das Gehirn konstruiert auf der Basis dieses Aktivitätsmusters in einer Reihe von Verarbeitungsschritten eine interne "visuelle Welt". Wie später noch ausgeführt wird, ist nur ein geringer Teil dieser intern angelegten visuellen Repräsentationen bewußt. Visuelle Verarbeitung im Gehirn umfaßt erheblich mehr, als dies unser bewußter Seheindruck glauben machen will. Die *Leitfragen* dieses Aufsatzes sollen nun sein, welcher Teil dieser internen visuellen Repräsentationen bewußt ist und welcher nicht, und wie diese unterschiedlichen Repräsentationen zur Steuerung von visuell-basierten Handlungen beitragen.

Im ersten Teil dieses Aufsatzes werde ich der Leitfrage des bewußten Anteils von Verarbeitungsprozessen beim Sehen anhand neuropsychologischer Daten nachgehen. Diese legen den kontraintuitiven Schluß nahe, daß diejenige visuelle Information, die für die Ausführung einer visuell basierten Handlung verwendet wird, nicht diejenige ist, die zu Bewußtsein gelangt. Im zweiten Teil werde ich versuchen zu zeigen, daß nur ein relativ geringer Teil der Umgebungsinformation, die wir in ei-

---

* Ich danke Gerhard Roth, Siegfried Lange, Heiner Deubel, Bernhard Hommel, Rudolf Kerschreiter, Andreas Mojzisch, Alexandra Tins für hilfreiche Diskussionen und Bemerkungen zu den hier vorgestellten Überlegungen.

nem Moment zu sehen glauben, auch bewußt als Information für zielgerichtete Handlungen und höhere kognitive Prozesse zur Verfügung steht. Im letzten Teil sollen schließlich innovative Implikationen der hier vorgetragenen Sichtweise von Bewußtsein und Handlungssteuerung skizziert werden. Zum einen soll kurz auf den Status der Psychologie als Geistes- bzw. Naturwissenschaft eingangen werden, besonders auf die Frage, wie in Zukunft ihre Beziehung zur Neurobiologie beschaffen sein könnte. Zum anderen soll ein potentielles Anwendungsfeld angesprochen werden, nämlich komplexe multimodale Mensch-Maschine-Kommunikation.

2 Die Repräsentation der visuellen Welt im Gehirn: I. Belege für ein bewußtes "Was"-System und ein unbewußtes "Wie"-System

Wenn wir visuell-basierte Alltagshandlungen wie das Abschreiben eines Textes oder den Griff zur Kaffeetasse vollziehen, dann sind wir der Meinung, daß die Umgebungsinformation, die wir bewußt sehen, auch diejenige ist, die unser motorischer Apparat verwendet, um diese Handlungen auszuführen. Ich sehe, wo meine Tasse steht, und diese gesehene Position ist es auch, die mein Greifen steuert. Im folgenden möchte ich neuropsychologische Experimente beschreiben, deren Ergebnisse dieser Anschauung widersprechen.

Diese Ergebnisse stammen von der berühmten Patientin D.F., die von den Neuropsychologen David Milner & Mel Goodale intensiv untersucht worden ist (Goodale & Milner 1992; Milner & Goodale 1995). D.F. erlitt aufgrund einer Kohlenmonoxidvergiftung einen diffusen Hirnschaden im hinteren Teil des Gehirns. Ihr Hauptproblem besteht darin, daß sie die Form und Orientierung von Gegenständen nicht zu erkennen vermag - es liegt also eine bestimmte Form der visuellen Agnosie vor. Interessanterweise sind Farb- und Texturwahrnehmung intakt. Konsequenz dieser visuellen Form-Agnosie ist nun, daß D.F. nicht mehr in der Lage ist, viele Gegenstände des alltäglichen Lebens zu erkennen. Dies liegt darin, daß die äußere Form von Gegenständen oft entscheidend für ihre Erkennung ist; Farbe und Textur reichen häufig nicht aus.

Milner & Goodale haben mit D.F. eine Reihe aufschlußreicher Experimente durchgeführt. In einem sollte D.F. die Orientierung eines Schlitzes in einer Kreisscheibe berichten - also eine bewußt gesteuerte Aussage machen. Wie aufgrund der visuellen Form-Agnosie zu erwarten war, zeigte sich D.F. unfähig, die Orientierung des Schlitzes korrekt zu berichten (Milner & Goodale 1995). Trotz dieser mangelnden Fähigkeit, das Merkmal "Orientierung" zu erkennen, waren die verbalen Orientierungskategorien vorhanden, d.h., D.F. wußte, was "links oben" oder "waagerecht" bedeutet.

Wie steht es nun um die motorischen Fähigkeiten von D.F.? Man sollte erwarten, daß die Patientin dann, wenn sie die Orientierung eines Gegenstandes nicht bewußt zu erkennen vermag, auch nicht korrekt danach greifen kann, d.h. ihre Hand nicht in die korrekte, zum Ergreifen notwendige Orientierung bringen kann. Um dies zu testen, verlangten die Neuropsychologen von D.F., sie solle versuchen, ihre Hand in den Schlitz zu stecken. Überraschenderweise zeigte sich nun, daß die Patientin diese Aufgabe sehr gut meisterte; sie führte ihre Hand in der richtigen Orientierung zum Schlitz. D.F. war also trotz nicht vorhandener bewußter Repräsentation des visuellen Merkmals "Orientierung" in der Lage, auf unbewußtem Wege "Orientierung" zu berechnen und für die Steuerung einer Greifhandlung einzusetzen.

In weiteren Experimenten konnte eine ähnliche Dissoziation zwischen bewußter und nicht-bewußter Repräsentation in Bezug auf das Merkmal "Größe" gezeigt werden. D.F. war in der Lage, die Öffnung ihrer Hand entsprechend der Größe eines Gegenstandes einzustellen - eine notwendige Leistung für das Greifen des Gegenstandes - , aber sie konnte die Größe des Gegenstandes weder bewußt verbal beschreiben noch einen Größenvergleich mit anderen Gegenständen vornehmen.

Was bedeuten diese Befunde nun für die normale Wahrnehmung? Ausgehend von den Daten von D.F. und anderen überwiegend tierexperimentellen Befunden haben Milner & Goodale vorgeschlagen, die Verarbeitung im visuellen Teil des Gehirn in ein *bewußtes "Was"-System* und ein *unbewußtes "Wie"-System* zu unterteilen. Genau genommen ist weder das Was- noch das Wie-System bewußt bzw. unbewußt, sondern nur Inhalte oder Prozesse dieser Systeme. Aus Gründen der sprachlichen Einfachheit wird jedoch im folgenden von bewußten und unbewußten Systemen die Rede sein. Die Bezeichnung Was-System meint, daß visuelle Eigenschaften wie Form, Farbe, Größe, Textur und relative Position erstellt werden und aufgrund dieser Eigenschaften die Identität von Objekten ermittelt wird. Das bewußte Was-System beinhaltet also die visuelle Welt, so wie sie vor unserem "geistigen Auge" erscheint - es liefert somit die Inhalte der visuellen Wahrnehmung. Es wird, anatomisch gesehen, dem ventralen Pfad zugeschrieben, der sich vom primären visuellen zum inferior-temporalen Cortex erstreckt. Bei D.F. ist ein bestimmter Teil dieses bewußten Sehsystems gestört (derjenige, der formbezogene Verarbeitung leistet), so daß visuelle Agnosie eintritt.

Neben bewußter visueller Wahrnehmung im Was-System wird parallel, d.h. gleichzeitig, in einem Wie-System räumlich-motorische Information erstellt. Das Wie-System errechnet in handlungs-(motorisch-)bezogener Weise Position, Größe, Orientierung und ungefähre Form der Objekte - Information, die das Gehirn für das "Wie" einer visuell-basierten Handlung benötigt. Will man beispielsweise nach einem Gegenstand greifen, so ist Information über seine Position, Größe, Orientierung und grobe Form erforderlich. Anatomisch gesehen wird das Wie-System dem dorsalen Pfad zugeschrieben, der ebenfalls auf corticaler Ebene im primären visuellen Cortex beginnt und dann nach oben (dorsal) in den posterior-parietalen Cortex läuft. Eine Hirnschädigung im dorsalen Pfad des Gehirns führt dazu, daß das Wie einer Bewegung nicht mehr angemessen funktioniert, d.h., der oder die Geschädigte können beispielsweise Greifhandlungen nicht mehr adäquat ausführen; dies wird auch als optische Ataxie bezeichnet. Desweiteren haben Milner & Goodale (1995) aus den oben genannten Daten geschlossen, daß die Inhalte dieses Wie-Systems unbewußt sind und nicht berichtet werden können. Zusammenfassend wird also eine Zweiteilung der visuellen Verarbeitung vorgeschlagen, nämlich ein bewußtes Was-System, das visuelle Wahrnehmung einschließlich Objekterkennung leistet, sowie ein unbewußtes Wie-System, das räumliche Information für die Bewegungssteuerung zur Verfügung stellt.

Solch eine Konzeption von zwei parallelen visuellen Verarbeitungssystemen impliziert, daß es mindestens zwei verschiedene Repräsentationen des äußeren Raums im Gehirn gibt, nämlich eine ventrale bewußte, objekt-relative Raumrepräsentation sowie eine dorsale handlungsbezogene Raumrepräsentation (für eine alternative Sichtweise: Prinz 1997). So wird beispielsweise die wahrgenommene Größe von Objekten im Was-System errechnet, während gleichzeitig unbewußt die Größe der gleichen Objekte im Wie-System erstellt wird. Tierexperimentelle Arbeiten aus dem Labor des Neurobiologen Giacomo Rizzolatti konnten dieses Konzept der *multiplen spatialen Repräsentationen* im Gehirn unter einem anderen Aspekt etablieren und ausdifferenzieren (Rizzolatti et al. 1985; Rizzolatti et al. 1997). Es scheint für verschiedene visuell-räumliche Handlungstypen (z.B. Greifen, Zeigen, Augenbewegungen, usw.) unterschiedliche, jeweils eigene Raumrepräsentationen zu geben. So wurden beispielsweise Areale des Gehirns gefunden, die primär Rauminformation für die Steuerung von Augenbewegung zur Verfügung stellen - das entsprechende Areal heißt "LIP" beim Affen, oder "PEF" beim Menschen. Andere Areale, z.B. AIP beim Affen, sind dagegen hauptsächlich dafür zuständig, Information für die Steuerung einer Handbewegung zu liefern.

Zusammenfassend läßt sich also festhalten, daß im visuellen Gehirn von Primaten (Affen und Menschen) zwei Verarbeitungspfade parallel arbeiten. Der ventrale Pfad leistet die bewußte Repräsentation der Welt, berechnet dazu Farbe, Form, relative Position sowie die Identität der Objekte - alles Repräsentationen, die dem bewußten Berichten zugänglich sind. Parallel zu dieser ventralen Verarbeitung wird im dorsalen Pfad, dem Bewußtsein entzogen, räumliche Information für die Steuerung von Handlungen erstellt. Dabei handelt es sich um handlungstypspezifische Information über Ort, Größe, Orientierung und ungefähre Form.

3 Die Repräsentation der visuellen Welt im Gehirn: II. Belege für eine hochgradig begrenzte bewußte Repräsentation der aktuellen Umgebung

Was die bewußte visuelle Repräsentation der Welt betrifft, so dürften die meisten von uns den introspektiv gewonnenen Eindruck haben, eine reichhaltige, detaillierte interne Repräsentation der momentanen Außenwelt zur Verfügung zu haben. Wir öffnen die Augen, und die zahlreichen Objekte und Personen der vor uns liegenden Umgebung scheinen uns unmittelbar, direkt und vollständig zugänglich zu sein. Nichts deutet darauf hin, daß nur ein Teil der Information, die wir über die Augen aufnehmen, dem bewußten Erleben und Erkennen zugänglich ist. Daß diese Annahme einer vollständigen und detaillierten, bewußten Repräsentation unserer momentanen visuellen Umwelt revisionsbedürftig ist, konnte in den letzten Jahren durch eine Reihe experimenteller Arbeiten zur sogenannten "*Veränderungsblindheit*" ("change blindness") belegt werden (Irwin 1996, Simons & Levin 1997). In einem typischen Experiment (Rensink/O'Regan/Clark 1997) wurden Versuchspersonen (Vpn) eine Reihe von Bildern mit natürlichen Szenen gezeigt. Entscheidend war, daß sich bestimmte Teile eines Bildes änderten, und die Vpn diese Veränderung so schnell wie möglich berichten sollten. So sahen Vpn beispielsweise eine Hafenszene mit verschiedenen Booten und Hafenanlagen, wobei eines der Boote in zwei abwechselnd nacheinander dargebotenen Bildern seine Länge veränderte. Genauer gesagt, gab es pro 1/4 Sekunde einen Wechsel zwischen dem veränderten Bild (z.B. kürzeres Boot) und dem unveränderten Bild (Boot mit ursprünglicher Länge), wobei der Wechsel zwischen den Bildern durch einen 80 msec lang dargebotenen leeren Bildschirm markiert war. Die Abfolge der wechselnden Bilder wurden so lange präsentiert, bis die Vpn die Veränderungen (z.B. Längenänderung eines bestimmten Bootes) bemerkten. Wenn wir nun tatsächlich im Gehirn eine vollständige bewußte Repräsentation unserer momentanen Umgebung aufbauen, sollte das Bemerken einer solchen punktuellen Szenen-Veränderung sofort und ohne Probleme geschehen. Das heißt, daß die Vpn nach der ersten Bildveränderung (z.B. Längenverkürzung eines Bootes) diese sofort bemerken und berichten können sollten. Die experimentellen Ergebnisse zeigen allerdings, daß diese Annahme nicht gilt: Im Durchschnitt dauerte es für komplexe natürliche Szenen mit vielen Objekten über 10 Sekunden, um solche evidente Bildveränderungen an einem Objekt zu entdecken. Daraus haben die Autoren den Schluß gezogen, daß die interne Repräsentation einer Szene keineswegs vollständig und hoch detailliert ist. Wie auch in anderen experimentellen Studien (Irwin 1996; Simons & Levin 1997) demonstriert werden konnte, gilt: Die interne visuelle Repräsentation der momentanen Umgebung umfaßt nur wenige Objekte, und Veränderungen können nur für diese wenigen Objekte bemerkt werden. Genauer gesagt weisen die experimentellen Befunde eine *visuelle Bewußtseinsspanne* von vier Einheiten, d.h. vier Objekten, aus. Eine Spanne von vier Objekten bedeutet nicht, daß alle Attribute dieser Objekte (Farbe, Form, usw.) in gleicher Stärke intern repräsentiert sind und daß die Zahl der Objekte keinen Einfluß auf die Qualität der Repräsentation hat (Schneider, im Druck). Woraus solch eine Einheit - solch ein internes Objekt - besteht, ist in Grenzen flexibel vom visuellen System einstellbar. Eine Einheit kann beispielsweise das visuelle Erscheinungsbild eines Bootes als Ganzes sein oder nur Teile dieses Bootes, beispielsweise die Ruder. Die Veränderungsblindheit resultiert nun daraus, daß natürliche Szenen meistens viele Objekte enthalten und nur Veränderungen von denjenigen bemerkt werden, die in der aktuellen Bewußtseinsspanne von maximal vier Objekten miteingeschlossen sind.

Man kann also festhalten, daß unsere momentane bewußte visuelle Repräsentation der Umgebung hochgradig eingeschränkt ist. Nur wenige Objekte sind gleichzeitig dem Bewußtsein zur Verfügung, so daß wir ausschließlich Veränderungen an diesen Objekten bemerken können. Welche Prozesse regeln nun, welche der vielen Objekte einer natürlichen Umgebung zu Bewußtsein gelangen und somit Teil dieser stark eingeschränkten berichtbaren Repräsentation werden? Eine Reihe psychologischer und neurobiologischer Arbeiten legen nahe, daß *visuelle Aufmerksamkeitsprozesse* diese Aufgabe erledigen (Bundesen, 1990; Maunsell, 1995; Rensink et al., 1997; Simons & Levin, 1997; Duncan, Humphreys & Ward, 1997; Schneider, im Druck). Um diese Aussage verstehen zu können, soll nun ein kurzer Exkurs über die Prozeßabfolge visueller Verarbeitung im Gehirn gemacht werden (ausführliche Darstellung von Schneider im Druck).

Vereinfacht gesprochen, kann man sich die Erstellung der bewußten Repräsentation einer Szene als einen *zweistufigen Prozeß* vorstellen, bestehend aus einer ersten nicht-bewußten Verarbeitungsstufe sowie einer zweiten bewußten Stufe (erste Formulierung dieser Idee: Neisser 1967). In *Stufe 1* wird in den ersten visuellen Gehirn-Arealen, z.B. dem primären visuellen Cortex, eine Repräsentation der momentanen Umgebung erstellt, die zwar unbewußt, aber relativ vollständig ist, d.h. alle Objekte der aktuellen Augenfixation umfaßt. Diese Repräsentation ist auf einem relativ "primitiven" physikalischen Niveau angesiedelt, was neben elementarer Merkmalsberechnung (Zeki 1993) auch Segmentierung in Objektkandidaten, aber noch keine Erkennung einschließt. Stufe 1 umfaßt sowohl die Was- als auch die Wie-System-Repräsentationen. Was geschieht nun mit dieser relativ "primitiven" Stufe-1-Repräsentation der Umgebung im Zuge der weiteren Verarbeitung? Ein visueller Aufmerksamkeitsprozeß selegiert in sehr rascher Abfolge ein "Stufe-1-Objekt" nach dem anderen für den Zugang zur Stufe 2. *Stufe 2* beinhaltet das Was-System, genauer gesagt, die späteren Areale (inferior-temporaler Cortex), und erstellt sowohl die bewußte Repräsentation der visuellen Merkmale (Farbe, Form, etc.) als auch die Identität der Objekte. Entscheidend ist, daß Stufe 2 eine begrenzte Bewußtseinsspanne aufweist und nur bis zu vier Einheiten (Objekte) zu repräsentieren vermag.

Es ist noch anzumerken, daß Stufe 2 der visuellen Verarbeitung auch einen nichtbewußten Teil einschließt, nämlich die "späteren" Areale des dorsalen Wie-Pfades, genauer die Areale für räumliche Information im posterior-parietalen Cortex. Wie unsere eigenen experimentellen Arbeiten in München (Deubel/Schneider 1996; Deubel/Schneider/Paprotta 1998) nachweisen konnten, wird die Verarbeitung auf Stufe 2 in beiden Pfaden durch einen gemeinsamen visuellen Aufmerksamkeitsprozeß kontrolliert. Das bedeutet, daß das gerade von visueller Aufmerksamkeit selegierte Stufe-1-Objekt auf Stufe 2 im ventralen Pfad zur bewußten Repräsentation gebracht wird, während parallel im dorsalen Pfad unbewußte Bewegungsprogramme für dieses Objekt erstellt werden - beispielsweise werden Position, Größe und Orientierung des Objekts berechnet, um es greifen zu können (Schneider 1995).

Wie kommt nun der introspektiv gewonnene und irrtümliche Eindruck zustande, daß wir bei offenen Augen deutlich mehr Information als von vier Objekten zur Verfügung haben? Warum glauben wir alle Objekte eines "Snapshots" gleichzeitig sehen zu können? Meine Antwort lautet, daß unbemerkte rasche Augen- und Aufmerksamkeitsbewegungen für diese Illusion verantwortlich sind. Erstens bewegen wir während des natürlichen Sehens unsere Augen (in Form von sog. "Sakkaden") zwei- bis dreimal pro Sekunde, ohne es wahrzunehmen. Darüber hinaus kommt es zu noch schnelleren internen Aufmerksamkeitswechseln von einem Objekt zum nächsten - Wechsel, die in einem Tempo von bis zu 1/20 Sekunde erfolgen können (Treisman & Gelade 1980; Pashler 1997). Diese Objektselektion erfolgt zu rasch, um sich in unserem Bewußtsein so zu zeigen, daß wir die Serialität in der Konstruktion unserer visuellen Repräsentation der Welt bemerken würden.

Zusammenfassend läßt sich aus dem gegenwärtigen Stand der Neurobiologie und Psychologie folgendes Bild der visuellen Verarbeitung sowie der damit verbundenen Handlungssteuerung destillieren (Schneider, im Druck): In Verarbeitungsstufe 1 wird aufgrund des gerade auf die Netzhaut auftreffenden Lichtes eine unbewußte, relativ vollständige, aber primitive Repräsentation der Umgebung in den ersten corticalen Arealen erstellt. Im Rahmen von Stufe 2 wird für den ventralen Pfad eine bewußte, aber auf wenige Objekte eingeschränkte Repräsentation der aktuellen Umgebung angelegt, während parallel im dorsalen Pfad unbewußte Bewegungsprogramme berechnet werden. Welche Objekte jeweils Inhalt des ventralen Pfades in Stufe 2 sind und zu Bewußtsein gelangen, hängt von einem sehr rasch wechselnden visuellen Aufmerksamkeitsmechanismus sowie den Augenbewegungen ab. Dieses rasche Wechseln der Inhalte von Stufe 2 vermittelt die introspektive Illusion der gleichzeitigen Verfügbarkeit der Objekte unserer momentanen Umwelt.

4 Implikationen für Innovationen: Psychologie als Wissenschaft und komplexe Mensch-Maschine-Kommunikation

Welche innovativen Implikationen lassen sich aus den bisher vorgetragenen Erkenntnissen zu Bewußtsein und Handlungssteuerung aus neuropsychologischer Sicht ableiten? Zwei Bemerkungen von unterschiedlichem Allgemeinheitsgrad sollen eine Antwort auf diese Frage geben. Erstens sind Teile der Psychologie gerade dabei, nicht nur den Status als primäre Geistes- und Sozialwissenschaft zu verlassen, sondern sich auch mit der Neurobiologie zu einer neuen gemeinsamen Disziplin zusammenzufinden. Daß Psychologie nicht mehr als reine Geistes- bzw. Sozialwissenschaft verstanden werden kann, ergibt sich nicht nur aus der Anwendung naturwissenschaftlicher Methoden in der Experimentellen Psychologie, sondern auch daraus, daß Introspektion als primäre Datenquelle zunehmend obsolet wird. Wie in diesem Aufsatz dargelegt wurde, stimmt das, was uns die Introspektion über Bewußtsein und Handlungsssteuerung nahelegt, nicht mit den Ergebnissen moderner psychologischer und neurobiologischer experimenteller Forschung überein. Beispielsweise zeigten die oben beschriebenen Experimente zur Veränderungsblindheit, daß wir erheblich weniger Information über unsere momentane Umwelt repräsentieren als wir glauben. Solche kontraintuitiven Erkenntnisse stellten sich in der wissenschaftlichen Psychologie größtenteils dort ein, wo sich psychologische und neurobiologische Forschung gemeinsam einem Thema widmeten (siehe Gerhard Roth in diesem Band). Dies geschah sicherlich bisher am intensivsten und weitreichendsten im Bereich der Allgemeinen Psychologie, derjenigen psychologischen Teildisziplin, die Wahrnehmung, Gedächtnis, Sprache, etc. untersucht. Im angelsächsischen Bereich spricht man bereits von der neuen, eigenständigen Disziplin der "Kognitiven Neurowissenschaft" ("cognitive neuroscience": Kosslyn/Koenig 1992; Posner/Raichle 1994), die sowohl Allgemeine Psychologie und Neurobiologie als auch Neuroinformatik und Neurophilosophie (siehe Thomas Metzinger in diesem Band) miteinschließt. In den Vereinigten Staaten hat man diese Entwicklung im universitären Bereich nicht nur zur Kenntnis genommen, sondern Fakultäten bereits so umstrukturiert, daß Kognitive Neurowissenschaft als eigenständiger Studiengang absolviert werden kann - ein Studiengang, bei dem die Studierenden relevante methodische und theoretische Erkenntnisse aus Neurobiologie, Psychologie, Informatik und Philosophie erwerben. Universitätsstrukturen in der Bundesrepublik scheinen sich noch nicht adäquat auf eine solch rasche interdisziplinäre Entwicklung eingestellt zu haben, so daß interessierte Studierende auf die USA als Ausbildungs- und Forschungsland verwiesen sind. Hier liegt für unsere Lehr- und Forschungsstrukturen noch ein erheblicher Innovationsbedarf vor, der sicherlich neue Flexibilitätsanforderung an diese Strukturen stellen wird.

Die zweite Bemerkung zu den innovativen Implikationen der hier vorgestellten Konzeption bewußter und unbewußter visueller Verarbeitung ist mit der ersten verknüpft, und spricht ein potentielles industrielles Anwendungsfeld an, nämlich komplexe multimodale Mensch-Maschine-Kommunikation. Ein paradigmatisches Beispiel sind Navigationssysteme und andere Bordcomputer in Fahrzeugen. Diese Systeme teilen dem Fahrer bzw. der Fahrerin beispielsweise mit, wie er oder sie den Wagen steuern soll, um in einer ihm oder ihr unbekannten Stadt ein bestimmtes Ziel zu erreichen. Darüber hinaus wird an Maschinen gearbeitet, die es dem Fahrenden erlauben, Informationen aus dem Internet in verschiedenen Formen abzurufen (z.B. Information über den Stand der Bettenbelegung der Hotels am Zielort der Fahrt) sowie Eingaben ins Internet zu tätigen (z.B. Hotelreservierungen). Bei der Entwicklung solcher Maschinen, die den menschlichen Partner aufgrund der komplexen Doppeltätigkeit "Wagensteuern-Computerkommunikation" stark involvieren, dürften Einsichten in die Funktionsweise und Grenzen bewußter und nicht-bewußter Informationsverarbeitungsprozesse und Repräsentationen im Gehirn eine entscheidende Rolle spielen. Dies verlangt, daß Ingenieure, die multimodale Bordcomputer entwickeln, mit Kognitiven Neurowissenschaftlern, die sowohl in Psychologie als auch in Neurobiologie ausgebildet sind, zusammenarbeiten, damit die sich rasch einstellenden neuen Einsichten der Grundlagenforschung angewandt und in empirisch kontrollierter Weise getestet werden können.

Willensfreiheit, transparente Selbstmodellierung und Anthropologiefolgenabschätzung

Thomas Metzinger

Die Neuro- und Kognitionswissenschaften liefern uns gegenwärtig eine Flut neuer Erkenntnisse über den Zusammenhang zwischen bewußter und unbewußter Handlungssteuerung (Jeannerod 1997, Gerhard Roth und Werner X. Schneider in diesem Band). Für die Philosophie ergeben sich aus diesen Erkenntnissen mindestens drei große Klassen von Fragestellungen. Erstens: Wie entsteht überhaupt ein *phänomenales Handlungssubjekt*? Also: Wie kann man sich im Lichte unseres erweiterten Wissens die Tatsache verständlich machen, daß wir uns subjektiv unhintergehbar als die Initiatoren unserer eigenen Willkürhandlungen erleben, daß es dem inneren Erleben nach genau die bewußt erlebten Willensakte sind, die solche Handlungen verursachen? Welche inhaltlichen Veränderungen könnten sich durch solche, aus neuen empirischen Erkenntnissen resultierende Einsichten für den *Begriff* des Handlungssubjekts, also für unser theoretisches Verständnis des Systems "Mensch" als Ganzes ergeben? Zweitens: Welche Folgen könnten solche semantischen Erweiterungen dann in unserem allgemeinen Bild vom Menschen auslösen, und mit welchen Konsequenzen der Entwicklung muß man rationalerweise auf soziokultureller Ebene rechnen? Worin genau besteht die Relevanz dieser neuen Information aus den Naturwissenschaften für die Ethik und die Moralphilosophie? Und drittens: Spielen die Geisteswissenschaften klassischer Prägung in der historischen und vor allem in der epistemischen Dynamik der soeben angedeuteten Umbruchsituation noch eine wesentliche Rolle? Wenn ja: Worin genau besteht diese Rolle, was ist notwendig, um sie auch tatsächlich zu realisieren?

Wollen die Geisteswissenschaften diese Rolle überhaupt noch spielen? Sicher scheint, daß nur wenige Geisteswissenschaftler ein Interesse daran haben werden, technologische Innovationsprozesse vorzubereiten. Man muß deshalb auch fragen, was genau in diesem Kontext eigentlich mit "Innovation" gemeint sein kann – bezieht sich der Begriff "Innovation" auf eine positive gesellschaftliche Entwicklung, eine *kulturelle* Erneuerung angesichts einer neuen Faktenlage, bei der zum Beispiel auch eine Disziplin wie die akademische Philosophie eine wichtige Rolle zu spielen hätte? Oder ist "Innovation" am Ende etwas, das mit allen Mitteln verhindert werden muß – etwa bloß eine instrumentalisierende Ankopplung der Geisteswissenschaften an einen in normativer Blindheit ablaufenden, sich ständig beschleunigenden und durch eine globalisierte Wettbewerbssituation radikalisierten *technologischen* Innovationsprozeß?

Ich werde in dem folgenden Kurzbeitrag für keine der eben angeführten Fragen eine befriedigende Antwort anbieten können. Das ist schon deshalb so, weil sich die im Vorfeld notwendigen Begriffsklärungen in dem hier zu Verfügung stehenden Rahmen noch nicht einmal für eine einzige dieser Fragen durchführen lassen. Stattdessen will ich auf das intuitive Vorverständnis sowie auf das Wohlwollen meiner Leser hoffen und in zwei kurzen Abschnitten einige eher skizzenhafte Überlegungen zu Teilaspekten der Problematik anbieten. Vielleicht können sie trotzdem als Ausgangspunkte für weiterführende Diskussionen dienen. Im ersten Teil möchte ich kurz zeigen, wie man die empirischen Fakten zu Handlungssteuerung mit den Mitteln der analytischen Philosophie des Geistes zu einem neuen Denkmodell integrieren könnte. Im zweiten Teil möchte ich sehr kurz den erweiterten Problemhorizont beleuchten, der sich für uns alle ergeben würde, wenn dieses Denkmodell in die richtige Richtung weist.

1 Wie entsteht ein phänomenales Handlungssubjekt?

Ein phänomenales Handlungssubjekt wird durch eine spezielle Form des bewußten Erlebens konstituiert: Ich erlebe mich *selbst* als den Initiator meiner eigenen Handlungen. Diese Form des bewußten Erlebens – das "Vollzugsbewußtsein" - wiederum ist die zentrale Bedingung dafür, daß ich mich auch als rationales Individuum, als *Person* erleben kann. Wie wir später noch sehen werden, gibt es eine Reihe von psychiatrischen Störungsbildern, bei denen genau diese Form des bewußten Erlebens nicht mehr oder nur noch in eingeschränkter Weise gegeben ist. Folgerichtig werden diese Störungen in der Psychiatrie häufig auch als "Depersonalisationserscheinungen" bezeichnet (Metzinger 1997). Solche Sprachregelungen zeigen bereits, daß die Existenz eines phänomenalen Handlungssubjekts in vielen ganz unterschiedlichen Kontexten eine der zentralen notwendigen Bedingungen dafür ist, einem Menschen – aber gegebenenfalls auch einem Tier oder einem künstlichen System – den Status einer Person zuzuschreiben. Weil es also um eine spezifische Form des Selbsterlebens geht, wird die Frage nach dem phänomenalen Handlungssubjekt automatisch eng verknüpft sein mit Forschungsbemühungen im Kontext der gegenwärtigen Renaissance der interdisziplinären Bewußtseinsforschung (für ersten Überblick Block et al. 1997, Esken/Heckmann 1998, Metzinger 1995b; interdisziplinäre Textsammlung zur Frage nach dem phänomenalen Handlungssubjekt: Grivois/Proust 1998).

Die alle relevanten empirischen Disziplinen mit den Geisteswissenschaften verbindende Beschreibungsebene ist die der "internen Repräsentation": In den Neuro- und Kognitionswissenschaften spielt der Repräsentationsbegriff heute die zentrale Rolle in der Theoriebildung. Auch die Philosophie denkt bereits seit dem vierten nachchristlichen Jahrhundert über *repraesentationes* nach (Scheerer 1991a,b; Scholz 1991). Kann man auf diesem gemeinsamen begrifflichen Niveau eine Analyse des phänomenalen Handlungssubjekts entwickeln? Was ist dieses "Ich", das ich als den

Urheber von äußeren, aber auch von inneren Handlungen erlebe? Kann man es als Ergebnis eines Repräsentationsvorgangs analysieren?

Was wir in alltagspsychologischen Zusammenhängen als "das Ich" bezeichnen, ist das phänomenale Selbst: Der im subjektiven Erleben gegebene Inhalt des Selbstbewußtseins. Das phänomenale Selbst ist vielleicht die interessanteste Form phänomenalen Gehalts überhaupt - unter anderem dadurch, daß es unserem Bewußtseinsraum zwei äußerst interessante *strukturelle* Merkmale verleiht: Zentriertheit und Perspektivität. Solange es ein phänomenales Selbst gibt, ist unser Bewußtsein ein *zentriertes* Bewußtsein und an das gebunden, was in der Philosophie als die "Perspektive der ersten Person" bezeichnet wird.

Es gibt somit eine phänomenale Eigenschaft höherer Ordnung, die sich aus verschiedenen und ständig wechselnden Formen phänomenalen Gehalts aufbaut. Nennen wir sie provisorisch "Ichhaftigkeit" oder "präreflexive Selbstvertrautheit". Die Ichhaftigkeit des Handlungssubjekts – das was im Englischen auch als *phenomenal agenthood* bezeichnet wird – ist ein Sonderfall genau dieser phänomenalen Eigenschaft höherer Ordnung. Eng verwandt mit ihr sind die phänomenalen Eigenschaften der "Meinigkeit" und der "Perspektivität". Meinigkeit ist eine höherstufige Eigenschaft einzelner Bewußtseinsinhalte: *Mein* Bein, *meine* Gedanken, *meine* Gefühle, *mein* Willensakt usw. Perspektivität dagegen ist eine Eigenschaft des Bewußtseinsraums als Ganzer, weil er dem subjektiven Erleben nach um ein Zentrum, um einen Standpunkt herum organisiert ist. Das phänomenale Selbst *ist* dieses Zentrum. Was geleistet werden muß, ist eine repräsentationale und eine funktionale Analyse dieser Eigenschaften. Man muß fragen: Was sind die funktionalen und repräsentationalen Eigenschaften, die ein informationsverarbeitendes System besitzen muß, um die fragliche *phänomenale* Eigenschaft instantiieren? Was bedeutet es für ein solches System, eine Erste-Person-Perspektive auf die Welt und auf seine eigenen mentalen Zustände, auf seine volitionalen Akte und Handlungen einzunehmen? Solange wir keine befriedigende theoretische Antwort auf solche Fragen besitzen, werden wir auch nicht sagen können, was es heißt, daß manche volitiven Zustände *subjektiv erlebte* Zustände sind, die sich für das System selbst auf eine bestimmte Weise anfühlen, und die innere Ereignisse *für* das System sind.

Der erste Schritt besteht darin, eine neue theoretische Entität einzuführen: Das phänomenale *Selbstmodell*. Es bildet die repräsentationale Instantiierungsbasis der zu erklärenden phänomenalen Eigenschaften. Ein Selbstmodell ist eine episodisch aktive repräsentationale Entität (Metzinger 1995a), deren Gehalt durch Eigenschaften des Systems selbst gebildet wird. Ich versuche hier aus heuristischen Gründen eine repräsentationstheoretisch relative neutrale Theorie zu verwenden, die für zukünftige empirische Einsichten offen ist. Was wir im Grunde brauchen, ist eine Theorie des Selbstmodells von *Homo sapiens*. Ich selbst gehe davon aus, daß ein solche Theorie in wesentlichen Teilen eine neurokomputationale Theorie sein wird. Das bedeutet, daß das Selbstmodell des Menschen nicht nur eine wahre funktionale und eine wahre repräsentationale Beschreibung besitzt, sondern auch ein wahre neurobiologische Beschreibung - zum Beispiel als komplexes Aktivierungsmuster im menschlichen Gehirn. Auf der anderen Seite wird es höhere Formen der inneren Selbstrepräsentation geben, die nicht nur neurofunktionale, sondern auch soziale Korrelate besitzen. Das *phänomenale* Selbstmodell ist aber in jedem Fall immer nur derjenige Teil des *mentalen* Selbstmodells, der gegenwärtig in die höchststufige, integrierte Struktur eingebettet ist, in das globale Modell der Welt (Yates 1975, Baars 1988). Es kann also durchaus unbewußte, aber funktional aktive Teile des Selbstmodells geben: Dieser Punkt ist von großer Bedeutung für die Frage nach der Beziehung zwischen bewußter und unbewußter Handlungssteuerung. Das Handlungssubjekt – also die Person *als Ganze* – kann man sich nämlich als ein physisches System denken, das zur Generierung und Steuerung seines Verhaltens ein komplexes, funktional aktives Selbstmodell benutzt – wobei aber nur ein *Teil* dieses Selbstmodells für das bewußte Erleben verfügbar ist. Wenn dieser Grundgedanke richtig ist, dann ist auch klar, daß es hier durchaus zu zeitlichen Inkompatibilitäten in der Selbstrepräsentation kommen kann. Es gibt allem Anschein nach eine Vielzahl von funktionalen Ebenen im Selbstmodell des Menschen: Das phänomenale Selbstmodell ist eine kohärente multimodale Struktur, die auf einem teilweise angeborenen und "fest verdrahteten" Modell der räumlichen Eigenschaften des Systems beruht (vgl. Begriff *"Long-term body image"* bei O'Shaughnessy 1995; siehe dazu auch Damasio 1994, Kinsbourne 1995, Metzinger 1993, 1996). Manche seiner Partitionen, etwa Teile des Körpergefühls, werden einen hohen Grad an Invarianz aufweisen, andere werden besonders "flüssig" sein – etwa diejenigen Teile, die volitive und kognitive Prozesse intern noch einmal für das System selbst darstellen. Bei diesem Typ von Analyse wird der selbstbewußte Mensch also als eine ganz bestimmte Art von Informationsverarbeitungssystem betrachtet: Der repräsentationale Gehalt des phänomenalen Selbst ist der Gehalt einer jetzt gerade aktiven Datenstruktur in seinem zentralen Nervensystem.

Man kann parallel zur repräsentationalen Beschreibungsebene auch eine *funktionale* Analyse des Selbstmodells entwickeln. Ein aktives Selbstmodell ist ein subpersonaler funktionaler Zustand. Dadurch, daß dieser funktionale Zustand eine konkrete neurobiologische Realisierung besitzt, spielt er eine bestimmte kausale Rolle im System, d.h. in analytischer Hinsicht haben wir es mit einer diskreten Menge von Kausalrelationen zu tun. Aus klassisch-kognitionswissenschaftlicher Perspektive könnte man dagegen von einem *transienten komputationalen Modul* sprechen, das vom System episodisch aktiviert wird, um seine Interaktion mit der Umwelt zu regulieren (Conant/Ashby 1970). Der Besitz von immer besseren Selbstmodellen als einer neuen Art von "virtuellen Organen" ermöglichte - diesen Punkt darf man nicht übersehen - überhaupt erst die Bildung von Gesellschaften. Plastische und immer komplexere Selbstmodelle erlaubten nicht nur eine fortlaufende Optimierung somatomotorischer, perzeptiver und kognitiver Funktionen, sondern später auch *soziale* Kognition und damit die Entwicklung von kooperativem Verhalten. Mit ihnen entstanden die fundamentalen repräsentationalen Ressourcen für Perspektivenübernahmen, Empathie und Schuldbewußtsein, später auch für metakognitive Leistungen wie die Entwicklung eines Selbst*konzepts* und einer *theory of mind* (Bischof-Köhler 1996, 1989). Man kann nun der Tatsache, daß die Entwicklung unseres Selbstmodells eine lange evolutionsbiologische und eine (etwas kürzere) soziale Geschichte besitzt, Rechnung tragen, indem man im nächsten Schritt das einführt, was in der Philosophie des Geistes als eine *teleofunktionalistische Zusatzannahme* bezeichnet wird (Dennett 1987, Lycan 1996). Die Entwicklung und Aktivierung dieses komputationalen Moduls spielt eine Rolle *für* das System: Das funktionale Selbstmodell besitzt eine wahre evolutionsbiologische Beschreibung, d.h. es war eine *Waffe*, die im Verlauf eines "kognitiven Wettrüstens" erfunden und immer weiter optimiert wurde. Die funktionale Instantiierungsbasis der phänomenalen Erste-Person-Perspektive ist somit eine spezifische kognitive Leistung: Die Fähigkeit, *zentrierte Darstellungsräume* zu öffnen. Phänomenale Subjektivität (im Sinne des Entstehens einer subsymbolischen, nicht-begrifflichen Erste-Person-Perspektive) ist also eine Eigenschaft, die genau dann instantiiert wird, wenn das betreffende System ein kohärentes Selbstmodell aktiviert und dieses in sein globales Weltmodell integriert.

Mit dem Vorhandensein eines stabilen Selbstmodells entsteht das, was in der Philosophie des Geistes als die "Perspektivität des Bewußtseins" (Nagel 1992, Metzinger 1993) bezeichnet wird: die Existenz eines einzigen, kohärenten und zeitlich stabilen Modells der Wirklichkeit, welches repräsentational um oder "auf" ein einziges, kohärentes und zeitlich stabiles phänomenales Subjekt zentriert ist, d.h. um ein Modell des Systems *als jetzt erlebend*. Dieses strukturelle Merkmal des globalen Darstellungsraums führt episodisch zur Instantiierung einer zeitlich ausgedehnten und nicht-begrifflichen Erste-Person-Perspektive. Wenn diese globale repräsentationale Eigenschaft verloren geht, verändert sich auch die Phänomenologie, und verschiedene neuropsychologische Störungsbilder oder veränderte Bewußtseinszustände treten hervor.

Die Grundidee ist einfach: Alle repräsentationalen Zustände, die in das gegenwärtig aktive Selbstmodell eingebettet werden, gewinnen die höherstufige Eigenschaft der phänomenalen "Meinigkeit" hinzu. Durch diese Integration erhöht sich auch auf der Ebene des inneren Erlebens die Qualität der Subjektivität: Sie ist jetzt ein Teil meines Selbstbewußtseins. Andere Teile meines Realitätsmodells erlebe ich – obwohl auch sie auf einem *internen* Bild der Wirklichkeit beruhen – nicht als Teil meines Selbstbewußtseins. Wenn dieser Einbettungsprozeß gestört wird oder hypertrophiert, resultieren verschiedene neuropsychologische Syndrome oder veränderte Bewußtseinszustände. Hier sind einige Beispiele:

- Bewußt erlebte Gedanken sind nicht mehr *meine* Gedanken: Floride Schizophrenie.
- Mein Bein ist nicht mehr *mein* Bein: Unilateraler Hemi-Neglekt.

- Mein Arm handelt ohne *meine* Kontrolle: *Alien Hand Syndrome*.
- Ich bin ein Roboter, verwandele mich in eine Marionette, volitionale Akte sind nicht mehr *meine* volitionalen Akte: Depersonalisierung; Verlust des phänomenalen "Vollzugsbewußtseins" (Karl Jaspers).
- Ich bin die ganze Welt, alle Ereignisse in der Welt werden durch meine *eigenen* Willensakte kontrolliert: Manien.

Subjektiv erlebte "Meinigkeit" ist also eine Eigenschaft einzelner Formen phänomenalen Gehalts, zum Beispiel der mentalen Repräsentation eines Beins, eines Gedankens oder eines Willensaktes. Diese Eigenschaft ist nicht notwendig mit ihnen verbunden, denn sie ist keine intrinsische, sondern einer *relationale* Eigenschaft. Sie kann verloren gehen, und zwar genau dann, wenn dem System die Integration bestimmter einzelner Repräsentationen ins Selbstmodell nicht mehr gelingt. Wenn das richtig ist, dann könnte man diese Eigenschaft zumindest prinzipiell operationalisieren, und zwar indem man nach einer empirisch überprüfbaren Metrik für die Kohärenz des Selbstmodells in den fraglichen Bereichen sucht. Festzuhalten bleibt, daß im Normalfall die Integration in ein phänomenales Selbstmodell gelingt und dadurch die interne Repräsentation der Ursachen einer äußeren Handlung – das was wir normalerweise als "volitionale Akte" bezeichnen – an ein bewußt erlebtes Ich gebunden wird. Der entscheidende theoretische Punkt besteht darin, daß dies natürlich auf eine Weise geschehen kann, die für das System selbst funktional und erlebnismäßig unhintergehbar ist.

Ich habe soeben zwischen einer repräsentationalen und einer funktionalen Analyse der Erste-Person-Perspektive unterschieden. Das zentrale theoretische Problem auf der funktionalen Beschreibungsebene entsteht nun durch folgende Frage: Auf welche Weise unterscheidet sich das phänomenale Selbstmodell überhaupt von den anderen phänomenalen Modellen, die gegenwärtig aktiv sind? Durch welche funktionale Eigenschaft wird es ausgezeichnet, wodurch genau wird es zum stabilen *Zentrum* des phänomenalen Darstellungsraums?

Hier ist meine vorläufige Antwort: Das Selbstmodell ist die einzige repräsentationale Struktur, die im Gehirn durch eine *kontinuierliche Quelle intern generierten Inputs* verankert ist. Immer dann, wenn es überhaupt zu bewußtem Erleben kommt (= zur Aktivierung eines stabilen, integrierten Modells der Wirklichkeit), existiert auch diese kontinuierliche Quelle internen, propriozeptiven Inputs. Die Aktivität desjenigen ("fest verdrahteten") Teils der Neuromatrix des räumlichen Modells des eigenen Körpers, der unabhängig von externem Input ist, wird zum funktionalen *Mittelpunkt* des phänomenalen Darstellungsraums. Marcel Kinsbourne (1995) hat in diesem Zusammenhang von einem *"background 'buzz' of somatosensory input"* gesprochen, ich selbst habe an anderer Stelle den Begriff eines "Selbstpräsentats" eingeführt (Metzinger 1993). Neuere Forschungsergebnisse aus der Erforschung des Schmerzerlebens in Phantomgliedern deuten zudem auf die Existenz einer genetisch determinierten Neuromatrix hin, deren Aktivitätsmuster Grundlage der starren Teile des Körperschemas und des invarianten Hintergrunds der Körperempfindung sein könnte ("Phylomatrix des Körperschemas" vgl. Melzack 1989, "Neurosignatur" Melzack 1992; Damasio 1994).

Das zentrale theoretische Problem auf der *repräsentationalen* Beschreibungsebene dagegen ergibt sich daraus, daß man mir leicht vorwerfen könnte, ich würde mit der Einführung des Begriffs "Selbstmodell" einen Etikettenschwindel betreiben. Es scheint keine notwendige Verbindung von den funktionalen und repräsentationalen Basiseigenschaften zu den *phänomenalen* Zieleigenschaften der "Meinigkeit", "präreflexiven Selbstvertrautheit" und "Perspektivität" zu geben. All das könnte sich durchaus ereignen, ohne daß es zur Entstehung eines echten phänomenalen Selbst oder einer subjektiven Innenperspektive kommt: Man kann sich vorstellen, daß biologische Informationsverarbeitungssysteme durch ein Selbstmodell zentrierte Darstellungsräume entwickeln und benutzen, *ohne* daß Selbstbewußtsein entsteht. Ein "Selbstmodell" ist noch lange kein Selbst, sondern nur eine Repräsentation des Systems, eben bloß ein *Systemmodell.* Damit aus der funktionalen Eigenschaft der Zentriertheit aber die phänomenale Eigenschaft der Perspektivität werden kann, muß aus dem Modell des Systems ein phänomenales Selbst werden. Die philosophische Kernfrage lautet deshalb: Wie entsteht in einem bereits funktional zentrierten Repräsentationsraum das, was wir als die phänomenale Erste-Person-Perspektive zu bezeichnen gewohnt sind?

Eine Erste-Person-Perspektive, so lautet meine Antwort, entsteht immer genau dann, wenn das System das von ihm selbst aktivierte Selbstmodell nicht mehr *als* Modell erkennt. Dadurch wird – für das System – das Selbst*modell* zum *Selbst.* Wie also kommt man von der funktionalen Eigenschaft der "Zentriertheit" und der repräsentationalen Eigenschaft der "Selbstmodellierung" zu der phänomenalen Eigenschaft der "präreflexiven Selbstvertrautheit"? Die Antwort liegt in dem, was man die "semantische Transparenz" bzw. "selbstreferentielle Opazität" der verwendeten Datenstrukturen nennen könnte. Die vom System eingesetzten repräsentationalen Vehikel sind für das System selbst *semantisch transparent,* d.h. sie stellen die Tatsache, *daß* sie Modelle sind, nicht mehr auf der Ebene ihres Gehalts dar (van Gulick 1988a, b; Metzinger 1993, 1994, 1996). Deshalb schaut das System durch seine eigenen repräsentationalen Strukturen "hindurch", als ob es sich in direktem und unmittelbarem Kontakt mit ihrem Gehalt befände. Die fraglichen Datenstrukturen werden so schnell und zuverlässig aktiviert, daß das System sie nicht mehr als solche erkennen kann, z.B. wegen des mangelnden zeitlichen Auflösungsvermögens *metarepäsentationaler* Funktionen. Es hat keinen evolutionären Selektionsdruck auf die entsprechenden Teile der funktionalen Architektur gegeben: Der naive Realismus ist für biologische Systeme wie für uns selbst eine funktional adäquate Hintergrundannahme gewesen. Diesen Gedanken muß man nun im letzten Schritt wieder auf das Selbstmodell anwenden. Wir selbst sind Systeme, die nicht in der Lage sind, ihr eigenes subsymbolisches Selbstmodell *als* Selbstmodell zu erkennen. Deshalb

Opacitas Schattigkeit
opacus schattig, dunkel, finster

operieren wir unter den Bedingungen eines "naiv-realistischen Selbstmißverständnisses": Wir erleben uns selbst als wären wir in direktem und unmittelbarem epistemischem Kontakt mit uns selbst.

De facto sind wir also Systeme, die sich ständig mit dem von ihnen selbst erzeugten subsymbolischen Selbstmodell "verwechseln".*) Indem wir dies tun, generieren wir eine stabile und kohärente Ich-Illusion, die wir auf der Ebene des bewußten Erlebens nicht transzendieren können. Genau das bedeutet, eine nicht-begriffliche Erste-Person-Perspektive zu besitzen, einen präreflexiven, phänomenalen Standpunkt, der allen späteren Formen begrifflich vermittelten und reflexiven Selbstbewußtseins und allen späteren Formen von sozialer Kognition und Ich-Du-Beziehungen zugrundeliegt. Der Kern der Subjektivität des Mentalen liegt also in diesem Akt der "Selbstverwechslung": Ein *Mangel* an Information, ein *Mangel* an epistemischer Transparenz führt zur Entstehung eines phänomenalen Selbst. Vielleicht ist dies eine der wichtigsten Einsichten über den menschlichen Geist, die man heute mit den Mitteln der Kognitionswissenschaft und mit Blick auf die philosophische Anthropologie formulieren kann. Dieser Punkt wirft jetzt auch ein neues Licht auf die klassische Frage nach der Willensfreiheit.

Das subjektive Erleben der eigenen Willensakte – der *phänomenale* Gehalt der zugrundeliegenden mentalen Selbstrepräsentation als einer *Selbst*repräsentation – entsteht dadurch, daß das Modell, das das System von sich selbst als einem in der Welt handelnden Agenten erzeugt, nicht mehr *als Modell* erkannt werden kann. Die Art und Weise dagegen, wie dieses Modell die Wirklichkeit, die kausale Genese der eigenen Handlungen und sich selbst in ihr darstellt – der *intentionale* Gehalt der mentalen Selbstrepräsentation – kann falsch sein. Gemessen an der wissenschaftlichen Faktenlage, gemessen an unserem objektiven Wissen über die wahren Ursachen solcher Handlungen, kann der Inhalt des Selbstbewußtseins so zu etwas werden, das sich (wie Philosophen gerne sagen) nicht mehr epistemisch rechtfertigen läßt. Als *Theorie* betrachtet ist das ihm zugrundeliegende mentale Modell dann möglicherweise ein falsches Modell. Aber auch wenn es letztlich einmal keine guten Gründe mehr geben sollte, mit denen wir die durch unser zentrales Nervensystem auf der Ebene des inneren Erlebens erzeugte Darstellung von Ursache-Wirkungs-Beziehungen bei der Handlungssteuerung als Theorie verteidigen können, darf man eines nicht übersehen: Auch eine falsche Theorie kann funktional adäquat sein. Als *Instrument* betrachtet, also als Werkzeug im Kampf ums Überleben und beim Aufbau komplexer Gesellschaften, ist das phänomenale Selbstbewußtsein des

---

*) Natürlich ist dies – und auch der im folgenden Satz verwendete Begriff der "Ich-Ilusion" - nur eine Metapher. Sie enthält einen logischen Fehler: Etwas, das noch kein epistemisches Subjekt in einem starken Sinne begrifflich-propositionalen Wissens ist, *kann* sich noch nicht mit etwas anderem "verwechseln", Wahrheit und Falschheit existieren für ein solches System noch nicht. Die korrekte – aber wesentlich unanschaulichere – Formulierung lautet: Das System operiert unter einem egozentrischen Realitätsmodell, das durch ein Selbstmodell zentriert wird, welches vom System *phänomenal* nicht als solches erkannt werden kann.

Menschen ein großer Erfolg gewesen. Allem Anschein nach war die innere Geschichte, die wir uns selbst über die Entstehung unserer äußeren Handlungen und unserer Willensakte erzählen, unter evolutionstheoretischen Gesichtspunkten eine Erfolgsgeschichte. Allerdings ergibt sich hier die folgende Frage: Ist all dies eigentlich eine gute oder eher eine schlechte Nachricht?

Genau an diesem Punkt setzt Rolle der Geisteswissenschaften ein: Dringend benötigt wird heute zuallererst eine empirisch informierte und auf der Höhe ihrer Zeit operierende Philosophie des Geistes. Sie muß einen fortlaufenden kritischen Kommentar zu der Flut von empirischen Daten in diesem Bereich liefern, einen Kommentar der diese Daten in bezug auf klassische Fragestellungen zu neuen Antworten synthetisiert, einen Kommentar, der Forschungsaktivitäten in den Neuro- und Kognitionswissenschaften unter wissenschaftstheoretischen und ethischen Gesichtspunkten auf logische Widersprüche abklopft, einen Kommentar, der Explananda untersucht und gegebenenfalls der empirischen Forschung auch aktiv neue Erklärungs- und Erkenntnisziele vorschlägt. Bereits bestehende theoretische Modelle wie zum Beispiel das eben skizzierte Modell der transparenten Selbstmodellierung von subpersonalen Entscheidungsprozessen müssen kritisiert und auf eine Weise fortentwickelt werden, die einerseits für zukünftige Entwicklungen offen ist, andererseits aber eine Brücke schlägt zu den traditionellen Problembeständen der klassischen Geisteswissenschaften. Ein solcher Kommentar kann dann unter anderem auch die begriffliche Grundlage für *normative* Diskussionen schaffen. Solche Diskussionen sind ihrerseits eine notwendige Vorbedingung gesellschaftlicher Innovationsprozesse. Im zweiten Abschnitt dieses kurzen Beitrags möchte ich in diesem Sinne drei neue Begriffe anbieten, die vielleicht als Ausgangspunkte für solche interdisziplinär angelegten Überlegungen dienen könnten. Wieder handelt es sich nur um eine Skizze, wieder muß ich das Wohlwollen und ein intuitives Vorverständnis meiner Leser voraussetzen.

2 Drei neue Begriffe: Anthropologiefolgenabschätzung, Bewußtseinsethik, Bewußtseinskultur

In den letzten zehn Jahren haben wir mehr über die Struktur und die Wirkungsweise des menschlichen Gehirns erfahren als in den dreihundert Jahren davor. Es ist bereits jetzt abzusehen, daß der Wissenszuwachs in der Hirnforschung sich auch in der Zukunft weiter mit großer Geschwindigkeit fortsetzen wird. Diese Entwicklung wird eine ganze Reihe von Folgen für uns alle haben. Eines ist bereits deutlich geworden: Unsere Handlungsmöglichkeiten bei der direkten Beeinflussung des menschlichen Gehirns werden sich bald und in sehr vielfältige Bereiche hinein erweitern. In vielen dieser Bereiche werden unsere moralischen Intuitionen versagen, unsere lebensweltlichen Hintergrundannahmen darüber, was eigentlich eine moralisch richtige Handlungsweise ist. Das kann zum Beispiel dadurch geschehen, daß diese Annahmen sich im Lichte unseres Erkenntniszuwachses als widersprüchlich, nicht tragfähig oder einfach als inhaltlich nicht weitreichend genug erweisen. Zumindest diejenigen von uns, die sich nicht fest an metaphysische Weltanschauungen oder starre Wertsysteme gebunden haben, werden immer öfter zugeben müssen, daß auch sie selbst einfach nicht wissen, wie hier im konkreten Einzelfall eine ethisch überzeugende Handlungsweise aussehen könnte. Neue Handlungsspielräume bringen immer auch neue ethische Fragestellungen mit sich.

Aber auch unser eigenes Bild von uns selbst - in dem viele der eben erwähnten Hintergrundannahmen ihre Wurzeln haben - wird sich auf dramatische Weise verändern. Ich hoffe, daß die kurzen Überlegungen im ersten Abschnitt dieses Beitrags jetzt als Illustration dieser These dienen können. Wenn sie auch nur ungefähr in die richtige Richtung deuten, dann entsteht nämlich nicht nur eine ganze Palette von neuen Problemstellungen für die angewandte Ethik, sondern auch eine neue, durch die Erkenntnisse der modernen Hirnforschung erweiterte Anthropologie: Wir bewegen uns auf ein grundlegend neues Verständnis dessen zu, was es heißt, ein *Mensch* zu sein. Wie sollen wir uns die Beziehung zwischen Gehirn und Bewußtsein denken? Gibt es so etwas wie eine Seele oder einen unveränderlichen Kern der Persönlichkeit? Was genau meinen wir eigentlich, wenn wir von "Willensfreiheit" sprechen; was bedeutet es, daß wir für manche unserer Handlungen verantwortlich sind, für andere dagegen nicht? Gibt es angesichts der vielen neuen Einsichten über die objektiven Entstehungsbedingungen des subjektiven Erlebens noch berechtigte Hoffnung auf ein Leben nach dem Tod?

Aus neuen Antworten auf solche klassischen philosophischen Fragen ergibt sich Schritt für Schritt auch ein neues, ein verändertes Gesamtbild des Menschen. Das allgemeine Bild vom Menschen wiederum ist aber eine der wichtigsten Grundlagen unserer Kultur. Seine Besonderheit besteht darin, daß es sehr subtil und doch wirksam die Art und Weise beeinflußt, wie wir im Alltag miteinander umgehen und uns selbst erleben. Deshalb wird die oben angedeutete Entwicklung auch kulturelle und gesellschaftliche Konsequenzen nach sich ziehen und schließlich unser aller Leben beeinflussen. Und dies ist ein weiterer Punkt, an dem das innovative Potential der Geisteswissenschaften – so es denn eines gibt – dringend gefordert ist. Hier geht es nicht mehr nur um eine seriöse Philosophie des Geistes, die auf der Höhe ihrer Zeit ist. Es geht auch um weit mehr als um die richtige philosophische Theorie zum Thema Willensfreiheit.*) An dieser Stelle öffnet sich ein Problemhorizont, der die Human- und Kulturwissenschaften in ihrer gesamten Breite betrifft. Innovation heißt hier unter anderem: Neue Denkmodelle zur Verfügung stellen, mit deren Hilfe eine gesellschaftliche Integration unseres Erkenntnisfortschritts vorbereitet werden kann.

---

*) Lesern, die auf der Suche nach einer solchen Theorie sind und dabei zugleich eine informative Einführung in die aktuelle Diskussionslage suchen, empfehle ich Walter 1998.

Es geht neben der "Anthropologiefolgenabschätzung" auch um etwas, das ich als "Bewußtseinsethik" und "Bewußtseinskultur" bezeichnen möchte. Bewußtseinsethik und Bewußtseinskultur sind das, so denke ich, was wir brauchen, um das so gering wie möglich zu halten, was ich den "gefühlsmäßigen Preis" und den "soziokulturellen Preis" der Entwicklung nennen will. Wir müssen den Gesamtpreis, den wir alle für den Fortschritt in der Hirnforschung bezahlen, so niedrig wie möglich halten. Diesen Preis zahlen wir in der Hauptsache auf emotionaler und auf soziokultureller Ebene. Der gefühlsmäßige Preis besteht zunächst in einem bestimmten "Unbehagen": Wir werden verunsichert in vielen unserer unhinterfragten Meinungen über uns selbst. Die ersten Erfolge der Neuro- und Kognitionswissenschaften, aber auch der Neurotechnologie oder etwa der biologisch orientierten Psychiatrie zwingen uns, neu über uns selbst nachzudenken. Die Geisteswissenschaften sind sehr empfänglich für dieses Unbehagen – die Frage ist, ob Sie sich jetzt über das pure Ressentiment hinaus in eine wirklich produktive Auseinandersetzung mit den Fakten hineinbewegen können.

Der "soziokulturelle" Preis dagegen könnte in einer Vielzahl von unerwünschten Nebenwirkungen der neuen Handlungsmöglichkeiten in Bezug auf das gesellschaftliche Zusammenleben bestehen. Viele befürchten außerdem zu Recht, daß die Hirnforschung und vor allem ein ihr auf dem Fuße folgender Vulgärmaterialismus uns auch auf gesellschaftlicher Ebene schleichend in eine andere, in eine reduzierte soziale Wirklichkeit führen könnte. Die biologische Psychiatrie oder die medizinische Neurotechnologie zum Beispiel sind nur eingeschränkte Sonderfälle einer wesentlich umfassenderen Entwicklung. Wir befinden uns bereits seit einiger Zeit auf dem Weg zu einer völlig neuen Theorie darüber, was geistige Zustände *überhaupt* sind, weil die neurobiologischen Grundlagen solcher Zustände nun - ob wir es wollen oder nicht - immer deutlicher hervortreten. Auf der Ebene der technologischen Umsetzung dieses neuen Wissens werden sich in der Zukunft mit steigender Geschwindigkeit immer größere Handlungsspielräume eröffnen, in denen nicht nur die klassischen abendländischen Moralvorstellungen versagen. Eine Theorie über das menschliche Gehirn wird aber früher oder später immer auch eine Theorie über das menschliche Bewußtsein sein, über das, was Philosophen gerne als *Subjektivität* zu bezeichnen pflegen. Auch die fortgeschrittenen medizinischen Neuro- und Informationstechnologien der Zukunft werden deshalb in vielen Fällen *Bewußtseins*technologien sein. Was wir derzeit erleben, ist allem Anschein nach erst der Anfang einer umwälzenden Entwicklung: Menschliches Bewußtsein wird in immer größerem Ausmaß technisch verfügbar, subjektives Erleben kann immer genauer beeinflußt und darum auch effektiver manipuliert werden. In vielen Bereichen wird dies eine segensreiche Entwicklung sein. Um jedoch den Preis zu minimieren, den wir für die Entwicklung als Ganzes zahlen, wird es für uns alle immer notwendiger, sich - über den medizinisch-psychiatrischen Gesundheitsbegriff hinausgehend - Gedanken darüber zu machen, welche Bewußtseinszustände überhaupt interessante oder *wünschenswerte* Bewußtseinszustände sind. Wir brauchen deshalb nicht nur eine Forschungsethik für die Neuro- und Kognitionswissenschaften, sondern auch eine Bewußtseinsethik.

Das Projekt ist ein schwieriges, weil es dabei im Grunde nicht nur um eine ethische Bewertung bestimmter Handlungsformen, sondern um die normative Einschätzung von *Erlebnisformen* im allgemeinen geht. Bewußtseinsethik könnte man als einen neuen Teil der Ethik verstehen, der sich mit solchen Handlungen auseinandersetzt, deren primäres Ziel es ist, den Inhalt der geistigen Zustände des Handelnden oder anderer Personen in einer bestimmten Richtung zu verändern. Wonach viele bereits suchen, ist eine "normative Psychologie": Eine überzeugende Theorie darüber, was überhaupt gute und anstrebenswerte Bewußtseinszustände sind. Für eine solche Theorie würden sich allerdings genau dieselben Begründungs- und Verallgemeinerungsprobleme wie auch in der normativen Ethik stellen.

Vielleicht kann es so etwas wie eine verbindliche Bewußtseinsethik aus prinzipiellen Gründen gar nicht geben. Was ist überhaupt ein "guter" Bewußtseinszustand? Gibt es auch im normalen Alltag Formen des subjektiven Erlebens und der Selbsterfahrung, die "besser" sind als andere? Dies betrifft auch so weit voneinander entfernte Bereiche wie etwa die Behandlung von Sterbenden oder von nicht-menschlichen Lebewesen, die Drogenpolitik oder die Pädagogik. Am Ende geht es natürlich um eine klassische Frage der antiken Philosophie: Was ist überhaupt ein gutes Leben?

Nun abschließend zum dritten neuen Begriff, dem Begriff einer "Bewußtseinskultur". Auch diesen Begriff biete ich gewissermaßen als inhaltlichen Ausgangspunkt für Diskussionen über das innovative Potential der Geisteswissenschaften an. Man muß sehen, daß die Herausforderung an die Geisteswissenschaften nicht nur in "Anthropologiefolgenabschätzung" und vielleicht in der Entwicklung eines neuen Denkansatzes für die angewandte Ethik besteht: Es geht um die *kulturelle* Umsetzung der neuen, von den empirischen Bewußtseinswissenschaften gelieferten Erkenntnisse selbst. Ich habe es bereits gesagt: Aus den Neuro- und Kognitionswissenschaften sowie der Informatik ergibt sich derzeit ein neues Bild vom Menschen und eine neue Theorie darüber, was geistige Vorgänge *überhaupt* sind. Damit ändert sich auch die Beschreibung des Gegenstandsbereichs der Geisteswissenschaften, weil nun erstmals naturwissenschaftliche *Konkurrenzmodelle* für diesen Gegenstandsbereich sichtbar werden. Wer sagt uns in Zukunft, was Geist ist: Die Philosophie oder die Neuroinformatik? Sollte man vielleicht die Psychologie genauso von der Universität verbannen, wie es manche für die Theologie schon lange fordern? Wer besitzt eigentlich die erkenntnistheoretische Autorität über das Mentale: Das introspizierende Subjekt oder die Hirnforschung? Ich will an dieser Stelle für keine dieser Fragen eine Antwort nahelegen. Ich möchte lediglich darauf hinweisen, daß das arbeitsteilige Verhältnis zwischen Geistes- und Naturwissenschaften – obwohl seit Mitte des letzten Jahrhunderts durchgängig Gegenstand niemals wirklich zu einem Konsens findender metatheoretischer Debatten - selbst ein Merkmal westlicher Kulturen ist, und daß dieses Verhältnis ins Wanken geraten ist. Das Erkenntnismonopol der Psychologie und der Geisteswissenschaften für Kognition und Intelligenz, für subjektives Bewußtsein und intersubjektive Kommunikationsstrukturen ist unter dem Druck der neuen Leitwissenschaft Biologie längst zusammengebrochen. Auch die innere Lähmung, mit der nicht unbeträchtliche Teile der Geisteswissenschaften dieses Ereignis heute beobachten, ist selbst wieder ein interessantes kulturelles Phänomen. Eine der vielen Facetten des Begriffs "Bewußtseinskultur" besteht darin, daß diese Lähmung auf produktive Weise überwunden werden muß.

Kulturphänomene haben häufig – hier schließt sich der Kreis - ihre Wurzeln in impliziten anthropologischen Annahmen. Es ist bereits jetzt deutlich abzusehen, daß die neue naturalisierte Anthropologie und die mit ihr einhergehende neue Theorie des Geistes fast allen traditionellen Bildern vom Menschen und seinem inneren Leben dramatisch widersprechen wird. Meine These ist: Das allgemeine Bild vom Menschen wird sich im kommenden Jahrhundert durch die Fortschritte der Neuro-, Informations- und Kognitionswissenschaften tiefgreifender verändern als durch jede andere wissenschaftliche Revolution der Vergangenheit. Dazu ein einfaches Beispiel: Nehmen wir an, die neuronalen und funktionalen Korrelate der wesentlichen Merkmale des Bewußtseins sind einmal erforscht. Dann wird dies von vielen dahingehend interpretiert werden, daß die Annahme, es könnte - zum Beispiel nach dem physischen Tod - bewußtes Erleben auch in der Abwesenheit dieser körperlichen Basis geben, nur noch als grob irrational beurteilt werden kann. Wenn bewußtes Erleben einmal auf der begrifflichen Ebene der Hirnforschung einer reduktiven Erklärung zugänglich werden sollte, dann würde der klassische Begriff der "Seele" endgültig zu einem *leeren* Begriff: Noch an diesem klassischen Begriff orientierte Theorien werden dann genauso irrational erscheinen wie die Theorie, daß die Sonne sich in Wirklichkeit doch um die Erde dreht.

Das würde zum Beispiel bedeuten, daß überhaupt nicht mehr klar ist, was wir meinen könnten, wenn wir von biologischer *Psych*iatrie oder von *Psycho*analyse, *psycho*sozialen Langzeitfolgen", "*psycho*somatischer Medizin", "*Psycho*therapie", "normativer *Psycho*logie" oder auch mit Hilfe so beliebter Leerformeln wie der vom "Menschen in seiner leib-*seelischen* Ganzheit" sprechen. Es würde auch unklar, was eigentlich Leute meinen, die behaupten, die Psychologie sei eben gerade keine Naturwissenschaft und könnte auch niemals eine werden. Es könnte aber auch dazu führen, daß Leute, die noch im Ernst an ein Leben nach dem Tod glauben oder hartnäckig mit altmodischen Begriffen wie dem der "Seele" operieren, genauso belächelt werden, wie Leute, die heute noch im Ernst behaupten, daß die Sonne sich in Wirklichkeit doch um die Erde dreht. Es ist deshalb nicht unwahrscheinlich, daß die wichtigen neuen Beiträge zu unserem Bild vom Menschen in einigen Aspekten - zumindest aus der Perspektive klassischer Anthropologien und besonders im subjektiven Empfinden vieler Menschen - eine Demütigung und eine Kränkung darstellen. Selbstverständlich gilt dies dann zum Beispiel auch für neue Erkenntnisse bezüglich des Verhältnisses von bewußter und unbewußter Handlungssteuerung. Ist es nicht eine bisher vernachlässigte Aufgabe der Geisteswissenschaften, die Öffentlichkeit auch auf *diese* Entwicklung in Gestalt einer rationalen und für alle offenen Diskussion vorzubereiten?

Was wir im Grunde brauchen, ist deshalb eine neue Bewußtseinskultur. Diese Bewußtseinskultur muß auf gesamtgesellschaftlicher Ebene eine rationale und produktive Umsetzung der neuen Erkenntnisse und Handlungsmöglichkeiten leisten, die sich in der Zukunft mit steigender Geschwindigkeit aus der Forschungstätigkeit in den genannten Bereichen ergeben werden. Was könnte Bewußtseinskultur heißen? Zunächst muß man verstehen, daß Bewußtseinskultur nichts mit organisierter Religion oder einer bestimmten politischen Vision zu tun hat. Bewußtseinskultur wird immer darin bestehen, Individuen dazu zu ermutigen, die Verantwortung für ihr eigenes Leben zu übernehmen. Den gegenwärtigen Mangel an echter Bewußtseinskultur kann man als gesellschaftlichen Ausdruck des steckengebliebenen Projekts der Aufklärung deuten: Was uns fehlt, ist nicht Glauben sondern Wissen; was uns fehlt, ist nicht Metaphysik, sondern eine neue Variante praktisch-kritischer Rationalität. Die Grundfrage lautet viel eher: Wie kann man den Fortschritt in den Neuro- und Kognitionswissenschaften dazu nutzen, die Autonomie des Einzelnen zu erhöhen und das Individuum vor erweiterten Manipulationsmöglichkeiten zu schützen? Worum es geht, ist die Einbettung sowohl der technologischen als auch der theoretischen Entwicklung in eine kulturelle Evolution, die mit ihnen Schritt halten kann. Es geht nicht nur um Technologiefolgenabschätzung, sondern auch um die Einbettung einer generellen bewußtseinsethischen Diskussion in gesamtgesellschaftliche Handlungszusammenhänge, es geht um Anthropologiefolgenabschätzung - und vor allem darum, den Tatsachen ins Angesicht zu sehen.

Das bedeutet auch, daß ernstgemeinte interdisziplinäre Aktivitäten von Geisteswissenschaftlern nicht nur immer wieder rhetorisch eingefordert, sondern konkret belohnt und vor allem bereits auf der Ebene der Ausbildung des akademischen Nachwuchses implementiert werden müssen. Den höchsten Stellenwert auf empirischer Ebene besitzen in diesem Zusammenhang zunächst all jene Forschungsaktivitäten, die das Phänomen des Bewußtseins, des subjektiven Erlebens direkt angehen. Um ihre gesellschaftliche Vermittlerrolle wahrnehmen zu können, müssen die Geisteswissenschaften deshalb mittelfristig organisatorisch in diesen Bereich eingebunden werden. Das Projekt einer rationalen Bewußtseinskultur hat, das wird am Ende deutlich, auch einen forschungspolitischen Aspekt: Welchen politischen Stellenwert besitzt überhaupt der wissenschaftliche Fortschritt in diesem Bereich der Selbsterkenntnis? Wieviel Geld ist der Gesellschaft die empirische Erforschung der Grundlagen des menschlichen Bewußtseins durch die Neuro- und Kognitionswissenschaften in Zukunft wert, wieviel Geld ist ihr dabei - zum Beispiel - die begleitende philosophische Interpretation der einzelwissenschaftlichen Ergebnisse wert? Und: Wie wichtig ist es uns, daß dieser Erkenntnisfortschritt dann dem Rest der Gesellschaft überhaupt noch erfolgreich vermittelt wird? Wer es ernst meint mit dem innovativen Potential der Geisteswissenschaften, der muß heute auch für solche Fragen überzeugende und tragfähige Antworten finden.

Teil 4:

Sprachtechnologie für die Wissensgesellschaft

Herausforderungen und Chancen für die Computerlinguistik und die theoretische Sprachwissenschaft

Hans Uszkoreit

Einleitung

In meinem Beitrag möchte ich zeigen, welche Herausforderungen und Chancen für die Sprachtechnologie und die moderne Sprachwissenschaft aus der weltweiten Vernetzung des digitalisierten Wissens erwachsen. Im Mittelpunkt sollen sprachtechnologische Werkzeuge für das Informations- und Wissensmanagement stehen.

Bevor ich aber die neuen technologischen Herausforderungen schildere, möchte ich kurz die Ziele der Linguistik beschreiben und das Verhältnis zwischen theoretisch-linguistischer und ingenieurwissenschaftlicher Sprachforschung skizzieren, wie es sich in den Hauptströmungen der Computerlinguistik widerspiegelt.

Bei der daran anschließenden Darstellung der Technologien für die Informationsbewältigung werde ich mich auf Anwendungen konzentrieren, die sich mit der Erschließung und Strukturierung der Inhalte befassen. Dabei sollen zwei Gebiete besonders hervorgehoben werden: das multilinguale Informationsmanagement und die semantische Vernetzung von digitaler Information. Um das Potential der Sprachtechnologie zu verdeutlichen, muß ich grundlegende Funktionen und Konzepte des Informations- und Wissensmanagements konkretisieren. Ich will argumentieren, daß *die Sprachtechnologie eine zentrale Rolle bei der Umwandlung von unstrukturierter Information in kollektives Wissen spielen wird.*

Abschließend sollen der Wissenstransfer und die Rückwirkungen der technologischen Entwicklungen auf die moderne Linguistik betrachtet werden. Die Sprachtechnologie hat einen immensen Bedarf an linguistischer Grundlagenforschung, bietet gleichzeitig aber auch neue Werkzeuge und Ansätze für diese Forschung an. An Beispielen soll demonstriert werden, daß die Softwaretechnologien, die entwickelt werden, um die Informationsflut zu bewältigen, bereits heute Ergebnisse der Linguistik verwenden. Ich werde begründen, warum der Transfer von Resultaten direkter werden wird.

Nachdem sich die Disziplin in den vergangenen vierzig Jahren bereits ein umfangreiches formales Handwerkszeug geschaffen hat, setzt sie nun an, auch zu einer empirischen Wissenschaft zu werden. Mein Fazit wird sein, daß sich die Linguistik zwar immer weiter von den klassischen Methoden der Geisteswissenschaften entfernt, sich andererseits in ihren Fragestellungen und Erkenntnissen wieder viel stärker dem Problem der menschlichen Sprachbeherrschung zuwendet. Die Werkzeuge und Problemstellungen der Sprachtechnologie fördern diese Entwicklung.

2 Linguistik, Computerlinguistik und Sprachtechnologie

2.1 Linguistik

Die Sprachwissenschaften gehören zu den klassischen Geisteswissenschaften, ist doch die menschliche Sprachfähigkeit – mehr noch als das Denken – eine Eigenschaft, die uns von all anderen Spezies unterscheidet. Als Mittel für die Repräsentation und Übermittlung von Wissen ist die Sprache eine Vorbedingung für das Entstehen von Technik und Wissenschaft sowie für die Entwicklung unserer komplexen gesellschaftlichen Systeme. Die Aspekte der Sprache, die im Zentrum der linguistischen Forschung stehen, sind:

- die Struktur der Sprache (und einzelner Sprachen),
- Sprachverarbeitung,
- Spracherwerb,
- der Sprachwandel.

Die moderne theoretische Linguistik hat sich auf die Erforschung der Struktur der Sprache konzentriert. Die Mehrzahl der theoretischen Linguisten sieht ihre Aufgabe in der Untersuchung der sprachlichen Kompetenz, des Inhalts und der Strukturierung des Wissens, über das der Mensch verfügen muß, um seine Muttersprache zu beherrschen. Es geht letztendlich um strukturelle Eigenschaften, die allen Sprachen gemeinsam sind und die Aufschluß über die Repräsentation der Sprache im kognitiven System des Menschen geben können. Erkenntnisse über die Strukturen einzelner Sprachen werden als Evidenz für die angestrebten universalen Sprachtheorien herangezogen. Die Eigenschaften einzelner Sprachen werden hingegen in den vorwiegend deskriptiv ausgerichteten einzelsprachlichen Philologien beschrieben und in der komparativen Forschung miteinander verglichen.

Die theoretische Linguistik hätte ihre bedeutenden Erfolge sicher nicht erreichen können, wenn sie ihre Fragestellungen nicht nahezu vollständig von der Erforschung der Sprachverarbeitung, des Spracherwerbs und des Sprachwandels abgetrennt hätte. Viele Linguisten haben diese Autonomisierung als eine notwendige Forschungsstrategie mit Bedauern akzeptiert, viele andere haben die Trennung mit einer Hypothese über die Autonomie grammatischer Kompetenz inhaltlich begründet.

Die Aspekte der Sprache, die von der theoretischen Linguistik in ihren Sprachtheorien nicht berücksichtigt wurden, werden in spezialisierten Teilbereichen der Linguistik erforscht. Die Prozesse der Sprachproduktion und des Sprachverstehens sind ein Untersuchungsgegenstand der Psycholinguistik. Die Mechanismen und Prozesse der menschlichen Sprachverarbeitung und deren Einfluß auf den tatsächlichen Sprachgebrauch werden auch als sprachliche Performanz bezeichnet. Die Spracherwerbsforschung gehört ebenfalls zur Psycholinguistik. Sie möchte verstehen, wie das Kleinkind in nur wenigen Monaten das grundlegende Wissen für die Beherrschung einer Sprache erwirbt. Die Psycholinguistik gehört heute stärker zur Psychologie als zur Linguistik.

In der historischen Linguistik wird die Entwicklung der Sprachen zurückverfolgt. Der Sprachwandel ist aber auch ein zentrales Thema in der Soziolinguistik und in der Dialektologie, wo Soziolekte und Dialekte als Varianten einer Sprache oder als Teilsprachen untersucht werden.

Wie in den anderen Geisteswissenschaften erklärt sich die geisteswissenschaftliche Methodologie der theoretischen Sprachwissenschaft durch die besondere Natur des untersuchten Gegenstandes. Das sprachliche Wissen, über das ein Mensch verfügt, um seine Muttersprache zu beherrschen, ist der naturwissenschaftlichen Empirie entzogen. Es ist zudem implizites, also unbewußtes Wissen. Ein Mensch hat zwar Intuitionen über die grammatische Wohlgeformtheit von Äußerungen, kann diese Intuitionen aber nicht kausal begründen. Das vorherrschende Verfahren der theoretischen Linguistik zur Datengewinnung war daher die Introspektion. Belege in tatsächlichen Äußerungen, z.B. Sätze in Texten, konnten zwar auch als positive Daten verwendet werden, aber die Abwesenheit einer syntaktischen Konstruktion in untersuchten Texten konnte nicht als Beweis für deren Ungrammatikalität interpretiert werden. Alle Repräsentationen linguistischer Strukturen, die den wesentlichen Kern der modernen linguistischen Theorien ausmachen, sind hypothetischer Natur.

Es zeigte sich jedoch, daß durch die verwendeten Methoden umfangreiche Erkenntnisse über die Struktur menschlicher Sprache gewonnen werden konnten. Je besser die Strukturen der Sprache verstanden wurden, desto präziser konnten diese beschrieben werden. Ohne eine solche Präzisierung hätte man auch die entdeckte Komplexität nicht bewältigen können. Formale Repräsentationssprachen wurden entwickelt, um die phonologischen, syntaktischen und semantischen Strukturen von Sätzen, Phrasen und Wörtern zu beschreiben.

Das von Chomsky entwickelte Programm der generativen Grammatik (Chomsky 1975) ermöglichte ein formales Grammatikkonzept. Diese Formalisierung hat bereits vor vierzig Jahren den ersten Brückenschlag zwischen Linguistik und Informatik hergestellt. Nur mit Hilfe dieser Formalisierungen konnten interne Inkonsistenzen einer Theorie oder Widersprüche zwischen deren Vorhersagen und relevanten Daten nachgewiesen werden. Es gibt derzeit ein breites Spektrum an formalen Grammatiktheorien. In den letzten Jahren wird die postulierte scharfe Trennung zwischen sprachlicher Kompetenz und Performanz wieder neu diskutiert.

2.2. Computerlinguistik und Sprachtechnologie

Es gibt zwei gewichtige Gründe, Sprache auf dem Computer zu modellieren. Die ingenieurwissenschaftliche Motivation der angewandten Computerlinguistik stand bereits hinter den ersten Experimenten mit Computerprogrammen, die Wissen über die menschliche Sprache verwenden. Die zweite Motivation ist der Gewinn von neuen Erkenntnissen über Sprache und Kognition. Aus den Versuchen, den Menschen als Vorbild für die maschinelle Sprachverarbeitung zu nehmen und aus dem Transfer von linguistischen Theorien und Beschreibungen in die Anwendungen entstand die theoretische Computerlinguistik, in der es um die Überprüfung und Weiterentwicklung von Theorien der menschlichen Sprache geht.

Wenden wir uns zunächst der ingenieurwissenschaftlichen Motivation zu. Die maschinelle Sprachverarbeitung begann vor einem halben Jahrhundert mit Computerprogrammen, die den Menschen bei der Kommunikation mit anderen Menschen unterstützen sollten. Ein wichtiger Anteil der sprachlichen Kommunikation geschieht durch Texte. Die ersten sprachverarbeitenden Systeme sollten nun nicht weniger leisten, als Texte von einer Sprache in die andere zu übersetzen. So begann die Forschung mit der schwersten und ehrgeizigsten Aufgabe, die man sich vorstellen kann, denn eine gute Übersetzung durch den Menschen erfordert nicht nur ein tiefes Verständnis der zu übersetzenden Texte, sondern überdies die solide Kenntnis zweier Sprachen. Die Pioniere des Faches wollten also gleich zu Anfang eine Aufgabe modellieren, die längst nicht alle Menschen beherrschen. Heute ist das Problem der maschinellen Übersetzung zwar immer noch nicht zufriedenstellend gelöst, jedoch gibt es bereits eine Vielzahl von kommerziellen Softwareprodukten, die im täglichen Einsatz die Arbeit des menschlichen Übersetzers vereinfachen oder für den fremdsprachenunkundigen Benutzer grobe Überblicksübersetzungen anfertigen. Auf Anwendungen der letzteren Art werden wir noch zurückkommen. Erhard W. Hinrichs berichtet in diesem Band über Intelligente Wörterbuchsysteme zum Lesen fremdsprachlicher Texte. Weitere Beispiele für sprachtechnologische Anwendungen, die den Menschen beim Umgang mit Texten unterstützen, sind Programme zur Rechtschreib- und Grammatiküberprüfung sowie Diktiersysteme.

Sprachtechnologie kann auch eingesetzt werden, um die Barriere zwischen Mensch und Technik zu überwinden. Das Paradebeispiel für Anwendungen, die dem Menschen die Bedienung der Technik erlauben, ohne daß er unintuitive Computersprachen erlernen muß, sind natürlichsprachliche Schnittstellen zu Datenbanken, Betriebssystemen und Anwenderprogrammen. Doch erst durch die immensen Fortschritte bei der Verarbeitung gesprochener Sprache in den vergangenen zehn Jahren sind solche Anwendungen in greifbare Nähe gerückt, denn eine natürliche und ergonomische Interaktion erfordert den mündlichen Dialog. Bei diesen Anwendungen genügt bereits die Modellierung eines begrenzten Sprachausschnitts, um die Maschine in die Lage zu versetzen, Befehle oder Anfragen zu erkennen. Auch ist kein Verstehen im Sinne der menschlichen Sprachverarbeitung vonnöten, die Abbildung der mündlichen Eingaben auf Aktionen der Maschine ist jedoch bereits schwierig genug.

Aus der Arbeit an natürlichsprachlichen Anwendungen in der angewandten Computerlinguistik, der akustischen Signalverarbeitung und der angewandten Künstlichen Intelligenz ist eine neue ingenieurwissenschaftliche Disziplin entstanden. Die Sprachtechnologie – englisch: *(human) language technology* – hat nicht den Anspruch, die menschliche Sprachfähigkeit in ihren Gesetzmäßigkeiten und ihrem Umfang zu modellieren (Cole u.a. 1997). Es geht vielmehr ganz pragmatisch darum, Modelle zu entwickeln, die bereits mit einer stark eingeschränkten Beherrschung von Sprache, als Grundlage oder Komponente von nützlichen und kommerziell erfolgreichen Anwendungen dienen können. In der Verarbeitung von Texten ist die Sprachtechnologie bezeichnenderweise heute bei Aufgabenstellungen erfolgreich, die im normalen menschlichen Gebrauch der Sprache keine Entsprechung finden, ja die der Mensch ohne technische Hilfsmittel oft gar nicht bewältigen kann. Dazu gehören das Indizieren von vielen Millionen Textdokumenten und die Suche nach Übersetzungsvorschlägen aus Tausenden von Seiten bereits übersetzter Texte.

Ganz andere Ziele verfolgt die theoretisch motivierte Computerlinguistik. Ihr Ziel ist der Gewinn von Erkenntnissen über die menschliche Sprache. Sie untersucht die Berechenbarkeit von formalen Modellen des sprachlichen Wissens und der menschlichen Sprachverarbeitung. Sie implementiert diese Modelle auf dem Computer, um sie zu validieren und ihre empirischen Konsequenzen zu untersuchen. Das soll nicht heißen, daß dieser Zweig der Forschung keine Anwendungsrelevanz beanspruchen darf. Sowohl durch ihre positiven als auch durch ihre negativen Resultate beeinflußt die theoretisch motivierte Forschung die Entwicklung von Anwendungen. Langfristig wird sie hoffentlich die Quelle für weitaus mächtigere industriell nutzbare Verfahren sein. So löblich ein Transfer von Ergebnissen aus der theoretisch motivierten in die ingenieurwissenschaftlich motivierte Forschung ist, so gefährlich ist doch auch ein Verkennen oder Verwischen der Unterschiede. Zu verschieden sind die Bewertungsmaßstäbe. Während die Auswahl von Ansätzen und Methoden in der Sprachtechnologie durch die kurzfristige Anwendbarkeit bestimmt ist, so ist es in der theoretischen Computerlinguistik das Erklärungspotential der Theorien und Modelle, die über ihren Einsatz und ihren Erfolg entscheiden.

In der theoretisch ausgerichteten Computerlinguistik unterscheiden sich sowohl in ihren Fragestellungen als auch in den Strategien zwei Traditionen: die linguistisch motivierte und die psychologisch motivierte Forschung. Wenngleich es auch vielfache einseitige und wechselseitige Beeinflussungen gegeben hat, sind die Traditionen doch noch nicht zusammengewachsen. Die linguistischen Theorien sind in erster Linie Beschreibungen des sprachlichen Wissens, das heißt der Regeln und Prinzipien, die bestimmen, welche möglichen Äußerungen wohlgeformte Äußerungen der jeweiligen Sprache sind. Wenn es in diesen Theorien auch Annahmen über die Verarbeitung der Äußerungen gibt, so sind diese sekundär. Genau entgegengesetzt ist die Prioritätensetzung in den psychologischen Modellen. Hier müssen die Theorien die empirischen Beobachtungen zur Rezeption und Produktion sowie zum Erlernen der Sprache erklären. Sofern linguistische Theorien für die Beschreibung des sprachlichen Wissens herangezogen werden, geschieht deren Bewertung im Hinblick auf Gebrauch und Akquisition der Sprache.

In der Computerlinguistik machen die kognitionspsychologisch orientierten Arbeiten traditionell nur einen kleinen Teil der Forschungsaktivitäten aus. In der Psycholinguistik, gab es andererseits bisher nur wenige Wissenschaftler, die ihre Modelle auf den Computer brachten und durch Simulation empirisch überprüften. Erst in den letzten Jahren können wir eine Zunahme psycholinguistischer Modellierung beobachten, sowohl in der Computerlinguistik als auch in der Psychologie. Das neue Forschungsgebiet steht im Begriff, sich unter dem Namen Computer-Psycholinguistik (engl.: *computational psycholinguistics*) als neue Interdisziplin zu etablieren.

3 Sprachtechnologie im Informationsmanagement

3.1 Das Wesen der Information

Die Grundlage der Informationsgesellschaft ist eine nahezu unbeschränkte Verfügbarkeit von digitalisierter Information. Ab einer bestimmten Menge zugänglicher Information ist diese Verfügbarkeit jedoch rein theoretischer Natur, denn die Quantität der Information und die Bandbreite der Netzverbindung steht in keinem Verhältnis zur begrenzten Aufnahmekapazität des Benutzers. Im Gegensatz zu herkömmlichen Datenbanken ist die Information auf dem WWW oder in großen Textdatenbanken viel weniger vorstrukturiert. Auf der anderen Seite sind die relevanten inhaltlichen Strukturen natürlich weitaus komplexer. Durch die Digitalisierung von großen Teilen des menschlichen Wissen (z.B. digitale Bibliotheken, Filmarchive etc.) wird dieses Problem noch zunehmen. Herkömmliche Techniken der Datenverarbeitung reichen daher nicht aus, um die Informationsflut zu kanalisieren. Der Druck auf den Ausschaltknopf mag im Privatbereich einen wirksamen Ausweg bieten, der wertvolle Freizeit rettet, wenn die Frustration über den Suchaufwand die Neugier übersteigt. In der Wirtschaft wird sich das Problem nicht durch Abstinenz lösen lassen, denn wenn auch nur ein Mitbewerber die Mühe auf sich nimmt, relevante Information schneller zu gewinnen, gerät der Verweigerer ins Hintertreffen.

Bevor ich die Aufgaben und Technologien des Informations- und Wissensmanagements näher beschreibe, möchte ich doch einige Grundbegriffe klären, um die beiden Modewörter etwas konkreter und faßbarer zu machen. Insbesondere werden das die Konzepte *Daten, Information* und *Wissen* sein, die wir im Alltag frei durcheinanderzuwerfen scheinen aber bei näherer Betrachtung doch eigentlich sehr konsistent verwenden. Ich will hier mit den Begriffen *Daten* und *Information* beginnen; eine Konkretisierung des Begriffs *Wissen* werde ich im Abschnitt 4 anbieten.

Was ist also der Unterschied zwischen Daten, Information und Wissen? Was unterscheidet Datenbanken von Informationsbanken und Wissensbanken. Sind Informationen keine Daten? Ist Wissen nicht auch Information? In der Tat können die gleichen gespeicherten Symbole in bestimmten Fällen zugleich Daten, Information als auch Wissen sein. Daten sind Zeichenkonfigurationen, die gespeichert und verarbeitet werden können. Mit gespeicherten Daten können wir viele Dinge tun, ohne daß wir wissen, wofür sie eigentlich stehen und warum sie gespeichert wurden. Datenschutz, zum Beispiel, bezieht sich in erster Linie auf die Daten. Datenschutz ist kein Wissensschutz. Wenn ein Arzt mit schützenswerten personenbezogenen Daten arbeitet, muß er diese Informationen nicht vergessen, wenn er nach Hause geht. Der Datenschutz verbietet zwar, daß er Patienteninformationen ungeschützt auf dem Familien-PC installiert. Sollte er jedoch Details aus den Daten seiner Patienten im Wirtshaus erzählen, verletzt er nicht den Datenschutz sondern ganz einfache die ärztliche Schweigepflicht.

Ein viel schwierigerer Begriff ist der der Information. Sehr verschiedene Dinge werden als Information bezeichnet. Was haben zum Beispiel geheimdienstliche Informationen, dunkle Wolken am Himmel, die ein Gewitter ankündigen, und das Genom des Regenwurms gemeinsam? Der Verweis auf die Bedeutungsfunktion von Zeichen führt hier in die Irre, denn viele Arten von Information, wie z.B. die Wolken am Himmel sind zwar Anzeichen, aber keine bedeutungstragenden Zeichen. Informationen sind jedoch immer Muster, die die Zustandsübergänge eines zustandsverändernden Systems beeinflussen. Nicht die Übergänge werden durch Information bewirkt, sondern lediglich die Auswahl zwischen mindestens zwei Folgezuständen. Dabei kann einer der möglichen Folgezustände durchaus gleich dem Ausgangszustand sein. Vorbedingung ist, daß das System bei der Auswahl auf die möglichen Muster eingestellt ist. Das klingt nicht nur sehr abstrakt, das ist auch sehr abstrakt. Daß diese Begriffsbestimmung dennoch richtig ist, mögen die folgenden Beispiele verdeutlichen:

- Teile der DNS-Molekülketten sind Information, weil sie die Ontogenese steuern, das heißt, weil sie zum richtigen Zeitpunkt eine Entscheidung bei der Ausprägung von artspezifischen oder individuellen Merkmalen beeinflussen.
- Die Häufungen von Wasserdunst am Himmel wären keine Information ohne die Lebewesen, die die dräuenden Wolken als Vorzeichen eines Gewitters deuten könnten.
- Für die antiken Auguren waren gewisse Eigenschaften der Flugformation von Zugvögeln Information, die für uns keine Information mehr sind.

Somit ist Information immer Information in Bezug auf ein bestimmtes System. Für uns Menschen dient Information in der Regel als Basis für bewußte Entscheidungen. Aber auch unbewußte Entscheidungsvorgänge werden durch Information beeinflußt. Der gesteuerte Zustandsübergang kann außerdem die Veränderung oder Erhaltung einer Stimmung sein. In diesem Sinne sind natürlich auch Sonaten oder abstrakte Ornamente Information.

Die Informationsgesellschaft wird ihren Bürgern den nahezu unbegrenzten Zugang zu Information ermöglichen, unbehindert durch Mengenprobleme sowie räumliche und zeitliche Distanz. Das bedeutet natürlich, daß jedes Mitglied dieser Versorgungsgemeinschaft nur einen winzigen Bruchteil der angebotenen Information nutzen kann und wird. Es bedeutet auch, daß es sehr viel Information geben wird und muß, die nie genutzt wird. Wer sollte denn sicher vorhersehen können, welche Information wirklich gebraucht werden wird. Wenn die oben vorgenommene Begriffsklärung stimmen soll, birgt der Begriff "ungenutzte Information" eine Kontradiktion.

An dieser Stelle muß der Sprachwissenschaftler die sinnvolle Definition des Informationsbegriffs vor seiner Aufweichung bewahren, indem er darauf hinweist, daß wir in unserer Alltagssprache oft den erwarteten Gebrauch von Objekten zur Grundlage ihrer Bezeichnung machen. So wie ein in Acrylharz gegossener Glückspfennig oder Dagobert Ducks erster selbstverdienter Dollar Zahlungsmittel sind, auch wenn sie nie zum Bezahlen eingesetzt werden, so wie auch ein nie benutzter, im Museum ausgestellter Keltenkamm immer ein Gebrauchsgegenstand war und bleiben wird, so bezeichnen wir in einem erweiterten Sinn auch potentielle aber ungenutzte Information als Information.

3.2 Aufgaben und Probleme des Informationsmanagements

Das Ziel des Informationsmanagements besteht darin, potentielle Information bestmöglich nutzbar zu machen und somit in wirkliche Information zu verwandeln. Die praktische Aufgabe ist die Verwaltung und Nutzbarmachung von sehr großen Informationsmengen. Diese soll dem einzigen Zweck dienen, die Information den Entscheidungsträgern genau dann zu liefern, wenn sie benötigt wird, und sie überdies so zu präsentieren, daß sie den Nutzer bei seiner Entscheidung effizient und effektiv unterstützt. Dafür wird die Information

- akquiriert,
- kategorisiert,
- gefiltert,
- zusammengeführt,
- strukturiert,
- dem Benutzer zugeführt und
- adäquat präsentiert.

Die Akquisition geschieht zum Beispiel durch das Abonnement von Zeitungen, Agenturmeldungen, Informationsdiensten, durch die Beschaffung von elektronischen Büchern, Gesetzestexten, Berichten oder Patentschriften, durch das Einscannen von Korrespondenz, durch Anfragen an spezialisierte Datenbanken und durch die gezielte Suche auf dem WWW.

Im Gegensatz zur Verwaltung von Information in einer herkömmlichen Datenbank ist das Informationsmanagement beim WWW oder großen Textdatenbanken mit Problemen konfrontiert, die sich aus der Repräsentation der Information ergeben. Die problematischen Eigenschaften der Informationsbestände sind:

- *Distributivität:* Die Information liegt verteilt auf verschiedenen Maschinen.
- *Heterogenität:* Die heterogene Natur der Information ergibt sich durch die Vielzahl der Dokumentformate, durch Multilingualität, Multimedialität, Multimodalität, und durch verschiedene Konventionen für die Darstellung von Metainformation.
- *Unstrukturiertheit:* Es gibt weder eine einheitliche Klassifikation, noch eine einheitliche interne Strukturierung der Dokumente. Auch finden wir keine durchgängige und schon gar nicht eine verläßliche Hypertextverknüpfung der Dokumente.
- *Redundanz:* Sehr viele Informationen liegen in mehreren Dokumenten vor.

Ein Teil dieser Probleme läßt sich mit vorhandenen technischen Möglichkeiten lösen. Das WWW ist eine Lösung für die Distributivität, die sich im täglichen Einsatz bewährt. Für die Vielfalt an Dokumentformaten gibt es Konvertierungsprogramme und Austauschformate. Die vorhandenen technischen Lösungen für die Bewältigung der Multimedialität (verschiedene Medien: Sprache, Bilder, Klänge) und Multimodalität (z.B. herunterladbare Filme vs. Realzeitübertragung) werden ständig verbessert. Neue Hard- und Software, vor allem aber mächtigere Repräsentationssprachen und Protokolle für das WWW sind in Vorbereitung.

Heute nur ansatzweise lösbar sind alle Probleme, die eine inhaltliche Verarbeitung der Dokumente erfordern. Dazu gehören die Unstrukturiertheit der Dokumente und die Redundanz der Information. In Datenbanken sind Informationen, die relevant für den Benutzer sind, so strukturiert, daß auch die Maschine sie als Information verarbeiten kann. Redundanz läßt sich somit vermeiden. Die Maschine kann die Daten sortieren, auf ihre Konsistenz überprüfen und auf Suchanfragen hin dem Benutzer präsentieren.

Im Informationsmanagement hat man es hingegen vorwiegend mit Informationen zu tun, die sich nicht in das Datenmodell einer Datenbank einpassen lassen. Daher werden sie auch als unstrukturiert bezeichnet. Die Text- und Multimediadokumente sind aber alles andere als unstrukturiert. Die Information in den Dokumenten ist in

Wahrheit viel stärker strukturiert als die Datensätze in Datenbanken. Jedes Dokument hat eine Dokumentstruktur, die die Bestandteile des Dokuments klassifiziert und zueinander in Beziehung setzt. Die Bestandteile können Überschriften, Spalten, Textfelder, Bilder, Seitenzahlen und Fußnoten sein. Texte bestehen z.B. aus Kapiteln, Absätzen und Sätzen. Die Textstruktur stellt die Beziehungen zwischen diesen Teilen her. Jeder Satz hat eine Struktur, die die Hierarchie der Phrasen und Wörter des Satzes repräsentiert. Wörter setzen sich aus Stämmen, Vorsilben oder Endungen zusammen.

Dokumente, Texte, Sätze und Wörter haben jedoch nicht nur eine syntaktische, sondern auch eine semantische Struktur. Die semantische Struktur ordnet den syntaktischen Einheiten ihre Bedeutungen zu und stellt zusätzliche Beziehungen zwischen Teilen her, die explizit oder implizit aufeinander verweisen. So stellt sie den inhaltlichen Zusammenhang zwischen Sätzen und Absätzen her und verbindet Anaphern mit ihren Referenten. Aus der semantischen Struktur folgt, wie sich die Bedeutungen von Einheiten aus den Bedeutungen ihrer Teile ergeben.

Das Problem für das Informationsmanagement ergibt sich daraus, daß bisher nur der Mensch die vielschichtigen Strukturen der Dokumente erkennen und verarbeiten kann. Eine inhaltliche Verarbeitung der Dokumente, wie sie für eine effektive Kategorisierung und Filterung vonnöten ist, erfordert aber die Erfassung der syntaktischen und semantischen Strukturen. Daher arbeiten viele Presse- und Informationsdienste nach wie vor sehr personalaufwendig mit Fachkräften, die die Information sichten, kategorisieren, filtern und verdichten.

Überall dort, wo Entscheidungen von großer wirtschaftlicher oder politischer Tragweite von der Qualität der Information abhängen, kann heute auf die menschliche Kompetenz nicht verzichtet werden. Im Bundespresseamt wird die sogenannte Kanzlermappe, in der dem Bundeskanzler die wichtigsten Pressemeldungen des Tages vorgelegt werden, jeden Morgen von Fachkräften zusammengestellt. Auch die Sichtung der rund um die Uhr eintreffenden Meldungen der Nachrichtenagenturen und deren Kategorisierung für die Verteilung an die Ressorts wird im Schichtbetrieb durch gut ausgebildete Fachleute mit langjähriger Erfahrung erledigt. Ein Redakteur vom Dienst überfliegt jede eingehende Agenturmeldung auf dem Bildschirm und verteilt sie innerhalb weniger Sekunden durch Tastendruck an die relevanten Empfänger in den Ministerien und anderen Bundesbehörden. Nach seiner Schicht stellt er ein Bulletin zusammen, das einen Überblick über die wichtigsten Nachrichten der vergangenen Stunden gibt.

Viele große Firmen und öffentliche Verwaltungen haben sich eigene Informationsdienste geschaffen, die nach genauen Vorgaben relevante Informationen aus den Medien zusammensuchen. Viele andere beauftragen externe Anbieter mit dieser personalintensiven Aufgabe. Die Menge der Information, die durchgesehen werden muß, nimmt jedoch ständig zu. Mindestens genauso schnell wächst auch aber die

Anzahl der Nutzer von Informationsdiensten. Die Suchmaschinen auf dem WWW und kostenlose elektronische Informationsdienste ermöglichen heute den mehr oder weniger gezielten Zugang zu vielfältigen Quellen und stellen somit eine Art Grundversorgung her. Auch die Software für die Verwaltung der selbsterzeugten Information ist erschwinglich geworden. Durch die Verwendung der WWW-Technologie in internen Netzen, sogenannten Intranets, kann ein Unternehmen sich sehr schnell eine gemeinsame Informationsbasis schaffen.

So scheint es zunächst, als würde die Information immer billiger. Die Kosten für die Replikation und Transmission der Daten können heute vernachlässigt werden. Somit fallen die Kosten für die Bereitstellung der Information nur einmal an, ganz gleich wieviele Nutzer diese Information findet. Bei Millionen von Nutzern läßt sich auch eine teure Bereitstellung durch ein einziges kleines Werbebanner finanzieren. Doch der Schein trügt. Was billiger wird, ist tatsächlich nur die Information für Entscheidungssituationen, die millionenfach vorkommen. Die meisten Entscheidungssituationen mit großer wirtschaftlicher oder politischer Tragweite sind jedoch Einzelsituationen, das heißt, sie sind einzigartig in der Zusammenstellung und Gewichtung ihrer Kriterien. Die Information für solche Entscheidungen ist nach wie vor sehr teuer. Zwar sind die Bestandteile der relevanten Information leichter und kostengünstiger erhältlich, die Kosten für die Filterung und adäquate Zusammenstellung steigen jedoch mit der Menge der vorhandenen potentiellen Information. Es gab eine Zeit, in der die Medien, die durchgesehen werden mußten, teurer waren als die Arbeitskraft, die die Sichtung und Filterung vornahm. Diese Zeiten sind natürlich lange vorbei. Qualitativ hochwertige Information wird auch in der Zukunft nicht umsonst erhältlich sein. Ohne die Sprachtechnologie werden die Kosten aber mit der Menge der zu berücksichtigenden Information wachsen.

3.3 Sprachtechnologische Anwendungen

Ein eigener Forschungszweig und viele kommerzielle Unternehmen arbeiten an Software, die dem Menschen die Kategorisierung, Filterung, Zusammenstellung und Präsentation von Information erleichtert oder ganz abnimmt. Eine Reihe von Produkten ist auf dem Markt, die zumindest das Indizieren und Abrufen ermöglichen und teilweise auch bereits eine eingeschränkte Kategorisierungsfunktion bieten.

Wie können diese Anwendungen aber nun mit der Fülle an hochstrukturierter Information umgehen, die sich der Verarbeitung durch die klassische Datenverarbeitung entzieht? Hier bietet die Sprachtechnologie Methoden an, um auch bereits mit eingeschränktem sprachlichen Wissen bei der Strukturierung zu helfen. Eine Kerntechnologie des heutigen Informationsmanagements sind sogenannte Information-Retrieval (IR) Systeme. Ein solches System besitzt Komponenten für die Indizierung der Dokumente sowie eine Schnittstelle für die effiziente Bearbeitung von Suchanfragen. Die Indizierung erfolgt meist ganz einfach auf der Basis der im Dokument vorhandenen Wörter. Das Verfahren ist uns von den WWW Suchmaschinen her bekannt. Wie ein Schlagwortindex eines Buches auf die Seiten verweist, auf denen die Schlagwörter vorkommen, so verweist der Index des IR Systems auf die Adressen der Dokumente. Das können Dateiadressen auf einem Speichermedium, Identifikatoren einer Textdatenbank oder WWW-Adressen (URLs) sein. Um den Index nicht zu groß werden zu lassen, werden Wörter, die sich nicht für die Suche eignen, bei der Indizierung oft übergangen. Diese Wörter werden Stoppwörter (stop words) genannt. Typische Stoppwörter sind Funktionswörter (z.B. Artikel, Konjunktionen, Präpositionen, Auxiliarverben) und hochfrequente, semantisch wenig spezifische Nomina (z.B. Sache, Dinge, URL).

Die Abfrageschnittstelle ermöglicht dem Benutzer, Suchanfragen zu stellen. Eine Suchanfrage besteht aus einem oder mehreren Wörtern, die mit Boolschen Operatoren verknüpft werden können. So kann gefordert werden, daß alle Texte gefunden werden sollen, die mindestens ein Wort der Suchanfrage enthalten. Das ist eine disjunktive Suche. Die Suchbegriffe können aber auch konjunktiv verknüpft sein. Damit lassen sich genau die Texte finden, in denen alle Wörter der Anfrage vorkommen.

Sprachtechnologische Erweiterungen der Information-Retrieval-Technologie verbessern die Effizienz der Indizierung und die Effektivität der Suche. Wie wir alle aus leidvoller Erfahrung bei der Informationssuche mit WWW-Suchmaschinen wissen, ist die wortbasierte Suche völlig unzulänglich. Wenn wir als ein Wort jede Buchstabenfolge ansehen, die zwischen zwei Separatorzeichen (Leerzeichen, Interpunktion, Klammerung) steht, dann behandeln wir zwei Kasusformen des gleichen Worts als zwei unterschiedliche Wörter. Bei der Suche findet der Benutzer lediglich die Wortform, die er in der Anfrage eingegeben hat. Sucht er zum Beispiel nach dem Wort *Verlag*, so werden Dokumente in denen das Wort lediglich in flektierten Formen bzw. in Zusammensetzungen (Komposita) vorkommt, nicht gefunden. Wir übersehen so alle Vorkommen von: *Verlage, Verlags, Fachbuchverlag, Verlagsunternehmen, Verlagshaus.* Eine der wichtigsten linguistischen Methoden ist daher die Lemmatisierung.

Die Lemmatisierung verwendet eine morphologische Analyse, die Wortformen im Text auf Wörterbuch-Einträge abbildet. Sie ordnet die Pluralform „Kinos" dem Wörterbuch-Eintrag (Lemma) „Kino" zu und erkennt das Substantiv in der Phrase „des Europarats" als Wortform von „Europarat". Eine morphologische Analyse ist zwar komplizierter als es auf den ersten Blick erscheinen mag, jedoch gilt das Problem heute für viele Sprachen als wissenschaftlich und technisch gelöst. Probleme bereitet nach wie vor die Kompositaanalyse. Viele Lemmatisierungsprogramme können zusammengesetzte Formen nicht adäquat behandeln. Das Morphologiesystem (Finkler/Neumann 1988) des DFKI verfügt über eine Kompositakomponente, die fast alle zusammengesetzten Wortformen richtig analysiert.

Eine weitere Methode zur Verbesserung der Suche, die linguistisches Wissen voraussetzt, ist deshalb die Anfrageerweiterung auf verwandte Begriffe. Bei einer einfachen wortbasierten Indizierung und Suche würde man bei der Eingabe des Suchbegriffs *Auto* keine Texte finden, in denen andere Wörter verwendet wurden, um auf das gleiche Konzept zu referieren: *Automobil, Kfz, Pkw, Personenkraftfahrzeug*. Hier helfen Thesauri, Wörterbücher die für jeden Eintrag eine Gruppe von verwandten Wörtern angeben. Aber auch die meisten Thesauri versagen, wenn es längere Bezeichnungen für ein Konzept gibt. Mit einer thesaurusgesteuerten Indizierung oder Anfragenerweiterung finden wir zum Suchbegriff: *Kinderarzt* auch Dokumente mit dem Wort Pädiater, aber nicht Dokumente mit den sehr viel gebräuchlicheren Bezeichnungen: *Arzt für Kinderheilkunde, Facharzt für Kinderheilkunde, Facharzt für Pädiatrie, Praxis für Kinderheilkunde* usw. Die einfache Suche nach Wörtern findet auch keine Texte, in denen nur Ober- oder Unterbegriffe des gesuchten Begriffs vorkommen. Bei der Suche nach *Sportwagen* bekomme ich deshalb keine Dokumente, in denen nur bestimmte Typen von Sportwagen wie *Porsche, Ferrari* oder *Bugatti* erwähnt werden.

Weitaus schwieriger als das Problem der Anfrageerweiterung erweist sich das Problem der Einschränkung der Suche. Die menschliche Sprache weist ein hohes Maß an Ambiguität auf. Viele Wörter haben mehr als eine Bedeutung. Bei der wortbasierten Suche kommen uns die anderen Verwendungen des Suchworts in die Quere. Besonders störend bei der Suche ist es, wenn Substantive zugleich auch Eigennamen von Personen, Orten oder Firmen sind, weil man diese Ambiguität oft gar nicht kennt oder bei der Anfrage vergißt. Als Beispiele mögen hier nur einige Ortsnamen dienen: Bismarck, Essen,

Es wäre daher höchst erstrebenswert, Texte nicht nach Wörtern, sondern nach Konzepten, Themen oder relevanten Kategorien zu indizieren. Dafür benötigen wir aber eine verläßliche Lesartendisambiguierung und ein phrasales Konzeptlexikon. Die Technologie zur Lesartendisambiguierung konnte in den letzten Jahren mit Hilfe korpusbasierter Methoden wesentlich verbessert werden. Auch beim Aufbau von phrasalen Lexika und Terminologien wurden große Fortschritte gemacht. Wir können daher in naher Zukunft Retrieval Systeme erwarten, die dem Ideal der wirklich konzeptbasierten Suche sehr viel näher kommen als die heutigen WWW-Suchmaschinen.

Neben dem Information Retrieval gibt es noch viele andere Sprachtechnologien, die das Informationsmanagement unterstützen. Die Textkategorisierung ermittelt auf der Basis der in den Texten gebrauchten Begriffe, zu welchen vorgegebenen Kategorien (meist Themenbereiche oder Textsorten) die Texte gehören. Meist sind es statistische Verfahren, die hier zum Einsatz kommen. Sie werden mit großen Mengen bereits kategorisierter Texte trainiert. Es gibt aber auch Methoden, die nach Wortkookkurrenzen (gemeinsames Vorkommen von Wortgruppen) selbst Kategorien von Texten bestimmen, wie in diesem Band Peter Bosch erläutert.

Sehr wichtig für das Information Retrieval sind automatisch erzeugte Textzusammenfassungen. Diese Zusammenfassungen (abstracts) werden in der Regel aus Sätzen oder Phrasen des zusammenzufassenden Textes gebildet. Die relevanten Phrasen werden durch ihre Position und durch die Frequenzen der in ihnen vorkommenden Wörter ausgesucht. Eine syntaktische Analyse kann helfen, die korrekten Phrasengrenzen zu ermitteln.

Die Verfahren der Informationsextraktion suchen in großen Mengen von Texten nach ganz speziellen Informationen. Das können zum Beispiel Daten zu Firmen, Firmenzusammenschlüssen, Personalnachrichten oder bestimmte Klassen von Ereignissen sein. Das System SMES, das in meinem Forschungsbereich am DFKI entwickelt wurde, findet z.B. in Wirtschaftsnachrichten Umsatz- und Gewinndaten von Firmen und faßt diese in einer Tabelle zusammen (Neumann u.a. 1997).

Alle bisher erwähnten Methoden überführen unstrukturierte Information in eine stärker strukturierte Form. Es gibt aber auch Anwendungen für den umgekehrten Prozeß. Oft sind Reihen von numerischen Daten oder große Tabellen nicht geeignet, um schnell einen Überblick über Sachverhalte oder Entwicklungen zu gewinnen. Eine Software, die die wesentlichen Aussagen der Tabelle erfaßt, sie mit verwandten oder früheren Daten vergleicht und die Interpretation in einem kurzen Text zusammenfaßt, kann den Benutzer in vielen Situationen effizienter informieren. Diese Art der Berichtsgenerierung wurde von Kittredge (Kittredge u.a. 1986) entwickelt. Busemann (Busemann/Horacek 1998) hat das Verfahren so erweitert, daß vorgefertigte Muster und durch eine mächtige Grammatik erzeugte Ausgaben je nach Bedarf kombiniert werden können. Wir setzen dieses Verfahren in unserem Forschungsprojekt TEMSIS ein, wo aus realen Umweltmeßdaten eine allgemeinverständliche Bürgerinformation erzeugt wird.

3.4 Multilinguales Informationsmanagement

In den ersten Jahren seines Bestehens war das WWW einsprachig. In der Zwischenzeit ist das Web zu einem multilingualen Medium geworden. Derzeit nehmen die Angebote in den anderen Sprachen schneller zu als die englischen Inhalte. Die Gründe für die überproportionale Zunahme der anderen Sprachen liegen auf der Hand:

- War das Web in seinen ersten Jahren noch ein Spiel- und Werkzeug der technologischen Avantgarde, so ist es heute zu einem wahren Massenmedium geworden. Es gibt von Jahr zu Jahr mehr Benutzer, für die die englische Sprache eine Barriere darstellt.
- Das Internet dehnt sich nun auch in Teilen der Welt aus, in denen ohnehin nur wenige Menschen des Englischen mächtig sind.

- Die Digitalisierung großer Bibliotheksbestände wird den Anteil des Nichtenglischen auf dem Web ebenfalls weiter wachsen lassen.
- Die Wirtschaft hat das WWW als ein wichtiges Instrument für Marketing und Verkauf entdeckt. Will man neue Kunden gewinnen oder alte Kunden halten, verwendet man besser deren Muttersprache.
- Die Politik verwendet das Web zur Information und zum Dialog mit der Bevölkerung. Natürlich werden die Politiker mit ihren Bürgern in deren Muttersprache kommunizieren.
- Die Mehrzahl der sozialen und kulturellen Inhalte wird ebenfalls in nationalen und regionalen Sprachen angeboten.

Die zunehmende Multilingualität des WWW schafft neue Probleme für den effizienten Informationszugriff. Die Suchmaschinen, die mit Hilfe sprachtechnologischer Methoden die Zugriffssicherheit für englischsprachige Dokumente verbessern konnten, leiden nun daran, daß z.B. die englischen Morphologiekomponenten auch auf anderssprachige Texte angewendet werden. So gab mir eine bekannte Suchmaschine auf das Anfragewort *Skat* viele Seiten über *skating.*

Wenn die Autoren der WWW-Angebote die Sprache der Dokumente in den HTML-Markierungen verläßlich angeben würden, könnte man fallweise Indizierungsmethoden einsetzen, die auf die jeweiligen Sprachen angepaßt sind. Da die großen amerikanischen Suchmaschinen in der Regel keine speziellen Methoden für andere Sprachen einsetzen, könnten die spezifischen linguistischen Verfahren für das Englische bei fremdsprachigen Texten zumindest ausgeschaltet werden. Die Erfahrungen zeigen jedoch, daß nur sehr wenige Autoren die HTML-Markierung für die Textsprache verwenden.

Abhilfe wurde durch eine Sprachtechnologie geschaffen, die die Sprachen der Dokumente recht verläßlich identifiziert, ohne dafür eine linguistische Analyse vornehmen zu müssen. Alleine auf der Basis von Buchstabenabfolgen, die für jede Sprache eine typische Verteilung aufweisen, kann die Sprache nach wenigen Worten erkannt werden. So kann diese Information bei der Indizierung berücksichtigt und in den Index aufgenommen werden.

Viele große Suchmaschinen bieten deshalb jetzt die Möglichkeit gezielt in einer Sprache zu suchen. Das bedeutet allerdings nicht, daß sie für fremdsprachige Texte auch die verbesserten Indizierungs- und Suchmethoden wie Lemmatisierung und Anfrageerweiterung verwenden. Die Entwicklung geht aber deutlich hin zu spezialisierten Suchmaschinen, die Wissen über andere Sprachen und über die spezifischen Dienste und Strukturen der WWW-Angebote in den jeweiligen Sprachen und Regionen einsetzen, um die Suchleistung zu verbessern. Durch das unvermindert anhaltende Wachstum des WWW fällt es den global operierenden Suchmaschinen auch immer schwerer, bei der Indizierung neuer oder geänderter Informationsangebote mitzuhalten.

Das europäische Verbundprojekt Eurosearch, das im Sprachtechnologiesektor des EU-Telematik-Anwendungsprogramms gefördert wird, organisiert eine internationale Föderation von Suchmaschinen, die jeweils für Länder, Sprachen oder bestimmte Themengebiete zuständig sind. Statt der zentralen Indizierung durch globale Dienste setzt Eurosearch auf die Kooperation von kompetenten Suchmaschinen.

Viele der alteingesessenen Suchmaschinen haben sich durch Joint Ventures, Partnerschaften oder die Gründung von Tochterunternehmen spezialisierte Suchdienste in anderen Ländern geschaffen, die nicht nur den Werbemarkt in diesen Ländern ausnutzen sollen, sondern sich zugleich auf die besonderen Gegebenheiten und WWW-Dienste der jeweiligen Sprachräume einstellen sollen.

Diese Maßnahmen mögen geeignet sein, die Probleme zu lösen, die sich aus der Multilingualität des WWW ergeben. Nun wirft die Multilingualität des WWW aber nicht nur Probleme auf, sie eröffnet auch Chancen, die ohne die weltweite Vernetzung der Information nicht gegeben waren. Zusätzlich zu den multilingualen Such- und Navigationsdiensten wird es translinguale *(crosslingual)* Dienste geben, die es ermöglichen, bei der Informationsnutzung Sprachbarrieren zu überwinden. Eine neue Forschungsrichtung hat die technologische Herausforderung angenommen: das Translinguale Informationsmanagement. Das Translinguale Informationsmanagement wurde bei der Auswahl der ersten Themen für das im Oktober 1998 ratifizierte Wissenschaft- und Technologieabkommen zwischen den USA und der Europäischen Union als eines der drei Leitthemen im Bereich Informationstechnologie ausgewählt. Die Kerntechnologie kommt auch hier aus dem linguistisch erweiterten Information Retrieval. Crosslingual Information Retrieval (CLIR) ist eine Sprachtechnologie, die es dem Benutzer ermöglicht, unter Verwendung seiner eigenen Sprache Dokumente in mehreren Sprachen zu suchen (Oard o.J., Oard/Dorr 1996).

Die Grundidee ist einfach, die Realisierung erfordert jedoch die Integration verschiedener sehr komplexer Sprachtechnologien. Zuerst müssen die Sprachen der Texte identifiziert werden. Die dann folgende Indizierung der Texte sollte die Sprache berücksichtigen. Bei der Indizierung werden automatisch Zusammenfassungen der Dokumente erzeugt. Die Suchanfragen werden mit Hilfe bilingualer Wörterbücher oder Terminologien übersetzt. Eine Liste der Titel – auf Wunsch mit den Zusammenfassungen – werden dem Benutzer präsentiert. Die Liste kann nach Relevanz oder nach Sprachen sortiert dargeboten werden.

Es gibt mehrere Forschungssysteme, die nach diesem oder leicht abgewandelten Verfahren arbeiten (Uszkoreit im Druck, Fluhr 1997).

In dem EU-geförderten internationalen Konsortium Mulinex (Erbach/Neumann/ Uszkoreit 1997) haben wir unter Beteiligung anderer Firmen aus Deutschland, Frankreich und Italien ein CLIR System modular mit mehreren anderen Sprachtechnologien kombiniert, um ein intelligenteres und auf die Bedürfnisse des Benutzers anpaßbares System für den translingualen Informationszugriff zu realisieren (Abb. 9 – 12). Zu dem Konsortium gehören neben dem DFKI die Firmen Bertelsmann Telemedia, Trados, Grolier Interactive und Datamat.

Abbildung 9: Die Mulinex Anfrageschnittstelle

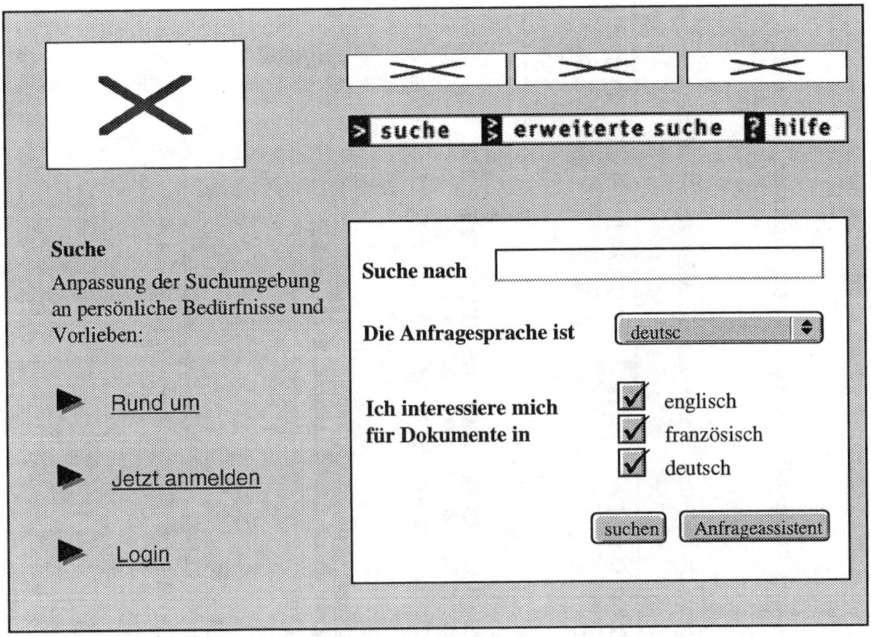

Die Basistechnologie des Systems ist ein kommerziell verfügbares traditionelles Textdatenbank/IR-System. Derzeit wird das Produkt Fulcrum eingesetzt. Das System wurde mit der kommerziellen Übersetzungssoftware der Firma Logos verbunden, die auf Anfrage sowohl die Zusammenfassungen als auch die ganzen Texte übersetzt. Da die Technologie zur automatischen Übersetzung derzeit ohne Mitwirkung des Menschen noch keine qualitativ hochwertigen Übertragungen produziert, können diese Texte lediglich als indikative Übersetzungen verwendet werden. Sie reichen in der Regel jedoch aus, um dem Benutzer hinreichend Auskunft über den Inhalt der gefundenen Dokumente zu geben.

Abbildung 10: Präsentation der Suchergebnisse ohne Zusammenfassungen (Ausschnitt)

Abbildung 11: Präsentation der Suchergebnisse mit Zusammenfassungen (Ausschnitt)

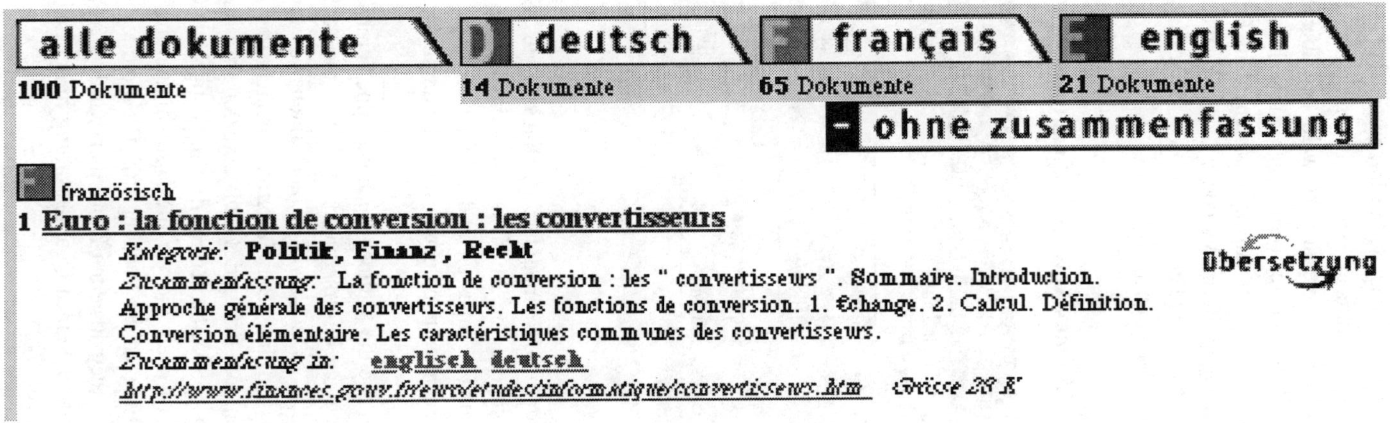

Ein System zur Kategorisierung wurde integriert, das es gestattet, die Suche auf einen Ausschnitt der Dokumentbasis zu beschränken. Ein optionaler Anfrageassistent hilft dem Benutzer bei der Auswahl der übersetzten Suchbegriffe. Die Übersetzungen der Suchbegriffe werden zur Auswahl angeboten. In einer neuen Version des Systems bietet der Anfrageassistent dem Benutzer zu den verschiedenen übersetzten Suchbegriffen Synonyme in der eigenen Sprache, die aus Rückübersetzungen gewonnen werden, so daß die Übersetzungen, die nicht intendiert waren, deaktiviert werden können.

Abbildung 12: Der Mulinex Anfrageassistent (ohne Synonymangaben)

Deutsche Anfragebegriffe	Englische Übersetzungen	Französische Übersetzungen
☑ Euro	☑ euro	☑ euro
☑ Umstellung	☑ changeover	
	☑ conversion	☑ conversion
	☑ transposition	☑ transposition
☑ Wechselkurse	☑ exchange rate	☑ taux
	☑ rate of exchange	☑ taux de change

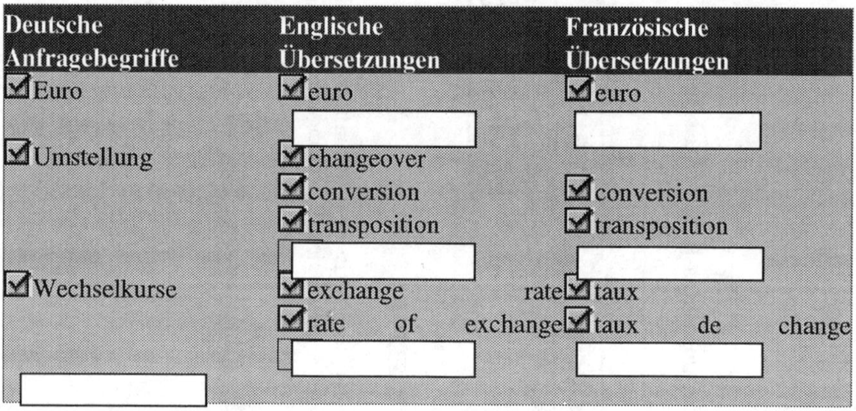

Die offene objektorientierte modulare Architektur des Systems ermöglicht den Austausch aller Komponenten. Somit läßt sich das System leicht an veränderte industrielle Anforderungen anpassen und eignet sich überdies als Forschungsplattform für das Experimentieren mit neuen sprachtechnologischen Verfahren.

Obwohl ein System wie die Mulinex-Suchmaschine bereits Funktionalitäten für die Suche in mehrsprachigen Informationsbasen bietet, die noch vor kurzer Zeit unvorstellbar waren, bedarf es noch vieler Jahre intensiver Forschung, bevor wir die Möglichkeiten des multilingualen Informationsreichtums auf dem WWW richtig ausschöpfen können. Der Erfolg des translingualen Informationsmanagements wird in erster Linie von der Verbesserung der linguistischen Komponenten abhängen. Ein Hauptproblem ist nach wie vor die Disambiguierung bei der Indizierung der Texte und bei der Eingabe der Suchbegriffe. Die Leitidee einer echten Indizierung von Texten nach den thematisierten Konzepten würde das Problem der Übersetzung immens vereinfachen und einen Qualitätssprung in der automatischen Übersetzung ermöglichen.

4 Sprachtechnologie für das Wissensmanagement

4.1 Information und Wissen

Kaum haben wir begonnen, das ganze Ausmaß der Veränderungen zu begreifen oder zumindest abschätzen zu können, die die Informationsgesellschaft mit sich bringt, verkünden die Technologiepropheten bereits die nächste Stufe der Entwicklung. Die Informationsgesellschaft soll nur die Schwelle sein, über die wir von der Technologie geradewegs in die Wissensgesellschaft getragen werden. Die Begründung dieser Prognosen klingt plausibel: Wissen wird nicht nur zur wichtigsten Produktivkraft, wir werden auch die technischen Mittel haben, um Wissen sehr viel effektiver zu nutzen, zu verwalten, zu vermitteln und zu mehren als je zuvor. Ich will an dieser Stelle nicht zu den Mutmaßungen beitragen, welche Auswirkungen die prophezeite Entwicklung für die Wirtschaft, die Wissenschaft und alle anderen Bereiche der Gesellschaft haben wird. Dem Thema des Buches folgend, will ich mich darauf beschränken, die Rolle der Sprachwissenschaften bei der Entwicklung einer Technologie zur Verwaltung kollektiven Wissens zu schildern, die bereits begonnen hat.

Die technologischen, betriebswirtschaftlichen und organisationssoziologischen Methoden und Werkzeuge zur Verwaltung von kollektivem Wissen in Unternehmen und anderen Organisationen werden unter dem modischen Sammelbegriff Wissensmanagement *(knowledge management)* zusammengefaßt. Der Gebrauch und die Ausdeutung des Begriffs sowie die Umrisse des sich herausbildenden transdisziplinären Gebiets sind derzeit noch etwas diffus. Da es mir hier aber nicht um die gesamte Methodologie des Gebiets geht, sondern lediglich um einige zentrale Technologien, werde ich längst nicht alle Aspekte des Wissensmanagements streifen. Trotzdem hoffe ich, mit meinen Begriffsklärungen auch einen kleinen Beitrag zur Konkretisierung des wissenschaftlichen Programms zu leisten.

Um die Unterschiede zwischen Informationsmanagement und Wissensmanagement zu klären, müssen wir uns zunächst mit dem vielschichtigen Begriff des Wissens beschäftigen. Wissen ist eine Organisationsform der Information. In einem Wissenssystem ist die Information so vernetzt, daß sie in einer Entscheidungssituation sofort abrufbar, interpretierbar und somit nutzbar wird. Mit Hilfe von Wissen können auch neue Daten als Information interpretiert und nutzbar gemacht werden. Wissen ist eine notwendige Vorbedingung für Inferenzen. Durch Inferenzprozesse kann Wissen auch ohne Aufnahme von zusätzlichen Informationen zunehmen. Wirkliches Wissen liegt nur dann vor, wenn ein wissensverarbeitendes System über dieses Wissen verfügt. Umgangssprachlich sagen wir, daß das System Wissen besitzt.

In einem Wissenssystem ist die Information vollständig verbunden. Wenn es unverbundene Teile gäbe, hätten wir eigenständige Wissenssysteme. In der Umgangssprache reden wir oft von fundiertem Wissen. Genau genommen ist jedoch alles echte Wissen mehr oder weniger fundiert. Der Mensch erwirbt Wissen, indem er neue Informationen auf der Basis vorhandenen Wissens interpretiert und in sein Wissenssystem integriert. In welchem Maße die unterste Schicht unseres Wissens angeborene Strukturen oder gar Inhalte enthält und wie diese genetisch erworbenen Bestandteile vor dem Erwerb von Sprache und symbolischem Wissen durch perzeptuelle Erfahrungen angereichert werden, kann derzeit nur gemutmaßt werden. In diesem Kontext kann ich nicht auf die verschiedenen Kategorien von Wissen eingehen, die in der Kognitionspsychologie und in der Wissenssoziologie entwickelt wurden.

Um den postulierten Unterschied zwischen Informationsmanagement und Wissensmanagement konkretisieren zu können, ist es wichtig, die Begriffe Information und Wissen deutlich auseinanderzuhalten. Nehmen wir an, ein Mensch mit einem photographischen Gedächtnis könnte sich die europäischen Wetterdaten eines ganzen Jahres merken. Für jeden Meßpunkt und jede vorgenommene Messung wüßte er die Werte für Temperatur, Luftdruck, Niederschlag, Luftfeuchtigkeit, Windstärke und Windrichtung. Einige der Werte mögen für ihn durchaus nützliche Information darstellen, indem sie zum Beispiel seine Reiseentscheidungen beeinflussen. Trotzdem hat unser Gedächtniskünstler durch seine beachtliche Speicherfähigkeit noch kein meteorologisches Wissen erworben. Erst durch die Vernetzung der Daten und durch ihre Interpretation auf der Basis von geographischem und meteorologischem Grundwissen könnten die Daten zu meteorologischem Wissen werden. Nur so können Hochs und Tiefs, Isobare und Isotherme, Trends und Abweichungen vom normalen Wetterverlauf konstruiert bzw. festgestellt werden.

Wenn wir die Vernetzung und die sofortige Abrufbarkeit zu einem Kriterium für Wissen machen, dürfte ein Buch kein Wissen enthalten. Das widerspricht unseren Intuitionen und manchmal gar dem Titel des Buches. Ein Band mit dem Titel: "Grundwissen der Java-Programmierung" enthält jedoch genau genommen kein Wissen, sondern lediglich Informationen, die dem menschlichen Leser das Grundwissen vermitteln. Die Informationen sind so ausgewählt und so präsentiert, daß sich ein Leser mit dem notwendigen Vorwissen die Kenntnisse, die das Grundwissen der Java-Programmierung ausmachen, aneignen kann. Diese Abgrenzung ist keine Wortklauberei. Wenn heute alles niedergeschriebene Wissen der Menschheit auf den Festplatten eines Supercomputers digitalisiert wäre, so besäße dieser Computer das Wissen nicht, denn für den Computer sind die digitalisierten Informationen lediglich Daten.

In der Künstlichen Intelligenz werden wissensverarbeitende Softwaresysteme entwickelt, Programme, die es dem Computer ermöglichen, über Wissen zu verfügen. Viele grundlegende Inferenzleistungen des Menschen konnten symbolisch auf der Maschine simuliert werden. Ausdrucksstarke formale Beschreibungssprachen wurden entwickelt, um logisch formalisierbare Wissensinhalte auf der Maschine zu repräsentieren und zu verarbeiten. Wissensverarbeitende Systeme sind heute als Expertensysteme oder als intelligente Agenten in zahlreichen Anwendungen integriert. Auch der Vernetzungsgedanke wurde bei der Entwicklung von Wissensrepräsentationssprachen berücksichtigt. In semantischen Netzen (Collins/Quillian 1969) werden Konzepte als Knoten dargestellt, die mit vielen anderen Konzepten durch verschiedene Arten von Verknüpfungen verbunden sein können. Durch sogenannte Konzeptlogiken konnten die Inferenzprozesse in semantischen Netzen logisch fundiert werden. Trotzdem ist es bisher nicht gelungen, größere Mengen menschlichen Wissens zu implementieren. Selbst die Simulation des Wissensstands eines sechsjährigen Kindes hat sich mit den vorhandenen Methoden als unerreichbar dargestellt.

4.2 Kollektives Wissen

Wenn einem Unternehmen heute von Unternehmensberatern Wissensmanagement empfohlen wird, so geht es dabei nicht nur um das Individualwissen der einzelnen Akteure, auch wenn der optimale Einsatz des Wissens der Mitarbeiter eine wichtige Rolle spielt, sondern darum, daß der Einsatz von menschlichen Ressourcen mit ihren Spezialisierungen durch das Wissensmanagement sehr viel kompetenzorientierter und somit effektiver werden soll.

Der wirklich neue Gegenstand des Wissensmanagements sind die Bestände an kollektivem Wissen in den Organisationen. Zu dem kollektiven Wissen rechnen wir auch die Anteile des Individualwissens der Mitarbeiter, auf die die Organisation durch den Einsatz der Mitarbeiter zugreifen kann. Jede Organisation wird aber dafür sorgen, daß ihre relevanten Wissensbestände auch sicher und verläßlich dokumentiert sind. Dazu sollten alle unternehmensspezifischen Wissensinhalte gehören: wissenschaftliche, technische, betriebswirtschaftliche, organisatorische, juristische und politische. Das relevante Wissen hat aber in den vergangenen Jahrzehnten stark zugenommen. Somit erreicht auch der Umfang seiner Dokumentation in den Firmen heute ungeheure Ausmaße.

Nach unserer Definition von Wissen ist diese Dokumentation selbst jedoch kein Wissen, sie kann nur dazu verwendet werden, Wissen zu vermitteln oder wiederherzustellen. Ich will im folgenden argumentieren, daß aus diesen Informationsbeständen aber sehr wohl kollektives Wissen werden kann, das die Kriterien unserer Definition erfüllt. Dafür benötigen wir eine Technologie, die genau diese Transformation erreicht. Aber das Wissensmanagement beschränkt sich nicht nur auf die Dokumentationen etablierten Wissens, sondern auch die neue Nutzung dieses Wissens. Auch in den vielen Einzelinformationen, die in einem Unternehmen gespeichert werden, steckt potentielles Wissen. Selbst aus den Daten zu längst abgeschlossenen Vorgängen kann Information extrahiert werden, die das Wissen der Entscheidungsträger erweitert und künftige Entscheidungen optimiert.

Die vorhandene Informationstechnik ermöglicht das Zusammenfügen der vielen Einzelinformationen, die das Wissen einer Organisation ausmachen könnten. In einem Unternehmen können Datenbanken für die Verwaltung von Produkten, Kunden, Kontakten, Aufträgen, Lagerbeständen, Personal und Maschinen, auch wenn sie auf vielen Maschinen verteilt liegen, mit der Kombination von Netzwerk- und relationaler Datenbanktechnologie sinnvoll verknüpft werden.

Auch die Information, die im Sinne der Datenverarbeitung unstrukturiert ist, kann digitalisiert mit den Werkzeugen des Informationsmanagements verwaltet werden. Dazu gehören Handbücher, Anleitungen, Korrespondenzen, Patentschriften, technische Berichte, Sitzungsprotokolle, Projektvorschläge und Marketingpläne. Wie soll aber eine solche Datenbank, die ebenfalls zentral oder verteilt gehalten werden kann, strukturiert werden? Die Werkzeuge des Informationsmanagements ermöglichen eine Kategorisierung der Dokumente. Für die Ansprüche eines effizienten Zugriffs reicht die heute mögliche Kategorisierung aber bei weitem nicht aus.

4.3 Vernetzung der Information

Ein direkter Zugriff und eine effiziente und kreative Navigation erfordern eine Vernetzung der Information. Um die Fülle von potentieller Information in kollektives Wissen zu transformieren, muß auch die unstrukturierte Information vernetzt werden. Einige Dokumentklassen, die bereits als Hypertextdokumente produziert wurden, mögen bereits Verknüpfungen in Form von Hypertextreferenzen aufweisen. Es war ja die Vernetzung der Information, die den Erfolg des WWW im Wettbewerb mit anderen Internet-Informationsdiensten bewirkt hat. WWW Seiten werden jedoch durch ihre Autoren mit Verknüpfungsreferenzen versehen. Für die Mehrzahl der Dokumente wird der Aufwand einer Vernetzung durch den Menschen nicht zu leisten sein. Aber selbst die Hypertextdokumente, die wir derzeit auf dem WWW und in Intranets finden, sind viel zu grobmaschig vernetzt, als daß sie mit der hocheffizienten assoziativen Vernetzung des menschlichen Wissens verglichen werden können. Eine Annäherung an das Ideal eines assoziativen Wissensspeichers kann nur erreicht werden, wenn der Benutzer von jedem Informationselement aus möglichst direkt zu jedem anderen Element gelangt, das zu dem ersten in einer relevanten Beziehung steht.
Für eine effektive Vernetzung müssen die folgenden Bedingungen erfüllt sein:

- *Feinmaschigkeit:* Von jedem Text- bzw. Dokumentelement aus muß es Verbindungen zu verwandter und weiterführender Information geben.
- *Fundierung:* Von jedem relevanten Element aus muß erklärende Information direkt erreichbar sein.
- *Adaption:* Die Vernetzung muß Zielen, Aufgaben und Wissensstand des Unternehmens angepaßt sein.

- *Personalisierung:* Die Vernetzung muß sich von den individuellen Nutzern weiter auf ihren individuellen Wissensstand, ihre speziellen Aufgaben und ihren speziellen Arbeitsstil anpassen lassen.
- *Dynamisierung:* Die Vernetzung muß automatisch an neue Wissensbestände, Aufgaben und Bedürfnisse anpaßbar sein.

Eine solche automatische feinmaschige Vernetzung kann nur durch den Einsatz der Sprachtechnologie erreicht werden. Im Gegensatz zu den vorhandenen Methoden des Informationsmanagements müssen nicht nur die relevanten Begriffe eindeutig identifiziert werden, sondern es gilt auch festzustellen, in welchem Zusammenhang sie im Text gebraucht werden.

Die vorgeschlagene Vernetzung möchte ich am Beispiel von HTML-Web-Dokumenten erklären. Zwar gibt es Alternativen zu HTML wie Hyperwave und XML, die diese stärkere Vernetzung weitaus besser unterstützen, aber ich möchte mich bei der Erklärung der einfachen Erweiterungen auf Elemente der heutigen WWW-Technologie stützen, die allseits bekannt sind. Mit welchen Werkzeugen die vorhergesagte Realisierung später im großen Umfang realisiert werden, wird nicht zuletzt von der weiteren Entwicklung der WWW-Standards abhängen.

In einem Hypertextdokument sind wichtige Text- oder Bildelemente (Begriffe, Bilder, Literaturangaben und Namen) mit Referenzen (links) versehen, die auf andere Dokumente direkt verweisen. In diesem Sinne bilden die Referenzen eine partielle Funktion von Dokumentelementen zu Dokumentadressen. Klicken wir ein Element mit einer Referenz an, so wird das in der Referenz adressierte Dokument angefordert.

In Abb. 13 soll das Prinzip der relationalen Verknüpfung verdeutlicht werden. Alle Dokumente liegen im HTML Format vor. Jedes Wort ist mit mehreren Referenzen versehen, die erst einmal unsichtbar bleiben. Klickt der Benutzer auf ein Wort, so geht neben dem Cursor ein kleines Menü auf, in dem die Referenzen durch erklärende Namen genannt werden.

Die relationale Referenzierung ist technisch verhältmäßig einfach zu verwirklichen. Die Firma Sentius in Menlo Park hat ein spezielles Dateiformat entwickelt, das allerdings spezielle Browser-Erweiterungen (plug-ins) benötigt. Die Dateien können von keinem anderen Programm gelesen werden. Ein spezielles Programm muß auch für die Herstellung der Seiten verwendet werden. Ein solches Programm wird von Sentius als Autorensystem angeboten. Wir haben eine einfachere Lösung gefunden, die ein Javascript in HTML-Seiten integriert.

Abbildung 13: Beispiel einer relationalen Referenzierung

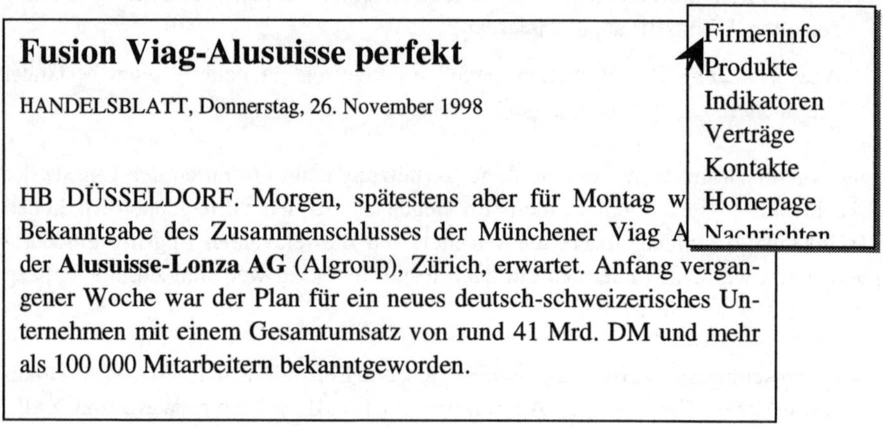

Fusion Viag-Alusuisse perfekt

HANDELSBLATT, Donnerstag, 26. November 1998

HB DÜSSELDORF. Morgen, spätestens aber für Montag w
Bekanntgabe des Zusammenschlusses der Münchener Viag A
der **Alusuisse-Lonza AG** (Algroup), Zürich, erwartet. Anfang vergangener Woche war der Plan für ein neues deutsch-schweizerisches Unternehmen mit einem Gesamtumsatz von rund 41 Mrd. DM und mehr als 100 000 Mitarbeitern bekanntgeworden.

Weitaus interessanter als die Darstellung im Browser ist das automatische Hyperlinking. In einem ersten Schritt müssen die Wörter und Phrasen identifiziert werden, die mit Referenzen versehen werden sollen. Für die Erkennung läßt sich ein Phrasenparser verwenden, wie er für die Namenserkennung in Informationsextraktionsanwendungen eingesetzt wird. Beispiele für solche Parser aus unseren eigenen Projekten sind der statistische Phrasenparser von Skut und Brants (Skut/Brants 1998), der mit der Maximum Entropie Methode arbeitet, oder das System SMES, das endliche Automaten für die Erkennung verwendet. Die Leistungen dieser Erkenner sind allerdings noch durch die bereits besprochenen unzureichenden Methoden der lexikalischen Disambiguierung eingeschränkt.

In einer Datenbank müssen für diese Wörter die entsprechenden Adressen auf Webseiten, Texte oder Bilder gehalten werden. In einem einfachen Fall kann die Datenbank ein enzyklopädisches Lexikon sein, das zu den Begriffen Lexikoneinträge anbietet. Die Firma Sentius setzt auch bilinguale Wörterbücher ein, um zu jedem Wort eine Übersetzung anzuzeigen. Eine Verbindung von allen Wörtern in einem Text mit ihren Übersetzungen wurde auch am Palo Alto Research Center der XEROX Corporation unter dem Namen Locolex entwickelt. In Locolex-Dokumenten ist jedes Wort im Text der Kopf eines Ausklappmenüs, das vertikal angeordnet die möglichen Übersetzungen des Wortes zur Auswahl anbietet (Bauer/Segond/Zaenen 1995).

Die Technologie ist also vorhanden, um die Arbeit der Vernetzung in Angriff zu nehmen. Um diese Vernetzung aber zu personalisieren, das heißt, die Auswahl der relationalen Referenzen auf effiziente Weise dynamisch benutzerabhängig zu gestalten, sollten XML, Hyperwave oder andere Alternativen zum heutigen HTML-Standard eingesetzt werden. Da es diese ausdrucksmächtigeren Kandidaten für die

HTML-Nachfolge bereits gibt, wird die Hypertext-Technologie nicht der Hemmschuh sein.

Dringend benötigt werden Fortschritte in der Sprachverarbeitung, die wiederum ein besseres linguistisches Verständnis der Sprache und ihres Gebrauchs durch den Menschen voraussetzen.

4.4 Die Fundierung des kollektiven Wissens

Ein ganz wesentlicher Unterschied zwischen individuellem und kollektiven Wissen liegt in der Fundierung der Wissensbasis. Beim Menschen sind komplexe Wissenselemente, sei es soziales, physikalisches oder episodisches Wissen, immer mit einfacheren Konzepten verknüpft. In der symbolischen Beschreibung und Modellierung von menschlichem Wissen, ist es aber bisher nicht gelungen, die unterste Ebene der Konzepthierarchien, die primitiven Konzepte unseres Wissens zu entdecken und zu formalisieren.

Bei der Strukturierung von menschlichem Wissen in Enzyklopädien wurde zwar versucht, abstrakte Konzepte in mehreren Schritten auf einfachere und letztendlich primitive Konzepte zurückzuführen, jedoch setzen auch die grundlegendsten Definitionen oder Erklärungen von Konzepten in Enzyklopädien immer noch einen vorhandenen Wissensbestand voraus, der sich nicht modellieren läßt. Hierbei spreche ich nicht das Problem der Zyklizität von Begriffserklärungen an, sondern meine ganz einfach das Grundwissen, das z.B. die sogenannte naive Physik, Konzepte der Persönlichkeitswahrnehmung oder die Basiskonzepte emotionaler Einstellungen einschließt.

Bei den kollektiven Wissensbasen verteilter Systeme stellt sich das Problem dieser individuellen Fundierung glücklicherweise nicht. So kann man den ungelösten philosophischen und psychologischen Fragen zu diesem Thema vorerst aus dem Wege gehen. Natürlich muß auch eine kollektive Wissensbasis fundiert sein. Hier genügt es aber, die Wissensinhalte so weit zu fundieren, daß alle relevanten Nutzer der Wissensbasis zu den Elementen, die sie nutzen, ohne lange Suche genügend Information erhalten, um die Elemente verstehen zu können. Die Akteure haben die Information verstanden, wenn sie die relevanten Konzepte temporär oder permanent richtig in ihr individuelles Wissen integrieren können.

Aber auch diese sehr viel leichtere Aufgabe der Fundierung stellt hohe Anforderungen an das Wissensmanagement, wenn die Fundierung systematisch und verläßlich sein soll. Besonders aufwendig wird dieser Teil der Vernetzung und Unterfütterung der gemeinsamen Wissensbasis, wenn die Technologien auch in der Ausbildung eingesetzt werden sollen. Die Nutzung der gemeinsamen Wissensbasis einer Organisation in der Ausbildung ist eines der zentralen Ziele des Informationsmanagements, weil sie eine Praxisnähe herstellt, die in der traditionellen Ausbildung nicht erreicht werden kann. Für den Einsatz in der Ausbildung werden spezielle Strukturierungen des Wissens benötigt.

In jüngster Zeit wurde das Problem von adäquaten Ontologien für das Informations- und Wissensmanagement in mehreren Konferenzen und Publikationen diskutiert. Die Ontologien der klassischen KI, die mit dem Anspruch der individuellen Fundierung am grünen Tisch entworfen wurden, eignen sich in der Regel nicht für das Wissensmanagement. Die Ontologien für ein effektives Wissensmanagement müssen aus der digitalisierten Information und aus den Aufgabenstellungen und Strukturen der Organisationen abgeleitet werden. Sie sind somit Strukturierungen des tatsächlich zur Verfügung stehenden Wissens. Das Ziel ist aber nicht, *eine* richtige oder adäquate Ontologie zu entdecken bzw. zu entwickeln, sondern viele Ontologien für verschiedene Entscheidungs- und Lernsituationen sowie für verschiedene Benutzerklassen automatisch oder teilautomatisch zu erzeugen und diese dynamisch an veränderte Wissensinhalte und Nutzerbedürfnisse anzupassen. Die Ontologien müssen auch nicht ganze Teile unseres Weltwissens flächendeckend abbilden, es genügt, daß jeweils Teile unseres individuellen Wissen, die in einem bestimmten Kontext unsere Nutzung des externen Wissens bestimmen, abgedeckt werden. Somit werden solche Ontologien zum Mittler zwischen unserem eigenen Wissen und den kollektiven Wissensbeständen.

In ein oder zwei Jahrzehnten wird jeder Nutzer des digitalen vernetzten Informationsangebots seine eigenen Ontologien verwenden und pflegen. Die ersten Anzeichen finden sich bereits auf unseren Festplatten. Jedes hierarchisch angeordnete Verzeichnis von WWW-Lesezeichen (Bookmarks) und jeder Versuch, sich selbst und seinen virtuellen Besuchern wertvolle Suchzeit durch persönliche strukturierte Metaindex-Seiten zu ersparen, kann als Vorstufe einer personalisierten Ontologie angesehen werden.

Die eigenen Ontologien werden aber nur als Extensionen vorhandener kollektiv genutzter Ontologien verwendet werden: Ontologien für wissenschaftliche Disziplinen, Technologiefelder, Branchen, Berufe und viele andere Wissensgebiete. Der Verkauf und die Pflege hochwertiger Ontologien wird selbst zu einem Geschäftsfeld werden. Einen populären Versuch einer sehr allgemeinen Ontologie für das gesamte WWW finden wir zum Beispiel im Portaldienst Yahoo, der auf eine private Initiative von David Filo and Jerry Yang zurückgeht. Wie andere Dienste bietet auch Yahoo dem Benutzer neuerdings die Möglichkeit, sich seinen personalisierten Einstiegspunkt zu definieren. In der Zwischenzeit ist Yahoo zu einer Firma mit mehreren Ablegern in anderen Ländern geworden. Yahoo-Aktien werden an der Börse gehandelt. Mehrere andere Dienste haben das Yahoo-Modell kopiert. Die Kategorienhierarchie dieser Dienste werden von Menschen entworfen. Das Verfahren einer Organisation des Wissens von oben nach unten (top-down) eignet sich hervorragend als Einstiegspunkt für den informationssuchenden Durchschnittsbenutzer.

4.5 Inferenzfähigkeit und Ableitung neuen Wissens

Nachdem ich gezeigt habe, wie die Sprachtechnologie dabei helfen kann, der gemeinsamen strukturierten Informationsbasis einer Organisation wesentliche Eigenschaften von Wissen zu geben, fehlt aber immer noch eine fundamentale Eigenschaft des klassischen Wissensbegriffs. Echtes Wissen muß so beschaffen sein, daß ein wissensverarbeitendes System durch eine Interpretation hinzukommender Information auf der Basis dieses Wissens oder auch aus diesem Wissen allein neues Wissen erzeugen kann. Es stellt sich also die Frage nach der Inferenzfähigkeit des Systems auf der Basis des kollektiven Wissens. Diese Frage ist sehr schwer zu beantworten, ohne sich in tiefsinnigen philosophischen Betrachtungen über das Wesen intelligenten Denkens zu verlieren. Ich will dennoch versuchen, zumindest eine partielle Antwort zu geben, weil es neue Sprachtechnologien gibt, die gerade für die Wissensgewinnung aus vorhandenen Informationsbeständen entworfen wurden.

Kann die strukturierte Informationsbasis einer Organisation, die wir in den vergangenen Abschnitten bereits als kollektive Wissensbasis bezeichnet haben, wirklich Grundlage für Inferenzen sein? Trotz aller Hyperlinks, Indizierungen und Zuordnung zu den Kategorien einer Ontologie sind die Texte doch nach wie vor nicht wirklich semantisch interpretiert. Dürfen wir nach unserer strengen Definition von Wissen sprechen, wenn erst ein intelligenter Benutzer den Text verstehen muß, um dann seine Schlüsse ziehen zu können? Wenn die Strukturierung des Textes durch die Werkzeuge der Sprachtechnologie keine Inferenzen ermöglicht, bleibt die Bezeichnung *kollektives Wissen* trotz Vernetzung und Fundierung eine Metapher.

Ich möchte zwei Argumente dafür anführen, hier doch von echtem Wissen zu sprechen, kollektivem Wissen wohlgemerkt.

Das erste Argument folgt aus der Einsicht, daß die wesentlichen Inferenzen für die Funktionsweise eines verteilten Systems andere sind als die Inferenzen, die die einzelnen Akteure ausführen. Ein verteiltes System hat eine externe Funktionalität, die meist erst durch die verteilte kooperative Wissensverarbeitung erreicht wird. Wichtig ist in diesem Zusammenhang aber die interne Funktionalität des verteilten Systems. Es sind die Mechanismen des Informationsflusses zwischen den individuellen Akteuren und der strukturierten gemeinsamen Informationsbasis, welche die zusätzliche interne Funktionalität des verteilten Systems ausmachen. Die Struktur des Systems bestimmt die Auswahl und Verteilung der Information sowie die Entscheidungsverfahren und -kompetenzen. Die Information besteht aus Aufgabenstellungen an Gruppen und einzelne Akteure, Anforderungen von Information, dedizierte Information für bestimmte Entscheidungen, die Entscheidungen selbst und ihre Begründungen sowie komplexe Lösungen, die viele Einzelentscheidungen zusammenfassen.

Und gerade zu dieser Funktionalität kann die Technologie des Wissensmanagements wesentlich durch eine große Anzahl einfacher Inferenzen beitragen. Die Inferenzen des Softwaresystems über die Zuleitung und Filterung der Information an die Akteure und über die Strukturierung und Verknüpfung auf der Basis von Benutzerprofilen mögen zwar in ihrer logischen Komplexität weit hinter den Inferenzleistungen der einzelnen Akteure zurückstehen, aber sie können die Funktionsweise des komplexen verteilten Systems erheblich verbessern. Durch eine Integration in Work-Flow-Management Systeme werden sie noch besser zur Organisation des Informationsflusses beitragen.

Das zweite Argument beruht auf einer neuen Klasse von sprachtechnologischen Anwendungen, die aus großen Mengen unstrukturierter textueller Information neue Information gewinnt. Die Technologie wird als Text Data Mining oder Text Mining bezeichnet. Inspiriert wurde der Ansatz durch die Erfolge im Data Mining. Während beim Data Mining in großen Mengen von strukturierten oder semistrukturierten Daten nach bisher verborgenen Mustern gesucht wird, verwendet das Text Mining bekannte statistische und linguistische Analysetechniken zusammen mit neuen statistischen Verfahren *(maximal associations)* um Assoziationen von Begriffen in großen Textmengen aufspüren, die bislang in der Masse der Daten verborgen blieben. Wie das Data Mining kann die Methode zum Beispiel eingesetzt werden, um neue Trends zu entdecken oder statistische Korrelationen im Kaufverhalten von Kunden. Während die Methoden des Informationsmanagements zielgerichtet nach Information suchen, bzw. gefundene Information zielgerichtet zuleiten und präsentieren, arbeitet das (Text) Data Mining eher opportunistisch. Obwohl man die Suche eingrenzen kann, liegt die Stärke des Verfahrens in der Entdeckung unerwarteter Zusammenhänge. Derzeit wird an mehreren Orten an einer Kombination der zielgerichteten und opportunistischen Methoden für das Wissensmanagement gearbeitet.

Je besser die gemeinsame Informationsbasis strukturiert ist, desto größer sind natürlich die Chancen, relevante Information zu entdecken. Gäbe es bereits eine große Informationsbasis mit einem verläßlichen Konzeptindex und einer ontologiebasierten relationalen Referenzierung, dann würden die statistischen Verfahren nicht auf reinen Wortkookkurrenzen arbeiten, sondern die relevanten Informationseinheiten beachten.

Nachdem ich dafür argumentiert habe, große strukturierte Informationsbasen als kollektives Wissen zu betrachten, möchte ich doch noch kurz offensichtliche Unterschiede zwischen individuellem und kollektivem Wissen herausheben. Sie betreffen sowohl die Qualität als auch die Quantität des Wissens.

Zu einer kollektiven Wissensbasis können Arten von Information gehören, die der Mensch nicht als Wissen speichern kann. Von Bildern, Tonaufzeichnungen, Filmen, dreidimensionalen Modellen kann das menschliche Gehirn nur winzige Bruchteile der Information in das Wissen integrieren. Diese Arten von Information erfordern natürlich auch Typen der Vernetzung, über die der Mensch nicht verfügt. So können in einem Film die Elemente für die Vernetzung sowohl ganze Szenen als auch einzelne Bilder (Frames) sein, die der Mensch als Betrachter gar nicht differenziert wahrnimmt. Am Rande sei angemerkt, daß die Sprachtechnologie selbst bei der Indizierung von Filmmaterial helfen kann. In einem EU-Verbundprojekt mit mehreren Fernsehanstalten sowie anderen Forschungseinrichtungen und Firmen arbeiten wir derzeit an einem System, das durch die Analyse von Untertiteln und durch die Erkennung von Wörtern in den Texten und Dialogen der Tonspur die Indizierung des Filmmaterials unterstützt.

Die Unterschiede in der Quantität liegen auf der Hand. Obwohl es bisher noch nicht einmal ansatzweise gelungen ist, das gesamte Wissen eines Menschen zu modellieren, übertrifft die Menge an digitalisierbarer Information, die in kollektive Wissensbestände integriert werden kann, natürlich bei weitem das Fassungsvermögen eines einzelnen Hirns. Die skizzierten Aufgaben für das Wissensmanagement könnten selbst bei Vernachlässigung der immensen Kosten nicht alleine durch Menschen und bereits vorhandene Werkzeuge bewältigt werden. Neues Werkzeug ist nötig.

Wenn wir erst einmal die Methoden haben, um die immensen Mengen digitalisierter Information besser zu strukturieren, können wir auch die weltweit zugreifbare Information im WWW mit ihren digitalen Bibliotheken schrittweise in kollektives Wissen verwandeln. Ich bin fest davon überzeugt, daß der Sprachtechnologie bei dieser großen Aufgabe eine zentrale Rolle zukommen wird.

5 Sprachwissenschaft und Sprachtechnologie

5.1 Transfer von der Wissenschaft in die Technologie

In den vorangegangenen Abschnitten habe ich einige zentrale Sprachtechnologien für das Informations- und Wissensmanagement geschildert und aus den sozioökonomischen Anforderungen der Wissensgesellschaft technologische Herausforderungen für die künftige Forschung abgeleitet. Auf der Grundlage dieser Ausführungen möchte ich mich abschließend noch einmal der Ausgangsfragestellung des Kapitels zuwenden, dem Beitrag, den die Sprachwissenschaften zu den dargestellten Anwendungen bereits geleistet haben und den beobachtbaren Rückwirkungen der Technologienentwicklung auf die moderne Linguistik.

Die Verbindung zwischen der theoretischen linguistischen Forschung und der Entwicklung kommerzieller Anwendungen wird von beiden Seiten unterschätzt. Das mag daran liegen, daß meine eigene Disziplin, die Computerlinguistik, die bei dem

Transfer die Mittlerrolle spielt, ein großes Maß an Eigenständigkeit erworben hat. Somit ist der Ideenfluß oft weder von der Produzenten- noch von der Abnehmerseite her transparent. Ein noch wichtigerer Grund ist aber der zeitliche Abstand zwischen den theoretischen Modellbildungen in der Linguistik und ihren Verwertungen in kommerziellen Anwendungen. Zur mangelnden Transparenz des Transfers tragen auch die Metamorphosen bei, denen linguistische Erkenntnisse und Modelle unterworfen sind, bis sie sich, an die realen Bedingungen der Softwaretechnologie angepaßt, in praktischen Systemen bewähren.

Es sind bezeichnenderweise oft gerade die Linguisten in den industriellen Forschungslabors, die den Einfluß der Sprachwissenschaft geringer schätzen, als er tatsächlich ist. An dieser Stelle muß ich für die fachfremden Leser anmerken, daß viele der kreativsten und erfolgreichsten Technologieentwickler und Manager in den wichtigen industriellen F&E-Labors der Sprachtechnologie erst nach einer fundierten sprachwissenschaftlichen Ausbildung ihre informationstechnischen Kenntnisse in der Praxis erworben haben. Weil sie erkennen, daß die gegenwärtigen Themen der linguistischen Diskussion für ihre tägliche Arbeit meist keine unmittelbare Relevanz haben, tendieren sie dazu, die Bedeutung des linguistischen Wissens mehrerer Jahrzehnte, das sie in ihren Köpfen in die Entwicklung transferiert haben, zu unterschätzen.

Natürlich finden sich Resultate der Linguistik in allen Produkten der Sprachtechnologie, die nicht ausschließlich statistische Methoden einsetzen. Ohne den Transfer von Ergebnissen aus den Sprachwissenschaften wäre die heutige Sprachtechnologie undenkbar. Es stimmt aber, daß das linguistische Wissen in den heute verkauften computerlinguistischen Anwendungen oft mehrere Jahrzehnte alt ist. Ein deutliches Beispiel sind die Systeme zur maschinellen Übersetzung. Einige der erfolgreichsten Produkte basieren auf linguistischen Modellen der sechziger und siebziger Jahre. Deshalb drängt sich natürlich die Frage auf, ob wohl die zeitliche und konzeptuelle Entfernung zwischen dem Erkenntnisgewinn in der theoretischen Sprachwissenschaft und seinem Transfer in Anwendungen abnehmen wird. Tatsächlich gibt es deutliche Evidenz dafür, daß der Transfer bereits heute sehr viel direkter ist als noch vor wenigen Jahren und daß die Distanz noch weiter schrumpfen wird.

In den achtziger Jahren schien es bereits einmal so, als sei die methodologische Barriere zwischen der theoretischen Linguistik und der automatischen Sprachverarbeitung überwunden. Deklarative, logisch begründete Grammatikmodelle wurden gemeinsam von theoretischen Linguisten und Computerlinguisten entwickelt. Diese Modelle haben sich als sehr erfolgreich in der Syntaxforschung und in der Implementierung großer Grammatiken auf dem Computer erwiesen. Die beiden wichtigsten Modelle dieser Art sind die Head-Driven Phrase Structure Grammar (Pollard/Sag 1994) und die Lexical Functional Grammar (Bresnan 1988). Für eine Übersicht sei auf (Uszkoreit/Zaenen 1997) verwiesen Es folgte aber eine Zeit der Ernüchterung, weil sich herausstellte, daß die neuen Verfahren zu mächtig waren, um eine effiziente Verarbeitung auf dem Computer zu ermöglichen.

Gleichzeitig wurden aber erstaunliche Erfolge durch statistische Verfahren erzielt, die kein oder nur ein minimales linguistisches Wissen voraussetzten. Durch die Bestimmung von Worthäufigkeiten sowie der Auftretenswahrscheinlichkeiten von Zwei- oder Dreiwortgruppen konnten zum Beispiel Texte kategorisiert, Wortklassen ermittelt und Filtermodelle für die Hypothesenmengen der akustischen Worterkennung erzeugt werden.

Für die morphologische und syntaktische Analyse griff man auf effiziente Methoden der sechziger und siebziger Jahre zurück und entwickelte diese weiter. Die meisten dieser Methoden sind Weiterentwicklungen der Technologie endlicher Automaten. Das erfolgreichste Resultat ist das sogenannte Zwei-Ebenen-Modell für die morphologische Verarbeitung, die heute erfolgreich in vielen Produkten eingesetzt wird (Kaplan/Kay 1994). Im Bereich der Syntax wußte man zwar, daß man mit dem Automatenansatz alleine keine tiefe linguistische Analyse erreichen würde, aber das war für viele der oben beschriebenen Anwendungen auch nicht notwendig. Für die Informationsextraktion, die automatische Zusammenfassung und die Indizierung von Mehrwortbegriffen konnte bereits die effiziente Erkennung der relevanten Satzteile die notwendige Grundfunktionalität gewährleisten.

Die Entwicklungen der neunziger Jahre führten zu einer neuen Situation. So konnte die Effizienz der tiefen grammatischen Verarbeitung mit linguistischen Beschreibungsmodellen erheblich verbessert werden. Im Palo Alto Research Center der XEROX Corporation wurde das größte LFG-Analysesystem so reimplementiert, daß die Laufzeiten um mehrere Größenordnungen verringert werden konnten (Uszkoreit u.a. 1994). Etwas schwieriger stellte sich das Effizienzproblem für die HPSG dar, die einen noch mächtigeren Repräsentationsformalismus verwendet. Aber auch hier hat sich das Bild grundlegend gewandelt. Während wir in unserem HPSG-System vor wenigen Jahren manchmal mehrere Minuten und oder gar Stunden warten mußten, bis ein Satz durchschnittlicher Länge syntaktisch und oberflächensemantisch analysiert war, liegt die Analysezeit heute im Zehntelsekunden- oder Sekundenbereich. Ein Grund für die Laufzeitverbesserungen ist sicher die schnellere Hardware, aber die größten Reduktionen wurden durch Methoden der Softwaretechnik erreicht. Drastische Effizienzverbesserungen wurden auch an der Tokio Universität (Makino u.a. 1998) und an der Stanford Universität (Oepen/Flickinger o.J.) erzielt. Da die linguistische Forschung in der LFG und in der HPSG in den vergangenen Jahren wichtige neue formal präsentierte Resultate zur Struktur vieler Sprachen hervorgebracht hat, kann man jetzt einen direkten Transfer dieser Ergebnisse in die Sprachtechnologie erwarten.

Eine weitere Verringerung der Distanz zwischen theoretischer Linguistik und Sprachtechnologie resultiert aus Fortschritten in der korpusbasierten statistischen

Sprachverarbeitung. Die Methoden, die ganz ohne linguistisches Wissen arbeiten, sind nach beeindruckenden praktischen Ergebnissen jetzt am Ende ihrer Möglichkeiten angelangt. Die Hoffnung, durch die bloße statistische Auswertung großer monolingualer und paralleler bilingualer Korpora eine tiefere syntaktische Analyse oder gar eine maschinelle Übersetzung zu erreichen, hat sich nicht erfüllt. Das bedeutet aber keineswegs das Ende der statistischen Methoden. Wenn die statistischen Verfahren auf Korpora trainiert werden, die mit linguistischen Informationen angereichert sind, sogenannten annotierten Korpora, lassen sich erstaunliche Erfolge erzielen.

Diese Entwicklung begann mit Korpora, deren Wörter von Hand mit Wortklasseninformation annotiert wurden. Nach einer Trainingsphase konnten die statistischen Sprachmodelle auch die Wortklassen in unannotierten Korpora mit 96% Prozent Sicherheit bestimmen. Diese Sprachmodelle werden jetzt in den Anwendungen des Informationsmanagements eingesetzt. Es war jedoch lange Zeit eine offene Frage, ob ähnliche Verfahren auch für die strukturelle syntaktische Analyse, für die Bestimmung semantischer Lesarten oder für die maschinelle Übersetzung genutzt werden könnten. Für das Training wurden jedoch syntaktisch annotierte Korpora benötigt, die nur unter hohem Zeit- und Kostenaufwand hergestellt werden können. In den USA hatten sich große industrielle und universitäre Forschungszentren bereits 1990 in einer Initiative der Forschungsagentur ARPA zum Linguistic Data Consortium (LDC) zusammengeschlossen, um den Aufwand der Sammlung von Korpora aber besonders die Kosten für deren Annotation unter möglichst vielen Interessenten aufzuteilen. Ein wichtiges Ergebnis dieses Konsortiums ist die Penn Treebank, ein großes Korpus des geschriebenen und gesprochenen Englisch, dessen Sätze mit syntaktischen Strukturbäumen versehen sind. Dieses Korpus spielt in der internationalen theoretischen und auch in der angewandten Forschung eine wichtige Rolle. Mehrere neue Verfahren der Sprachverarbeitung wurden mit Hilfe der Treebank entwickelt. Neue Anwendungen wurden mit dem Korpus trainiert und evaluiert. In Ermangelung ähnlicher Ressourcen für andere Sprachen haben Wissenschaftler in vielen Ländern ihre Methoden und Systeme mit der Penn Treebank entwickelt und getestet. So entstand die paradoxe Situation, daß einige der besten Analysesysteme in Skandinavien, den Niederlanden, Frankreich und Deutschland das Englische sehr viel besser behandeln können, als die Sprache des Heimatlandes.

Das erste größere syntaktisch annotierte Korpus des Deutschen wurde im Projekt NEGRA im Sonderforschungsbereich 378 der Deutschen Forschungsgemeinschaft entwickelt (Skut u.a. 1997). Sehr viel Mühe wurde in den Entwurf eines geeigneten Annotationsschemas investiert, das einerseits für das Deutsche mit seiner freieren Wortstellung geeignet ist, andererseits aber auch den Vergleich mit ähnlichen Ressourcen in anderen Ländern und sogar die Übersetzung zwischen den Formaten gestattet. Anspruchsvoll und aufwendig waren auch der Entwurf und die Implementation der Werkzeuge für die Annotation, die ergonomisch gestaltet sein müssen, um die Kosten der Annotation zu reduzieren. Die Werkzeuge sind jetzt in der

Lage, die Annotation mit Zunahme des statistischen Wissens schrittweise zu automatisieren. Sie werden derzeit auch an der Universität Tübingen für die Annotation gesprochener Dialoge für das BMBF Verbundprojekt Verbmobil (Wahlster 1993) eingesetzt, in dem die Technologie für die Übersetzung spontansprachliche Dialoge entwickelt wird. Die ersten zehntausend mit Strukturen versehenen Sätze des NEGRA-Korpus wurden im November 1998 für die wissenschaftliche Verwendung freigegeben. Im Gegensatz zum LDC ist das Korpus für die nichtkommerzielle Forschung frei verfügbar.

Auf der Basis des linguistisch interpretierten NEGRA-Korpus konnten neue Systeme für die syntaktische Analyse trainiert werden, die jetzt am DFKI bereits in Anwendungsprojekten für die Implementierung von Werkzeugen des Informationsmanagements eingesetzt werden (Netter 1998). Wenn man in Betracht zieht, daß diese Werkzeuge in einem noch laufenden linguistisch-kognitionswissenschaftlichen Grundlagenforschungsprojekt entstanden, so ist diese Nutzung ein Beispiel für die Verkürzung der Transferzeiten zwischen linguistischer Forschung und Anwendung. Eine weitere erfolgversprechende Anwendung großer syntaktisch annotierter Korpora für die Sprachverarbeitung ist die Methode des Data-Oriented Parsing (Bod 1998). Syntaktisch annotierte bilinguale Korpora aus dem Verbmobil Projekt werden für die Entwicklung einer neuen Generation von statistischen Übersetzungsverfahren genutzt.

Wie zuvor bereits die Penn Treebank wurde auch das NEGRA-Korpus schon erfolgreich in der linguistischen und kognitionswissenschaftlichen Forschung verwendet (Uszokreit u.a. 1998). Noch sind die Möglichkeiten der Anwendung in der theoretischen Forschung begrenzt, denn bei der großen Varianz in der syntaktischen Kombinatorik würde nach unseren Schätzungen die zehnfache Korpusgröße benötigt, um größere Bereiche der Syntax statistisch signifikant zu repräsentieren.

In der theoretischen Linguistik wird das Potential der korpusbasierten empirischen Sprachforschung von immer mehr Wissenschaftlern erkannt. Das hat zwei wichtige Gründe. Zum einen ist die Grammatikforschung an einem Punkt angelangt, an dem die "harten" syntaktischen Regeln der Sprache für intensiv erforschte Sprachen wie das Deutsche recht gut beschrieben sind. Mit harten Regeln bezeichne ich hier Bedingungen oder Prinzipien, die eine bestimmte Klasse von syntaktischen Konstruktionen entweder generell erlauben oder gänzlich ausschließen. Es zeigt sich, daß viel mehr der omnipräsenten Regularitäten einer Sprache zu den weichen Bedingungen gehören, als die Mehrzahl der Linguisten lange wahrhaben wollte. Diese Einsicht stellt die bisher angenommene strenge Trennung zwischen einem harten grammatischen Kern und zusätzlichen Bedingungen der menschlichen Sprachverarbeitung in Frage. Wenn die weichen Prinzipien nur durch die Beschränkungen des menschlichen Sprachverarbeitungsapparats verursacht werden, dann müssen wir diese Bedingungen besser verstehen, um zwischen alternativen Grammatiktheorien und deren Aussagen zur Grenze zwischen harten und weichen Prinzipien entscheiden zu können. Wenn sich aber die weichen Prinzipien als sprachabhängig herausstellen, dann müssen sie Teil der Grammatiken der einzelnen Sprachen sein, denn die relevanten Bedingungen der Verarbeitung sind bei allen Menschen gleich.

Die weichen Bedingungen können jedoch nicht durch Introspektion alleine untersucht werden, denn unsere robusten Intuitionen zur Grammatikalität eines Satzes verlassen uns, wenn es um Skalen der Grammatikalität geht. Die Untersuchung großer Korpora kann uns durch die Häufigkeiten von Konstruktionen in Abhängigkeit von anderen syntaktischen Phänomenen wichtige Einblicke in die Untersuchung der weichen Prinzipien geben. Die empirische Erforschung der weichen linguistischen Phänomene ist auch von großem Interesse für die Erforschung robuster und effizienter Verarbeitungsmethoden, denn der Mensch schließt viele durch die harte Grammatik erlaubte Analysen aufgrund weicher kognitiver Verarbeitungsbeschränkungen aus. Es ist uns bisher nicht möglich, diese Analysen in unseren syntaktischen Analyseprogrammen verläßlich zu unterdrücken.

Der zweite Grund für das zunehmende Interesse der theoretischen Linguisten an korpusbasierter Forschung ist viel einfacher zu erklären. Die statistische Linguistik war in ihrer bisherigen Entwicklung dadurch behindert, daß aussagekräftige Untersuchungen lediglich über das Zählen von Wörtern gemacht werden konnten. Wie der Betrunkene in dem bekannten Gleichnis seine Schlüssel unter der Laterne sucht, weil sich dort das Licht für die Suche am besten eignet, so hat sich die Korpuslinguistik bisher auf Phänomene konzentrieren müssen, die in den Hauptströmungen der theoretischen Linguistik keine Rolle spielten.

Dieses Bild ändert sich grundlegend mit der Verfügbarkeit großer linguistisch interpretierter Korpora. In den Naturwissenschaften ist es in vielen Bereichen selbstverständlich, daß die Rohdaten wissenschaftlich interpretiert werden müssen, bevor man mit einer sinnvollen quantitativen Analyse beginnen kann. Man stelle sich nur vor, die medizinische Statistik müßte ohne Arztbefunde auskommen! Die theoretische Linguistik verfügt jedoch nicht über eine wissenschaftliche Tradition der quantitativen empirischen Arbeit. Das wird sich sofort ändern, wenn ausreichende Mengen an wissenschaftlich interpretierten Daten vorliegen. Das Interesse unserer Kollegen aus der theoretischen Linguistik am NEGRA-Korpus bestätigt diese Vermutung. Wenn die theoretische Linguistik und die Sprachtechnologie beim Aufbau, bei der linguistischen Interpretation und bei der Auswertung der Daten zusammenarbeiten, kann der Transfer direkter nicht mehr werden.

5.2 Rückwirkungen in die Wissenschaft

Als letzten Punkt werde ich einige Rückwirkungen der Fortschritte in der Sprachtechnologie auf die Entwicklung der Sprachwissenschaft kommentieren.

Im Vergleich mit den meisten anderen Geisteswissenschaften ist die Linguistik immer sehr offen für Methoden und Denkweisen aus den Naturwissenschaften gewesen. Einige der prominentesten Vertreter der modernen Linguistik sind in den fünfziger und frühen sechziger Jahren aus den Naturwissenschaften in die Linguistik übergewechselt. Zu diesem Kreis gehören Noam Chomsky und auch einige der besten deutschen Linguisten dieser Generation. Die Linguisten nutzten bezeichnenderweise auch das Internet und WWW sehr früh als Forum für wissenschaftliche Diskussion und Information.

Die zunehmende Formalisierung der Beschreibungswerkzeuge war eine wichtige Vorbedingung für die Nutzung der linguistischen Resultate in der Sprachtechnologie. Einige der am meisten verwendeten Beschreibungsformalismen wurden unter Mitwirkung von Computerlinguisten entworfen. Die Etablierung der Computerlinguistik als Interdisziplin zwischen Linguistik und Informatik hat die theoretische Sprachwissenschaft zudem um eine experimentelle Komponente bereichert. Es gibt heute keine ausformulierte ernstzunehmende Grammatiktheorie mehr, deren Grammatikmodell nicht auch für die Forschung auf dem Computer implementiert wurde. Eine Konsistenzüberprüfung und Validierung von komplexen formalen Grammatikmodellen und größeren Grammatiken ist ohne die Implementation der Modelle heute auch nicht mehr möglich.

Die Computertechnik hat die Sammlung und Verfügbarmachung von großen Mengen an Sprachdaten bereitgestellt. Aber erst die Methoden der Sprachtechnologie, die ursprünglich für den Einsatz im Informationsmanagement entwickelt wurden, ermöglichen die teilautomatische linguistische Interpretation der Daten und somit die Entstehung einer quantitativen empirischen Forschung in Syntax und Satzsemantik.

Die ernüchternden Erkenntnisse der Computerlinguistik und der Psycholinguistik über die Unterschiede zwischen der heutigen maschinellen Sprachverarbeitung und der Sprachverarbeitung im Menschen sind nicht ohne Einfluß auf die Sprachtechnologie und die theoretische Linguistik geblieben. Theoretische Linguisten und Sprachtechnologen stehen derzeit gemeinsam vor dem Problem der bestmöglichen Integration von harten symbolischen und weichen statistischen bzw. neuronalen Ansätzen in der Forschung und Modellierung, aber die optimalen Lösungen werden für die Ingenieurwissenschaft unter Umständen völlig anders aussehen als für die Geisteswissenschaft.

Zwar wird der Ergebnistransfer aus der linguistischen Forschung in die sprachtechnologischen Anwendungen direkter werden, jedoch kann man nicht erwarten, daß sich die theoretische Linguistik durch die spannenden Herausforderungen der Sprachtechnologie in der Wissensgesellschaft von ihrer nicht minder spannenden Suche nach dem Wissen über die menschliche Sprachfähigkeit abbringen läßt. Denn, wenngleich sich die moderne Linguistik unter dem Einfluß der Natur- und

Ingenieurwissenschaften in ihren Methoden immer weiter von ihrer geisteswissenschaftlichen Tradition entfernt, so dient diese Nachrüstung doch dem einzigen Zweck, die härtesten geisteswissenschaftlichen Fragestellungen mit mächtigeren Werkzeugen zu lösen.

Wissensmanagement und Sprachtechnologie

Peter Bosch

Wissensmanagement zählt technologisch ebenso wie kulturell zu den spannendsten Herausforderungen der globalen Informationsgesellschaft. Wesentliche technologische Aspekte des Wissensmanagements sind ohne Sprachtechnologie und *linguistic engineering* nicht zu bewältigen, es sei denn, wir wären bereit, textuell repräsentiertes Wissen auszuschließen. Mit aktuellen Möglichkeiten des *Text Mining* kann textuelles Wissen in die Prozesse des Wissensmanagements integriert und seine Rolle für Innovationsprozesse erheblich verstärkt werden. Zugleich entsteht damit die Möglichkeit, das in den Geisteswissenschaften geschaffene Wissen in den Innovationsprozeß einzubeziehen.

Wissensmanagement

Wenn das Thema "Wissen" heißt, haben traditionell die Philosophen das Wort und die wirklich wesentliche Frage lautet: *Wie ist gesichertes Wissen möglich?* Geradezu blasphemisch muß dann die andere Frage lauten, um die es hier gehen soll: Wie können wir Wissen vernünftigerweise - und das heißt: effizient und effektiv - verwalten? Diese Frage soll das Wissensmanagement beantworten - wobei wir den Begriff des Wissens verwenden, ohne irgendwelche Wahrheitsansprüche mit dem zu verbinden, was da "Wissen" genannt wird.

Das Gebiet der Wissensverwaltung, unter diesem Namen oder dem eher im Trend liegenden Namen "Wissensmanagement", ist eine relativ neue Sache. Es geht im Wissensmanagement um

- den Aufbau,
- die Nutzung,
- die Weitergabe und
- die Aufbewahrung

von Wissen. Einige Elemente erscheinen vertraut und sind es dennoch nicht ganz; unter anderem deshalb, weil sie im Unternehmenskontext und im Kontext neuer Informationsmedien eine veränderte Rolle spielen. Am ehesten sind noch jene Elemente des Wissensmanagements wiederzuerkennen, die aus dem traditionellen Arbeitsgebiet der Bibliothekare, Archivare und Dokumentare hervorgehen. Aber ist der Inhalt wirklich derselbe?

Solange Wissen in relativ wenigen gedruckten Büchern abgelegt ist, von denen jedes (nicht von irgendwem, sondern vornehmlich von relativ wenigen Gelehrten und ihren Helfershelfern) geschrieben, gesetzt, korrekturgelesen, gedruckt, gebunden, rezensiert, in Bibliotheken aufgenommen und entsprechend katalogisiert wird, ist das eine Sache, und ein Hegel kann sich gegenüber seinen Studenten - die, wie immer, auch damals schon zu wenig lasen - in der Vorlesung den arroganten Verweis erlauben, man *könne* alles lesen und er, Hegel, *habe* alles gelesen. Auch zu Zeiten meines Studiums erlaubte sich gelegentlich ein Professor - und nicht völlig ironisch, sondern mit einem gewissen Stolz auf die anachronistische Übertreibung - die Wiederholung dieses Hegelzitats.

Doch seit Hegel hat sich die Szene drastisch verändert: nicht nur zählt schon lange nicht mehr nur das, was Gelehrte schreiben, oder was zwischen zwei Buchdeckel gebunden ist. Was im Internet zu lesen ist, könnte auch der anmaßendste Vielleser nicht behaupten, gelesen zu haben. Und sehr zum Pech unseres arroganten gebildeten Viellesers ist ja nicht all diese Information im Internet für jeden unwichtig. Und dann ist das Internet auch nicht das einzige Kommunikationsnetz.

Wenn auch die Kommunikationsnetze zunächst als extremer Fall erscheinen mögen, so haben sie doch noch die hilfreiche Eigenschaft, daß zumindest alle Information in elektronischer Form - und zum großen Teil in einheitlichem Format - vorliegt. Dies ist nicht der Fall in der Situation, die der Industrie Kopfzerbrechen bereitet. Von meinen Kollegen bei Siemens habe ich gelegentlich den Seufzer gehört "Wenn Siemens nur wüßte, was Siemens alles weiß!" Hier geht es auch um das Wissen in den Köpfen der Mitarbeiter, wie in den letzten paar Jahren das teuerste Reengineering-Thema des Jahrhunderts zeigt: die Jahr-2000-Umstellung. Wer gegenwärtig noch das erforderliche Wissen besitzt, um mit in vielerlei Hinsicht veralteten Großrechner-Betriebssystemen und der dazugehörigen Middleware und Anwendungen umzugehen, der kann sich wahrhaftig eine goldene Nase verdienen. Informatiker-Rentner werden quasi aus dem Altersheim geholt und stöbern in FORTRAN- und COBOL-Kode, weil sonst nicht nur ab 01.01. 2000 ihre Rente nicht mehr gezahlt würde, sondern weil auch ein paar andere Prozesse in der Wirtschaft global schieflaufen würden: Wissensmanagement ist nicht bloß ein Thema der Aufbewahrung und Archivierung, sondern auch ein Personalthema: Ausbildung, Weitergabe von Wissen, Aufbau von Kompetenz, Skill-Management, das Ausfindigmachen der richtigen Mitarbeiter für anstehende Aufgaben, sind Themen der Investitionssicherung und damit der Wettbewerbsfähigkeit. Der Umfang des Problems ist mit dem aus jeder Proportion fallenden Wissenszuwachs nicht mehr nur mit klassischen Ansätzen zu bewältigen. Nur noch in seltenen Glücksfällen hilft es, ein oder zwei Bekannte oder Kollegen anzurufen, die sich mit der zur Diskussion stehenden Frage auskennen und uns sagen, wer gegenwärtig die Ansprechpartner sind und was wir zu dem Thema lesen müssen. Es geht um Informationskultur. Die alte Informationskultur kann die Probleme der Wissensverwaltung im aktuellen Ausmaß nicht mehr mit ihren Mitteln verarbeiten. Eine Kulturrevolution steht nicht ins Haus, aber der

Aufbau einer neuen Informationskultur, in der Wissen in einem neuen Sinn als kostbares Gut behandelt wird.

Was hier neu ist, ist natürlich nicht, daß Wissen besser bewacht werden müßte und wir noch kleinlicher mit Intellectual Property umgehen sollten. Diese Seite hat alte Wurzeln in der Wissenschaft, und manch ein Scharlatan wäre schneller entlarvt worden, wenn er seine kleinen Forschungsgeheimnisse nicht so gut gehütet hätte. Der protektionistische Umgang mit Unternehmenswissen und Intellectual Property steht mit gutem Grund in dieser Tradition. Hier ist nicht eine kulturelle Veränderung angesagt, sondern nur die konsequente Übertragung wohl etablierter Grundsätze auf neue Kommunikationsmedien; hier geht es um das traditionelle Thema Informationssicherheit. Nein, die wesentliche kulturelle Veränderung, die erfolgreiches Wissensmanagement verlangt, besteht darin, daß wir lernen, zwar dem Mitbewerber gegenüber unser Wissen für uns zu behalten, aber dennoch einen effektiven und effizienten Austausch von Wissen innerhalb der eigenen Organisation, und selektiv mit Kunden, Distributoren und Zulieferern zu ermöglichen. Was kulturell zu erreichen wäre, ist eine Haltung, die Mitarbeiter, Kollegen und Vorgesetzte, und ebenso Geschäftspartner, nicht als potentielle Mitbewerber betrachtet sondern ihnen vorhandenes Wissen freigebig zugänglich macht, ja anträgt. Das neue Verständnis ist, daß der Besitzer von Wissen eine Bringschuld hat.

In diesem Beitrag geht es mir jedoch nicht vornehmlich um Vorschläge zu einer neuen Wissenskultur. Es geht eher, innerhalb der Problematik des Wissensmanagements, um Technologieentwicklung, speziell die Entwicklung der Sprachtechnologie.

Technologische Beiträge zum Wissensmanagement konzentrieren sich bisher auf das Management des Ablaufs von Geschäftsprozessen (Workflow), Dokumentenmanagement oder Archivierung und auf Data Mining. Im folgenden geht es um eine neue Komponente in diesem Ensemble: um Text Mining.

Text Mining

Data Mining ist in zwischen in weiten Kreisen zu einem Begriff geworden. Die Grundüberlegung geht aus von den im Zuge der Ausbreitung der Informationstechnologie allerorts entstehenden Datenfriedhöfen und dem Gedanken, daß manches Nützliche darin verborgen sein könnte. Nicht, daß man versehentlich wertvolle Daten weggeworfen hätte statt sie zu archivieren. Es geht um Information, die *implizit* in den Datenmengen vorhanden ist und nur mit mehr oder weniger cleveren Schürftechniken (daher "mining") extrahiert werden kann. Ein Beispiel, mit dem die Datenschürfer ihre Aufgabe gern illustrieren bezieht sich auf den Datenfriedhof, den die Registrierkassen der Supermärkte tagtäglich erzeugen. Mit einfachsten Mitteln läßt sich feststellen, daß z.B. Kunden, die Spargel kaufen, relativ häufig auch gekochten Schinken oder rohen Schinken kaufen. Nicht, daß uns dies überraschen würde (wir wollten ja auch gern ein Beispiel sehen, das sofort einleuchtet), aber es dürfte klar sein, daß wir mit unserer kulinarischen Intuition nur gelegentlich und unsystematisch solche Zusammenhänge im Kaufverhalten des Supermarktkunden aufspüren können. Data Mining bietet die Möglichkeit, solche Zusammenhänge systematisch aufzudecken und bietet sie unserem Supermarktleiter zur Optimierung an: Er kann nun getrost die Kunden mit einem Spargel-Sonderangebot in den Laden locken und zugleich sicher sein, daß er sich über die Preisgestaltung beim Schinken schadlos hält.

Worum es beim Data Mining geht ist die Aufdeckung von zunächst verborgenen jedoch hochsignifikanten Korrelationen zwischen diversen Parametern. Klassifikations- und Clustertechniken bilden den Kern der hierfür erforderlichen Algorithmen.

In welchem Sinn also kann nun neben *Data Mining* auch von *Text Mining* gesprochen werden? Wie und mit welchem Ziel können ähnliche Ansätze wie beim Data Mining auf Texte angewendet werden? Der Gedanke mag zunächst überraschen, weil es von der Anwendung und Zielsetzung her gerade nicht um quantitative Eigenschaften von Texten geht. Wenn wir Wissensmanagement betreiben, interessiert uns z.B. die Tatsache, daß in der *Süddeutschen Zeitung* bestimmte Wörter hochfrequent auftreten, die im *Spiegel* eher selten sind, eigentlich nicht (wobei mir ehrlich gesagt, immer schleierhaft war, warum und zu welchem Zweck sich überhaupt irgend jemand für derartige Ergebnisse interessieren könnte). Wir wollen mit automatischen Verfahren im Text Mining *inhaltliche* Zusammenhänge und Eigenschaften von Texten entdecken.

Die Aufgabe, mit automatischen Verfahren Textinhalte zu erfassen, gehört klassisch zu den Aufgaben der Künstlichen Intelligenz, genauer zu dem Untergebiet natürlichsprachliches Verstehen (*natural language understanding*) oder zu dem Arbeitsgebiet der Erstellung von Textzusammenfassungen (*abstracting*). Ein wesentliches Hemmnis für die praktische Anwendung dieser KI-Ansätze bestand jedoch immer darin, daß ohne eine sehr umfassende Repräsentation des in jedem Fall relevanten Alltagswissens und des für die jeweiligen Texte relevanten Domänenwissens (oder Fachwissens) keine tatsächlich funktionierenden Systeme erstellt werden können. Das für die jeweilige Sprache relevante linguistische Wissen, d.h. die Syntax, Semantik und Morphologie, können diese Aufgabe allein nicht erledigen. Der Aufbau der zusätzlich erforderlichen wirklich sehr umfassenden Wissensrepräsentationen ist jedoch - trotz einiger sehr beeindruckender Versuche - nicht soweit vorangekommen, daß hier ernsthaft von vielversprechendem Fortschritt gesprochen werden könnte. - Ich will nicht sagen, daß der KI-Ansatz gescheitert ist. Er hat mit Sicherheit zu wichtigen neuen Erkenntnissen über Eigenschaften und Struktur der menschlichen Sprache und des menschlichen Wissens geführt - nicht jedoch zu in einem ernst zu nehmenden Sinn industriell verwertbaren Anwendungen. Das kann noch kommen und diese Forschungsrichtung muß in jedem Fall mit vollem Einsatz weiter betrieben werden.

Mittlerweile jedoch haben sich - fast, wie es scheinen mag, in Konkurrenz zu KI-Ansätzen - stochastische Ansätze entwickelt, die für viele Zwecke schlicht besser geeignet sind. Besser, weil sie zunächst einmal ohne die schwer lastende Voraussetzung der großen Wissensrepräsentationen auskommen und damit ein großes Hemmnis für ihre Machbarkeit aus dem Wege geräumt ist. Besser auch, weil sie sehr viel billiger entwickelt werden können.

Nehmen wir als Beispielanwendung die Gruppierung von Texten in Ähnlichkeitsklassen, d.h. Clustering. Es ist gewiß nicht absurd, zu vermuten, daß Texte eines Autors sich von Texten anderer Autoren erkennbar unterscheiden und daß z.B. ein Literaturhistoriker kompetente Aussagen über die Autorenschaft eines Textes machen kann. Die Hypothese stochastischer Clustering-Techniken ist nun, daß sich eine Ähnlichkeitsklasse von Texten, also ein Textcluster - wie z.B. die Texte eines Autors im Vergleich zu den Texten anderer Autoren - mit Hilfe quantitativer Parameter charakterisieren läßt. Dies können z.B. Parameter relativer Worthäufigkeiten sein, Parameter relativer Häufigkeit syntaktischer, morphologischer oder auch semantischer Merkmale (vorausgesetzt es stehen Lexika zur Verfügung, die solche Eigenschaften hergeben und vorausgesetzt die Verfügbarkeit automatischer Taggingtechniken) und natürlich Kombinationen solcher Parameter und Relationen darüber. Solche Charakterisierungen von Textclustern sind notabene immer *relative* Charakterisierungen, abhängig von den konrastierenden Texten. Dies bedeutet, daß Clusteringtechniken eine Gruppe von Texten, relativ zu einem bestimmten Textkorpus bestimmen. Da diese Techniken automatisch ausgeführt werden, - d.h. die Algorithmen probieren sozusagen die ihnen verfügbaren Parameter an dem jeweiligen Korpus aus und verwenden am Ende solche Parameter, die zu einem den Vorgaben entsprechenden Clustering führen - und da diese Algorithmen i.a. sehr schnell ausgeführt werden können, ist die Relativität nur von Vorteil: Clustering kann auch rekursiv angewendet werden, um immer feinere Gruppierungen zu erstellen: innerhalb eines Clusters werden weitere Cluster erstellt.

Wenn es darum geht, die Texte eines Autors im Vergleich zu den Texten anderer Autoren mit Hilfe quantitativer Parameter zu charakterisieren, so ist diese Anwendung zunächst noch eine rein formale und offensichtlich nicht eine inhaltliche Charakterisierung. Die Hypothese im Text Mining ist jedoch, daß mit denselben Mitteln inhaltliches Clustering erreicht werden kann. Dies ist eine empirische Hypothese, die in der Anwendung auf diverse Klassifikationsabsichten getestet werden kann.

Nehmen wir an, wir haben bereits einen Korpus gruppierter Texte vorliegen, etwa in einem Archiv nach Sachgebieten geordnet. Dann können wir unsere Algorithmen mit Hilfe von Techniken des maschinellen Lernens die verwendete Klassifizierung "lernen" lassen und auf weitere bisher nicht klassifizierte Texte anwenden. Auf diese Weise können wir z.B. die Klassifikation eines bestehenden Archivs von Zeitungsmeldungen auf die offene Klasse neu eingehender Zeitungsmeldungen übertragen. Die Klassifizierung ist inhaltlicher Art und im vorliegenden Fall stellen wir fest, daß die Klassifizierung sehr genau nachgebildet werden kann und zwar ausschließlich mit dem Parameter relativer Worthäufigkeiten.

Durch intelligenten Einsatz solcher rein quantitativer Parameter können Ergebnisse erreicht werden, die auch scheinbar subtile Unterscheidungen erfassen. Wenn wir mit boolscher Stichwortsuche in einer Textdatenbank medizinischer Fachveröffentlichungen Artikel suchen, die sich mit Aspirin als möglicher Ursache von Kopfschmerzen beschäftigen, bekommen wir in jedem Fall Probleme mit der Treffsicherheit (precision), weil uns die Suche auch Artikel liefern wird, in denen Aspirin als Heilmittel für Kopfschmerzen behandelt wird. Eigentlich würden wir gern mit strukturierten Termen suchen, wie URSACHE(aspirin, kopfschmerz) oder HEILMITTEL(aspirin, kopfschmerz). Doch dies sind *semantische* Relationen, die im klassischen Ansatz zunächst einmal eine relativ subtile linguistische Analyse der zu durchsuchenden Texte verlangen und dann eine Abbildung auf eine konzeptuelle Repräsentation. In einem quantitativen Ansatz ist es prinzipiell denkbar, strukturierte Terme durch rekursives Clustering in der Datenbank nachzubilden. Etwa indem wir zunächst ein Cluster bilden, in dem es sowohl um Aspirin als auch um Kopfschmerzen geht (das bedeutet normalerweise nicht, daß wir im Clustering nur diese Terme verwenden, sondern auch Terme, die für unseren Korpus oder bereits untersuchte Korpora ähnlicher Art signifikant mit ihnen korrelieren). Ein weiteres Clustering innerhalb der so erzeugten Gruppe könnte Cluster erzeugen, in denen es primär um Ursachen von Beschwerden geht und ein anderes, in dem Effektivität von Heilmitteln behandelt wird, so daß wir Ergebnisse erzielen, die der gewünschten Differenzierung entsprechen.

Ich habe mich soeben bewußt vorsichtig ausgedrückt und Formulierungen gewählt *wie es sei denkbar daß, man könne dieses oder jenes versuchen*, etc. Dieses Denken ist charakteristisch für den quantitativen Ansatz: man arbeitet empirisch und experimentell. Solange wir das Experiment nicht ausgeführt haben, können wir über die Resultate nur Vermutungen anstellen, aber Sicherheit erhalten wir nur aus der Empirie. Die verwendeten Algorithmen werden an kleinen Mengen von relativ gut bekanntem Datenmaterial trainiert und dann auf große Mengen von ähnlichem Material angewendet. So funktioniert Clustering, so funktioniert stochastisches Tagging, und so funktioniert Textklassifikation.

Ein Cluster kann beschrieben werden durch die quantitativen Eigenschaften, die es definiert, im einfachen Fall als eine Menge hochfrequenter Lexeme. Grundlage des semantischen Clusterings ist der Gedanke, daß - wie immer relativ zu einer bestimmten Textmenge oder einer bestimmten Textdatenbank - regelmäßige Beziehungen zwischen solchen Mengen hochfrequenter Lexeme und bestimmten Konzepten bestehen.

Mit diesem Gedanken ergibt sich konsequent eine Konzeption robuster semantischer Suche, die weit über thesaurusbasierte Suche hinausgeht. In einem Thesaurus wird die Menge der Suchwörter, vereinfacht gesagt, durch Synonyme erweitert. Eigentlich suchen wir Fundstellen für das Konzept Arbeit, aber der Thesaurus sorgt dafür, daß die Suchmaschine alle morphologisch aus "Arbeit", "Tätigkeit", "Beruf", etc. hervorgehenden Zeichenketten sucht. Doch die Grundlage des Thesaurus ist im wesentlichen die Intuition und die Zuhilfenahme von Lexika durch die Autoren des Thesaurus. Im maschinellen Lernen werden die Frequenzkorrelationen in entsprechenden Clustern untersucht. In einer hierauf basierenden Suche in Textdatenbanken werden im wesentlichen mit Hilfe der bereits bekannten Charakterisierung eines Begriffsclusters *Arbeit* weitere Texte für dieses Cluster gesucht. Ob das Wort "Arbeit" darin vorkommt ist relativ nebensächlich.

Die sich hiermit ergebende Robustheit kann nun den Anwendungsbereich für das Textmining erheblich erweitern, wie wir das im Institut für Logik und Linguistik in den letzten Monaten getan haben: wir wenden Textmining nicht nur auf relativ "saubere" Texte an, sondern auch "unsaubere" Texte, wie sie z.B. aus der (immer mit einer gewissen Fehlerquote behafteten) Spracherkennung hervorgehen oder aus Systemen der (ebenfalls niemals hundertprozentigen) automatischen Übersetzung. Selbst wenn die Übersetzung nur mäßig gut ist oder die Spracherkennung nur mittelmäßige Ergebnisse liefert, so können die Sprachaufnahmen und die ursprünglichen Texte dennoch - mit Hilfe der robusten Clusteringtechniken - ebenso sauber eingeordnet werden wie "saubere" Texte. In unseren Anwendungen ging es notabene nicht darum, unsere Textdatenbank mit den aus der Spracherkennung resultierenden Texten oder mit Übersetzungen anzureichern. Die Aufgabe bestand darin, eine Datenbank, die Sprachaufnahmen bzw. fremdsprachige Texte neben regulären deutschen Texten enthielt, inhaltlich zu ordnen.

Die Techniken des Text Mining stehen noch am Anfang ihrer Entwicklung, und wir haben guten Grund von ihrer weiteren Entwicklung noch erhebliche Fortschritte zu erwarten. Daß Text Mining uns interessante Einsichten in die menschliche Kognition oder speziell die menschliche Sprachverarbeitung liefern wird, ist eher zu bezweifeln. Aber das ist auch nicht ihr Ziel. Es geht um linguistic engineering: es sollen effiziente und effektive Lösungen für Probleme des Wissensmanagements geliefert werden.

Eine ganz wesentliche Konsequenz aus den aussichtsreichen Entwicklungen des Text Mining möchte ich noch kurz ansprechen. Wenn wir in der Lage sind, sprachliche Texte nach ihren Inhalten automatisch zu verarbeiten, bedeutet dies, daß die natürliche menschliche Sprache ihre Rolle in der Kommunikation und in der Informationsspeicherung behaupten und erweitern kann. Wir können das natürlichste Medium der Informationsspeicherung und Wissensrepräsentation, mit dem jeder Mensch umgehen kann, das ein Maximum an ergonomischem Komfort bietet, tatsächlich in den Kontext der Informationstechnologie herüber retten. Mehrdeutigkeiten und Ungenauigkeiten des sprachlichen Ausdrucks werden dabei in Kauf genommen und stören die Informationsverarbeitung nicht. Texte werden besser zugänglich gemacht und besser verwaltet, bleiben aber letztendlich als sprachliche Texte erhalten, die wie eh und je gesprochen, geschrieben, abgehört und gelesen werden. Der aufwendige Umweg über eine Übersetzung und Abbildung in formale Sprachen - nur um einer zunehmend zum alten Eisen gehörigen und zu nichts anderem fähigen Informationstechnologie einen Gefallen zu tun - bleibt uns erspart.

Wissensmanagement kann sich mit den Methoden des Text Mining mehr, als wir in der Vergangenheit zu träumen gewagt haben, die ergonomischen Vorteile der sprachlichen Repräsentation zunutze machen. Nicht nur Wissen in Form von Zahlen und Tabellen, wie es im Data Mining erschlossen wird, sondern auch Wissen in sprachlicher Form kann effizient verwaltet werden.

Wissensmanagement, Innovation und Geisteswissenschaften

Das Thema des Kolloquiums ist die Frage nach Beiträgen der Geisteswissenschaften zu Innovationen. Ich glaube nicht, daß das Innovationspotential der Geisteswissenschaften als solches zur Diskussion steht. Das im Wesen interpretierende Herangehen der Geisteswissenschaften an Probleme ist ein absolut notwendiges Element in jedem Innovationsprozeß, der von der Gesellschaft getragen wird. Innovationen, die wir Menschen nicht verstehen, tragen wir auch nicht mit, sondern richten uns gegen sie. Innovation braucht eine Kultur, die sie trägt, und in dieser Kultur sind die intellektuell und künstlerisch vermittelnden, verstehenden und interpretierenden Vorgehensweisen der Geisteswissenschaften ein wesentlicher Bestandteil. - Dieses Thema weiter auszuführen ist jedoch vielleicht eher Sache eines Geisteswissenschaftlers. Worum es mir in diesem Beitrag ging ist etwas anderes: ich glaube, daß wir von der Technologie her noch viel tun müssen, um die *Bedingungen der Möglichkeit* eines Beitrags der Geisteswissenschaften zur Innovation zu schaffen oder zu erhalten. Das heißt unter anderem, daß wir das in den Geisteswissenschaften in der Form von Texten geschaffene Wissen den technologischen Prozessen des Wissensmanagement zugänglich machen: In Texten vorliegendes Wissen kann nur dann die ihm zukommende Rolle für Innovationen spielen, wenn es zunächst einmal auf eine Art zugänglich gemacht wird, die nicht von uns verlangt, daß wir *alles gelesen haben*, sondern die uns das sichere Auffinden und eine selektive Nutzung ermöglicht.

Welchen Beitrag kann die Linguistik zu technologischen Innovationen leisten?

*Erhard W. Hinrichs**

1 Neuorientierung der Sprachwissenschaft

Bis weit in das 19. Jahrhundert wurde die Allgemeine Sprachwissenschaft von den Fragen: "Wie wird Sprache nach den Regeln der Grammatik und der Rhetorik *richtig* verwendet?" und "Wie hat sich Sprache geschichtlich verändert?" beherrscht. Im Vordergrund dieser präskriptiven und diachronen Betrachtungsweise standen die klassischen Sprachen, insbesondere das Sanskrit, das Griechische und das Latein, deren grammatisches System als Leitidee für die einzelphilologische Betrachtung anderer Sprachen galt.

Im 20. Jahrhundert hat eine deskriptiv-orientierte Sprachwissenschaft, die sich primär mit der Frage beschäftigt "Wie wird Sprache *tatsächlich* verwendet und welche Variationen sprachlichen Gebrauchs gibt es?" die präskriptive Grammatikforschung bis auf normative Fragen der Rechtschreibung weitgehend ersetzt. Gleichzeitig ist zur diachronen Perspektive eine synchrone Perspektive hinzugetreten, die Sprache als historisch und kulturell bedingtes Phänomen respektiert, jedoch primär den Systemcharakter sprachlicher Zeichen und Äußerungen als Forschungsgegenstand hervorhebt. Diese aus dem Strukturalismus erwachsene Forschungstradition hat wesentlich zu einer zunehmenden Formalisierung und Mathematisierung sprachwissenschaftlicher Theorien beigetragen und damit eine wichtige Voraussetzung für die computerlinguistische Forschung geschaffen.

Seit Ende der fünfziger Jahre haben sich auf dem Hintergrund der rasanten Entwicklung in den Computerwissenschaften die Computerlinguistik dann als eigene Teildisziplin und die Frage ”Wie kann Sprache automatisch verarbeitet und verstanden werden?” als neue Fragestellung in der linguistischen Grundlagenforschung fest etabliert. Förderpolitisch ist dabei nicht ganz uninteressant, daß die Entwicklung der *Generativen Linguistik*, die mit dem Namen und dem Werk Noam Chomskys eng verbunden ist, in den USA im Kontext des sog. *Sputnik Effekts* gerade durch die gezielte Förderung von Forschungsprojekten auf den Anwendungsgebieten der Ma-

---

* Dieser Beitrag beruht z. T. auf Vorarbeiten und Forschungsergebnissen ehemaliger und gegenwärtiger Wiss. MitarbeiterInnen an meinem Lehrstuhl. Mein besonderer Dank gilt Herrn Helmut Feldweg, Frau Birgit Hamp und Frau Claudia Kunze, die an den Forschungsprojekten *COMPASS*, *SLD* und *EuroWordNet* mitgearbeitet haben bzw. weiter mitarbeiten.

schinellen Übersetzung und der maschinellen Strukturanalyse von geschriebener Sprache, entscheidend vorangetrieben werden konnte.

Dürfte durch diese einleitenden Bemerkungen deutlich geworden sein, daß es sich bei der Sprachwissenschaft aus wissenschaftsgeschichtlicher Perspektive um eine innovative Disziplin handelt, die im 19. und 20. Jahrhundert eine enorme Neuorientierung durchlaufen hat, so ist damit natürlich noch keineswegs die Frage beantwortet, welchen Beitrag die moderne Linguistik zu Innovationen leisten kann, die an der Schwelle zum nächsten Jahrtausend von vorrangigem Interesse sind. Aufgrund der methodologischen Vielfalt und des hochgradig interdisziplinären Charakters der Linguistik, deren Nachbardisziplinen von kulturwissenschaftlichen Fächern bis zur Mathematik, zur Informatik und zu den Neurowissenschaften reichen, ist eine einzige Antwort auf die Leitfrage "Welchen Beitrag leistet die Linguistik zu Innovationen" wohl auch kaum möglich. Mein Anliegen wird es daher sein, eine partielle Antwort aus der Perspektive der von meinem Lehrstuhl vertretenen Teildisziplinen *Allgemeine Sprachwissenschaft und Computerlinguistik* zu geben. Ich möchte dabei anhand einer Fallstudie der Frage nachgehen, welchen Beitrag die Sprachwissenschaft zu technologischen Innovationen in der Informationsgesellschaft leisten kann und bereits leistet. Bei der Fallstudie handelt es sich um ein intelligentes Wörterbuchsystem für das Lesen fremdsprachiger Texte, das an meinem Lehrstuhl im Rahmen des EG-Projekts *COMPASS* (kurz für: *Comprehension Assistance*) zusammen mit dem Xerox Research Centre in Grenoble, dem Fraunhofer Institut für Arbeit und Organisation in Stuttgart, der Bournemouth University sowie der Université Lyon II entwickelt worden ist (Breidt/Feldweg 1997). Das Projekt eignet sich deshalb als Fallstudie, weil es nicht nur eine marktfähige Applikation der Computerlinguistik darstellt und damit Möglichkeiten des Technologietransfers aufzeigt, sondern gleichzeitig auf genuin sprachwissenschaftlichen Wissensquellen basiert und somit die Relevanz sprachwissenschaftlicher Forschung für die angewandte Computerlinguistik exemplarisch veranschaulichen kann.

2 COMPASS: Ein intelligentes Wörterbuchsystem für das Lesen fremdsprachiger Texte

Mit der Einführung elektronischer Wörterbücher kann der Zeitaufwand und die damit verbundene Leseunterbrechung beim Nachschlagen von unbekannten, fremdsprachlichen Wörtern gegenüber gedruckten Wörterbüchern erheblich verkürzt werden. Das gilt vor allem dann, wenn auch der zu lesende Text in elektronischer Form vorliegt. Diese Lesekonstellation gewinnt mit der zunehmenden Ausbreitung von Computernetzen, elektronischen Büchern und Dokumenten immer mehr an Bedeutung.

Die elektronische Lexikonrecherche wird gerade von avancierten Lesern einer maschinellen Volltextübersetzung vorgezogen, da bei diesen Lesern Verstehenslücken nur bei einzelnen Wörtern auftreten. Außerdem handelt es sich bei elektronisch verfügbaren Dokumenten häufig um Gelegenheitstexte, die eine Volltextübersetzung ohnehin nicht rechtfertigen. Das hier skizzierte Benutzerszenario weist einige interessante Gemeinsamkeiten, aber auch signifikante Unterschiede zum Szenario der Maschinellen Übersetzung auf, das im BMBF-Leitprojekt *Verbmobil* vorausgesetzt wird. In beiden Fällen ist die Maschinelle Übersetzung benutzergesteuert. Im Fall von *Verbmobil* handelt es sich jedoch um die Übersetzung gesprochener Sprache in spontansprachlichen Dialogen. Außerdem ist die Übersetzung im Gegensatz zu *COMPASS* nicht auf einzelne Wörter oder Phrasen beschränkt, sondern kann sich auf Dialogsegmente beliebiger Länge erstrecken. Das *Verbmobil* Szenario ist auch auf bestimmte aufgaben-orientierte Dialogdomänen beschränkt, während das *COMPASS* Szenario auf Texte jeder Art anwendbar ist.

Andererseits werden die elektronischen Wörterbücher selbst wie auch die Nachschlagetechnik jedoch den Möglichkeiten des elektronischen Mediums derzeit nicht gerecht. Bei den Wörterbüchern, die meist als CD-Rom im Handel angeboten werden, handelt es sich um eine elektronische Abbildung der als Druckmedium für den menschlichen Gebrauch konzipierten Nachschlagewerke. Die Nachschlagetechnik beschränkt sich im allgemeinen darauf, eine Zeichenkette im Text mit den Zeichenketten der Wörterbuchschlagworte zu vergleichen und bei einer Übereinstimmung den zugehörigen Eintrag auszugeben. Die intellektuellen Leistungen eines menschlichen Wörterbuchbenutzers werden von diesen Systemen nicht übernommen. Die Zurückführung von flektierten Formen auf deren Grundform, die Wortartbestimmung und die Auswahl der passenden Bedeutung in einem längeren Wörterbucheintrag müssen weiterhin vom Benutzer geleistet werden. Die Auswahl der passenden Bedeutung ist die Voraussetzung dafür, daß die für den jeweiligen Verwendungskontext eines Wortes adäquate Übersetzung in die Zielsprache ermittelt werden kann.

Das Projekt *COMPASS* hat demonstriert, daß diese Einschränkungen herkömmlicher elektronischer Wörterbücher durch den Einsatz bereits verfügbarer, computerlinguistischer Techniken überwindbar sind. Dazu wurde ein Softwareprototyp entwickelt, der qualitativ hochwertige, strukturell aufbereitete Wörterbücher durch ein intelligentes, kontextsensitives Nachschlageverfahren erschließt und die Informationen dem Benutzer über eine ansprechende graphische Schnittstelle präsentiert. Die Kontextsensitivität des Nachschlageverfahrens besteht darin, daß aus dem jeweiligen Wörterbucheintrag nur der Ausschnitt präsentiert wird, der für die Übersetzung des von den Benutzern selegierten Wortes im jeweiligen Verwendungskontext relevant ist. Abb. 14 zeigt die Benutzeroberfläche des *COMPASS* Prototypen und veranschaulicht die Funktionalität des Systems.

Die *COMPASS* Benutzeroberfläche besteht aus einem sog. *Reader*, in den HTML-formatierte Texte im Read Modus eingelesen werden können.

Abbildung 14: Die graphische Benutzeroberfläche des COMPASS Prototypen

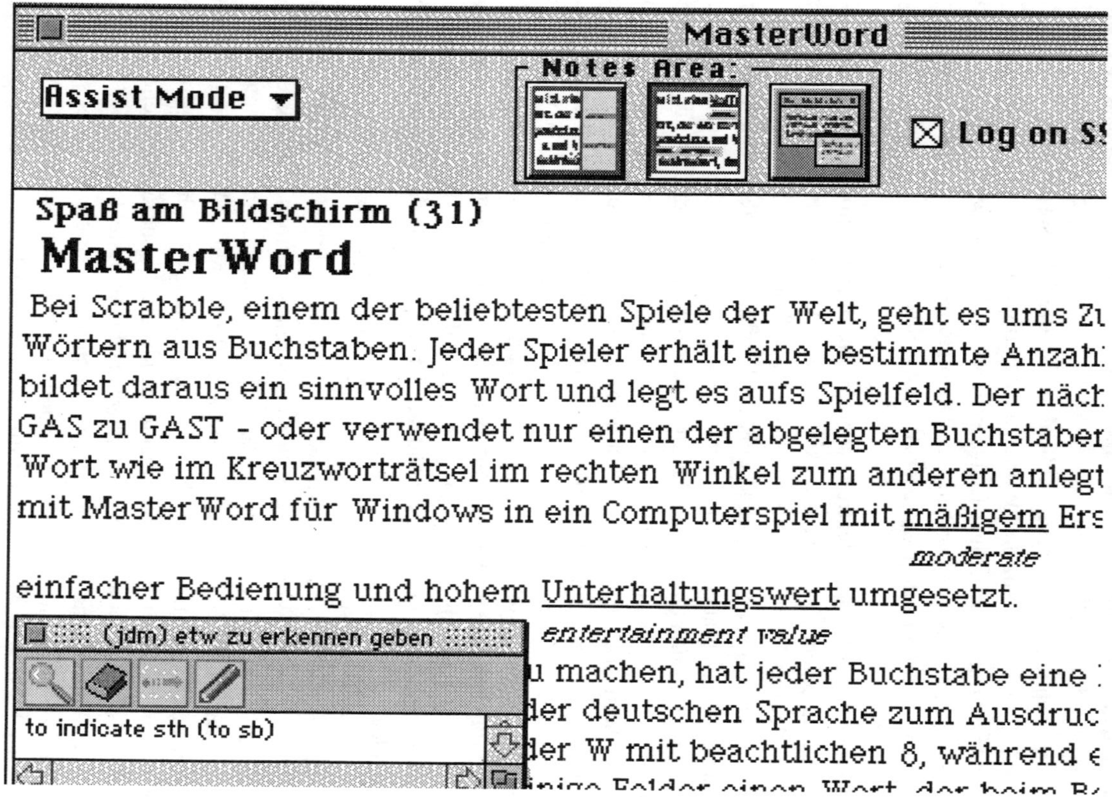

MasterWord
Assist Mode
Notes Area:
Log on S
Spaß am Bildschirm (31)
MasterWord
Bei Scrabble, einem der beliebtesten Spiele der Welt, geht es ums Zu
Wörtern aus Buchstaben. Jeder Spieler erhält eine bestimmte Anzah
bildet daraus ein sinnvolles Wort und legt es aufs Spielfeld. Der näch
GAS zu GAST - oder verwendet nur einen der abgelegten Buchstaben
Wort wie im Kreuzworträtsel im rechten Winkel zum anderen anlegt
mit MasterWord für Windows in ein Computerspiel mit mäßigem Ers
moderate
einfacher Bedienung und hohem Unterhaltungswert umgesetzt.
entertainment value
(jdm) etw zu erkennen geben
to indicate sth (to sb)
u machen, hat jeder Buchstabe eine
der deutschen Sprache zum Ausdruc
der W mit beachtlichen 8, während e

Benutzer können dann im Assist Modus Einzelwörter bzw. Phrasen per Maus selektieren, die in die jeweilige Zielsprache übersetzt werden sollen. In einem separaten Fenster wird der jeweilige Ausschnitt aus dem Wörterbucheintrag präsentiert, der der kontextuellen Bedeutung des ausgewählten Textes entspricht. So wird in Abb. 14 für das Wort *erkennen* aus dem Eintrag des Collins Deutsch-Englisch Wörterbuchs nicht das englische Verb *recognize*, sondern nur die Variante *to indicate sth* angezeigt, die sich durch die Verwendung im Kontext von *zu erkennen geben* als korrekte Übersetzung ergibt. Durch Anklicken der Lupenschaltfläche können Benutzer zusätzliche Information zur angezeigten Bedeutungsvariante abrufen, wie etwa Verwendungsbeispiele oder verschiedene Subbedeutungen aus dem Wörterbucheintrag. Die Stylusschaltfläche erlaubt die textuelle Anzeige von Übersetzungen, die, interlinear, wie in Abb. 14 illustriert, oder per Zeilenrandannotation erfolgen kann. Durch Anklicken der Buchschaltfläche kann schließlich der komplette Lexikoneintrag inspiziert werden.

Zusätzlich zur graphischen Darstellung der relevanten lexikalischen Informationen stellt der *COMPASS Reader* eine Protokollfunktion zur Verfügung, die die ausgeführten Übersetzungen abspeichert und ein späteres Nachlesen der unbekannten Vokabeln erlaubt.

Die Leistung des Prototyps wurde durch eine erste Serie von Benutzertests beurteilt. Dabei wurde das System von den Testpersonen ausgesprochen positiv bewertet. Einige Benutzerkommentare auf die Frage, ob COMPASS effizienter ist als ein Papierwörterbuch:
"I get fed-up with leafing through paper dictionaries. I prefer being able to scan ahead like this."
"Chief advantage is the speed, and that the user can go on working on the text whilst COMPASS is accessing the translation options."
"More efficient particularly for a weak language competence."

Die Ergebnisse zeigen, daß das Lesen fremdsprachlicher Texte durch ein System wie *COMPASS* erheblich vereinfacht wird und ein besseres Verständnis der Texte erreicht werden kann. Tatsächlich glauben wir, daß in vielen Fällen, wenn der Leser bereits über Grundkenntnisse der Fremdsprache verfügt, das Übersetzen von Texten durch den Einsatz eines solchen Systems vermieden werden kann.

In den nachfolgenden Abschnitten sollen die Komponenten und die Architektur des *COMPASS*-Softwareprototyps detaillierter beschrieben werden, um einen Eindruck davon zu vermitteln, welche sprachwissenschaftlichen und computerlinguistischen Methoden in einer solcher Anwendung zum Einsatz kommen.

2.1 Computerlinguistisch aufbereitete, bilinguale Wörterbücher

Die lexikographische Grundlage des Projekts bilden das *Collins-Klett-Großwörterbuch Deutsch-Englisch* und das *Oxford-Hachette-Wörterbuch Englisch-Französisch*. Beide Wörterbücher wurden von den Verlagen als Satzbanddateien zur Verfügung gestellt und mit Hilfe des an meinem Lehrstuhl entwickelten Lexikonparsers *Lexparse*, in SGML-konforme Datenstrukturen überführt, um die Wörterbucheinträge für das elektronische Nachschlagesystem zugänglich zu machen. Bei der *Standard Generalized Markup Language* (SGML) handelt es sich um ein Standardformat für die Kodierung elektronischer Texte. Für die Wiederverwendbarkeit elektronischer Daten ist von zentraler Bedeutung, daß sie in derartige Standardformate konvertiert werden.

2.2 Das Nachschlagesystem *Locolex*

Grundlage des Nachschlagesystems ist das von Rank Xerox entwickelte und patentierte System Locolex (Bauer/Segond/Zaenen 1995). Der Locolexkern übernimmt die eigentliche Nachschlagearbeit und lädt auf der Basis einer linguistischen Analyse der Wortumgebung die jeweils relevanten Teile eines Wörterbucheintrags. Die Komponenten zur linguistischen Analyse der Ausgangssprachen, die sog. *Sprachmodelle*, sind nicht direkter Bestandteil des Locolexkerns. Die von Locolex verausgesetzte linguistische Analyse besteht aus der Lemmatisierung und der Wortartenklassifikation der im Lesetext vorkommenden Wortformen.

2.2.1 Morphologische Analyse

Die Lemmatisierung besteht in der Reduktion flektierter Wortformen auf deren Grundform und ermöglicht damit den Zugriff auf Wörterbucheinträge auch von flektierten Wortformen aus (z.B. von der Wortform *gesungen* auf die Zitierform des Lexikoneintrags für das Verb *singen*). Darüber hinaus stellt diese Komponente morphosyntaktische Informationen (Wortart, Kasus, Numerus und Genus) bereit, die in den folgenden Analyseschritten für die Auswahl der passenden Bedeutung genutzt werden. Das Lemmatisierungsverfahren beruht auf der morphologischen Analyse durch endliche Automaten und wurde durch das von der finnischen Firma *Lingsoft* vertriebene Produkt *Gertwol* durchgeführt.

2.2.2 Wortartendisambiguierung

Werden von der morphologischen Analyse mehrdeutige syntaktische Informationen geliefert (z.B. *Artikel* oder *Verb* für die Form *einen* bzw. *Substantiv* oder *Verb* für Englisch *walk*), dann wird diese Ambiguität von einer Komponente zur Wortartendisambiguierung aufgelöst. Dabei wird ein als *Hidden-Markov-Modell* bekanntes probabilistisches Verfahren verwendet. Diese Komponente ist vor allem für Englisch oder Französisch wichtig, wo viele Inhaltswörter bezüglich ihrer Wortart ambig sind.

2.2.3 Auswahl der relevanten Teile eines Wörterbucheintrags

Die Ergebnisse der morphologischen Analyse und der Wortartendisambiguierung werden für die Auswahl der für den jeweiligen Kontext relevanten Teile eines Wörterbucheintrags genutzt. Dazu wird der so annotierte Kontext des zu übersetzenden Wortes mit dem strukturell aufbereiteten Wörterbucheintrag abgeglichen und nur der Ausschnitt des Eintrags ausgewählt, der den Strukturmerkmalen des annotierten Textes entspricht.
Nach diesem Überblick über die Funktionalität und die dafür notwendigen computerlinguistischen Verfahren möchte ich auf den genuin sprachwissenschaftlichen Beitrag eingehen, der sich primär in der Aufbereitung der lexikalischen Wissensquellen niederschlägt und ohne den die Ermittlung der für den jeweiligen Verwendungskontext korrekten Wortübersetzung nicht möglich ist.

2.3 Der sprachwissenschaftliche Beitrag

Um aus den geparsten Wörterbüchern echte "comprehension dictionaries" zu machen, sind verschiedene lexikographische Anpassungen nötig. Alle Informationen in einem Wörterbucheintrag, die für das Verstehen des Wortes nötig sind, müssen explizit markiert sein. Hierzu gehört die explizite Kennzeichnung alternativer, beinahe synonymer Übersetzungen; z.B. wird die komplexe *Übersetzungsangabe to switch {or} turn {or} put on* für *einschalten* in drei einzelne Übersetzungen umgeformt und als solche markiert, was ermöglicht, daß *COMPASS* die zweite und dritte Übersetzungsvariante verbirgt.

Das *COMPASS* System soll erkennen, ob das angefragte Wort in einem bestimmten Kontext vorkommt, in dem eine spezielle Übersetzung passend ist, und diese gegebenenfalls auswählen. Dabei spielt das robuste Erkennen von sog. *Mehrwortlexemen* eine entscheidende Rolle. Unter dem Begriff *Mehrwortlexem* versteht man idiomatische Ausdrücke wie *jemanden den Garaus machen*, Komposita wie *Gesetzesvorlage*, Kollokationen wie *den Beweis erbringen*, ebenso wie Partikelverben wie *überführen*. In der linguistischen Literatur, die sich mit den grammatischen Eigenschaften von Mehrwertlexemen beschäftigt, wird mit Recht darauf hingewiesen, daß es sich dabei in den meisten Fällen nicht um vollständig fixierte Muster handelt, sondern um komplexe lexikalische Einheiten, deren Bestandteile bestimmten Modifikationen unterworfen sein können. So lassen idiomatische Ausdrücke wie *den Garaus machen* adjektivische Modifikationen (z.B. *den endgültigen Garaus machen*) zu. Im Falle von Kollokationen kann ein Nomen mit mehr als einem Verb in fast synonymer Weise verwendet werden, wie z.B. im Falle von *den Beweis erbringen/führen/liefern.*

Um Mehrwortlexeme in den jeweiligen Wörterbucheinträgen markieren zu können, müssen zunächst die in Wörterbucheinträgen häufig vorkommenden Verwendungsbeispiele, die nur für die Sprachproduktion wichtig sind, von semantisch komplexen

Mehrwortlexemen, die nur als Ganzes verstanden werden können, mittels verschiedener Markierungen unterschieden werden. Für die so markierten Mehrwortlexeme müssen dann entsprechende kontextuelle Muster formalisiert und im *COMPASS* Wörterbuch ergänzt werden. Hierzu werden Mehrwortlexeme dann in eine sog. kanonische Grundform gebracht, die auch lexikalische Varianten enthalten kann. Morphologisch flexible Bestandteile werden als solche gekennzeichnet. Auf der Basis dieser kanonischen Form wird automatisch ein regulärer Ausdruck generiert, der z.B. die Wortstellungsvariation im Deutschen bereits erfaßt. Besondere Variationsmöglichkeiten eines Mehrwortlexems werden anschließend von Hand im regulären Ausdruck ergänzt.

Die robuste Erkennung und Markierung von Mehrwortlexemen ist nur auf der Grundlage fundierten linguistischen Wissens und eines guten Gespürs für empirische Sprachdaten möglich. Werden derartige lexikographische Aufgaben SoftwareentwicklerInnen überlassen, deren primäre Expertise in der Informatik und in der Programmiertechnik liegen, ist der Mißerfolg eines Systems wie *COMPASS* vorprogrammiert. Das Erfolgsrezept für ein derartiges Projekt liegt vielmehr in der engen Zusammenarbeit von InformatikerInnen mit empirisch gut geschulten LinguistInnen, die gleichzeitig über das nötige formale Instrumentarium verfügen, um empirische Generalisierungen in formale Spezifikation überführen zu können.

Der genuin sprachwissenschaftliche Beitrag zu computerlinguistischen Applikationen wie dem *COMPASS* System ist nicht auf die Lexikographie beschränkt. Analoges gilt für die sprachlichen Generalisierungen, die in Lemmatisierungsprogrammen ausgedrückt werden müssen. Diese Generalisierungen beziehen sich sowohl auf die Inflexionsmorphologie als auch auf die Derivationsmorphologie und Wortbildungslehre. Es wäre vermessen, derartige Kenntnisse von Informatikern und Softwareingenieuren zu erwarten, die für die softwaretechnischen Aspekte computerlinguistischer Anwendungen verantwortlich sind.

Im *COMPASS* Forschungsprototypen beschränkt sich die Ermittlung der kontextuell bedingten Wortübersetzung gegenwärtig ausschließlich auf morphologische und syntaktische Faktoren. Diese Faktoren reichen jedoch nicht allen Fällen aus, um eine robuste Disambiguierung von Wortbedeutungen durchführen zu können. Betrachtet man z. B. die Faktoren, die die möglichen Übersetzungen des Wortes *verabschieden* in Kontexten wie *einen Gast verabschieden* bzw. *ein Gesetz verabschieden* determinieren, so läßt sich diese Unterscheidung nicht aufgrund syntaktischer Gegebenheiten treffen. In beiden Fällen handelt sich um ein transitives Verb mit einer Akkusativergänzung. Die Wortbedeutungsunterscheidung der verschiedenen Lesarten von *verabschieden* sind vielmehr an den semantischen Eigenschaften der Objektnominalphrase festzumachen. Handelt es sich um ein abstrakte Entität wie ein Gesetz, so ist im Englischen mit dem Verb *to pass* zu übersetzen, handelt es sich jedoch um ein(e Gruppe von) Lebewesen, so ist mit *to say good-bye* zu übersetzen. Um derartige Bedeutungsambiguierungen durchführen zu können, ist es erforderlich, Nomina semantischen Klassen zuzuordnen und derartige Zuordnungen den Bedeutungsvarianten eines Wörterbucheintrags zuzuordnen. Obwohl derartige semantische Informationen gegenwärtig in den *COMPASS* Lexika noch nicht enthalten sind, sind die dafür notwendigen lexikalischen Ressourcen bereits weitgehend vorhanden.

2.4 Bedeutungsdisambiguierung durch die GermaNet Ressource

Die Bedeutungsdisambiguierung stellt ein zentrales Problem im Bereich der Computerlinguistik dar, was zu der Entwicklung zahlreicher Systeme, vor allem im Bereich der Künstlichen Intelligenz, führte. Diese wissensbasierten Systeme modellierten meist nur einen kleinen Ausschnitt der zu verarbeitenden Sprache und des damit einhergehenden "Weltwissens". Deshalb wurden in den letzten Jahren zunehmend Verfahren entwickelt, um eine größere sprachliche Abdeckung zu erzielen, allerdings fast ausschließlich für das Englische, wobei die an der Princeton University entwickelte *WordNet* Ressource (Fellbaum 1998) hinsichtlich der sprachlichen Abdeckung und der Qualität der Modellierung eine Sonderstellung einnimmt.

WordNet ist ein als einfaches Datenbankmodell realisiertes semantisches Netz lexikalischer Einheiten. Die zentrale Organisationseinheit dieses Netzes sind abstrakte Bedeutungseinheiten, sogenannte synsets, die ein Konzept mit seiner Menge von Synonymen (d.h. eine oder mehrere lexikalische Einheiten) umfassen. Zwischen den einzelnen *synsets* werden elementare semantische Relationen definiert wie *Meronymie, Hyponymie, Kausation, Derivation* sowie Relationen zwischen einzelnen lexikalischen Einheiten wie zum Beispiel *Antonymie*. *WordNet* kann auf verschiedene Weise eingesetzt werden, zum Beispiel als klassischer Thesaurus oder als Wörterbuch sinn- und sachverwandter Wörter.

Im Rahmen eines im Forschungsschwerpunktprogramm des Ministeriums für Wissenschaft und Forschung des Landes Baden-Württemberg geförderten Projekts ist an meinem Lehrstuhl ein mit dem englischen WordNet kompatibles lexikalisch-semantisches Netz des Deutschen namens *GermaNet* entstanden (Hamp/Feldweg 1997). Abb. 15 und 16 zeigen die Einträge für die Wörter *Gesetz* und *Gast*, wie sie im *GermaNet* kodiert worden sind. Die Zeilen, die durch Pfeile gekennzeichnet und sukzessive weiter eingerückt sind, zeigen die *GermaNet* Oberbegriffe der beiden Nomina. Die jeweiligen Obergriffe erlauben es dann, zwischen den Übersetzungsvarianten für das Verb *verabschieden* zu unterscheiden, indem man dem Wörterbuch die entsprechenden Oberbegriffe, im Fall von *verabschieden* etwa die Oberbegriffe *Text* bzw. *Mensch* den entsprechenden Übersetzungsvarianten zuordnet.
GermaNet deckt den Grundwortschatz des Deutschen ab und enthält momentan ca. 20.000 Einträge. Der implementierte Grundwortschatz wurde durch eine statistische Analyse eines großen deutschen Referenzkorpus ermittelt. Zusätzlich werden verschiedene monolinguale Wörterbücher verwendet, um Wortbedeutungen und Definitionen zu überprüfen. Die Hauptstrukturierungsquelle bleibt aber unter Einbeziehung

relevanter linguistischer Literatur und annotierter Textkorpora das lexikographische Wissen der Projektmitarbeiter. Wie im Fall der morphologischen Analyse und wie bei der Behandlung von Mehrwortlexemen ist fundiertes sprachwissenschaftliches Wissen eine unabdingbare Voraussetzung dafür, daß die vielfältigen linguistischen Generalisierungen und empirischen Beobachtungen, die in der linguistischen Literatur zur lexikalischen Semantik vorliegen, in die Modellierung von großen Begriffstaxonomien wie *GermaNet* eingehen können.

3 Weitere Anwendungsbeispiele

Die dem *COMPASS* System zugrundeliegende computerlinguistische Technologie und die dafür notwendige sprachwissenschaftliche Expertise ist nicht auf die computerunterstützte Übersetzung beschränkt. Die für die Erkennung von Mehrwortlexemen eingesetzten regulären Ausdrücke, die sich mit Hilfe endlicher Automaten effizient implementieren lassen, sind für die robuste Phrasenerkennung im Information Retrieval oder auch in anderen sprachverstehenden Systemen einsetzbar. Die morphologische Analyse kann auch auf das *Computer-Assisted Language Learning (CALL)* angewendet werden und dort als durch Benutzerprotokolle gesteuerte, individuelle Vokabeltrainer eingesetzt werden.

Schließlich läßt sich auch der im *COMPASS* System entwickelte *Reader* in *Teleteaching-* und *Call-*Applikationen verwenden. Eine breitere Anwendung des *COMPASS* Systems und der *GermaNet* Ressource findet gegenwärtig im Rahmen des an der Universität Tübingen durchgeführten Multimedia-Verbundprojektes *VirtuGrade* statt, welches aus Landesmitteln des Baden-Württembergischen Programms "Virtuelle Hochschulen" gefördert wird. Ziel des von mir geleiteten *VirtuGrade* Teilprojekts ist die Vermittlung und Weiterentwicklung computerlinguistischer Verfahren zur Erschließung multimedialer und multilingualer Lehr- und Lernmaterialien. Das Potential globaler, multimedialer Lehr- und Lernangebote kann nur dann voll ausgeschöpft werden, wenn die Nutzung fremdsprachiger Ressourcen wirksam unterstützt wird. Wesentliche Teile des globalen Angebots an virtuellen Lehr- und Lernmaterialien werden in anderen Sprachen als Deutsch angeboten. Eine aufwendige Lokalisierung solcher Angebote ins Deutsche ist oft aus Kostengründen, immer öfter jedoch auch wegen der kurzen Produktzyklen, die zu häufigem Versionswechsel führen, nicht realisierbar.

Abbildung 15: Der GermaNet Eintrag für das Nomen *Gesetz*

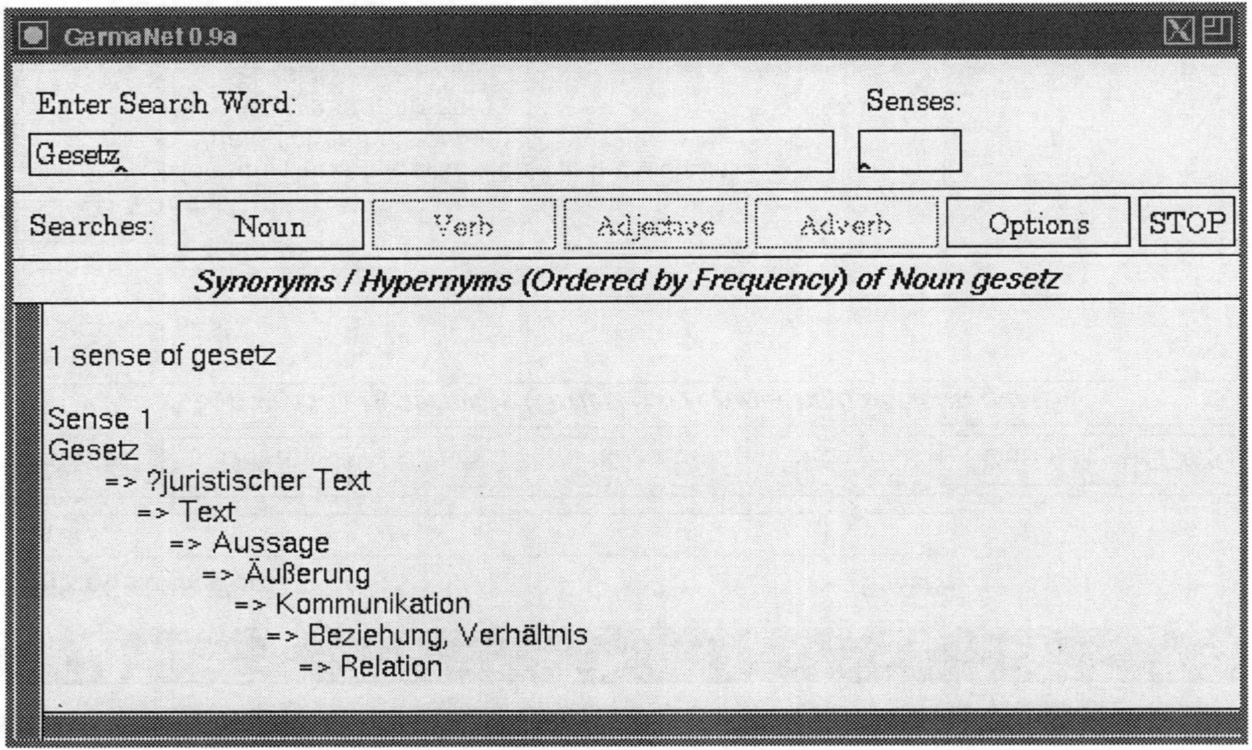

Abbildung 16: Der GermaNet Eintrag für das Nomen *Gast*

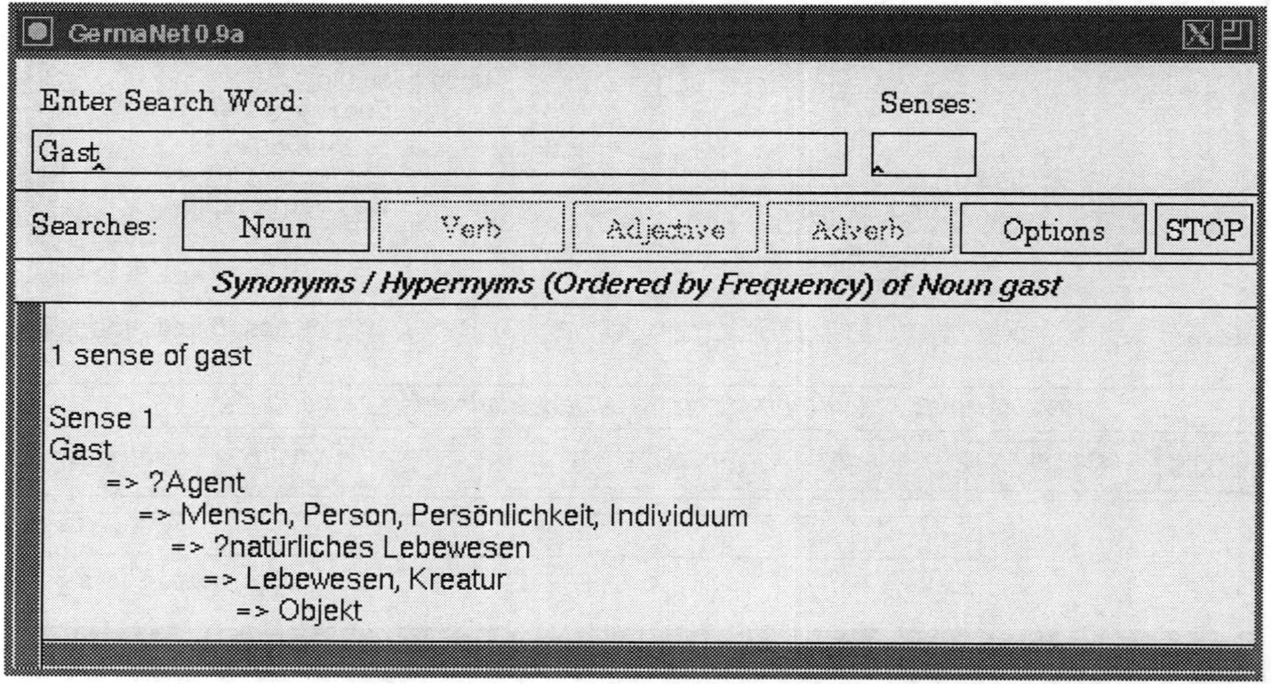

Im Rahmen des Studiengangs "Allgemeine Sprachwissenschaft und Nebenfächer" und des Graduiertenkollegs "Integriertes Linguistik-Studium" soll daher die *COMPASS* on-line-Verständnishilfe eingesetzt und weiterentwickelt werden, die den Zugriff auf multilinguale Medien dadurch erleichtert, daß sie den Studierenden aktive Hilfestellung beim Lesen fremdsprachigen Materials, vor allem bei vorliegenden Vokabellücken, bietet.

4 Schlußbemerkungen

Sprachwissenschaft und Computerlinguistik können vielfältige Beiträge zu technologischen Innovationen in der Informationsgesellschaft leisten. Wie ich am Beispiel der kontextuell bestimmten maschinellen Wortübersetzung veranschaulicht habe, können derartige computerlinguistische Applikationen nur durch die enge Zusammenarbeit zwischen theoretischen SprachwissenschaftlerInnen, ComputerlinguistInnen und InformatikerInnen entstehen. Nur durch eine solche interdisziplinäre Vorgehensweise kann ein hochwertiges Sprachprodukt entwickelt werden, das die menschliche Performanz so gut wie möglich simuliert. Softwarefirmen, die sich auf die Entwicklung sprachverarbeitender Software spezialisiert haben, haben sich diese Einsicht vielfach zueigen gemacht. Für die AbsolventInnen computerlinguistischer Studiengänge bestehen daher glänzende Berufsaussichten. Ein Ende dieser Entwicklung ist auf dem Hintergrund kleiner Studienabschlußzahlen und angesichts der ständig steigenden Nachfrage an sprachverarbeitender Software gegenwärtig nicht absehbar.

Die Entwicklung von sprachverarbeitender Software kann nur auf der Grundlage umfangreicher Sprachressourcen der bearbeiteten Einzelsprachen entstehen. Elektronische Wörterbücher müssen gezielt nach sprachwissenschaftlichen und computerlinguistischen Erkenntnissen erweitert werden. Dabei spielen die morphologischen Eigenschaften ebenso eine zentrale Rolle wie semantische Informationen. Genauso wichtig ist das Erstellen sprachwissenschaftlich aufbereiteter Textkorpora, die als Trainingsmaterial für sprachverarbeitende Systeme und als Quelle für lexikographische Arbeiten einsetzbar sind.

Die nordamerikanischen und japanischen Förderinstitutionen (*NSF* und *DARPA* bzw. *MITI*) haben die Notwendigkeit der Entwicklung großer Sprachressourcen längst erkannt und mit dem *WordNet* Projekt, dem TIPSTER Projekt (Harman 1993), dem Penn Treebank Projekt (Marcus/Santorini/Marcinkiewicz 1993) bzw. dem japanischen DER Projekt (Suematsu 1993) die Entwicklung derartiger Ressourcen für das Englische und Japanische gezielt gefördert. Für das Deutsche sind gleichwertige Ressourcen nur teilweise verfügbar. Falls es nicht gelingt, die Entwicklung derartiger Ressourcen für das Deutsche zu koordinieren und zu fördern, kann daraus mittelfristig ein gravierender Standortnachteil für die computerlinguistische Forschung und Entwicklung im industriellen und universitären Rahmen erwachsen.

Die technologischen Entwicklungen im Bereich der Computerlinguistik werden sich umgekehrt auch auf die Theoretische Linguistik auswirken. Durch die zunehmende Verfügbarkeit großer Sprachressourcen wird ein wichtiges neues Instrument bereitgestellt, um das Spannungsfeld von Empirie und Theorie in der Grammatikforschung neu auszuloten. Der Theoretischen Sprachwissenschaft wird häufig der Vorwurf gemacht, daß sie sich in ihrer universalgrammatischen Theoriebildung nur auf ein begrenztes Datenmaterial stützt, das zudem auf intuitiven Sprecherurteilen basiert und damit methodologisch ungenügend abgesichert ist. Große Textkorpora, die nach sprachwissenschaftlichen Gesichtspunkten annotiert und recherchiert werden können, stellen somit ein bedeutsames Instrumentarium bereit, um die linguistische Theoriebildung auf eine breitere empirische Basis zu stellen und gleichzeitig eine noch engere Zusammenarbeit zwischen Theoretischer Linguistik und Computerlinguistik herbeizuführen.

Sprachtechnologie für die Informationsgesellschaft

Norbert Brinkhoff-Button

Das Internet bietet täglich neue Dienste und neue Anwendungen, die enorme Transformationen in Wirtschaft und Gesellschaft anregen. Die Umwälzungen bieten Chancen, die Forschung stellt sich darauf ein. Neue Dienste transformieren gesellschaftliche und wirtschaftliche Prozesse. Was heißt das für die Sprachtechnologie?

Es gibt drei Leitlinien, die unser Tun auf europäischer Ebene in diesem Programm bestimmen: Erstens den Zugriff auf Informationen, auf Wissen und die Nutzbarmachung des Wissens, zweitens die Erhöhung der Nutzbarkeit digitaler Produkte und Dienste durch die Entwicklung angemessener Kommunikationsschnittstellen und drittens Multilingualität und das Erschließen gesellschaftlicher und ökonomischer Ressourcen bei der Überwindung sprachlicher und kultureller Barrieren.

Denken Sie z.B. an eine exportorientierte Industrie wie die deutsche und ihr ständiges Bemühen, Märkte zu pflegen, zu erhalten, aber auch Wissen zu entwickeln und neue Märkte zu erobern. Das bringt mit sich, daß man die Kultur und die Sprache des jeweiligen Marktes kennenlernt und sich dort zurechtfinden kann. Mit Hilfe der Sprachtechnologie könnte eine Effektivitätssteigerung erzielt werden. Informationsgesellschaft und Sprachtechnologie sind eng miteinander verzahnt.

Was sind die Herausforderungen?
Fangen wir mit der ersten an: Wir haben eine gute Basis an Forschern in öffentlichen und privaten Instituten. Jüngste Erhebungen weisen etwa 12.000 Forschungsschaffende in Sprachtechnologie und eng verwandten Gebieten nach, davon beschäftigen sich mehr als die Hälfte mit Schlüsselsprachtechnologien.

Auch die Ergebnisse der Forschung können sich weltweit sehen lassen und erreichen in einigen Gebieten sogar Weltspitze. Dies wurde bei den verschiedenen Evaluierungsverfahren, die in den Vereinigten Staaten in regelmäßigen Abständen organisiert werden, und wobei europäische Forschungslabors aus den europäischen Mitgliedsländern z. T. exzellent abgeschnitten haben, auch objektiv belegt.

Aber wir sind nicht so schnell und nicht so dynamisch wie die Amerikaner, wenn es darum geht, Forschungsergebnisse auf den Markt zu bringen. Zum zweiten besteht nach meiner Erfahrung in der Forschungsförderung das Problem, daß die Forschung nicht flexibel genug auf die gesellschaftlichen, wirtschaftlichen und technologischen Entwicklungen reagiert.

Die Sprachenvielfalt in Europa ist Chance und Risiko zugleich, Chance, weil wir uns Jahrzehnte damit beschäftigt haben, Bilingualität und Multilingualität zu erforschen, und Risiko, den erreichten Know-How-Vorsprung an andere Wirtschaftsblöcke zu verlieren. Auch hatte bisher die Vermarktung an der schwachen Investitionsbereitschaft der Europäer in neue Technologien gelitten.

Sprachtechnologie wird hauptsächlich eingesetzt in schnell wachsenden Märkten wie:

- Informationsinfrastruktur: Kontinuierliche Spracherkennung: ein Markt von 3 Mrd. $ in 2001
- Tele-Business: Software Tele-Unterstützung (incl. Telefon und Web) 22 Mrd. $ 2001, 9 Mrd. Umsatz in E-Com in 1997
- Multimedia und elektronisches Publizieren: 800 Millionen Dokumente auf dem Web im Jahr 2000
- Vernetzte Geschäftsabläufe:133 Millionen Intranet-Benutzer in 2001, Übersetzungsmarkt wächst von 10 Mrd. $ heute auf 17 Mrd. $ in 2003
- Gerätesteuerung: 'Internet appliances' (set-top boxes, network computer u.a.) erreichen 14 Mrd. $ Marktvolumen in 2001
- Aus- und Fortbildung: 5 Mrd. $ für multimediale Bildungssoftware in 2000 in Europa
- Öffentliche Dienstleistungen

Die Zahlen machen die Größenordnungen von Wachstumsmärkten deutlich. Eine Anmerkung zum zuerst genannten Bereich: alle Interaktionen, die zwischen Menschen und Informations- und Kommunikationstechnologie im weitesten Sinne stattfinden, zum Beispiel die kontinuierliche Spracherkennung, sind auf die Informationsinfrastruktur angewiesen als eine Möglichkeit, die Interaktion nutzerfreundlicher, menschenfreundlicher zu machen, als dies heute der Fall ist.

Zuletzt noch einige Trends aus diesem Gebiet: Mir erscheint wichtig festzustellen, daß die Sprachtechnologie aus den Kinderschuhen herausgewachsen ist. Ich bin seit 1990 bei dieser Kommission und seitdem in einem Sektor, der sich mit der Sprachtechnologie befaßt, und hatte somit die Möglichkeit, die Entwicklung zu verfolgen. Bis vor kurzem hatten wir in unserem Bereich fast ausschließlich mit kundenspezifischen Lösungen für professionelle Nutzerkreise zu tun. Das hat sich in den letzten zwei bis drei Jahren geändert, als eine ganze Reihe von Sprach-Softwareprodukten zur Massenmarkttauglichkeit entwickelt wurden. Diese neue Dimension schlägt sich aktuell in ganzseitigen Anzeigenkampagnen (Stichwort Diktiersoftware) nieder und hat eine zunehmende Sensibilisierung des Bürgers hinsichtlich Sprachtechnologie und deren Chancen und Nutzen bewirkt.

Für Arbeitsplätze und wirtschaftliche Dynamik ist wichtig: In der Sprachtechnologie haben wir in den letzten Jahren eine ganze Reihe von Neugründungen gesehen, z. B. sehr bekannt und oft zitiert "Lernout & Houspie", ein belgisches Sprachtechnologie-Unternehmen, an dem sich Microsoft beteiligt hat und das seit kurzem an *Nasdaq* und *Easdaq* notiert ist (2,6 Milliarden US$ Börsenwert an *Nasdaq*). Die Firma, die noch vor ein paar Jahren auf staatliche Forschungsförderung angewiesen war, zählt mittlerweile 500 Mitarbeiter weltweit. Sie befaßt sich ausschließlich mit gesprochener und geschriebener Sprachtechnologie und -dienstleistungen. Dies ist die Erfolgsstory im Sprachsektor schlechthin. Andere betreffen. *Trados* (Deutschland), *Elan Informatique* (Frankreich), etc.

Ein weiterer Punkt ist das gestiegene private und öffentliche Interesse an dieser Technologie. Im privaten Sektor wie bei *Siemens, Robert Bosch, Daimler Benz, Philips, IBM, Sun, Oracle* sind längst Forschungskapazitäten in diesem Bereich vorhanden. Mittlerweile sind andere große Firmen dazugestoßen. Bei Microsoft beispielsweise steht die Sprachtechnologie ganz oben auf der Forschungsagenda. Solche Firmen haben Forschungskapazitäten ausgebaut, was wohl auch zeigt, daß diese Firmen darin ein Marktpotential sehen.

Wie sieht es aus mit Förderungen durch die öffentliche Hand? Es gibt in Europa, das zeigen die Erhebungen, die wir im letzten Jahr unter dem Namen *Euromap* gemacht haben, eine Reihe von expliziten Programmen, wie z.B. das vom deutschen BMBF geförderte Verbmobil-Projekt. Seit neuestem existieren ähnliche Forschungsprogramme auch in Italien und Finnland, während in anderen Ländern diese Forschung zwar auch existiert, aber in andere Gebiete wie z. B. die Informatik integriert ist.

In den USA gibt es eine Reihe von Initiativen mit wichtigem Sprachtechnologie-Anteil: Tipster, Human Language Resources Initiative, Digital Libraries programme, Stimulate, Next Generation Internet, Multilingual Information Access programme. Dazu sei erwähnt, daß die kurz bevorstehende Ratifizierung des Science and Technology Cooperation Agreement zwischen USA und EU transatlantische F&E-Kooperationen nicht zuletzt auch in diesem Bereich ermöglichen wird.

Im "Information Society Technologies Programme" des Fünften Rahmenprogramms der Europäischen Union sollen sämtliche Forschungen zur Informations- und Kommunikationstechnologie, also auch zur Sprachtechnologie zusammengebracht werden. Das Fünfte Rahmenprogramm fängt de facto nächstes Jahr an und hat eine Laufzeit von vier Jahren. Der erste Aufruf zur Einreichung von Vorschlägen ist provisorisch auf den Januar 1999 terminiert.

Teil 5:

Soziokulturelle Anforderungen an den Ingenieur

Soziokulturelle Anforderungen an den Ingenieur

Ulrich Wengenroth

Die beruflichen Anforderungen an Ingenieure unterliegen derzeit einem raschen Wandel. Fortschreitende Tertialisierung und Globalisierung der Wirtschaft schaffen ständig neue und erweiterte Anforderungsprofile (Winkler/Grüning/Die 1996). Ingenieurwissenschaftliche Arbeit findet zunehmend in Dienstleistungsketten statt, die nationale Grenzen ebenso überschreiten wie die Grenzen zwischen Unternehmen und politischer Arena oder öffentlicher Verwaltung. Neben der Erzeugung technischer Produkte und Systeme nimmt das Management und die Neugestaltung soziotechnischer Systeme immer größeren Raum ein. Zugleich werden das Gelingen der medialen Vermittlung neuer Technologien, des Dialoges zwischen Unternehmen und Öffentlichkeit sowie der Binnenkommunikation mit den eigenen Mitarbeitern über die gesellschaftliche Dimension der Unternehmensziele immer mehr zur Voraussetzung langfristiger Planungssicherheit. Die zunehmende Verquickung technischer Systeme mit sozialen und rechtlichen Prozessen, sowie die in den vergangenen Jahrzehnten erfolgte Politisierung der Technik sind nicht rückgängig zu machen. Vertrauen in Technik ist nicht mehr normativ zu regeln, wie es das hilf- und gedankenlose Jammern nach "Technikakzeptanz" immer noch einklagt, sondern muß in einer funktionierenden Demokratie aktiv und intersubjektiv produziert werden. Es ist notwendiger Bestandteil einer im gesellschaftlichen Raum – und damit überhaupt – funktionierenden Technik. Die im Verwissenschaftlichungsprozeß des 20. Jahrhunderts rasch auseinanderklaffende technisch-naturwissenschaftliche Kompetenz von Produzenten auf der einen und Nutzern bzw. Objekten technischer Systeme auf der anderen Seite hat bei fortschreitender Demokratisierung hier ganz erhebliche Legitimationsdefizite entstehen lassen.

Doch auch dort, wo nicht anonyme Großtechnik auf unbefragte "Opfer" trifft, sondern autonome Kaufentscheidungen zur weiteren Technisierung der Lebenswelten führen, birgt diese Diskrepanz der Produzenten- und Nutzerkompetenzen erhebliche Innovationsrisiken. Wissenschaftsbasierte Alltagstechnik wie Computer, Telekommunikation und Unterhaltungselektronik waren keineswegs von Anfang an problemlos zu nutzen. Es ist bekannt, daß Entwickler ein Bild von den künftigen Nutzern ihrer Produkte haben müssen; und ebenso bekannt ist, daß diese Bilder oft unzutreffend sind. Die erfolgreiche Konstruktion der Schnittstelle Mensch-Maschine setzt eine klare Vorstellung von der Leistungsfähigkeit, der Belastbarkeit, den Bedürfnissen und den Handlungsstrategien der prospektiven Nutzer voraus, die sich zum Bild eines idealtypischen Techniknutzers verdichten. Dessen Beschreibung ist der meist nicht explizierte, aber gleichwohl entscheidende Teil eines jeden Pflichtenheftes in der Produktentwicklung. Ein Teil freilich, für den professionelle Kompetenz in der Regel fehlt, auf jeden Fall nicht in einer klassischen ingenieurwissenschaftlichen Ausbildung erworben wird.

Der Spott über viele Designerstücke, sie seien zwar schön anzusehen, aber ohne Kenntnis des Nutzerprofils gestaltet und damit letztlich unbrauchbar, trifft immer öfter auch für neue Technologien zu, die die Lebensästhetik der potentiellen Konsumenten verfehlen und damit in innovatorischen Sackgassen landen. Die bis in die zweite Hälfte des 20. Jahrhunderts hinein weitgehend geltende, spontane Identität der Technikvorstellungen von Produzenten und Nutzern besteht nicht mehr. Die ehemals gemeinsame Vorstellung von technischem Fortschritt, ist einem konfliktträchtigen und vielfach bereits konfliktreichen Dissenz über "gute Technik" gewichen. Statt auf eine homogene Wertewelt vertrauen zu können, die sie der Reflexion enthebt, müssen Technikproduzenten jetzt für kulturell zunehmend fremd gewordene Nutzer entwickeln. Dies gelingt in Deutschland in letzter Zeit offenbar weniger gut als bei einigen unserer technisch vergleichbar hochentwickelten Konkurrenten. Will man dieses Zurückfallen des ehemals hohen deutschen Innovationspotentials verstehen, so muß zuerst die Frage gestellt werden, wie diese kulturelle Fremdheit zwischen Produzenten und Nutzern entstanden ist und warum wir sie in Deutschland oftmals stärker bemerken als in anderen technisch hochentwickelten Staaten? Meine These ist, daß Deutschland im Vergleich zu anderen Industriestaaten überindustrialisiert war und ist, wodurch die jüngeren säkularen Trends der Tertialisierung und Semiotisierung von Technik hier auf ein vergleichsweise verständnisloses und zum Teil sogar feindliches Innovationsmilieu trafen. Oder anders: Das deutsche Innovationssystem mag immer noch vergleichweise gesund erscheinen, aber die deutsche Innovationskultur ist in jüngster Vergangenheit stärker und rascher veraltet als die ihrer wichtigsten Konkurrenten. Zunächst zur Tertialisierung.

Tertialisierung von Beschäftigung und Produktion

Die Tertialisierung hochproduktiver Volkswirtschaften ist ein weltweiter Prozeß, in dem in einigen Ländern seit Ende der fünfziger Jahre, in anderen seit den frühen siebziger Jahren der Anteil der industriell Beschäftigten kontinuierlich sinkt, so daß man von Deindustrialisierung sprechen kann. Dieser Prozeß läuft in allen betroffenen Volkswirtschaften schneller ab als der umgekehrte der "Industrialisierung" im 19. oder frühen 20. Jahrhundert. Die aktuelle Deindustrialierung ist die schnellste Umschichtung der sektoralen Beschäftigung, die wir bislang überhaupt beobachten konnten. Das Veränderungtstempo ist historisch einmalig. Diese enorme Dynamik wird noch kaum richtig begriffen, geschweige denn in konsistente Politik umgesetzt. Das besondere an der westeuropäischen und insbesondere an der deutschen Situation ist dabei ein auffälliger Rückstand gegenüber den USA und in Maßen auch gegenüber Japan. Zunächst zum empirischen Befund:

Abbildung 17: Sektorale Beschäftigung in Deutschland

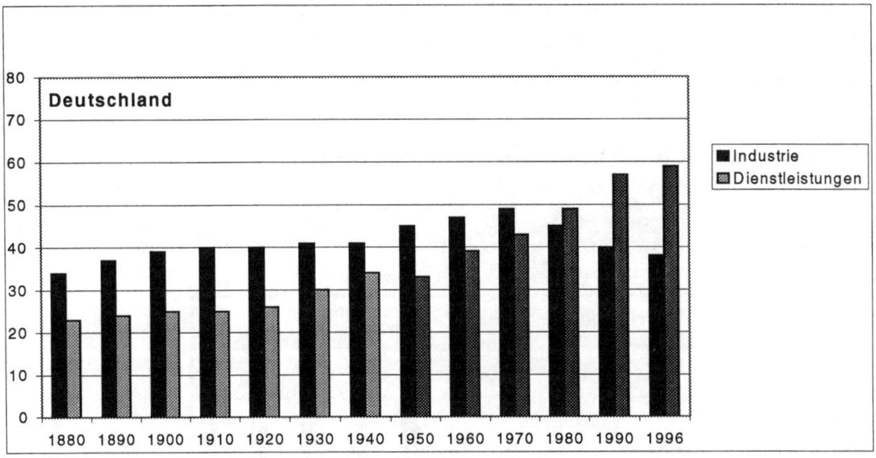

(Quelle: OECD 1997, Kaelble 1989)

Abbildung 18: Sektorale Beschäftigung in Westeuropa

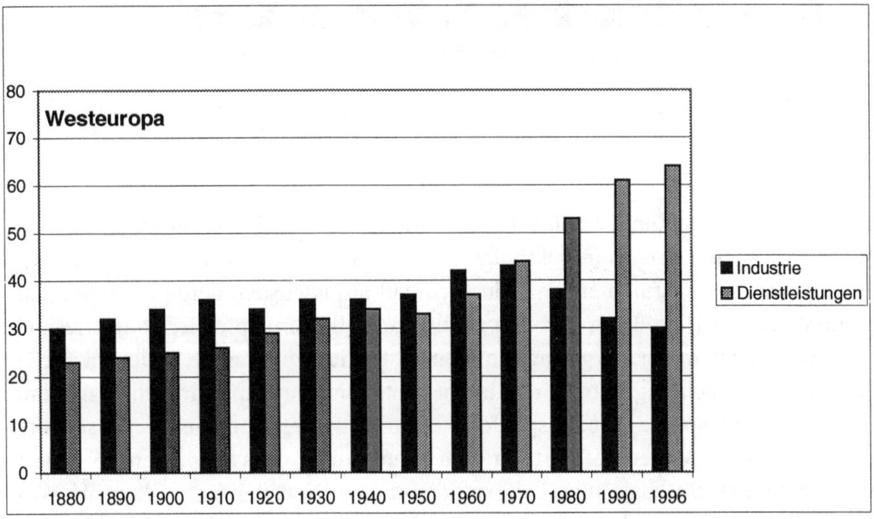

(Quelle: OECD 1997, Kaelble 1989)

Mehrere Beobachtungen lassen sich hier machen. Zum einen war und ist Deutschland im internationalen Vergleich überindustrialisiert. Dem ungewöhnlich hohen

Anteil industrieller Beschäftigung entsprach gegenüber den USA nie und gegenüber Japan in der jüngsten Vergangenheit keine entsprechende industrielle Überlegenheit. Einfache Meßlatten wie Arbeitsproduktivität je Arbeitsstunde oder Pro-Kopf-Anteile an der Weltindustrieproduktion zeigen gegenüber den USA überhaupt immer nur mehr oder weniger großen Rückstand (Maddison 1995).

Abbildung 19: Sektorale Beschäftigung in den USA

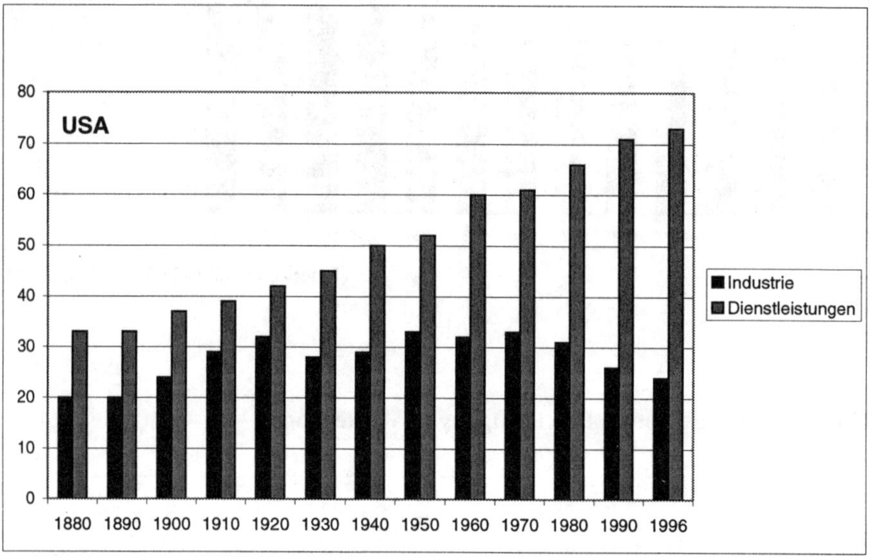

(Quelle: OECD 1997, Kaelble 1989)

Die zweite Beobachtung verbindet diese sektoralen Beschäftigungsdaten mit der durchschnittlichen Arbeitsproduktivität. Letztere ist in den USA, mit dem kleinsten und am stärksten schrumpfenden Industrieanteil am höchsten, gefolgt von Westeuropa mit dem zwar größeren aber fast ebenso schnell schrumpfenden Industrieanteil und Japan mit dem derzeit geringsten Deindustrialisierungstempo an letzter Stelle. Die dritte Beobachtung betrifft das interessante Beispiel Japan in seiner dynamischen Wachstumsphase. Die beispiellose Exportoffensive industrieller Massengüter seit den siebziger Jahren lief dort vor dem Hintergrund eines stagnierenden Anteils der industriellen Beschäftigung bei explodierendem Dienstleistungssektor ab. Welche Bedeutung haben diese dramatischen Entwicklungen und hochinteressanten Befunde nun für die soziokulturellen Anforderungen an Ingenieure?

Auf jeden Fall muß man erwarten, daß die unterschiedlichen Deindustrialierungsgrade und -tempi sich in der Mentalität der amerikanischen, europäischen und japanischen Bevölkerung deutlich niederschlagen.

Abbildung 20: Sektorale Beschäftigung in Japan

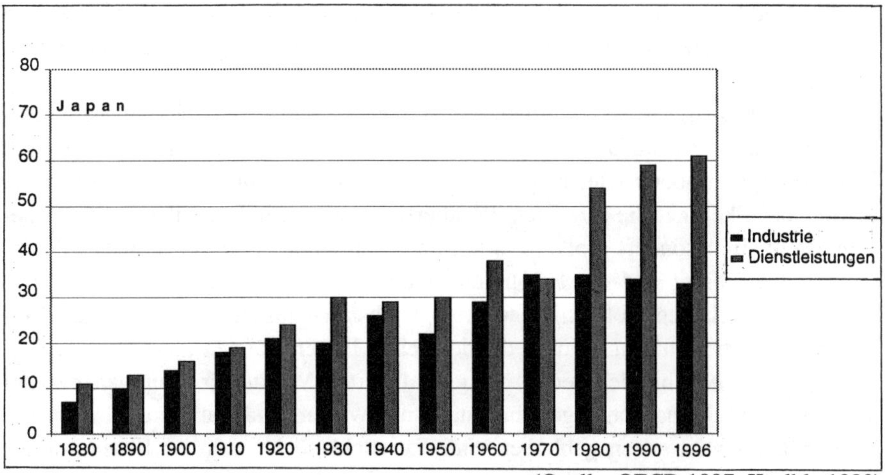

(Quelle: OECD 1997, Kaelble 1989)

Da es zu den soziologischen Gundeinsichten gehört, daß Erwerbsarbeit in besonders hohem Maße identitätsbildend ist, muß eine entsprechende Deindustrialisierung der kollektiven Werte und des kollektiven Bewußtseins stattgefunden haben, wobei im vergleichweise überindustrialisierten Deutschland ein besonders heftiger Wandel zu erwarten ist, da sich hier im Unterschied zu den USA die Mehrheitsverhältnisse grundlegend gewandelt haben. Waren die USA im 20. Jahrhundert immer schon eine Dienstleistungsgesellschaft, so hatte in Deutschland bis in die frühen siebziger Jahre noch eine Mehrheit der Erwerbsbevölkerung einen industriellen Arbeitshintergrund. Dies führte hier allerdings auch zu einer entsprechend weitverbreiteten Vertrautheit mit technischen Prozessen und spontanem oft transferfähigem Technikverständnis oder zumindest Technikvertrauen. Auf jeden Fall aber konstituierte es eine aus den Erfahrungen der Erwerbsarbeit gespeiste Bereitschaft, sich auf genuin technische Werte gleich welcher konkreten Ausformung einzulassen, da diese nicht als kulturell fremd empfunden wurden. Wo die Arbeitswelt ganz überwiegend technikzentriert war, erleichterte und beförderte dies technisches Anschlußhandeln in der Konsumsphäre. Die Herausforderung, Übersetzungsarbeit zu leisten zwischen dem technischen Angebot und den eigenen Handlungszielen, entsprach der Alltagserfahrung der Berufswelt und wurde angenommen.

Heute ist diese Voraussetzung nur noch bei einem Drittel der deutschen Erwerbsbevölkerung gegeben. Das Hervorbringen von Technik ist der Mehrheit der Erwerbsbevölkerung nicht mehr vertraut. Gab es hier bis in die siebziger Jahre noch eine weitgehende kulturelle Übereinstimmung der Technikproduzenten mit der Mehrheit der Konsumenten oder zumindest jener, die wesentlich über Konsumpräferenzen entschieden haben, so hat sich seitdem in der Erwerbsarbeit eine kulturelle Kluft aufgetan. Technikimmanente Werte sind der Mehrheit kulturell fremd geworden und damit nicht mehr spontan anschlußfähig. Haben Technikproduzenten in Deutschland früher im wesentlichen für ihresgleichen entwickelt, so tun sie dies nun für kulturell andere - meist ohne diese neue Aufgabe richtig begriffen zu haben.

Aus dieser historischen Besonderheit läßt sich auch relativ leicht eine plausible Hypothese bilden, warum die deutsche Innovationskultur komparative Vorteile für Investitionsgüter aber zugleich Nachteile für Massenkonsumgüter mitbrachte. Eine Erwerbsbevölkerung, die ihre Identität überwiegend aus industrieller Tätigkeit bezieht, stellt ein besonders großes und in seiner Mentalität überaus geeignetes Potential für den Absatz und die Herstellung technologieintensiver Produkte dar. Die hierfür erforderlichen "soft skills" werden gleichsam naturwüchsig tradiert und miterworben. In diesem Sinne waren die deutschen Erwerbstätigen ganz überwiegend "Kruppianer". Nur hat der Bedarf der globalisierten Märkte für Kruppianer in der Vergangenheit dramatisch abgenommen, so daß wir am Ende auf dem falschen Arbeitskräftepotential sitzen geblieben sind. Deutschland ist zwar nach wie vor ein Parademarkt für technologisch anspruchsvolle Konsumgüter, wie die Automobilindustrie zeigt, wird in einer vernetzten Weltwirtschaft damit jedoch zunehmend zum spezialisierten Nischenproduzenten, was seiner Größe nicht entspricht. Ganz anders die USA, wo industrielle Führerschaft schon immer in einer Dienstleistungsgesellschaft entstand, was sich in der kulturellen wie ökonomischen Dominanz auf den Massenkonsummärkten niederschlug.

Der zweite Vergleich mit den USA, zugleich die zweite Beobachtung aus den sektoralen Beschäftigungsdaten, zeigt, daß industrielle Führerschaft in keiner Weise mit dem Grad industrieller Beschäftigung verbunden ist, ja bei hochproduktiven Volkswirtschaften eher eine inverse Relation herrscht. Es ist gerade Ausdruck weit überdurchschnittlicher Produktivität, daß in den USA ein vergleichsweise kleiner Anteil der Erwerbsbevölkerung für die industrielle Produktion reicht. In der Arbeitsproduktivität pro geleisteter Arbeitsstunde waren die USA das ganze 20. Jahrhundert hindurch bis heute führend (Baumol/Blackmann/Wolff 1991). Am Ende der zwanziger Jahre und in den fünfziger Jahren hat dies solche Ausmaße angenommen, daß das Drittel amerikanischer Erwerbstätiger, die in der dortigen Industrie arbeiteten, annähernd die Hälfte der Weltindustrieproduktion hervorbrachten (Kaelble 1989). Ein höheres Maß industrieller Beschäftigung andernorts war also lediglich Ausdruck weit zurückliegender Produktivität. Wie in der Landwirtschaft gilt auch in der Industrie, daß in hochentwickelten Volkswirtschaften maximale Produktivität eines Sektors dort letztlich zu minimaler Beschäftigung führt und führen muß.

Mit hochproduktiver Industrie, die stark arbeitsteilig neue Produkte hervorbringt, steigt jedoch zugleich der Koordinationsaufwand für das Zusammenführen dieser Aktivitäten und die Ablieferung und Implementation der Produkte beim Kunden stark an. Hier und in den klassischen Dienstleistungen sind denn auch im wesentlichen die neuen Arbeitsplätze in den hochentwickelten Industrieländern entstanden;

und hier liegt der kausale Zusammenhang zwischen steigender industrieller Produktivität und Deindustrialisierung. Wissenschaftsbasierte Spezialisierung in der Produktion führt zu einem höheren Grad von Arbeitsteilung, der seinerseits steigende Koordinations- bzw. Transaktionskosten nach sich zieht. Produktivitätswachstum ist nur für den Preis zunehmender administrativer Tätigkeiten zu haben. Oder wie die Autoren eines unveröffentlichten Papers "Education for What?"des US Educational Testing Service resümieren: Mehr als je zuvor brauchen wir "office workers" für weitere Innovationen (Madrick 1998). In den USA als fortgeschrittenstes Land in dieser Beziehung sieht die historische Entwicklung der Transaktionskosten so aus:

Abbildung 21: Anteil der Transaktionskosten am BSP der USA

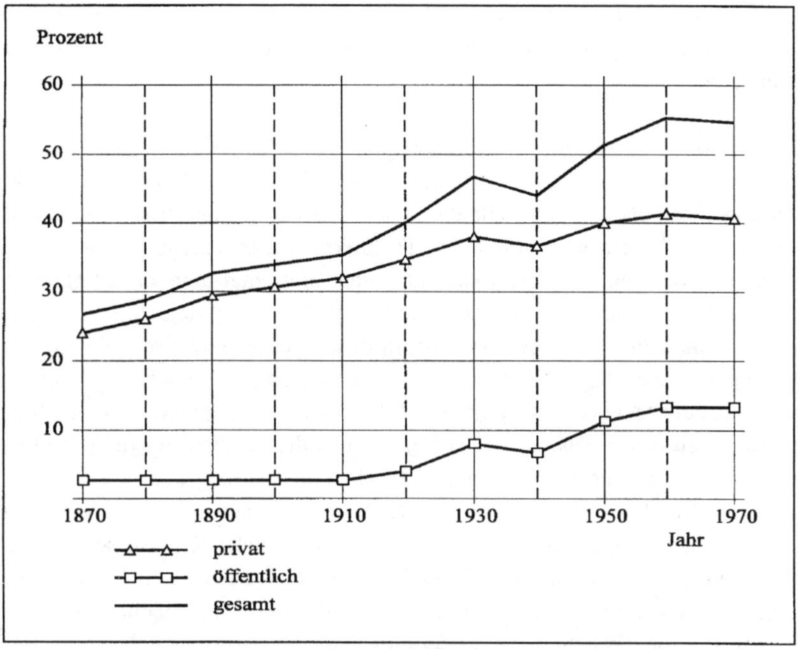

Quelle: Picot/Reichwald/Wigand 1996

Schon seit den fünfziger Jahren sind über 40% der amerikanischen Beschäftigten damit beschäftigt, die hoch arbeitsteilige privatwirtschaftliche Produktion zu koordinieren, um deren Produkte schließlich überhaupt produzierbar und vor allem konsumierbar zu machen. Der erstaunliche Befund, daß die größten Exporterfolge Japans mit der Expansion von dessen Dienstleistungssektor zusammenfiel, ist nach diesen Ergebnissen auch nicht mehr verwunderlich. Transaktionsaufwendungen werden ab einem bestimmten Industrialisierungsgrad zu einem viel größeren

Hemmnis weiterer Expansion als industrielle Inputs im klassischen Sinne. Zugleich schaffen diese Transaktionsvorgänge aber auch in großem Umfang zusätzliche Arbeitsplätze.

Andere Hinweise auf die endemische Deindustrialisierung hochproduktiver Volkswirtschaften ergeben sich aus dem steigenden und meist dominierenden Anteil von "intangible" gegenüber "tangible inputs" in der industriellen Produktion. In der amerikanischen Automobilindustrie machen erstere bereits 70% aus (Madrick 1998). Ein gutes, d.h. am Markt erfolgreiches Auto bauen zu können, setzt also in erster Linie das gelungene Management von immateriellen Faktoren voraus und erst danach das der materiellen Inputs. Industrie hat sich längst selbst tertialisiert; und entsprechend muß sich die Qualifikation ihrer Führungskräfte verändern – d.h. ebenfalls "tertialisieren". Deindustrialisierung ist heute gerade Ausdruck erfolgreicher, wettbewerbsfähiger Innovationskulturen. Für den Querschnitt der OECD-Staaten ist dies seit langem nachgewiesen – ebenso wie das strukturelle Nachhinken Deutschlands.

Eine stabile oder gar wachsende Beschäftigung im industriellen Sektor zu erwarten, würde also gegen einen seit langem stabilen Trend laufen und käme einem Ritt gegen Windmühlen gleich. Das heißt aber auch, daß wir uns langfristig auf ein weiteres kulturelles Auseinanderlaufen der Technikproduzenten und der ungebrochen wachsenden Mehrheit der Technikkonsumenten einrichten müssen. Zugleich heißt es, daß Technik immer mehr – und schon jetzt ganz überwiegend – in Dienstleistungszusammenhängen verwendet wird, in denen genuin technische Qualitäten nur ein untergeordnete Rolle spielen. Der Dienstleistungscharakter neuer Produkte, nicht ihre genuin technische Qualität wird damit zum Angelpunkt erfolgreicher Produktinnovation. Entsprechend ist das Verständnis dieser Dienstleistungszusammenhänge entscheidend für eine gelingende Produktentwicklung und gehört an prominenter Stelle in das Pflichtenheft. Die Konzeption eines solchen Pflichtenheftes setzt jedoch profunde geistes- und sozialwissenschaftliche Kenntnisse voraus. Andernfalls droht die Entwicklung, wie es das Schicksal der meisten Erfindungen ist, auf dem Friedhof der Patentämter zu landen (Réal 1990). Ein Friedhof der mehr und deutlicher als alle F&E-Statistiken Zeugnis von verschwendeter Energie und gescheiterten Innovationsanläufen ablegt. Eine nach klassischen ingenieurwissenschaftlichen Kriterien bessere Technik ist letztlich zu nichts nutze, wenn sie ihren Beitrag zu verbesserten, sichtbar attraktiveren Dienstleistungen nicht deutlich machen kann. Eine "bessere" Technik ist einer Erwerbs- und damit Konsumentenbevölkerung, die sich nicht mehr in industriellen Zusammenhängen orientiert, schwer vermittelbar und letztlich gleichgültig. Dies spiegelt sich dann auch darin, daß als erfolgversprechendste Strategie zur Herstellung von "Technikakzeptanz" mittlerweile die Drohung des Verlustes von Arbeitsplätzen gilt, da sich eine positive Identifikation mit technischen Werten im Unterschied zur Vergangenheit nicht mehr in genügender Breite herstellen läßt.

Abbildung 22: Relation von Pro-Kopf-Einkommen und sektoraler Beschäftigung

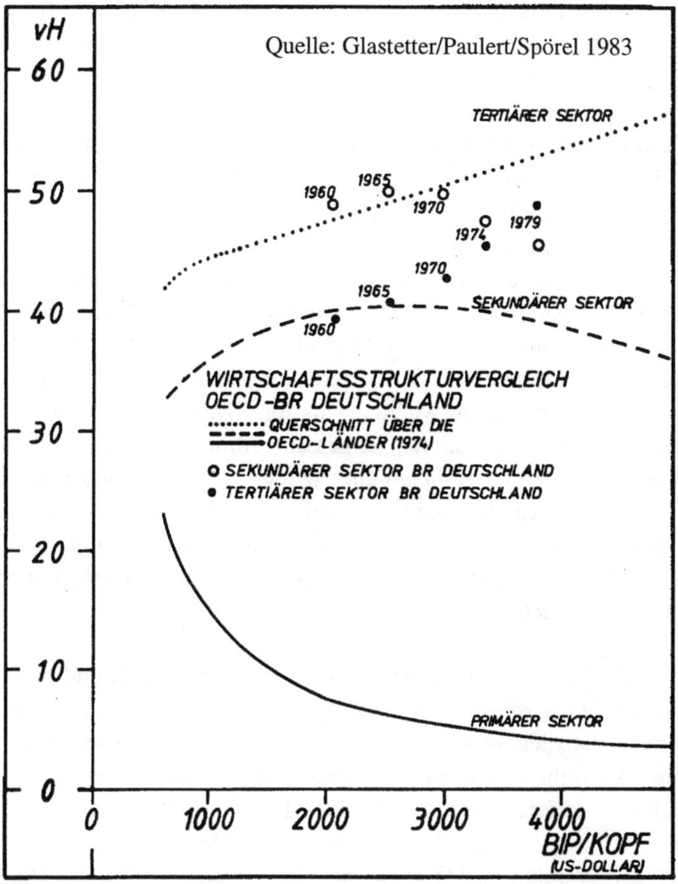

Semiotisierung von Technik

Der Dienstleistungscharakter der meisten mittlerweile erbrachten Leistungen verweist auf den zweiten säkularen Trend in der Technikentwicklung, die zunehmende Semiotisierung der Warenwelt. Was bei Dienstleistungen evident erscheint, daß es nicht nur um das "Ob" und den in technischen Parametern meßbaren Umfang, sondern ganz entscheidend um das "Wie" der erbrachten Leistung geht, gilt in immer größerem und mittlerweile wahrscheinlich überwiegendem Umfang auch für materielle Produkte, die der unmittelbaren Nutzung durch die Konsumenten überlassen werden. An die Stelle der materiellen Notdurft vor- und frühindustrieller Zeiten ist eine Konsum- und Lebensästhetik getreten, die weit über den engeren Bereich der Mode hinaus die Verwendung industrieller Güter bestimmt. Daß Autos mehr dem seelischen Wohlbefinden als der Bereitstellung von notwendigen und zu vergleichbaren Kosten nicht substituierbaren Transportleistungen dienen, ist ein Allgemeinplatz. Das Gleiche gilt für immer mehr Gegenstände des täglichen Gebrauchs und in zunehmendem Maße auch für solche, die als Infrastrukturen nur indirekt genutzt werden.

Die aus dem Charakter der Erwerbsarbeit resultierende, kulturelle Kluft, die sich zwischen den Technikproduzenten und der Mehrheit der Konsumenten aufgetan hat, schlägt sich in einer immer unterschiedlicheren auf jeden Fall aber immer differenzierteren Bedeutungszuschreibung für technische Produkte nieder. Wo die materielle Grundausstattung gesichert ist, beginnt die soziale und kulturelle Selbstverortung mittels sichtbarer Güter die Kaufentscheidungen zu dominieren (Csikszentmihalyi/Rochberg-Halton 1981). Die Menschen werden zu Bourdieuschen Litfaßsäulen ihrer selbst (Bourdieu 1979). Differenz der materiellen Ausstattung und der materiellen Umgebung werden wichtiger als ihr Niveau. Konsumentenpräferenzen lassen sich nicht mehr mit (rational, allgemeinverbindlichen) technischen Parametern verstehen, geschweige denn prognostizieren. Und von dieser Semiotisierung der Warenwelt sind auch "rationale" Techniker und Naturwissenschaftler nicht ausgenommen, wie die jeder industriewirtschaftlichen Vernunft spottende Hochrüstung vieler Ingenieurhaushalte mit stark unterausgelasteten technischen Statusgütern und Spielzeugen anschaulich demonstriert.

Das Argument, eine Kilowattstunde sei billiger, ein Wirkungsgrad höher oder ein Herstellungsverfahren schneller, verblaßt vor dem Wunsch nach einem ästhetisch befriedigenden, letztlich in seinem Formen als "gut" empfundenen Leben. Dazu können eine Vielzahl von Entscheidungen gehören, die einem kulturell blinden Materialismus "irrational" erscheinen: von Life-Style-Pharmaka über esoterisch produzierte Lebensmittel zu Geländewagen und Designeroutfits, aber auch die Aversion gegen "vernünftige" Großtechnik, Grenzwerte und Kennzeichnungen. Die Kriterien für ein individuell gelingendes, am Ende sogar gutes Leben sind eher sinnlich-ästhetischer als normativ-rationaler Natur und neue Technik muß sich entsprechend sinnlich-ästhetisch bewähren, um "akzeptiert" zu werden. Ein materielles "Mehr" verliert an Attraktivität, wenn es nicht als ein sinnliches "Besser" zu erfahren ist.

Nach der Überwindung elementarer materieller Not im Zuge und dank der Industrialisierung verschiebt sich das Interesse am Neuen von den technischer Rationalität leicht zugänglichen Parametern zu sinnlich-ästhetischen, die als qualitative nicht algorithmierbar sondern nur erlebbar sind. Auskünfte über am Markt umsetzbare Innovationschancen sind nicht mehr technikimmanent sondern nur noch intersubjektiv dialogisch zu erlangen. Diesen Dialog führen zu können, wird damit aber auch zur Voraussetzung chancenreicher Innovationsstrategien. Eine besondere

Schwierigkeit besteht allerdings darin, daß dieser Dialog doppelt interkulturell geführt werden muß und von den Ingenieuren eine doppelte, passive Sprachkompetenz verlangt. Doppelt insofern, als sie die mehrfach beschriebene Kultur- und Wertekluft zur großen und wachsenden Mehrheit der nicht-industriell geprägten Erwerbstätigen überwinden müssen und andererseits unter der Bedingung globalisierter Märkte mit zusätzlicher, hoher kultureller Komplexität konfrontiert werden. Diese Komplexität nicht begreifen und in der Produktentwicklung antizipieren zu können, führt zum raschen Verlust von Marktanteilen und mündet schließlich in verschwenderischen weil kulturell blinden Forschungs- und Entwicklungsausgaben.

Konsequenzen für die Ingenieurausbildung

Die beschriebenen, überaus schnellen säkularen Trends der Tertialisierung und der Semiotisierung von Technik haben vor allem im bis in die jüngste Vergangenheit überindustrialisierten Deutschland die spontane Lernfähigkeit der technischen Eliten überfordert und deshalb viele Innovationsstrategien ins Leere laufen lassen. Es fehlte nicht an innovatorischen Anstrengungen und leistungsfähigen Institutionen für Forschung und Entwicklung, wohl aber am Gespür dafür, in welcher Richtung neue, beschäftigungswirksame Märkte zu finden sind und – genauso wichtig –, wo dies weniger zu erwarten ist. Was sich spontan nicht mehr einstellt, muß explizit gelehrt und gelernt werden. Diesem Umstand tragen verschiedene kurrikulare Initiativen im deutschen Bildungssystem Rechnung, die allesamt einer schon seit Jahren vom VDI vorgetragenen Forderung nach Erhöhung der nichttechnischen Anteile am ingenieurwissenschaftlichen Studium Rechnung tragen. Insofern hat sich die Standesorganisation der Ingenieure mit ihren aus der Praxis entwickelten Empfehlungen weitsichtiger gezeigt als traditionsgeprägte Hochschulen und Bildungsplaner, die sich stets schwer taten, diagonale Kompetenzen über die Disziplingrenzen hinweg, die bei der erfolgreichen Realisierung technischer Projekte unverzichtbar sind, als Ausbildungsauftrag anzuerkennen. Hierin besteht auch ein deutlicher Unterschied etwa zu amerikanischen Eliteuniversitäten der Ingenieurwissenschaften wie dem MIT, wo bis zu 20% nichttechnische Anteile in der Ausbildung selbstverständlich sind und dem schon lange stärker dienstleistungsgeprägten, kulturellen Umfeld Rechnung tragen.

Erst langsam und zögernd wird auch hierzulande die Einsicht gewonnen, daß die sozialen und kulturellen Umgebungsvariablen technischer Entwicklung einer ebenso professionellen Analyse und Kompetenz bedürfen wie die oftmals leichter algorithmierbaren natürlichen und technischen Rahmenbedingungen. Die Heterogenität der sozialen und kulturellen Dimension der Technik verbietet vorwissenschaftliche Vermutungen und verurteilt die unreflektierte Übertragung der eigenen Wertewelt im Zuge eines traditionellen Technology-push Ansatzes der bisher dominierenden Innovationsstrategien zum Scheitern.

Als Pilotprogramm zur Vermittlung geistes- und sozialwissenschaftlicher Kompetenz für Naturwissenschaftler und Ingenieure wurde an der Technischen Universität München ein Masterprogramm entwickelt, das an den oben beschriebenen und für entscheidend gehaltenen Defiziten der bisherigen Ausbildung anknüpft – Defizite freilich, die nicht schon immer bestanden, sondern sich erst im Laufe der jüngsten Vergangenheit deutlich und vor allem marktwirksam herausgebildet haben. Insofern versteht sich dieses Masterprogamm auch nicht als Totalrevision bestehender und tradierter ingenieurwissenschaftlicher Ausbildungsprinzipien, sondern als Antwort auf neu hinzu gekommene Herausforderungen, die einen zusätzlichen Ausbildungsbedarf mit einer veränderten Schwerpunktbildung im Studium konstituieren.

Das Münchner Masterprogramm "Social Science of Technology" setzt ein mindestens mit dem Bachelorgrad abgeschlossenes wissenschaftliches Studium einer Ingenieur- oder Naturwissenschaft voraus. In einem sehr kompakten einjährigen Grundstudium werden zunächst solide Kenntnisse in technikbezogener Soziologie, Politikwissenschaft, Verwaltungswissenschaft, Organisations- und Betriebspsychologie, Betriebswirtschaftslehre aber auch international vergleichender Technik- und Unternehmensgeschichte, sowie Wissenschaftstheorie und Ethik von Wissenschaft und Technik vermittelt. Dem schließt sich ein verpflichtendes Auslandssemester an einer Partneruniversität in den USA, Europa oder Japan an, wo die in München erworbenen Kenntnisse in internationaler Perspektive erweitert und vertieft werden. In besonderem Maße dient dieses Auslandssemester jedoch der Sensibilisierung für das kulturell Fremde und dem Auf- bzw. Ausbau jener diagonalen Kompetenzen, die zu dessen professioneller Verarbeitung in der strategischen Unternehmensplanung vonnöten sind.

Im letzten Semester arbeiten studentische Teams unter Anleitung eines Hochschullehrers parallel an drei Praxisprojekten aus den Bereichen "öffentliche Verwaltung", "private Wirtschaft / Stabsstellen" und "Medien". In diesen Projekten mit konkreter Aufgabenstellung aus der Praxis kooperierender Unternehmen und Behörden werden die bis dahin erworbenen Kenntnisse und Fertigkeiten unter realitätsnahem Zeitdruck erprobt und in erste eigenständige Produkte umgesetzt. Das Masterprogramm folgt damit der seit über einem Jahrhundert sehr bewährten Tradition deutscher Technischer Hochschulen, Forschung und anwendungsrelevante Praxis im letzten Studienabschnitt eng zu verzahnen. Das gesamte Programm wird ausgewogen in Deutsch und Englisch durchgeführt, wobei die Masterthesis, die aus einem der Praxisprojekte hervorgehen muß, ausschließlich in English abgefaßt werden darf. Damit wird dem Umstand Rechnung getragen, daß unter den Bedingungen von Globalisierung künftig die aktive Beherrschung des Englischen eine Grundvoraussetzung für eine erfolgreiche Berufslaufbahn sein wird, da immer weniger Firmen nur noch in einem nationalen Rahmen werden operieren können und wollen.
Bei der Arbeit in allen drei Praxisprojekten geht es darum, die eigene Tätigkeit als Schnittstelle zwischen den im engeren Sinne ingenieurwissenschaftlichen Aufgaben und ihrer gesellschaftliche Einbettung zu trainieren. Dabei geht es nicht um einfache

Implementierungsstrategien, bei denen eine unveränderte Technik der Öffentlichkeit, den Belegschaften oder den Gebietskörperschaften "schmackhaft" gemacht werden soll. Vielmehr besteht die Aufgabe einer Sozialwissenschaft der Technik gerade darin, eine Vermittlung nach beiden Seiten, also von außen in das Unternehmen wie auch vom Unternehmen in die Öffentlichkeit zu leisten. Die Aufgaben der Absolventen liegen vor allem in der Überwindung kultureller und sozialer Blindheit an der Schnittstelle Technik-Gesellschaft, die einerseits zu teuren Fehlentwicklungen und vermeidbaren Konflikten führt und andererseits wichtige Innovationspotentiale übersieht. Mit der erworbenen Kompetenz in den Sozialwissenschaften der Technik wird das bislang noch recht unsystematische Management sozialer und kultureller Pluralität in den Unternehmen, aber auch in den Gebietskörperschaften professionalisiert. Der Vorteil gegenüber der bislang meist präferierten additiven Lösung, wonach neben einen Ingenieur ein Sozialwissenschaftler gesetzt wurde, die sich dann meistens nicht verstanden, wird hier auf eine ingenieur- oder naturwissenschaftliche Kernkompetenz aufgebaut und werden die Friktionen, die sich aus dem gegenseitigen Übersetzungsprozeß des älteren Modells unvermeidlich ergaben, durch umfassende Kompetenz in einem Kopf vermieden. Daß solchermaßen ausgebildete Sozialwissenschaftler der Technik nicht alle sozialen und kulturellen Probleme moderner Technik im Vorfeld lösen können, ist unbestritten. Wohl aber verfügen sie über genügend Kompetenz, um die Problemlagen richtig zu erkennen, um dann eventuell notwendig werdende, spezifischer professionelle Unterstützung von außen mobilisieren und an die Unternehmensziele anbinden zu können. Sie werden damit oft jene kompetenten Übersetzer sozialer und kultureller Chancen und Probleme in technische Aufgaben sein, an denen es dem übertrieben technologiezentrierten deutschen Innovationssystem derzeit so offensichtlich mangelt.

Resümee

Forschung und Entwicklung, die allein nach technikimmanenten Kriterien und Werten konzipiert sind, verfolgen einen historisch überholten Weg, dessen Erfolgsbedingungen in Deutschland zwar länger als anderswo bestanden haben und dadurch die Neuorientierung verzögerten, die aber nicht länger und vermutlich auch nie wieder bestehen werden. Insofern sind amerikanische Ingenieurstudenten, die schon lange – und gerade an den Eliteuniversitäten – einen hohen Anteil nichttechnischer Fächer belegen müssen, für erfolgreiche Innovationen mental besser gerüstet. Der soziokulturelle Teil der Pflichtenhefte in F&E wächst und wird weiter wachsen. Unter Bedingungen von Tertialisierung, Semiotisierung und Globalisierung wird dieser Teil nicht mehr spontan und intuitiv zu bewältigen sein. Das verlangt von Ingenieuren – und vor allem von den Führungskräften – in sehr viel höheren Maße als früher geistes- und sozialwissenschaftliche Kompetenz. Diese muß darum zum integralen Bestandteil der Ausbildung in den Ingenieur- und Naturwissenschaften werden, wie es der VDI schon seit Jahren fordert, international führende Ingenieurschulen wie das MIT noch länger praktizieren und die TU München jetzt mit einem neuen, in Deutschland einzigartigen Masterprogramm beginnt. Ohne wirklich professionelle Kompetenz sind diese immer bedeutender werdenden Aspekte technisch-wissenschaftlicher Arbeit künftig ebenso wenig zu meistern wie die traditionellen Inhalte der Ingenieur- und Naturwissenschaften.

"Was ist eine "gute" Technologie? Zur heuristischen Kompetenz des Ingenieurs

Hans G. Ulrich

Der folgende Beitrag will zum Gesamtthema nicht nur direkt, sondern auch indirekt etwas beitragen, sofern er daraufhin befragt werden kann, was durch eine geisteswissenschaftliche Perspektive ins Spiel kommt und was sich daraus für die Innovation von technologischen Entwicklungen ergeben könnte. Dabei ist generell wichtig, daß nicht nur interdisziplinäre Kooperationen (wie zwischen Techniksoziologie und Technologie) eine Rolle spielen, sondern auch das Herausarbeiten bestimmter Aufgaben, die quer zu den Fächern oder Wissenschaftszweigen verlaufen. Das betrifft beispielsweise Aspekte der Ethik, die über das hinausgehen, was als *Ethik der Technik* bisher konzipiert worden ist. Das betrifft auch den Zusammenhang von *Ethik und Ästhetik.* Dafür sollte der Blick offen bleiben.

1 Zum Gegenstand und zur Gegenständlichkeit der Technologien

Die folgenden Überlegungen sind von der Beobachtung geleitet, daß die vielseitige Diskussion über die Genese, die Planung, die Gestaltung, die Evolution von Technologie (oder wie auch immer die thematischen und theoretischen Schwerpunkte lauten) erkennbare Trends oder Wege aufweist, die ihrerseits analysiert werden müssen, will man nicht dem einen oder anderen unversehens folgen. Die hier vorgegebene Themenstellung kommt diesem Erfordernis insofern entgegen, als sie jedenfalls thematisch einen bestimmten Weg vorschlägt, nämlich die Blickwendung auf den Ingenieur, seine Praxis und seine Kontexte. Diese Perspektive unterscheidet sich etwa davon, die Prozesse der Verständigung über Technologie zu rekonstruieren, in denen der besondere Beitrag des Ingenieurs nicht eigens zur Geltung kommt. Das gilt z.B. für weit greifende Konzeptionen von "technischer Kultur", von "Technologie als sozialem Prozeß" (Rammert 1998), von "Technikgenese" (Dierkes 1997) und Diskurssystemen für die technologische Entwicklung, in denen die Aufgabe und die Perspektive des Ingenieurs selbst keinen profilierten Ort einnehmen. Was er beiträgt, verschwimmt in einem prozesshaften Geschehen, so berechtigt es ist, den Versuch zu machen, große Geschehenszusammenhänge oder auch ein Gesamtklima zu thematisieren. Damit ist zum Teil das Problem verbunden, daß auch die Technologien in ihrer spezifischen Gegenständlichkeit aus dem Blick oder in den Hintergrund geraten, und an ihre Stelle die vielfältigen Prozeduren und Operationalisierungen von Verständigungsprozessen treten, die ihren - je verschiedenen - Bezug zu bestimmten technologischen Projekten verloren haben.

Dies wäre jedenfalls als eine entscheidende Frage festzuhalten: inwiefern einer allgemeinen Beobachterperspektive, die auf universelle, operationalisierbare Verständigungsprozesse blickt, eine andere gegenüberzustellen ist, die technologische Projekte direkt thematisiert, so weit sie vom "Blick" des "Ingenieurs" (weiter gefaßt der "Institution" des Ingenieurs) wahrgenommen werden. Dies gilt mit der Unterstellung, daß es eben immer noch auf diesen Blick oder Zugang des Ingenieurs ankommt - wie auf andere Perspektiven selbstverständlich auch. Es wird sich aber lohnen, die Perspektiven auch je für sich zu entwickeln und in ihrer eigenen Abbildungskraft zu beschreiben.

Damit ist gegeben, die Wahrnehmung auf technologische "Projekte" zu richten, sicher auch solche neu zu identifizieren und nicht auf das Ganze einer technologischen Kultur, so sehr dies ein fruchtbares eigenes Thema sein kann. So könnten die Projekte "urbanes Leben" oder "Lehren und Lernen" als technologische Projekte thematisiert werden. Hier - wie bei vielen anderen - Großprojekten sind die Phantasien in keiner Weise direkt angesprochen, geschweige denn ausgereizt. Die Versuche, eine ganze Kultur in allen ihren Verläufen zu operationalisieren, wären von einem solchen direkten Zugang zu unterscheiden. Er würde erlauben, alles, was ins Spiel kommt, am Projekt selbst auszuweisen. In der technologischen Entwicklung geht es schließlich um die technologische Integration von Vorgängen verschiedenster Art in einem bestimmten überschaubaren Projekt. Die generelle Frage könnte sein, wie durch den Ingenieur "etwas" technologisch dargestellt, erfunden wird, das es ohne diese Darstellung nicht gibt, und wie es durch ihn mit den vorhandenen Technologien (auch mit der Folge ihrer völligen Revolutionierung) verbunden wird.

Hier wird man darauf sehen, daß die *technologischen* Projekte von anderen Projekten unterschieden bleiben. Die Operationalisierung von Technikgenese, die auch die politischen Vorgänge umgreift, wäre zu unterscheiden von der Projektierung von Technologien, die eine bestimmte Aufgabe, einen bestimmten *Sinn* haben und die sich nicht in Verständigungsprozesse auflösen lassen. Die Frage ist, *woraufhin* werden technologische Projekte entworfen, *was* bringen sie auf ihre Weise zur Darstellung? Was am menschlichen Leben und für das menschliche Leben stellen sie dar, bringen sie in die Welt? Hier hat die Frage nach einer "guten" Technologie ihren Ort. Was ist der Sinn und das Profil dieser Frage, was könnte er sein? Wie ist dazu eine *Heuristik* zu entwickeln, die möglicherweise nicht in den bestehenden Kriterien und Wertekatalogen aufgeht?

2 Zur Heuristik der Frage nach einer "guten Technologie"

Im Blick auf eine Technologie, die nicht nur - in einer weiten Perspektive - als Kulturphänomen erscheint, sondern in abgrenzbaren, bestimmten Projekten realisiert wird, fragen wir im folgenden nach einer "guten" Technologie.

Die Frage, wo und wie diese Thematisierung des "Guten" in die Prozeduren der Verständigung und der Projektierung eingebracht werden kann, halten wir dabei präsent, denn es muß klar werden, zu welchen Verfahren, Strategien oder Institutionen der Verständigung sie gehört. Wir sollten aber nicht von vornherein sagen, das "Gute" sei das "Zur-Geltung-kommen" selbst. Es geht gezielt um die Frage, *was* denn gut ist - und *was* nicht gut ist. Andernfalls würde nicht wirklich diskutiert, was gute Technologie ist, sondern nur noch was ein gutes Verfahren war, das möglichst alles (irgendwie) berücksichtigt hat und das verspricht, daß immer alles ins Spiel kommt. Damit aber würde die spezifische heuristische Phantasie, die auf eine gute Technologie ausgerichtet ist, auch in ihrer Trennschärfe, verdeckt werden.

Es kommt hier auf eine *heuristische Praxis* an, die nicht nur irgendwie gegebene (das schon ist das Problem) Kriterien oder Normen (z.B. Sicherheit oder Fehlerfreundlichkeit) auf technologische Projekte überträgt (Waldenfels 1991), sondern das spezifisch technologische "Gute" zu thematisieren und zu definieren erlaubt. Der Beitrag des Ingenieurs kann dann darin gesucht werden, daß er dieses "Gute" aufzuspüren, zu artikulieren, zur projektieren und darzustellen imstande ist, daß er also durchaus zum Erfinder des Guten wird. Dies wird zwar einschließen, daß das technologische Projekt ein bestimmtes Problem (z.B. eine effektive Energieversorgung) löst oder eine bestimmte Aufgabe übernimmt (z.B. die Steuerung von Produktionsabläufen), aber die heuristische Praxis für eine "gute" Technologie wäre damit in ihrer Reichweite längst noch nicht in den Blick gefaßt.

Die Frage nach der "guten" Technologie könnte die Aufgabe freisetzen, zu bedenken, ob es dafür eine eigene Praxis der Aufmerksamkeit, des Phantasierens, Wahrnehmens und Urteilens gibt, eine eigene Kunst, die Ingenieurskunst (die durchaus nicht auf den einzelnen Ingenieur bezogen sein muß, sondern ihn als Institution begreifen kann). Deshalb sollen die Prozesse der technologischen Entwicklung insgesamt, in die sie eingefügt ist, nicht aus dem Blick geraten. Die Frage ist jedoch, wie die heuristische Praxis des Ingenieurs aussieht: Wie und an welcher Stelle wird er "gute" von "schlechter" Technologie unterscheiden? Worauf richtet sich seine geschärfte Aufmerksamkeit? Wie kann eine Unterscheidungspraxis ausfallen, die sich nicht an allgemeine Kriterien oder Normen anhängt (z.B. an die Unterscheidung zwischen sicher und unsicher), die auf die Technik übertragen werden, aber das gar nicht erfaßt, was in der Perspektive des Ingenieurs "gut" ist. Es ist in der Geschichte der Technik interessant zu beobachten, wie der Blick des Ingenieurs ausgewählt hat, was er in die Berechnung einbezogen hat und was nicht, was ins Spiel gekommen ist und was ausgeklammert blieb. Welcher Weg, das in diesem Sinne Angemessene zu finden - etwa gegenüber dem Überflüssigen, Übertriebenen, dem Abwegigen - läßt sich hier markieren? Schon diese Kategorie des Angemessenen kann eine weitreichende Phantasie erzeugen.

Technologien sind dadurch gekennzeichnet, daß sie Funktionszusammenhänge definieren, die sich von anderen unterscheiden, und die als solche projektiert und daraufhin beurteilt werden wollen, was sie als Eigenwelt hervorgebracht haben. Welche definitorische Kraft ist darin enthalten, wenn man fragt, *was* gebaut und was nicht gebaut wird. Sind es nur Straßen oder sind es Adern für bestimmte Güterströme, sind es Freiräume für die Mobilität, sind es Verbindungsnetze zwischen bestimmten Welten (z.B. zwischen verschiedenen Freizeitwelten) oder Regionen, sind es Lagerräume für terminierte Produkte? Wie muß hier beschrieben und definiert werden?

Es sollte also deutlich sein, daß sich die heuristische Praxis, die hier gebraucht wird, nicht in der umgreifenden Operationalisierung einer Technikgenese und ihrer bewertenden Implikationen aufgehen kann, sondern daß die Kunst des Suchens darauf beruht, daß Technologien Projekte darstellen, die ihren definierbaren Eigensinn haben - und eben daraufhin beurteilt werden können. Weder die Interpretation der Technik als Instrument, noch ihre Projektierung als Automatismus (der gesellschaftliche Prozesse einschließt) entspricht einer Technologie, die in vielfältiger Weise mit menschlichen Lebensformen verbunden und insofern *nicht ausdefiniert* ist (Waldenfels 1991). Sie gewinnt ihre produktive Unbestimmtheit immer wieder darin, daß es möglich ist, zu ihr in *Distanz* zu treten und Differenzen zwischen dieser und jener Technologie zu markieren.

3 Woraufhin urteilen? Vom Sinn und Eigensinn von Technologien

Technologien werden dadurch zum Gegenstand für das Definieren und Urteilen, daß sie (von Menschen) *auf Menschen hin* wahrgenommen werden, die mit ihnen verbunden sind, die sie verstehen und die von ihnen betroffen sind. Die Unterscheidung von Technologien und den mit ihnen verbundenen Menschen muß nicht so interpretiert werden, daß zwar Technologien in ihrem Sinn (ihrer Funktion) bestimmt wären, die menschlichen Lebensformen aber nicht; dies wäre auch in einer systemtheoretischen Interpretation der Fall. Vielmehr kommt es darauf an, tatsächlich an dem *Gegenüber* von Technologien und menschlicher Praxis oder menschlichen Lebensformen als einem wechselseitigen festzuhalten - trotz aller Problematisierungen dieses Gegenübers. Sonst könnten Technologien nicht als Projekte thematisiert werden (noch reden wir ja von "Kommunikations-, Informationstechnologie" usf.) und es könnte keine wahrnehmende und *urteilende Distanz* geben. Es geht um diese spannungsvolle Beziehung, und darum, sie in ihrer heuristischen Kraft auszuloten - statt sie in übergreifenden Perspektiven (z.B. einer "technologischen Kultur", die alles umgreift) aufzulösen. Dies ist auch als das Zusammentreffen von "Individuum und Umfeld" gekennzeichnet worden: "Wir benötigen dieses permanente geistige Pendel zwischen uns und der Umgebung. Das ist die Bewegung gegen den Stillstand - gerade gegen den geistigen Stillstand ...". An manchen Modellen angewandter Ethik ist dieses Problem zu beobachten.

Technologien finden ihre Bedeutung darin, daß sie (als Projekte) einen bestimmten "Sinn" im Zusammenhang menschlicher Lebensformen haben. Kommunikationstechnologien, Energieerzeugungstechnologien, Informationstechnologien usf. haben ihr Gegenüber, ihren Ursprung und ihr Ziel in *definierbaren* menschlichen Lebensformen, z.B. darin, daß festgelegt wird, wie abhängig oder unabhängig Menschen vom Klima leben. Wie unabhängig davon sollten sie sein? Welche Art von Innenräumen sollten erfunden werden (Schnee im Sommer)? Vom Sinn solcher Projekte zu reden heißt voraussetzen, daß Technologien auf bestimmte menschliche Lebensformen (nicht auf *den* Menschen) hin erfunden werden. Das muß nicht offen bleiben. Ebenso wird gelten, daß sich menschliche Lebensformen überhaupt erst damit ausbilden, was technologisch dargestellt und erfunden ist.

Mit den Technologien exponieren sich Menschen in ihrer Lebensform, sie legen sich darin in einem bestimmten und möglicherweise guten Sinn fest, sie definieren sich, sie stellen sich dar, z.B. als diejenigen, die zu jedem Zeitpunkt, den sie (vielleicht nach Übereinkunft) wählen, an jedem Ort, mit jedem beliebigen Menschen, den sie sich selbst aussuchen, ein mehr oder weniger kurzes, für den Anderen spontanes Gespräch führen, das ohne Aufwand beendet werden kann, um sofort, ohne Zwischenraum an anderer Stelle, vielleicht mit einem anderen Gespräch fortzufahren. Und dies alles ist nicht einfach eine soziale Übereinkunft, sondern diese Übereinkunft ist als eine technologische Projektion, als eine technologische Darstellung entstanden, die ihren Eigensinn hat. Es ist nicht etwas, worauf wir uns geeinigt haben, um es dann technologisch zu realisieren, sondern es ist technologisch definiert worden.

Zu beachten ist freilich, wie die Unterscheidung zwischen der Oberfläche der Technologien, mit denen Menschen direkt zu tun haben, und den vielfältigen Technologien dahinter oder davor, zur Geltung kommt. Wie ist überhaupt das Verhältnis beschaffen zwischen dem, was man technikzentrierte und humanzentrierte Technologien genannt hat? Wir gehen hier zunächst einmal von der Oberfläche aus, die mit den Lebensformen verbunden ist, weil das Urteil auf sie zuläuft und weil auch (wenn auch nur zum Teil) an dieser Oberfläche die Erfindung von Technologien einsetzt. Die Projektierung könnte verstärkt hier beginnen. Das bestärken auch Studien zum Übergang zwischen "Subjektivität" und Technik, die beschreiben, wie der Ingenieur oder Programmier mit seinen Wahrnehmungen, Bewegungen usf. mit der Technologie in direkte Verbindung tritt (Bruns 1997).

Angesichts der Definitionsoffenheit von technologischen Projekten genügt es also nicht, Normen wie "Sicherheit" oder "Fehlerfreundlichkeit" einzufordern oder anzuwenden. Es kommt vielmehr darauf an zu sehen, welches für die Heuristik fruchtbare Verhältnis darin enthalten ist, daß menschliche Lebensformen und ihre (impliziten) Praktiken (z.B. ein Gespräch zu führen) nicht vollständig in technologische Vorgänge umgesetzt werden (Automatismus), sondern zu einem Teil undefiniert bleiben, und daß Lebensformen auch durch technologische Projekte erst möglich werden. Auf diese kategoriale Spannung gilt es - wieder - einzugehen, metaphorisch gesprochen: auf die Spannung zwischen verschiedenen Texten, die nicht in einem einzigen (homogenisierten) Verständigungszusammenhang "Kultur" aufgehoben werden sollte. Ein Begriff wie "technologische Kultur" verdeckt, wie hilfreich er auch sonst sein mag (Hubig 1997), die Möglichkeit der Wahrnehmung verschiedener "Texte" in "der Kultur", wenn man diese überhaupt als Gesamtzusammenhang fassen will. Wird dieser durch die Zusammenschau homogenisiert, und sei es in der Darstellung einer Innovationskultur, gehen die elementaren Differenzen in einem egalisierten Gewirr von Bewegungen unter. Es geht deshalb in unserer Wahrnehmung um das notwendige Spannungsverhältnis zwischen technologischem Projekt und den vielfältigen, bestimmten Lebensformen und ihren Praktiken. (Es wäre interessant, gerade auch diesbezüglich Vergleiche zwischen den Regionen anzustellen, z.B. USA und Teilen von Europa. Die Definitionen von Lebensformen sind sehr unterschiedlich, z.B. im Bereich der Mobilität. Man muß nicht von der Homogenisierung der einen technologischen Kultur ausgehen, sondern kann die bestehenden Differenzen für die konstruktive Phantasie nutzen.)

Mit der Unterscheidung zwischen technologischen Projekten und Lebensformen soll nicht - in alten Bahnen - eine Differenz Mensch-Technologie konstruiert werden, die als solche zum Thema wird. Die Differenz von *technologischen Projekten* und *Lebensformen* muß nicht kategorial (als nicht vermittelbare Welten) gefaßt werden. Vielmehr ist das Gegenüber von Lebensformen zu technologischen Projekten dadurch bestimmt, daß Lebensformen in ihren Konturen sowohl de facto wie intentional technologisch definiert, optimiert und intensiviert werden. Die Frage ist, *was* sich eben damit für die Lebensformen verändert, *was* in diesem Sinne dann das erfundene *Projekt* ausmacht. Wie wird z.B. definiert, wie Menschen (künftig) – technologisch ermöglicht - ihren Gesundheits-/ Krankheitszustand diagnostizieren lassen? Wie wird die Technologie der Lebensdiagnose weiterentwickelt, *was* wird das Projekt sein? Wie definieren Technologien diesen Zustand und wie definieren sie damit die Art und Weise, wie Menschen damit leben? Das geht in jeder Hinsicht über die Frage nach Sicherheit, Sozialverträglichkeit, Datenschutz oder Fragen der gerechten Verteilung hinaus. Es betrifft die technologisch vermittelte Definition des *guten Lebens*.

Sehen wir also die Gegenüberstellung von Technologien und Lebensformen als eine (wieder neu wahrzunehmende) fruchtbare Heuristik an, die ihrer erkenntnisleitenden Kraft nicht dadurch beraubt werden sollte, daß sie in abstrakte Unterscheidungen gefaßt wird: z.B. in die Unterscheidung von "neutraler" Technik und "menschlichen Werten". Nicht solche Grenzverläufe helfen weiter, sondern die Grenzverläufe zwischen vielfältigen faßbaren Verständigungszusammenhängen, auch zwischen technologischen Projekten, die sich gegenseitig provozieren und interpretieren, z.B. die Grenzverläufe und Verbindungen zwischen Kommunikationstechnologien und ökonomischer Alltagspraxis (z.B. Börsenspekulation).

Die viel behandelte Thematisierung der *Technikakzeptanz* ist entsprechend anders zu bearbeiten. Sie geht fehl, wenn unterstellt wird, daß *den* Menschen oder auch einer bestimmten Öffentlichkeit eine Technik vorgesetzt wird, zu der sie Stellung zu nehmen haben. Diese Problemsicht verstellt, daß tatsächlich verschiedenartige Technologien und (technologisch reflektierbare) Lebensformen im Blick sein können, die sich nicht ineinander auflösen lassen, und daß dies auch nicht so sein muß, sondern daß neue Formen der Koexistenz gesucht werden können (z.B. Welche Texte, welche Verständigungszusammenhänge treffen im Zusammenhang der Akzeptanz von Teilbereichen der Biotechnologie aufeinander? Welche Bedeutung hat jetzt noch oder wieder neu die Morphologie, auch für die wissenschaftliche Wahrnehmung? Die Thematik ist nicht auf die Frage nach Risiken und Chancen zu reduzieren, das nimmt ihr auch ihre heuristische Bedeutung.).

4 Gute Technologie - schlechte Technologie?

Die Frage nach einer "guten" Technologie zielt auf etwas, was für menschliche Lebensformen gut sein *soll*. Ein Ansatz, der keine Solldefinitionen zuläßt, würde kein Urteil über gut und schlecht zulassen und die gerade mit dieser Unterscheidung entstehende Spannung für die Erfindung von Technologien nicht nutzen. In diesem Sinne ist es angebracht, von "innovativer Technikbewertung" (Ropohl 1987) zu sprechen. Es ist dann zu zeigen, wie "Bewertung" (oder "Beurteilung") und "Projektion" zusammenarbeiten - vielleicht im Sinne von: "was sich technologisch darstellen läßt, ist dann gut, wenn es selbst zeigt oder provoziert, was gut ist - und wenn es nicht nur bestehende Standards, die ihm vorausgehen, erfüllt." Ein Architekt, der eine neue Art von Gebäude erfindet, kann *zeigen*, was gut ist. Er orientiert sich vielleicht gerade nicht an einem gegebenen oder vorgegebenen Leitbild, sondern erfindet ein solches. Dafür kann - mit vielen Implikationen! - die biblische Schöpfungsgeschichte (1. Mose 1) als Modell gelten. Dort wird genau in dieser Logik erzählt: "Gott schuf... und sah, daß es gut war".

Daß das "Gute" immer auch etwas Neues ist, bleibt ein damit verbundenes, eigenes Thema. Dies gilt nicht, weil das Neue als solches etwas Gutes wäre, sondern sofern das Gute jedenfalls nicht in der permanenten Verbesserung des Bestehenden zu suchen ist. Die Suche nach dem Guten rechnet mit einer unauslotbaren Fülle des Guten. Diese aber ist nicht irgendwo, sondern in den Lebensformen zu finden, die Menschen erproben können.

Will man die Frage nach einer "guten" Technologie darauf beziehen, *was* sie für Menschen und menschliche Lebensformen darstellt, wäre es jedenfalls eine Verkürzung, würde man nur nach dem Nutzen, der Erfüllung von Bedürfnissen, der Lösung von Problemen oder der Erfüllung von Intentionen suchen. Dies wären Kategorien, die das Gegenüber *Mensch* als fertig, als den vielleicht weiteren, aber immer schon abrufbaren Kontext (vielleicht als Menschenbild) begreifen. Anders ist es, wenn eine gute Technologie darin gesucht wird, daß sie diese Differenz eben nicht auflöst, sondern ihre Provokation bewahrt - vielleicht im Sinne von: "Wir können manches herstellen, was wir uns nicht vorstellen können" oder: "wir können uns manches noch nicht vorstellen, aber wir können versuchen, etwas technologisch darzustellen".

"Gut" ist also eine Technologie, die die *Spielräume**, die mit dem unausgeloteten Gegenüber von Technologien und Lebensformen gegeben sind, nicht aufhebt, sondern verändert oder erweitert. Eine besondere Auszeichnung für Technologien wäre es, wenn sie neue Spielräume erschließen, in denen Menschen sich bewegen und neue Lebensformen entdecken. Das betrifft gegenwärtig in hohem Maße die medizinische Technologie, sie entwirft eine neue, aber auch begrenzte Welt des Lebens mit den körperlichen Zuständen. Dies betrifft aber auch alle anderen Bereiche menschlichen Lebens, z.B. die Frage, wie die Versorgung mit Arbeit technologisch ermöglicht wird und welche Lebensformen mit solcher ortloser Arbeit verbunden sind. Nicht die endgültige Problemlösung, die jede weitere Suche obsolet werden läßt, sondern der technologische Vorstoß, der weitere Erkundungen provoziert, wäre gut. Und darin bestünde ihre *Angemessenheit*: nicht in einer Lösung, die etwas zu Ende bringt.

An diesem Punkt also kommen wir zu einer bestimmten Unterscheidung von "gut" und "schlecht". Diese Unterscheidung lebt - wie gesagt - aus einer Sollensspannung, die sich nicht auflösen läßt. Das aber heißt nicht, daß nicht mit einer unbestimmten Unerschöpflichkeit menschlicher Lebensweisen zu rechnen und darin das Innovationspotential zu suchen ist. Vielmehr gilt es zu sehen, was die *Kriterien* sein können, die - in bestimmter Weise - die Spannung zwischen Technologien und Lebensformen auf den *Punkt* bringen und so die technologische Entwicklung provozieren. Hier wird also die Beschreibung der *heuristischen Dynamik* wichtiger als die Operationalisierung und Integration möglichst vieler Faktoren und die Zusammenschau der Vorgänge.

Wenn die Frage nach einer "guten" Technologie darauf bezogen bleiben soll, was an ihr selbst gut ist (entgegen den Versuchen, das Gute durch externe Normen zu garantieren), dann müssen solche Kennzeichen gefunden werden, die mit den technologischen Projekten selbst realisiert werden.

5 Index für eine "gute" Technologie

Es sind durchaus nicht wenige, benennbare *Teilaspekte* für "gute" und "schlechte" Technologien zu beschreiben, die darauf zielen, mit der technischen Entwicklung

---

* Im Sinne von Waldenfels 1991: "es bleibt nur der bewegliche Ort innerhalb der Technik, der es erlaubt, ihre Spielräume zu nutzen" - gegenüber dem Versuch, den Menschen diesseits oder jenseits der Technik zu fixieren."

die Unabgegoltenheit menschlicher Lebensformen in einer bestimmten Richtung freizulegen. Dies gilt z.B. für das Kriterium der *Lernfähigkeit* von Technologien. Würde keine Lernfähigkeit in die Technologien selbst eingebaut werden, würde die Technik - zu Unrecht - nur instrumentell verstanden. Würde andererseits die Lernfähigkeit als vollständige Reflexion von technologischen Systemen konstruiert (reflexive Expertensysteme), würde abgeschnitten, was an unabsehbaren Erfahrungen für die Weiterentwicklung wichtig ist. "Schlecht" also wäre eine Technologie, die ihren eigenen experimentellen Charakter in der Koexistenz mit menschlichen Lebensformen verloren hat. Es wäre also nicht einfach von einer "intelligenten" Technologie zu reden, die - instrumentell - dem Menschen das Denken und Verstehen (intelligere) abnimmt, sondern von einer Technologie, die Menschen zum Entdecken und Lernen provoziert, so daß Menschen an und mit dieser Technologie eben die Erfahrungen gewinnen, die sie dann an die Technologie zurückgeben. Was hat die Technologie noch davon zu lernen, wie Menschen künftig ihre Aufgaben angehen werden, z.B. die Versorgung mit Nahrungsmitteln? Was hat die Technologie davon zu lernen, wie künftig die urbanen Lebensformen aussehen? Was könnte für ein technologisches Projekt "Urbanität" direkt an Phantasie vom Ingenieur aufgebracht werden? Was könnte die Technologie davon lernen, wie künftig die Lehr- und Lernformen in den Wissenschaften aussehen werden? Sollte nicht eine neue, gänzlich andere "Universitas literarum" als technologisches Projekt projektiert werden können?

Man würde auf dieser Linie Technologien nicht im Sinne von perfekt/nicht-perfekt beschreiben, auch nicht (auf anderer Ebene) im Sinne von sicher/risikoreich usf., sondern als dieser Kooperation, diesem *gemeinsamen Lernen adäquat* oder *nicht adäquat*. Diese Art von Angemessenheit wäre ein Kennzeichen für eine "gute" bzw. "schlechte" Technologie. Sie würde sich in Projekten wie "urbanes Leben" oder "die neue Universität" bündeln lassen. Damit wäre die gewünschte Projekthaftigkeit für die Ingenieurkunst anvisiert.

Die Entwicklung solcher *Heuristiken*, die die Wahrnehmung der menschlichen Lebensformen zur Geltung kommen lassen und diese nicht auf bestimmte Probleme der Lebensbewältigung oder Bedürfnisse begrenzen, bleibt eine Aufgabe, von der - wegen des nötigen experimentellen Zugangs - nicht vorweg gesagt werden kann, wie weit sie reicht. Hier ist entscheidend, daß die menschlichen Lebensformen nicht in einem Bild (oder in Leitbildern) fixiert, sondern im Zusammenwirken von Lebensformen mit der Technologie definiert werden. Auch in dieser - humanen - Hinsicht, im Blick auf die Lebensformen, sollte offen bleiben, was noch erfunden wird, wenn die Kooperation und Koexistenz von Technologie und Mensch weitergeht. Von einem Synergieeffekt wird eben in Bezug auf eine solche bleibende wechselseitige Beziehung zu reden sein. Gerade Menschenbilder könnten hier eingrenzend wirken, z.B. wenn gesagt würde, Menschen brauchen eine Gelegenheit zu kreativer Arbeit, wenn aber nicht klar ist, welches Verhältnis von kreativer Arbeit und Routinearbeit, oder von Reflexivität und Intervention "gut" ist. In diesem Sinn ist das Angemessene zu suchen. Es wird in der rechten Proportion in dieser vielfältigen Koexistenz von Lebensformen und Technologien zu finden sein.

Die Angemessenheit der Technologie wäre also darauf bezogen, daß Menschen in ihren Lebens- und Arbeitsformen *nicht* "festgestellt" werden (Waldenfels 1991). Es kann nicht darum gehen, jede Art von Routinearbeit abzuschaffen, sondern es geht um die angemessene Verbindung von Routine und Spontaneität. Eine angemessene Technologie wird weder jede Provokation für die Menschen zurücknehmen, noch ihnen die Möglichkeit nehmen, ihre Arbeit der Technologie zu überlassen.

Die Möglichkeit zu urteilen und zu definieren gründet in solchen Unterscheidungen, in denen die Beziehung von Mensch und Technologie so disponiert wird, daß nicht die eine Seite auf die andere reduziert wird. Wie gesagt: dies ist an einer ganzen Reihe von Kennzeichen durchzuspielen, die für die Erfindung von Technologien interessant sein können und die im Zusammenhang bestimmter Projekte (wie urbanes Leben) dargestellt werden können. Dazu gehört auch das Kennzeichen der *Kontinenz* oder Kombinatorik von Lebensvorgängen und Handlungen. Dies ist nicht nur eine Frage der Ergonomie, sondern wiederum der phantasievollen Betrachtung menschlicher Lebensformen: wird es (künftig) sinnvoll sein, möglichst dezentral, von beliebig vielen Orten aus zusammenzuarbeiten? Wie wird die Angemessenheit zwischen einer völligen dezentralisierten und einer lokal konzentrierten Arbeitswelt aussehen? Welche Phantasien sind in ein solches Projekt einzubringen?

Hier werden Entscheidungen auch im Detail getroffen, die - vielleicht unabsehbare - Weichenstellungen darstellen, die aber nicht an bekannte "Werte"-Standards oder an Bewertungsschemata wie "Sicherheit/Risiko" festzumachen sind. Sie müssen sich vielmehr auf das Verstehen, die Phänomene des Zusammenwirkens von Lebensformen und Technologie neu einlassen.

6 Übersetzungsarbeit - zur heuristisch-hermeneutischen Kompetenz des Ingenieurs

In einem so angelegten Experiment zwischen Technologien und menschlichen Lebensformen (und ihren Technologien) wird der Ingenieur eine hervorgehobene Rolle spielen. Er ist derjenige, der sich in den verschiedenen Texten (metaphorisch gesagt) zu bewegen versteht, in den Textwelten der Technologie wie der Lebensformen (z.B. urbanen Lebens), und der durchaus mit verschiedenen Texten und Sprachen umzugehen gelernt hat. Er sollte als Übersetzer zwischen verschiedenen Texten arbeiten können (wie er es in gewisser Weise immer schon getan hat). Er kann zwischen projektierter Technologie und menschlichen Lebensformen und ihrer Technologie hin- und hergehen. An ihm, oder mit ihm würde sich "gute" Technologie nicht als ein unabsehbarer sozialer Prozeß herausbilden, sondern immer auch als Projekt darstellen. Die Beobachtung von Prozessen der Technikgenese muß sich gerade auch auf diese Praxis beziehen und beschreiben, welche die Ingenieurkunst ausmacht. Zu beschreiben ist - entsprechend dem Projekt "Inside the ethical expert" (Willigenburg 1991) - was bei ihm vorgeht: Inside the technological expert. Nicht wenige Forschungsarbeiten dazu liegen vor.

Auch hier würde nicht nur gelten: wir machen Technologien, für die wir Visionen oder Leitbilder haben, sondern es würde auch gelten: wir machen Technologien, die wir uns noch nicht vorstellen können (die wir vielleicht hinterher in ihrer Genese und ihrer Entfaltung rekonstruieren können). Der Ingenieur arbeitet dort, wo ein solches "Ingenium" gebraucht wird, das zwischen verschiedenen Sprachen, ihren Wirklichkeiten hin- und hergehen und übersetzen kann, das nicht einfach Visionen hat oder nicht hat, sondern eine Kompetenz des Blicks, des Übersetzens, des Interpretierens, des Wachrufens von Erfahrung hat. Die verzweigte Entwicklung geht durch dieses Ingenium und seiner beschreibbaren Praxis hindurch. Dort entsteht "gute" Technologie, sofern in ihr die relevanten Texte und Kontexte zur Geltung kommen. Die Dynamik dieser Arbeit sollte also durchaus aus der Spannung und Differenz zwischen verschiedenen Kontexten resultieren.

Der Ingenieur kann die Erfahrungen mit Technologien zu verstehen suchen und sie wiederum technologisch übersetzen. Er kann so durchaus die Aufgabe haben, Lebenswelten, Lebensformen zu "technisieren", wie das "urbane Leben" oder das Leben für spezifische Regionen. Das heißt, ein neues Arrangement zu treffen zwischen Menschen und der projektierten Technologie als ihrem Gegenüber. An eben dieser Schnittstelle zwischen einer durchaus nicht "fertigen" (Blumenberg 1987), alles erledigenden Technologie und ebenso zu definierenden menschlichen Lebensformen, die zu "lesen" sind, ist verstehende Übersetzungs- und Interpretationsarbeit nötig (Siemens 1998).

So kann er/sie eine "gute" Technologie finden, wenn er/sie sich auf diese Praxis einläßt: was der Ingenieur wohl immer getan hat, wenn er Brücken gebaut oder Eisenbahnen konstruiert hat. Die Frage ist, wie (in einer projektorientierten Betrachtung) der Ingenieur zum Ort des Synergieeffekts wird, der entsteht, wenn mehrere Texte aufeinandertreffen - wirklich aufeinandertreffen und insofern Übersetzungsarbeit geleistet wird. Wie sieht dieser Vorgang aus?

Darin könnte eine weit verzweigte *Grundkompetenz* des Ingenieurs liegen, weil es um Wahrnehmen und Interpretieren geht, nicht um Operationalisierungen - und weil es geradezu um das Aufrechterhalten dieses Spielraumes geht. Deshalb ist die Blickwendung auf "den Ingenieur" wichtig, weil am Ende eine bestimmte Realisierung, eine Oberfläche steht. Vielleicht kann man hier doch von einem bestimmten (nicht dem einzigen) Ursprungsort von Technik sprechen: nicht irgendwo in einem "Humankapital", sondern in "dem Ingenieur", dessen Aufgabe diese Übersetzungsarbeit und das Praktizieren ihrer Hermeneutik ist. Das Ergebnis von Übersetzungen - diese alte Praxis - lebt von Synergieeffekten, die zwischen den Sprachen oder

Texten entstehen. Es geht also nicht darum, zu sagen "zurück zum guten alten Ingenieur", sondern die Eigenart dieser Aufgabe zu sehen und zu nutzen.

Daraus würde folgen, daß der Ingenieur gezielt als Vermittler zwischen Wirklichkeiten arbeitet, weil sich eine gute Technologie nur finden läßt, wenn mit einer entsprechenden Heuristik in den vorhandenen Technologien und den menschlichen Lebensformen gelesen wird. Die Kunst, die hier zu lernen und zu trainieren ist, ist die Kunst, technologisch darzustellen, technologisch zu definieren, was menschliche Lebensformen ausmacht. Wieviel Erfindung ist noch möglich, die Art wie Menschen (künftig) wohnen werden darzustellen? Erfindung oder Innovation muß in dieser Hinsicht nicht ungreifbar, unbeschreibbar bleiben. Die Kunst der Erfindung kann als Übersetzungsarbeit oder als Praxis des Unterscheidens beschrieben werden. Und in diese Beschreibung kann unabsehbar vieles einfließen, was anderswo - in den Geisteswissenschaften - erschlossen ist. Wie werden soziologische Studien zur Urbanität oder zur Migration durch Übersetzung den Weg in die technologische Entwicklung finden?

Hier, nach diesem Einstieg, finge ein neues Kapitel an, das in diese Richtung Beispiele und Bereiche zeigt, in denen dies geschehen kann. Diese könnten Gegenstand auch einer öffentlichen Diskussion für die scientific community sein. Diese würde weiter greifen als die Diskussion um die *Ethik der Technik*. Hier würde deutlich, daß die *Ethik der Technik oder Technologie* der angezeigten hermeneutischen und definitorischen Kompetenz bedarf. Die Frage der Ethik ist nicht darauf zu reduzieren, was die einzuhaltenden Normen oder Standards sind, sondern zuerst und vor allem darauf zu konzentrieren, *was Technologie sein kann*. In diesem Sinne ist die *ethische Kompetenz* in einer heuristischen Kompetenz begründet. Die Geisteswissenschaften können unabsehbar vieles dazu beitragen, diese zu beschreiben und auszuloten. Dies ist in den vorliegenden Forschungsprogrammen etwa zur "Technikgenese" (Dierkes 1997) noch keineswegs deutlich. Die hier vorgetragenen Überlegungen sind selbstverständlich nur ein Ausschnitt, manche weitere Kapitel, deren Text in den Geisteswissenschaften zum Teil bereitliegt (wie z.B. die Frage nach dem Verhältnis des "Guten" zum "Schönen" in der Technologie) könnten folgen.

Das Themenfeld Technik und Gesellschaft*

Evelies Mayer

Wissenschaftssytem im Wandel: Universität und Interdisziplinarität

Wir leben in einer Wissensgesellschaft oder steuern auf sie zu. Zuverlässige wissenschaftliche Erkenntnisse der natürlichen und sozialen Wirklichkeit bilden die Basis für neues Wissen und Können. Verbesserte technische Möglichkeiten zur kreativen Kombination dieses Wissens erweitern die Fähigkeiten einer Gesellschaft, ihre ökonomischen Grundlagen zu sichern und drängende soziale Probleme zu bewältigen. In den Universitäten vollzieht sich jedoch die Produktion und Vermittlung von Wissen nach wie vor in den Formen, die sich mit der Entstehung von Disziplinen vornehmlich im letzten Jahrhundert herausgebildet und sich auf dieser Basis weiterentwickelt haben.

Die Organisation der Universität nach Disziplinen ist die Grundstruktur, in der sich Forschung und Lehre bewegen. Diese Grundstruktur hat sich bewährt. Was aber kaum bemerkt wird: in vielen Fachrichtungen droht sich die universitäre Forschung in den Grenzen einer Disziplin und ihrer Subdisziplinen einzuigeln. Sie verliert so Anschluß an interessante Wachstumsbereiche der Forschung, aber auch an Themen, die sich mit Zukunftsproblemen unserer Gesellschaft befassen. In beiden Forschungsrichtungen nimmt die Bedeutung der bewährten fachlichen Zuständigkeiten ab, je komplexer die Probleme und Fragestellungen werden, die auf die Wissenschaft zukommen.

Die Universitäten mit ihrer ehrwürdigen Tradition tun sich schwer, ihre Strukturen auf neue Anforderungen auszurichten. Die Grenzen zwischen den Fächern in einer Universität sind starr, sie werden durch Ausbildungsrituale, die Vergabe akademischer Grade, das Belohnungs- und Privilegiensystem und auch durch die Gepflogenheiten der akademischen Selbstverwaltung gesichert. Die Organisation der Universität nach Disziplinen errichtet zusätzliche Schranken. Alarm, wenn die Grenzzäune berührt werden, karrierebedrohende Sanktionen, wenn jemand wagt, die Schranken zu überwinden! Die finanziellen Nöte der Universitäten verstärken die Neigung, sich auf fachlich gehütetem Terrain zu bewegen.

---

* Überarbeitete Fassung eines Vortrags anläßlich eines Workshops zur Evaluierung des Zentrum Technik und Gesellschaft der Technischen Universität Berlin am 16./17.4.1998 (ursprünglich für das Kolloquium vorgesehen, aber aus Termingründen nicht gehalten)

Das "eherne Gehäuse" der Disziplinen verstellt den Blick für eine angemessene wissenschaftliche Betrachtung unserer Welt und auch für einen notwendigen Wandel in der Wissensproduktion. Michael Gibbons und eine internationale Gruppe von Wissenschaftsforschern (1994) haben den künftig vorherrschenden Wissenschaftstypus als disziplinübergreifend beschrieben, als ein Wissen, das stärker an seinen sozialen und ökonomischen Kontext gebunden ist und die Kooperation zwischen Wissenschaft und Praxis sucht.

Die Großforschungseinrichtungen haben sich in den letzten Jahren diesen Entwicklungen geöffnet, die neu gegründeten Institute der Max-Planck-Gesellschaft folgen einem multidisziplinären Ansatz und auch die Deutsche Forschungsgemeinschaft, eine Garantin der fachgebundenen Grundlagenforschung, unterstützt mit ihren Förderstrategien die Zusammenarbeit zwischen den Disziplinen und neuerdings auch das Ziel, dem Anwendungsaspekt der Forschung stärker Rechnung zu tragen. In Forschungseinrichtungen außerhalb der Universitäten ist der Abbau von Schranken in vollem Gange. In den Universitäten ist eine problemorientierte und flexible Verflechtung und Vernetzung von Fächern in Forschung und Lehre eher eine heiß umstrittene Ausnahme als die Regel.

Das gilt auch für das Themenfeld Technik und Gesellschaft. Diese Thematik betrifft nur einen Ausschnitt aus den vielen möglichen Konfigurationen einer problemorientierten Zusammenarbeit von Fächern aus verschiedenen Wissenschaftsbereichen wie den Ingenieur- und Naturwissenschaften und den Geistes- und Sozialwissenschaften. Diese wirken schon seit Jahrzehnten im Wirtschaftsingenieurwesen und in der Stadt- und Regionalplanung zusammen und haben in den letzten Jahren auch in der Umweltforschung neue Felder für eine fruchtbare Kooperation erschlossen. Am Beispiel Technik und Gesellschaft können also exemplarisch Richtung und Barrieren des möglichen und auch notwendigen Wandels in Universitäten verdeutlicht werden.

Betrachtet man für deutschsprachige Universitäten die Verknüpfung von Fächern und Fachkulturen im Schwerpunkt Technik und Gesellschaft, so fällt auf, daß diese Versuche nach Vorbildern in anderen Ländern entstanden und nicht in der jeweiligen Universität angestoßen worden sind. So haben Aktivitäten, die sich in USA um die Thematik "Science, Technology, and Society" gruppieren, viele Initiativen in Europa inspiriert. Ich werde also kurz die Situation in den USA schildern, dann die Lage in der Schweiz, in Österreich und in Deutschland skizzieren. Es folgen hochschulpolitische Überlegungen zum Verhältnis von Disziplinarität und Interdisziplinarität im Alltag einer deutschen Hochschule mit dem Ziel, die Bedingungen für eine erfolgreiche Arbeit von interdisziplinären Aktivitäten in Forschung und Lehre zu benennen. Zum Schluß möchte ich fragen, in welcher Weise interdisziplinäre Zentren zu einem Klima des Wandels an deutschen Universitäten beitragen können. Dabei werden notwendige Veränderungen in der Arbeits- und Organisationsweise von Universitäten unter der Perspektive betrachtet, wie Hochschulen sich in Netzwerke von innovativen Prozessen unter Einbeziehung aller Wissenschaftsrichtungen, d.h. auch der Geisteswissenschaften eingliedern können.

Science, Technology, and Society Programme in USA

In den USA führt die Kritik der wissenschaftlichen Spezialisierung und Professionalisierung zwischen 1890 und 1920 zu einer Reihe von Vorschlägen, um die Ingenieurausbildung aus ihrer fachlichen Einengung herauszuholen und ihre zivile und praktische Effizienz zu steigern. Nach dem Zweiten Weltkrieg und im Gefolge des Sputnik-Schocks kommen solche Inititiativen verstärkt zur Geltung, sei es in der Gründung von Ingenieurausbildungsstätten mit einer starken Präsenz der Sozial- und Geisteswissenschaften wie im Harvey Mudd College und im Worcester Polytechnic Institute oder in den *Science, Technology, and Society (STS) Programmen* an Universitäten mit ingenieur- und naturwissenschaftlicher Ausrichtung. Als Vorbild wirken hier das STS-Programm am MIT oder das Values, Technology, Science, and Society-Program in Stanford. Beide weisen eine breite Palette von interdisziplinären Aktivitäten auf von der wissenschaftlichen Grundausbildung, über Forschung bis hin zur gezielten Nachwuchsförderung. Zu den STS-Programmen gehören auch die Zentren, die als Science, Technology and Public Policy Programme für die Ingenieurausbildung berufsrelevante interdisziplinäre Akzente setzen, und die eher auf die interdisziplinäre Forschung ausgerichteten Science and Technology Studies oder der Forschungsbereich Socio-Technical Systems. Gegenwärtig gibt es an ungefähr einem Drittel der 3000 amerikanischen Colleges und Universitäten STS-Kurse und ungefähr 100 anerkannte STS-Programme. Aufgaben, Thematik und organisatorischer Zuschnitt dieser Programme sind ständig im Fluß, ihre Anerkennung und Förderung wechselt mit den wissenschaftspolitischen Konjunkturen. So gibt die gegenwärtige Neuordnung von Lehr- und Forschungsprogrammen an amerikanischen Universitäten den in den 70er Jahren gegründeten STS-Programmen wieder neuen Auftrieb.

Technik- und Wissenschaftsforschung in Österreich und in der Schweiz

In Österreich existiert eine bunte Mischung von Instituten zur interdisziplinären Technik- und Wissenschaftsforschung in und außerhalb der Universitäten. Alle Universitätseinrichtungen mit interdisziplinärem Zuschnitt verbinden Forschungs- und Lehraktivitäten. Im *Institut für Technik und Gesellschaft* werden Lehrveranstaltungen zu Wechselwirkungen von Technik und Gesellschaft aus der Sicht verschiedener Disziplinen zentral angeboten. Bei dem Veranstaltungsprogramm wirken regelmäßig ausländische Gastwissenschaftler mit und auch Vertreter aus Politik und Wirtschaft. Auf diese Weise fungiert das Institut als Kristallisationskern für aktuelle technikpolitische Debatten. Das *Institut für Gestaltungs- und Wirkungsforschung* an der TU Wien ist in die Informatik-Fakultät eingegliedert und stärker spezialisiert. Es behandelt interdisziplinäre Fragestellungen der Informatik aus sozialwissenschaftlicher Sicht. Dabei geht es um das Umfeld und die Lebens- und Arbeitspraxis beim Umgang mit informationstechnischen Systemen. Die Technik- und Wissenschaftsforschung ist ein eigenes Arbeitsgebiet im *Institut für Interdisziplinäre Forschung*, das von den Universitäten Innsbruck, Klagenfurt und Wien getragen wird. Die Forschungen zu Technik und Wissenschaft als gesellschaftlicher Prozeß sind in Klagenfurt angesiedelt. Im dortigen Arbeitsbereich Frauen und Technik wird mit der TU Graz kooperiert.

An Schweizer Universitäten existieren keine besonderen Einrichtungen für die Erforschung von Rahmenbedingungen der Technikentwicklung und -anwendung, wohl aber solche zur fachübergreifenden Ausbildung in den Ingenieurwissenschaften, wie beispielsweise das *Mensch-Technik-Umwelt-Programm* an der ETH Zürich. Ein weiteres Beispiel für eine fruchtbare interdisziplinäre Kooperation möchte ich nicht unerwähnt lassen. An der Universität Bern wird seit 1984 der fächerübergreifende Dialog zwischen den Disziplinen und die Öffnung der Universität für Belange der Gesellschaft gefördert. Ein sog. *Haus der Universität* dient als Treffpunkt, eine *Stiftung "Universität und Gesellschaft"* finanziert wissenschaftliche Projekte zu Problemen wie Ökologie, Migrationen, Sprachenkonflikte, Drogen, Europäische Integration oder zur Zukunft der Universitäten. Zu diesen Themen organisiert eine Akademische Kommission interdisziplinäre Dialoge auf der Basis hoher Fachkompetenz und internationaler Beteiligung. Am Ende einer Arbeitssequenz stehen Folgeprojekte für die wissenschaftliche Analyse, aber auch Optionen und Vorschläge für die Lösung gesellschaftlicher Probleme. Eine Bilanz der geleisteten Arbeit zeigt, daß es gelungen ist, Universitätsangehörige verschiedener Fachrichtungen jeweils befristet für eine gemeinsame Arbeit an Themen zu interessieren, die als Wegmarken für künftige gesellschaftlichen Entwicklungen gelten können.

Das Themenfeld Technik und Gesellschaft an deutschen Universitäten

In Deutschland ist der Flickenteppich der Ansätze zur Erforschung der Beziehungen zwischen Technik und Gesellschaft noch bunter als in Österreich. Interdisziplinäre Initiativen im Umfeld von Universitäten fordern geradezu heraus, auch in den Hochschulen das Thema aufzugreifen. Dazu haben die verschiedenen Landesprogramme zu *Technik und Arbeit und Mensch und Technik* in NRW, Bremen und Niedersachsen oder die Initiativen der *Kommission Sozialer und Politischer Wandel* mit einem arbeitspolitischen Schwerpunkt in den neuen Bundesländern beigetragen. Anregend wirken auch die *Stuttgarter Akademie zur Technikfolgenabschätzung* und die *Akademie zur Erforschung von Wissenschaft und Technik*, die das Land Rheinland-Pfalz zusammen mit der Deutschen Forschungsanstalt für Luft- und Raumfahrt gegründet hat. Das *Forschungsprogramm Technikgenese* im Wissenschaftszentrum Berlin hat jüngst eine eindrucksvolle Arbeitsbilanz vorgelegt. Die Arbeitsgruppen zur Thematik Technik und Gesellschaft in den Großforschungseinrichtungen sowie eine Stelle zur Technikfolgenabschätzung beim Deutschen Bundestag runden das Bild ab.

An den Publikationen, den Zeitschriften und Sammelbänden, die sich unter der Fahne Technik und Gesellschaft sammeln, läßt sich ablesen, daß auch die Universitäten ihre Chance in diesem Forschungsfeld nutzen. Sieht man genauer hin, dann spiegeln die Veröffentlichungen aus den Universitäten aber eher die Vielfalt von individuellen Forschungsanstrengungen und Teildisziplinen wider als Ergebnisse von Forschungsstrategien, die eine gemeinsame Arbeit auch über Fach- und Universitätsgrenzen hinweg verfolgen. Lediglich am *Verbund sozialwissenschaftlicher Technikforschung* beteiligen sich Wissenschaftler verschiedener Universitäten und außeruniversitärer Forschungseinrichtungen. Eine Zusammenarbeit von Gruppen zur *Technikforschung an hessischen Universitäten* ist nach der Streichung der Landesförderung zum Erliegen gekommen. Das Engagement vieler Hochschulen in den neuen Bundesländern, dem Thema Technik und Gesellschaft mehr Raum zu geben, scheitert am Alltag der Universitätsentwicklung unter restriktiven politischen und finanziellen Rahmenbedingungen.

Bei der Analyse der Beziehungen zwischen Technik und Gesellschaft können zwei Richtungen unterschieden werden. Zum einen handelt es sich um die systematische Weiterentwicklung des Forschungsgegenstandes in einzelnen sozial- und geisteswissenschaftlichen Fächern, zum andern um die Öffnung dieser Fächer, aber auch der Ingenieur- und Naturwissenschaften für einen multidisziplinären Ansatz. Dazu einige Beispiele: In der Soziologie hat sich die Technikforschung aus der Spezialdisziplin der Industriesoziologie heraus entwickelt. Auch in der Geschichte, der Philosophie, der Politikwissenschaft und der Psychologie gibt es Forschungsanätze, die ihren Blick auf die technische Entwicklung richten. Das fachgebundene Forschungsinteresse schließt eine punktuelle Zusammenarbeit mit ingenieurwissenschaftlichen Experten nicht aus. Auch von ingenieurwissenschaftlicher Seite werden die Fühler zu den Sozialwissenschaften ausgestreckt. Die Konstruktionslehre bewegt sich auf die Psychologie zu. Das interdisziplinäre Feld des Wirtschaftsingenieurwesens wird durch Professuren für Innovations- und Gründungsforschung erweitert. In technikwissenschaftlichen Disziplinen wie der Energiesystemtechnik oder der integrierten Verkehrsplanung werden Professuren für Systemtechnik eingerichtet.

Koordinierende Einrichtungen für eine interdisziplinäre oder gar transdiziplinäre Forschung und Lehre im Themenfeld Technik und Gesellschaft sind in Deutschland so selten wie in den USA oder in unseren deutschsprachigen Nachbarländern. Verallgemeinernd kann man sagen, daß sich an deutschen Universitäten drei Formen der Institutionalisierung von Forschung und Lehre im Themenfeld Technik und Gesellschaft herausgebildet haben:

- *Interdisziplinäre Lehrinitiativen und Einrichtungen*, die an Universitäten die fachübergreifenden Lehranteile in der ingenieurwissenschaftlichen Ausbildung unterstützen. Als Beispiel sei das Studium Integrale an der TU Braunschweig genannt.
- *Forschung und Lehre mit fachgebundenem interdisziplinärem Ansatz*: Dazu gehört das neue Zentrum für Technik- und Wissenschaftsgeschichte, das gemeinsam von der TU München, der Ludwig-Maximilians-Universität, der Bundwehrhochschule und dem Deutschen Museum in München getragen wird. Ein Graduiertenkolleg und ein Master Program Social Science of Technology/Sozialwissenschaft der Technik ergänzen die Forschungsarbeit.
- *Multidisziplinäre Zentren* mit eigenen Forschungs- und Lehrleistungen und Koordinierungsfunktionen. Zu berichten ist über das Forum Technik und Gesellschaft an der RWTH Aachen, das Forschungszentrum Arbeit und Technik (ARTEC) an der Universität Bremen, das Zentrum für Interdisziplinäre Technikforschung (ZIT) an der TU Darmstadt und das Zentrum Technik und Gesellschaft an der Brandenburgischen TU Cottbus. Zu diesen Zentren mit Koordinierungsfunktion zwischen mehreren Wissenschaftsbereichen gehört auch das Zentrum Technik und Gesellschaft an der TU Berlin.

Forum Technik und Gesellschaft
Dieses Forum wurde 1987 an der RWTH Aachen als eines von fünf interdisziplinären Foren (neben Umwelt, Werkstoff, Weltraum und Informatik) gegründet. Die Foren übernehmen eine "Vernetzungsaufgabe". Sie sollen in der Hochschule interdisziplinäre Dialoge ermöglichen, interdisziplinäre Forschung anregen, Aufbaustudiengänge und Weiterbildungsangebote entwickeln und auch die Zusammenarbeit mit der Region suchen. Die Foren bieten auch die Grundlage für interdisziplinäre Forschungsvorhaben und Einrichtungen für den wissenschaftlichen Nachwuchs. Jeweils vier Sonderforschungsbereiche und Graduiertenkollegs sind unter dem Dach dieser Foren entstanden.

Im Forum Technik und Gesellschaft, von einem Historiker gegründet, finden sich rund 40 Hochschullehrer aus Ingenieur- und Naturwissenschaften und den Geistes- und Gesellschaftswissenschaften zu gemeinsamer Forschung und zu besonderen Veranstaltungen an der Schnittstelle von Technik und Gesellschaft zusammen. Expertentum und Demokratie, Automobilität in Ballungsräumen, Kreativität und Innovation, Ethik und Technik sind Themen, die in Forschung und Lehre behandelt werden.

Forschungszentrum Arbeit und Technik (ARTEC)
Diese zentrale Forschungseinrichtung an der Universität Bremen behandelt Gestaltungsprobleme von Arbeit, Technik und Umwelt. In den drei Forschungsfeldern Design-Komplexität, Umweltschutz und Neue Produktivitätskonzepte kooperieren Sozialwissenschaftler mit Spezialisten aus Informatik, Produktionstechnik und Ar-

beitswissenschaft. Projektthemen sind u.a. Simulation zur Gestaltung von Arbeit und Technik, Produktionsintegrierte Abwasservermeidung und Lernende Netzwerke. Die interdisziplinäre Zusammenarbeit konzentriert sich auf die Forschung.

Zentrum für Interdisziplinäre Technikforschung (ZIT)
Dieses Zentrum wurde 1987 nach dem Muster amerikanischer Universitätszentren als eine Einrichtung auf Zeit gegründet, die eng mit den Fachbereichen zusammenarbeitet, aber von diesen finanziell unabhängig ist. Im Mittelpunkt der Tätigkeiten am ZIT stehen die Anregung, Koordination und Förderung interdisziplinärer Forschung zu den Bedingungen, Wirkungen und Steuerungsmöglichkeiten der Technikentwicklung. Aus Eigenmitteln und Stellen des Zentrums werden Projekte gefördert, bei denen Wissenschaftler aus verschiedenen Disziplinen zusammenarbeiten und dabei insbesondere die starren Grenzen zwischen den Ingenieur- und Naturwissenschaften auf der einen und den Sozial- und Geisteswissenschaften auf der anderen Seite überbrücken.

Die Förderung von interdisziplinären Verbundprojekten konzentriert sich auf die Arbeitsbereiche Information und Kommunikation, Raum und Gesellschaft, Technik, Arbeit, Bildung, Technik und Kultur sowie Technologie und Entwicklung in der 3. Welt. Für diese Arbeitsbereiche bietet sich das ZIT als ein Ort der interdisziplinären Kommunikation an. Aus den einzelnen Projekten gehen häufig auch Lehrveranstaltungen hervor, die das Angebot der Fachbereiche für die fachübergreifende Ausbildung ergänzen, aber nicht ersetzen.

Das ZIT hat sich mit seiner Arbeit in die Universität integriert. Eine im jährlichen Wechsel zu besetzende Stiftungsprofessur für interdisziplinäre Studien ergänzt das Arbeitsprogramm. Interessant sind die Spin-off-Effekte: In enger Verknüpfung mit der Arbeit im Zentrum ist ein SFB Entwicklung umweltgerechter Produkte, ein Modellversuch Ökologische Bildung und ein Graduiertenkolleg Technik und Gesellschaft entstanden. Das ZIT ist auch federführend bei zwei kürzlich mit der TU Darmstadt abgeschlossenen Kooperationsverträgen zu Entwicklungsaufgaben in der Region.

Zentrum Technik und Gesellschaft
Bei der Gründung der BTU Cottbus war eine Fakultät für Technik und Gesellschaft vorgesehen. Die wissenschaftliche Profilierung der neuen Universität sollte an wichtigen Schnittstellen von Disziplinen in Forschung und Lehre geschehen. Günter Spur, der Gründungsrektor, setzte sich intensiv für eine enge organisatorische Verzahnung der Disziplinen und eine Dynamisierung und Einbindung der Universität in die Gesellschaft durch Technologietransfer und Zusammenarbeit mit außeruniversitären Forschungsinstituten ein. Die fünf eingerichteten Fakultäten vereinigen jeweils mehrere Fachrichtungen und Studiengänge; es fehlt die geplante Fakultät für Technik und Gesellschaft.

An ihre Stelle ist ein Zentrum für Technik und Gesellschaft getreten. In ihm sind eine Reihe von kleineren kultur- und sozialwissenschaftlichen Fächern von jeweils eigenständigem Zuschnitt beheimatet. Sie alle sollen an interdisziplinärer Forschung und Lehre mitwirken und zu einem interdisziplinären Dialog beitragen, der die Öffentlichkeit einbezieht. Das Zentrum selbst hat jedoch keine moderierende oder koordinierende Aufgabe bei der Zusammenarbeit von Sozial- und Technikwissenschaften.

Wie ordnet sich nun das *Zentrum Technik und Gesellschaft (ZTG)* an der TU Berlin in den Reigen der beschriebenen zentralen Einrichtungen ein? Das Zentrum ist wie die anderen Einrichtungen sehr stark an interdisziplinärer Forschung orientiert. Im Vergleich zu allen anderen Zentren findet das ZTG dafür ein besonders stimulierendes Umfeld vor.

Die Arbeit im Zentrum kann erstens an einer breiten Forschungstradition der TU Berlin zum Themenfeld Technik und Gesellschaft anknüpfen. Ein Forschungsnetzwerk muß also nicht erst aufgebaut werden. Statt dessen kann das ZTG als koordinierende Einrichtung die bereits vorhandenen interdisziplinären Kooperationen dichter gestalten und auf neue Aspekte sozialer und technischer Innovationen ausrichten. Dabei kommt ihm die Breite im Fächerspektrum der TU Berlin zugute.

Zweitens wird das Zentrum von der künftigen Rolle Berlins als Hauptstadt und Sitz vieler Wissenschafts- und Kultureinrichtungen gefordert. Ein solcher Ort ist ein Treibhaus für intellektuelle Auseinandersetzungen über die Zukunft unserer Gesellschaft und deren Gestaltung durch technische Möglichkeiten. Das ZTG könnte ein gefragter Diskussionspartner sein und selbst Debatten eröffnen mit seinen Kolloquien, Ringvorlesungen, Workshops und Tagungen. Es könnte ein Ort sein mit einem lebendigen und anregenden intellektuellen Klima, das Unversitätsangehörige wie die Öffentlichkeit gleichermaßen anzieht.

Nicht zuletzt ist das ZTG ein geeigneter Ort für international vergleichende Debatten zur Technikentwicklung. Berlin ist mit seinen Universitäten für Studierende und Gastwissenschaftler aus aller Welt attraktiv. Dieses Interesse stimuliert; es verlangt auch, daß sich die Berliner Universitäten auf diese internationale Aufmerksamkeit einrichten. Zentren wie das ZTG können gerade mit ihrer thematisch zentrierten Arbeit zur Anlaufstelle für Wissenschaftler aus verwandten Forschungseinrichtungen und für Studierende mit interdisziplinären Studieninteressen werden. Das ZTG könnte auf dieses Weise auch einen wichtigen Part bei der angestrebten Internationalisierung von Studiengängen spielen.

Interdisziplinarität als Entwicklungspotential in einer Universität

Generell ist festzuhalten, daß interdisziplinäre Zentren im Themenfeld Technik und Gesellschaft an technischen Universitäten mit einer traditionell fachlich gebundenen Organisation zusammen mit anderen Zentren auf Zeit eine wichtige Aufgabe erfüllen. Bei Neugründungen wie der BTU Cottbus oder der TU Hamburg-Harburg ist die Organisationsstruktur der Universität bereits auf die Zusammenarbeit zwischen den ingenieur- und naturwissenschaftlichen Disziplinen ausgerichtet. Interdisziplinäre Kooperation wird im Universitätsalltag praktiziert und kann auf sozial- und geisteswissenschaftliche Fachrichtungen (auch im Hochschulverbund) ausgedehnt werden. Anders in technisch-naturwissenschaftlich orientierten Universitäten, bei denen sich die Fachkulturen organisatorisch gegeneinander abschirmen. Um die in solchen Hochschulen vorhandenen synergetischen Effekte der Fächervielfalt nutzen zu können, sind zwei organisatorische Alternativen denkbar.

Eine Möglichkeit ist, die Fachbereichs- oder Fakultätsstruktur radikal zu reorganisieren. So wird in dem jüngst vorgestellten Gutachten der Sachverständigenkommission zur Bildung einer Hochschulregion Saarland-Trier-Westpfalz vorgeschlagen, an der Universität des Saarlandes die Fakultäten aufzulösen und die vielen disziplinären Untereinheiten zugunsten von wenigen problem- und forschungsorientierten interdisziplinär zusammengesetzten Fachbereichen zusammenzufassen. Anstelle der heutigen Mathematisch-Naturwissenschaftlichen und der Technischen Fakultät sollen die Fachbereiche Information, Materialien und Werkstoffe, Mikrosysteme und Signalverarbeitung sowie Bio-Medizin treten. Aus der Philosophischen Fakultät heraus könnten die Fachbereiche Kognition, Interkulturelle Kommunikation, Grenzregionen und Interferenzräume entstehen.

Mit der Bündelung von thematisch verwandten Disziplinen in einem Fachbereich wird die Zusammenarbeit von Fächern unterstützt, die heute noch verschiedenen Fakultäten und ihren Untergliederungen angehören. Nach den Vorschlägen der Sachverständigen soll die Struktur der Universität des Saarlandes so flexibel gehalten werden, daß sie leichter an künftige wissenschaftliche Entwicklungen angepaßt werden kann. Durch die problemorientierte Zusammenfassung von ingenieur- und naturwissenschaftlichen Disziplinen auf der einen und von geistes- und sozialwissenschaftlichen Fächern auf der anderen Seite wird auch die Relevanz einer Zusammenarbeit über die Grenzen von Wissenschaftsbereichen hinweg deutlicher, so etwa bei den Schnittstellen von Information, Kognition und Kommunikation.

Weniger Kraftaufwand kostet es, über Zentren eine flexible Arbeitsebene zwischen Hochschulleitung und den Fakultäten oder Fachbereichen zu etablieren. In Zentren können zeitlich befristet Aufgaben in Forschung und Lehre wahrgenommen werden, die die traditionelle disziplinäre Struktur überwinden. Die DFG hat mit ihrer Förderung von Forschungskooperationen in Forschergruppen, Sonderforschungsbereichen und Graduiertenkollegs diese flexible Zwischenebene an deutschen Universitäten "hoffähig" gemacht. Was als Erfolg dieser Förderstrategien gilt, die Expertise verschiedener Fächer zu vernetzen, kann auch durch die Gründung von Zentren in den Universitäten erzielt werden.

Dafür gibt die Martin-Luther-Universität in Halle ein Beispiel. Dort wird das Konzept der "Interdisziplinären Wissenschaftlichen Zentren" (IWZ) als Instrument der Universitätsreform eingesetzt. Mit der Bildung und Förderung von interdisziplinären Zentren sollen "Vernetzungen" zwischen Fächern erreicht werden. Mit den Zentren in den Bereichen Medizin, Biowissenschaften, den technischen wie den Wirtschafts-, Rechts- und Sozialwissenschaften entstehen interdisziplinäre Kooperationen außerhalb der unverzichtbaren Fachdisziplinen. Ziel ist es, mit Hilfe der acht eingerichteten Zentren Innovationen in der Wissensentwicklung zu sichern und neue Wissenschaftsrichtungen, Fächerkombinationen und Ausbildungsgänge zu erproben. Die interdisziplinäre Zusammenarbeit in Zentren wird über einen Zeitraum von fünf Jahren gefördert. Danach wird jedes Zentrum evaluiert, um seinen künftigen Beitrag zur Entwicklung der Lehr- und Forschungspotentiale in der Universität Halle abschätzen zu können.

Die *Vorteile von Zentren* mit interdisziplinärem Zuschnitt für moderne Forschungs- und Ausbildungsstrategien liegen auf der Hand:

- Umgehen von Sichtbehinderungen durch fachliche Scheuklappen.
- Prüfstein für eine angemessene Wissensproduktion in den einzelnen Fächern.
- Ausbildung des Nachwuchses für flexible, fachübergreifende wissenschaftliche Arbeit.
- Rahmenkonzepte für die Bearbeitung von Problemen durch mehrere Disziplinen.
- Zeitlich befristete Kombinationen von Fächern für problemorientierte Forschung.
- Erhöhung der gesellschaftlichen und politischen Akzeptanz von Universitäten.

Selbstverständlich gibt es auch *Bedingungen für den Erfolg von interdisziplinär arbeitende Zentren*. Dazu gehören:

- Angemessene Grundausstattung und Planungssicherheit für eine bestimmte Zeit.
- Forschung als zentrale Aufgabe.
- Starke akademische Leitung und klar umrissener Arbeitsauftrag.
- Enge Verbindungen zu den Fachbereichen und Rückhalt bei der Hochschulleitung.
- Zentraler Ort als Heimstatt für interdisziplinäre Wissenschaftlergruppen.
- Regelmäßige Evaluation, die dem Charakter interdisziplinärer Arbeit angemessen ist.

Freilich müssen bei der Begutachtung von interdisziplinären Zentren zu den fachlichen Kriterien auch solche hinzutreten, die die Besonderheiten des interdisziplinären Zusammenwirkens angemessen würdigen. Dazu gehört es auch, den Beitrag auszuloten, den ein Zentrum zu modernen Forschungsentwicklungen besteuern kann. Eine solche Evaluation von interdisziplinären Zentren wird dann weniger die Vorteile eines geschützten Raumes für die Forschungsleistungen einzelner Wissenschaftler dokumentieren, sondern überprüfen, wie weit es interdisziplinären Zentren gelingt, von der Peripherie des universitären Geschehens in den Brennpunkt von Veränderungsprozessen in einer Hochschule zu rücken.

Interdisziplinarität und Innovation

Neu gegründete Universitäten oder solche, die bereit sind Wagnisse durch Reorganisation einzugehen, werden die Chance haben, sich durch eine stärkere Betonung der flexiblen interdisziplinären Zusammenarbeit auf künftige Wissensentwicklungen einzustellen. Diese Universitäten werden sich schneller in einer Welt der Wissensgewinnung orientieren, die nicht mehr von der individuellen kreativen Arbeit von Gelehrten, sondern vom synchronisierten Zusammenspiel verschiedener Fachrichtungen und Wissensbestände vorangetrieben wird. Diese Universitäten werden sich auch eher in dem neuen Kräftefeld weltweiter Innovationsstrategien zu behaupten wissen.

Wissenschaft und Technik sind die Vorreiter solcher Innovationen, die sich längst nicht mehr in neuen Produkten und Prozessen erschöpfen, sondern eng mit der Erschließung neuer Märkte, neuer Finanzierungsquellen und der Bildung neuer sozialer Strukturen verwoben sind. Solche Innovationen sind, so Helga Nowotny in ihrer Analyse der "Multiplizität des Neuen" (1997), ökonomisch unabdingbar, ja sogar "überlebensnotwendig". Deswegen müssen umfassenden Erneuerungsprozesse in immer rascherer Abfolge ermöglicht werden. Sie sind nicht an einen Ort gebunden, sondern globaler Natur. Freilich verlangen sie auch günstige lokale Bedingungen. Dazu gehören kulturelle Besonderheiten, wie Manuel Castells (1996) am Beispiel der kalifornischen Zentren für Innovation, ihrer kreativen Atmosphäre und ihrer wissenschaftsstrategischen Bedeutung für die informationstechnologische Revolution nachgewiesen hat.

Die Entwicklung von der individuellen Entdeckung zu äußerst verzweigten Innovationsarrangements wird durch den Markt erzwungen, durch Organisation vorangebracht, aber mehr und mehr in Netzwerken koordiniert (Rammert 1997). Die standardisierten Erneuerungspfade werden verlassen. Es entsteht ein "neues Innovationsregime". Dieses basiert auf dem Typus "Innovation im Netz". In diesem Prozeß der Technikerzeugung wirken viele Institutionen aus Wissenschaft und Praxis zusammen. Für die Universitäten heißt das: sie bleiben ebensowenig wie die dort versammelten Einzeldisziplinen ein bevorzugter Ort der Produktion von gesichertem

Wissen. Auch die Industrie mit ihren zentralen Einrichtungen für Forschung und Entwicklung kann die verschlungenen Innovationspfade allein nicht gangbar halten. Wissenschaft und Wirtschaft rücken punktuell zusammen. Der Staat tauscht seine initiierende Funktion in der Forschungs- und Technologiepolitik gegen eine Rolle als Vermittler und Moderator von Innovationsprozessen.

An dieser "Innovation im Netz" können Hochschulen teilhaben. Das setzt jedoch eine differenzierte und flexible Binnenstruktur voraus. Diese erlaubt es den Hochschulen, sich auf zwei ungewohnten Pfaden im Netz der Innovation zu bewegen. Erstens können intern neue Wissensquellen im temporären Zusammenwirken von Disziplinen erschlossen werden. Zweitens erleichtern offene Strukturen es Hochschulangehörigen, sich in vielfältigen Außenbeziehungen zu engagieren, in Verbünden zwischen Hochschulen, mit der Praxis und mit außeruniversitären Stätten der Wissensproduktion und auch im internationalen Wissensaustausch.

In den letzten Jahren haben sich Hochschulen bereits als Partner für Innovationsnetzwerke lokaler Art bewährt. Dabei kommt ihnen die Bandbreite der Disziplinen zugute, die im technisch-naturwissenschaftlichen Bereich wie in den Sozialwissenschaften viele Anknüpfungspunkte für solche wissenschaftliche Dienstleistungen bieten, die der Region zugute kommen, sei es in der Förderung der regionalen Wirtschaft, bei der Bewältigung von Umweltproblemen oder bei der Suche nach Mitteln und Wegen, soziale Benachteiligungen aufzufangen. Fundiert wird eine solches regionales Netz für Innovationen durch die wissenschaftliche Ausbildung von jungen Menschen und eine Weiterbildung, die sich offen zeigt für künftige Schwerpunkte in der Forschung.

Zunehmend wird aber auch die Offenheit von Hochschulen für globale Innovationsnetze gefordert und in vielfältiger Weise finanziell gefördert. Als Partner für solche internationale Kooperationen müssen die Universitäten kaum Neuland betreten, sind sie doch traditonsreiche Orte für weltweite wissenschaftliche Verbindungen. Doch reichen ihre überkommenen Strukturen, ihre Zeithorizonte und ihre spezifische Forschungsorientierung häufig nicht aus, um in internationale Konsortien für Forschung und wissenschaftlicher Ausbildung erfolgreich mitwirken zu können. Unter dem Druck des internationalen Wettbewerbs um bahnbrechende Innovationen müssen Universitäten, die nicht provinziell werden wollen, ihre Ausbildungs- und Forschungsstrategien auf das Zusammenwirken von verschiedenen Disziplinen und die Kommunikation über die nationalen Grenzen hinweg ausrichten. Diesen Weg beschreiten die Natur- und Ingenieurwissenschaften leichter. Auch die Sozial- und Wirtschaftswissenschaften nutzen zunehmend die Chancen des internationalen Austauschs. Aber welche Rolle spielen die Geisteswissenschaften in solchen weit ausgreifenden Innovationsnetzwerken?

Interdisziplinarität und Geisteswissenschaften

In der Realität sind kulturelle Produktionen in darstellender und bildender Kunst, in Literatur, Musik und Philosphie, tief in die gegenwärtigen Prozesse der Neuorientierung von Märkten und sozialen Strukturen eingelassen. Doch schotten sich gerade Fächer, die sich mit diesen Seiten der menschlichen Kreativität befassen, stärker als andere Disziplinen gegenüber neuen Formen der Wissensproduktion ab. Sie scheuen sich vor fruchtbaren Kontakten zu verwandten Fachrichtungen und meiden die Berührung mit Natur- und Ingenieurwissenschaften. Es dominiert die individuelle und rein fachlich orientierte wissenschaftliche Arbeitsweise.

Die Kluft zu den Naturwissenschaften scheint sich zu vertiefen. Dieser Umstand hat Odo Marquard (1998) veranlaßt, seine Forderung zu wiederholen, die Kompensationsfunktion der Geisteswissenschaften an den Universitäten ernster zu nehmen, als dies bislang geschieht. Er setzt auf ihre Fähigkeiten, der Geschichte und den Geschichten Raum zu geben, die im modernen Wissenschaftsbetrieb keinen Ort haben. Diese Kompensationsleistung will er ergänzt wissen durch Interdisziplinarität, die das Gespräch zwischen den Fachrichtungen und die fachübergreifende Zusammenarbeit ermöglicht. Doch bewegen sich die Beispiele, die Marquard für eine solche interdisziplinäre Kooperation anführt, überwiegend im geisteswissenschaftlichen Raum.

Das ist ein erster Schritt, um aus der fachlichen Isolierung einzelner Geisteswissenschaften herauszutreten. Wenn aber die Geisteswissenschaften an der Gestaltung des Künftigen teilhaben wollen, dann werden sie bei der interdisziplinären Kooperation mit benachbarten Fachrichtungen gelegentlich auch über die Grenzen der Wissenschaftsbereiche hinweg blicken müssen. Es geht dabei nicht nur darum, "kulturelle Verzögerungen" (Nowotny) bei Innovationsprozessen in "kulturelle Anpassungsleistungen" zu verwandeln. Es geht vielmehr darum, die aktive Rolle der kulturellen Entwicklungen und die schöpferischen Kräfte der Künste bei der gesellschaftlichen Aneignung von ökonomisch notwendigen Innovationsprozessen zu erkennen und zu reflektieren. Das ist für die Geisteswissenschaftler keine leichte Aufgabe in einer zunehmend komplexeren Welt der wissenschaftlich-technisch durchdrungenen Zivilisation. Was für die Künste selbstverständlich erscheint, den wissenschaftlichen und technischen Fortschritt in ihren Produktionen wirksam werden zu lassen, das könnte auch für die Geisteswissenschaften eine Herausforderung sein. Sie könnten ihren analytischen Blick auf die Fähigkeiten der Menschen richten, technisch-wissenschaftliche Neuerungen kulturell zu gestalten und sich zu eigen zu machen.

Die Zukunft von Zentren für Technik und Gesellschaft

Betrachtet man das Themenfeld Technik und Gesellschaft aus dem Blickwinkel umfassender Innovationsstrategien, so scheint sich ein Szenenwechsel in der Arbeitsweise von Zentren anzubahnen, die sich dieser Thematik verpflichtet fühlen. Es geht nicht mehr nur darum, Techniklinien zu verfolgen und ihre soziale Einbettung zu analysieren. Das Arbeitsfeld erfaßt vielmehr Innovationsprozesse, in die soziale und kulturelle Neuerungen verflochten sind. Das bedeutet, daß die bereits erprobte Zusammenarbeit von Natur-, Ingenieur- und Sozialwissenschaften in verschiedener Richtung erweitert werden kann. Zum einen ist die Rolle der Geisteswissenschaften im Gespräch der Disziplinen neu zu bestimmen. Im weitetesten Sinne heißt das, daß Zentren für Technik und Gesellschaft sich auch mit den konzeptionellen Grundlagen für multidisziplinäres Denken in der intellektuellen Welt einer Universität (Kline 1995) zu beschäftigen haben. Es heißt ferner, zum besseren Verständnis von aktuellen Innovationsprozessen das Netzwerk der verschiedenen Fachexpertisen durch Beiträge aus der Praxis, der politischen Gestaltung (auch durch Bürgerinitiativen) und des künstlerischen Ausdrucks zu bereichern. Es heißt schließlich, im Fachstudium und bei der Förderung des wissenschaftlichen Nachwuchses Module kombinierbaren Wissens als farbige Tupfer zu applizieren und eine kreative Atmosphäre zu erzeugen. Auf diese Weise könnten Zentren für Technik und Gesellschaft Modellcharakter erhalten für mögliche und notwendige Veränderungen in Universitäten.

Geisteswissenschaften an einer Technischen Universität

Bernd Thum

Die vielfältige gesellschaftlich-kulturelle Welt, ihr kritisches Verstehen und ihre kreative Gestaltung - Grundlage der Selbsterkenntnis des Einzelnen wie der Kulturen: dies ist der Horizont des Erkennes, Denkens und Handelns, in dem sich auch die Geisteswissenschaften bewegen. Ihr Gegenstand sind die Menschen in Vergangenheit, Gegenwart und Zukunft. In Forschung und Lehre behandeln sie deren Beiträge zur Sicherung und Erneuerung der Kulturen.

1 Geisteswissenschaften - Erforschung und Gestaltung von Kommunikation und ,versprachlichter Wirklichkeit'

Ihrer Aufgabe können die Geisteswissenschaften insbesondere dann entsprechen, wenn sich die Beiträge der Menschen zur Sicherung und Erneuerung der Kulturen in *,Sprache'* äußern. *,Sprache'* muß hier allerdings in einem umfassenderen Sinn verstanden werden: also nicht nur im Sinne von Wörtern und Sätzen der gesprochenen oder geschriebenen Sprache, sondern auch im Sinne einer non-verbalen Sprache der Bilder und Töne wie auch einer Sprache der Einstellungen und Handlungsformen. Gegenstand der Geisteswissenschaften ist also vor allem die ,versprachlichte' Wirklichkeit. Es sind Inhalte, Zeichen und Formen der Kommunikation, mit der die Menschen die äußere und innere Welt nicht nur zu erkennen und abzubilden, sondern auch zu gestalten versuchen.

Kommunikation ist in ihrer prozeßhaften Entwicklung eine potentiell systemverändernde Kraft. Sie läßt niemanden unverändert, weil niemand außerhalb der so vielschichtigen Sprachwelten und Kommunikationsstrukturen steht. Wer diese Strukturen, ihre sich rasch und tiefgreifend verändernden Inhalte, ihre Geschichte und ihre Regeln mißachtet, wird zum fremdbestimmten Objekt und gefährdet seinen eigenen Beitrag zur Sicherung und schöpferischen Reproduktion der Kultur.

Geisteswissenschaften erforschen den Aufbau von Mensch und Gesellschaft, der sich über die Herausbildung von Sprachen im genannten Sinne vollzieht, das heißt, über dynamische, dann verfestigte und zugleich wieder neu sich wandelnde Kommunikation. Dieser Prozeß reicht tief in die Geschichte zurück. Aber Geisteswissenschaften schaffen nicht nur historisches Wissen. Sie analysieren auch die gegenwärtigen Sprachen, mit denen Gesellschaften und ihr zugehörige Individuen sich verständigen und in die Zukunft hinein reproduzieren.

Gegenstand geisteswissenschaftlicher Arbeit sind dementsprechend die *kognitiven Grundlagen* der Verständigung, also die Arten, wie über Wörter, Sätze, Bilder, Töne und Einstellungen festere Vorstellungen von Individuen und Gruppen entstehen und wie diese Vorstellungen ihrerseits die Kommunikation prägen.

Gegenstand sind auch die in jeder Kultur unterschiedlichen, *geschichtlichen Dispositionen* auch für heutiges Denken, Entscheiden und Handeln, die aus früherer Kommunikation enstanden sind.

Gegenstand der Geisteswissenschaften sind schließlich die *aktuellen Kommunikationsformen und Orientierungsdiskurse* gegenwärtiger Gesellschaften und Gruppen sowie ihre Entwicklung.

Als sprachlich-historische Wissenschaften befassen sich die Geisteswissenschaften mit kollektiven wie individuellen Überzeugungen, Denkmustern, Gewohnheiten, Handlungsformen und Erwartungen. Diese haben in bestimmten kulturspezifischen Zeichensystemen und Kommunikationsformen ihren Ausdruck gefunden: Sie sind ‚versprachlichte Wirklichkeit'. Kompetenz auf diesem Feld ist eine wesentliche Perspektive geisteswissenschaftlicher Forschung und Lehre.

2 Geisteswissenschaften und Innovation im Zeitalter von Internationalisierung und Globalisierung

Die Geistes- (und Sozial)wissenschaften dürfen sich nicht, wie insbesondere früher üblich, mit einer fatalistischen Beobachtung und Kritik der „unaufhaltsamen" Technisierung, Industrialisierung, Modernisierung begnügen; auch nicht mit dem intellektuellen Impressionismus der Postmoderne. Vielmehr sollten diese Wissenschaften, verstanden als *sciences de l'homme*, Wissenschaften vom Menschen, gerade im Zeitalter der Internationalisierung, ja Globalisierung, zusammen mit den Ingenieur- und anderen Wissenschaften Perspektiven entwickeln, *Optionen* aufzeigen, die dem menschlichen Bedürfnis nicht nur nach Freiheit, sondern auch nach Ordnung, nicht nur nach Identität, sondern auch nach Wandel entsprechen.

Perspektiven und die Sichtbarmachung von Optionen müssen sich mit einer Bereitschaft zur Innovation verbinden. Dabei ist freilich nicht nur die Unterscheidung zwischen objektiver Neuerung und Innovationsbewußtsein festzuhalten. Man muß auch beachten, daß Innovationsbewußtsein im wesentlichen eine gesellschaftlich-kulturelle Tatsache ist und sich somit entsprechend der jeweiligen Kultur stärker oder schwächer ausformt. Im Zeitalter der Globalisierung wird dies zu einem Element der Konkurrenz, die Staats- und Kulturgrenzen überschreitet.

Globalisierung sollte man in ihrem Entwicklungspotential erkennen. Man hat Entwicklung als eine *„wechselseitige Entfaltung"* definiert (M. Ginsberg). Sie beinhaltet „die Überprüfung und Neuordnung (des Wissens, Erg. des Verf.), die auf Grund der Erweiterung des Erfahrungsbereichs und der Neuformulierung der zur Interpretation (der Welt) dienenden Begriffe erforderlich werden". Internationalisierung und Globalisierung übt auf alle Kulturen einen Druck aus, sich unter dem Zustrom von Informationen aus der ganzen Welt differenzierter, das heißt individueller, vielfältiger zu organisieren. Ihre Kulturfelder oder kulturellen Subsysteme wie Technik, Wirtschaft, Recht, aber auch Sprache und Kommunikation müssen sich daher rasch entwickeln. Ein ‚cultural gap', ein Nachhinken kann sich eine Gesellschaft insbesondere bei ihrem kommunikativen System nicht leisten, weder auf der *technischen* noch auf der *sprachlich-konzeptuellen, semantischen* Seite. Die Innovationsleistung der Geisteswissenschaften vollzieht sich im Wandel des „Sprachspiels" (Wittgenstein) ihrer Gesellschaft.

3 Wie können die Geisteswissenschaften zur technischen Innovation beitragen?

Die Innovationen der materiellen Welt müssen ihren Ausdruck in der Sprache finden, wenn man sie außerhalb des Milieus der Fachleute als sinnvoll betrachten soll. Sie müssen gewissermaßen eine geistige Dimension bekommen. Dies mag spekulativ klingen, aber dennoch steht diese Einsicht am Beginn der glanzvollen Geschichte der Ingenieurwissenschaften in Deutschland. Entscheidende Fortschritte in ihrem wissenschaftlichen Selbstverständnis verdanken diese dem Karlsruher Professor für Maschinenbau Ferdinand Redtenbacher. Als Rektor der Technischen Hochschule Karlsruhe hat sich Redtenbacher bereits 1840 für eine philosophische und geschichtliche Bildung der Ingenieure eingesetzt, weil „die rein technische Berufsbildung mit Vernachlässigung aller humanistischen Studien den Techniker im bürgerlichen Leben isolier(t) und den ideellen Interessen der Gesellschaft entfremde(t)" (Schnabel 1925).

Redtenbacher hat die eigentliche Leistung der Geisteswissenschaften richtig eingeschätzt. Sie sind keine ‚Sinnproduzenten'. Geisteswissenschaften sind wie die Sozialwissenschaften *kritische Wissenschaften.* Ihr Arbeitsfeld sind die Handlungsformen, die Ideen und die Sprachen, ‚Zeichensysteme' der Kulturen.

Die Ingenieurwissenschaften sind heute nicht mehr so „isoliert" wie im 19. Jahrhundert, als man ihnen lange Hochschulstatus und das Promotionsrecht vorenthielt. Aber sie müssen mit ihren Leistungen in dem so komplizierten System der gegenwärtigen Gesellschaft immer wieder ihren Platz suchen. Entsprechende Schlagworte liefern Umwelt, technische Innovation und Technik-Akzeptanz, Dienstleistungsgesellschaft u.a. Die Anforderungen zumindest an Führungskräfte sind hoch. Sie beinhalten auch die Bereitschaft, die Konsequenzen von Technikgestaltung für Gesellschaft und Wirtschaft, Kultur und Kommunikation, Mensch und Umwelt zu bedenken.

Eine wesentliche Voraussetzung dafür ist die Fähigkeit, diese Konsequenzen mittels eines differenzierten Gefüges von *Kategorien* zu erkennen und mittels einer *entwicklungsfähigen Sprache* zu benennen, zu bewerten und mit den gesellschaftlichen Einstellungen und Diskursen, dem öffentlichen Gespräch abzugleichen. Dazu muß der Blick sowohl für Traditionen und kollektives Beharren wie auch für den gesellschaftlichen und kulturellen Wandel geschult werden. Dies sind Gegenstände der Geisteswissenschaften. Deren Wissensbestände und Methoden zu kennen, ist für Ingenieure in Ausbildung und Beruf ein Element der Durchsetzung von Innovation.

Es ist nur scheinbar paradox, daß ein wesentlicher Faktor im Aufbau der westlichen Industriegesellschaften gerade der Konflikt, die Spannung ist, die immer wieder zwischen Ingenieurwissenschaften einerseits und Geistes- und Sozialwissenschaften andererseits entsteht. Auch an einer Technischen Universität bleibt die kritische Erforschung und Fortschreibung des geistigen Bildungserbes Deutschlands, Europas und auch anderer Kulturen eine wichtige Funktion der Geistes- und Sozialwissenschaften. Nirgendwo sonst an einer Universität ist es aber nötiger, auch Kategorien zu schaffen, mit der die technischen Innovationen in das intellektuelle und sprachliche Gefüge der Kultur einbezogen werden können. Diese Kategorien können ethischer, historischer, gesellschaftswissenschaftlicher, ja sogar ästhetischer Art sein. Sie brauchen nicht affirmativ, aber auch nicht technikfeindlich zu sein. Denn sie bleiben in philosophische, gesellschafts- und kulturwissenschaftliche, geschichtswissenschaftliche und/oder sprachwissenschaftliche Forschung und Reflexion eingebunden. Diese Forschung und Reflexion urteilt mit darüber, ob die vorgeschlagenen Kategorien plausibel sind oder nicht. Innovatorisch wird die Arbeit an Kategorien aber erst dann, wenn sie zusammen mit den Ingenieurwissenschaften erfolgt.

Welche konkreten Aufgaben lassen sich aus den umrissenen kulturellen Sachverhalten, Leistungspotentialen und Herausforderungen für eine Bildungszusammenarbeit von Ingenieur- und Geisteswissenschaften ableiten? Welche Kompetenzen können Geisteswissenschaften - didaktisch am besten über Fallstudien und eine eng geführte Verbindung von Theorie und Praxisanalyse - vermitteln? Vor der Annäherung an diese Fragestellung soll aber zuerst eine andere Frage behandelt werden:

4 Welchen Beitrag können Ingenieurwissenschaften für die Innovation der Ausbildung in den Geisteswissenschaften leisten?

Die Ingenieurswissenschaften können vor allem die Erinnerung an die strukturelle Verbindung von Wissen, Können und Handeln bringen und ein Bewußtsein schaffen, daß alle geistige Arbeit ohne ein Werk, das die kulturelle Reproduktion und Erneuerung voranbringt, unvollständig ist.

Wirtschaft und Technik schaffen wesentliche Bedingungen der Lebenswelt. Die Ingenieurwissenschaften haben daran einen wesentlichen Anteil. Ihre Verfahren -

zwischen Algorithmus, Modellbildung und Intuition - kennenzulernen, bedeutet für die Geisteswissenschaften an Technischen Universitäten eine Möglichkeit, ihr Bewußtsein der eigenen Methoden zu schärfen und die Methoden im Sinne des oben umrissenen Begriffs von Entwicklung als „wechselseitiger Entfaltung" zu erneuern.

Geisteswissenschaften haben, wohl auch angeregt durch Gesellschaftstheoretiker des 19. Jahrhunderts wie Marx, gelernt, den Faktor Technik konstitutiv in die geschichtliche Analyse miteinzubeziehen. Zu nennen wäre hier u.a. der Karlsruher Historiker Franz Schnabel. Heute geht es darum, technische Entwicklungen und Möglichkeiten nicht erst im Rückblick, sondern von vornherein in die kulturelle, zum Beispiel ästhetische Analyse und gegebenenfalls Prognose miteinzubeziehen. Insbesondere in der Medienwissenschaft wird dies zwar bereits praktiziert. Aber gerade auch dort besteht die Gefahr, daß das notwendige Wissen über die Technikentwicklung, über die Arbeit für neue Technologien und Produkte, deren Erfolge und Probleme Ingenieure mitteilen können, durch Kulturkritik und wahrnehmungspsychologische Spekulationen beeinträchtigt wird.

Neue Kommunikationstechniken haben stets die Geisteswissenschaften herausgefordert und zum Teil auch verändert. Das gilt für die Entwicklungen im Buchdruck, für die Textverarbeitung am PC, in Ansätzen auch schon für Multimedia. Erfahrungen an der Fakultät für Geistes- und Sozialwissenschaften der Universität Karlsruhe zeigen, daß die Vermittlung von Fertigkeiten in den neuen Kommunikationstechnologien durch Wissenschaftler der Informatik und Elektrotechnik nicht unbedingt erforderlich ist. Es besteht bereits das nötige know how auch auf geisteswissenschaftlicher Seite. Wohl aber wäre eine Zusammenarbeit bei der Entwicklung von ‚Tools' wünschenswert, mit denen sich geisteswissenschaftliche Inhalte multimedial adäquat und zügig repräsentieren lassen. Sinnvoll erscheint auch eine Kooperation in der Lehre, wie zum Beispiel bei dem von den Karlsruher Geistes- und Sozialwissenschaften geplanten (Neben-)Fach ‚Multimedia'.

5 Wie können Geisteswissenschaften zur Innovation der Ausbildung von Ingenieuren beitragen?

Es steht wohl nicht in Frage, daß Geisteswissenschaften über die Analyse der sich heute fundamental wandelnden Wissensordnung, über die philosophische Reflexion von Problemen der Wissenschafts- und Technikethik, über Technikgeschichte und Medienanalyse wesentliche Erkenntnisse über die technisch-industrielle Welt gewinnen. Doch sollen diese Erkenntnisleistungen hier nicht erörtert werden. Es geht vielmehr um das Anwendungs- und Ausbildungspotential, das in diesen und anderen Leistungen steckt. Folgende Kompetenzen können Geisteswissenschaften, im Verbund mit den Sozialwissenschaften, vermitteln:

5.1 Vermittlung sprachlich verfügbaren Wissens über gesellschaftliche Strukturen und Vorgänge

Exemplarisch sind zu nennen:

Innovationen
An Fallbeispielen aus Gesellschaft, Politik und Kunst kann untersucht werden, wie sich schöpferische Reproduktion vollzieht, im Zusammenhang mit kulturellem Wandel, der technischen und wirtschaftlichen Entwicklung, den jeweils neuen Medien, dem Verhältnis zu anderen Gesellschaften, den spirituellen Diskursen.

Geschichtliche und aktuelle Modernisierungsprozesse in ihrem Verhältnis zu romantischen Traditionalismen und krisenhaften Regressionen
Ein Fallbeispiel wäre die Auseinandersetzung zwischen technisch-industrieller Modernisierung und dem damit verbundenen gesellschaftlichen und kulturellen Komplexitätsschub einerseits und ganzheitlichen rückwärtsgewandten Konzepten andererseits in der Weimarer Republik und im Dritten Reich. Am Nationalsozialismus und an der Geschichte der Bundesrepublik ließe sich zeigen, wie die beiden Phänomene der Modernisierung und Regression nahezu untrennbar miteinander verbunden sind; wie sich die Gefahren, die mit dieser Verbindung gegeben sind, wenigstens teilweise beherrschen lassen und wie Technik und Gemeinschaftsbedürfnis neuartige Verbindungen eingehen können. Dies wäre über die Analyse hinaus eine wünschenswerte Kompetenzerweiterung auch von Ingenieuren im Bereich gesellschaftlicher und kultureller Konzeption und Argumentation.

Das Wechselspiel der kulturellen Leitdiskurse und Gegendiskurse als Grundform der gesellschaftlichen Selbstverständigung, manchmal auch Selbsterneuerung
Beispielhaft kann hier die spannungsvolle Relation der beiden Diskurse „Konservierung der Natur und ihrer Ressourcen“ versus „Technikentwicklung“ genannt werden. Diese Relation enthält ein hohes Innovationspotential (verträgliche Technologien). Auch hier schafft neben der Analyse der verwendeten Sprache und Begrifflichkeit das größere geschichtliche Zeitfenster einen überlegenen Standpunkt.

Die interkulturelle Kommunikation zwischen Partnern aus verschiedenen Kulturen
Fallbeispiele gibt es sowohl in der fiktional erzählenden, der autobiographischen wie auch der ethnographischen und gesellschaftswissenschaftlichen Literatur in Fülle. An ihnen läßt sich analysieren und lernen, wie aus der konflikthaltigen plurikulturellen Situation ein fruchtbares interkulturelles Verhältnis wechselseitiger Entwicklung von Wissen und Persönlichkeit der unterschiedlichen Partner werden kann - und wie man dabei auch scheitert.

Wenn Ingenieure über solche Inhalte geisteswissenschaftlichen Wissens intellektuell und sprachlich verfügen, sind sie nicht nur in den kritischen Diskussionen zu Hause, die bei ihrer Arbeit oft unvermeidlich sind. Sie gewinnen auch Gelassenheit, weil sie über eine wissenschaftlich fundierte Reflexionsebene verfügen, die ihnen Differenzierung der soziokulturellen Sachverhalte und damit Distanz ermöglicht.

Dazu gehört notwendigerweise eine Schulung in der Analyse der Sprachen, die im gesellschaftlichen und kulturellen Reproduktionsprozeß verwendet werden und diesen orientieren.

5.2 Vermittlung der Kenntnis und der Anwendung von Methoden der Analyse von Texten, Bildern und Diskursen

Methodenkenntnis ist eine weitere Kompetenz, die Geisteswissenschaftler vermitteln können. Exemplarisch kann man hier - beim Umgang mit kürzeren Texten - auf das Erkennen von Leit- und Schlüsselwörtern sowie von semantischen Referenzketten hinweisen. Damit wird die Fähigkeit vermittelt, die Sinnbezirke und kulturellen Bilderrepertoires zu erfassen, die die verwendeten Wörter mit einem Hof von Vorstellungen - Konnotationen - umgeben und Sinn-Entlehnungen ermöglichen. Nicht nur Werbetexte bieten dafür hervorragendes Unterrichtsmaterial. Auch Studierende der Ingenieurwissenschaften werden daraus Nutzen ziehen können, hinter dem zunächst als Maske erfahrenen sprachlichen und/oder bildlichen „Bezeichnenden" das reale „Bezeichnete" zu erkennen. Der Erfolg der Schulung wird freilich von der Vermittlung der Erkenntnis abhängen, daß das Bezeichnete nicht immer so krud-eindeutig wie die angepriesene Ware in der Werbung ist, sondern gerade durch die differenzierte Bezeichnung zur komplexen Realität, zur ‚versprachlichten Wirklichkeit' wird - wie der künstlerisch-poetische, manchmal der politische und zum Teil durchaus auch der wissenschaftliche Diskurs.

5.3 Einübung von Denkformen und Verhaltensweisen sprachlich-intellektueller Beweglichkeit

Geisteswissenschaftler können bei der Einübung von Denkformen und Verhaltensweisen helfen. Als Beispiele mögen genannt werden:

- Themengenerierung an poetischen Texten oder an Kunstwerken. Sie schult die Fähigkeit, Begriffe versuchsweise auf zunächst fremde Strukturen anzuwenden und das Problembewußtsein weiterzuentwickeln.
- Erfahrung und Analyse der semantischen Vieldeutigkeit literarischer und künstlerischer Werke. Dadurch wird ein Denken in situativen Strukturen und in Optionen gefördert und die Mobilität von Wahrnehmung und Erkenntnis gestärkt.
- Schaffung einer Meta-Ebene der Selbstreflexion und des kritischen Denkens. Durch die Erkenntnis der kognitiven und kulturellen Grundlagen des eigenen Denkens und Handelns lernt man sich im Spannungsfeld von vorgegebenen Randbedingungen und eigener Entscheidung freier zu bewegen und die Zonen des Möglichen besser zu erkennen.

Abbildung 23: Struktur, Aktivitäten und Perspektiven (20. November 1998) der Fakultät für Geistes- und Sozialwissenschaften der Universität Karlsruhe (TH)

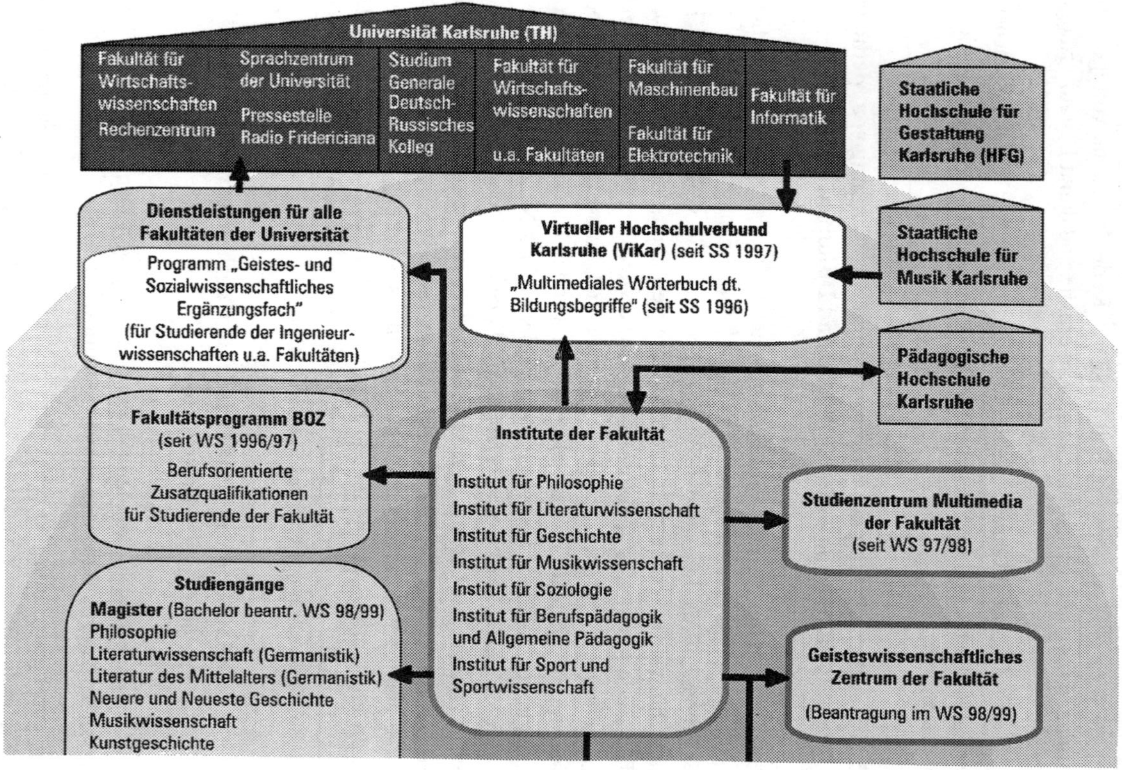

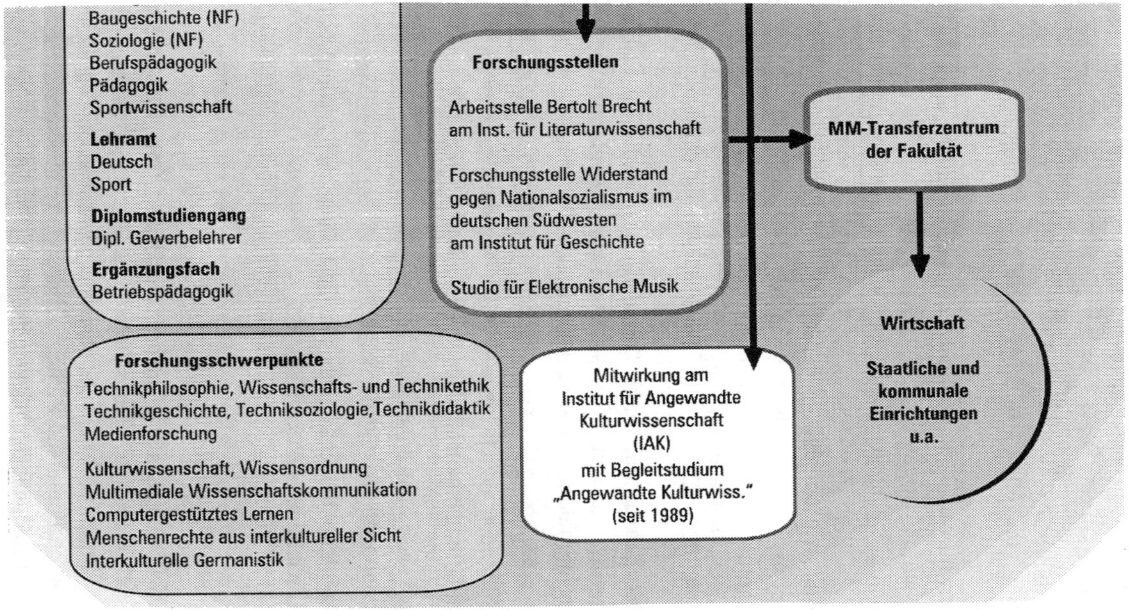

Fortsetzung: **Struktur, Aktivitäten und Perspektiven (20. November 1998) der Fakultät für Geistes- und Sozialwissenschaften der Universität Karlsruhe (TH)**

6 Einrichtungen einer geisteswissenschaftlichen Fakultät an einer Technischen Universität*

6.1 Welches sind wirkungsvolle und nachhaltige Verfahren für die Zusammenarbeit von Geistes- und Ingenieurwissenschaften?

Interdisziplinäre Plattformen für den Dialog der beiden Wissenschaftsbereiche bleiben meist im Unverbindlichen. Allenfalls das Engagement einzelner Wissenschaftler und Wissenschaftlerinnen gibt dem Austausch von Wissen und Konzepten eine gewisse Dauer, aber selten Kontinuität. Kooperation bewährt sich nur dann, wenn es eine Perspektive und eine institutionelle Sicherung für die gemeinsame Arbeit gibt. An der Fakultät für Geistes- und Sozialwissenschaften der Universität Karlsruhe (TH) wird, zum Teil angeregt und unterstützt durch den Bericht der Hochschulstrukturkommission des Landes Baden-Württemberg vom Juli 1998, die Lösung der Aufgabe auf vier Wegen angestrebt, durch:

- Neuorganisation der Fakultätsstruktur durch Gründung von speziellen fächerübergreifenden Fakultätseinrichtungen für Forschung, Lehre, Berufsorientierung und Transfer, jeweils mit interfakultären Anschlüssen;
- partiell gemeinsame Ausbildung von geistes- sowie sozialwissenschaftlichen Studierenden und Studierenden der Ingenieur- bzw. Naturwissenschaften im Rahmen neuer Magisterstudiengänge nach dem Bachelor/Master-Modell;
- Einbindung technischen Wissens, insbesondere der Informations- und Kommunikationstechnik in Vor- oder Abschlußprüfungen;
- projektorientierte interfakultäre Forschung für die Gestaltung der Zukunft auf gesellschaftlich-kulturell wichtigen Feldern.

6.2 Die Tradition

Die Universität Karlsruhe ist nach Ausweis historischer Fakten und nach ihrem Selbstverständnis die älteste Technische Hochschule in Deutschland. Schon seit Mitte des 19. Jahrhunderts gibt es an dieser Hochschule geisteswissenschaftliche Lehrstühle. Der bereits erwähnte Ferdinand Redtenbacher lieferte in seinen Schriften das Konzept für diese Verbindung, das übrigens auch von der damals gegründeten Eidgenössischen Technischen Hochschule in Zürich verwirklicht wurde. Die besten Vertreter der Karlsruher Geisteswissenschaften haben neben ihren engeren fachlichen Aufgaben stets auch an der Klärung des Verhältnisses von geisteswissenschaftlichen Inhalten sowie Verfahren und technisch-industrieller Kultur gearbeitet. Franz Schnabel, 1922 bis 1936 Professor für Geschichte an der TH Karlsruhe, hat hier sein Hauptwerk „Deutsche Geschichte im 19. Jahrhundert“ geschrieben.

---

* Organigramm „Struktur, Aktivitäten und Perspektiven“ 20. November 1998, Technische Universität Karlsruhe: siehe die vorhergehenden Seiten

Es verbindet bahnbrechend Geschichtswissenschaft mit Geistes-, Gesellschafts- und Technikgeschichte. Heute besteht die kleine Fakultät aus sieben Instituten, zwei Forschungsstellen, einem Multimedia-Studienzentrum, einem Transferzentrum Multimedia und einem Studio für Elektronische Musik. Angeboten werden zur Zeit elf Fächer im Magister-Studiengang (davon zwei, Kunstgeschichte und Baugeschichte, durch Institute der Fakultät für Architektur), zwei Fächer im Studiengang für das Lehramt an Gymnasien, ein Diplomstudiengang und ein Ergänzungsfach.

6.3 Neuere Entwicklungen: Technik und Kultur

Die Organisation und die Leistung der Fakultät orientiert sich in dem Umfang, wie sie die Positionierung an der Technischen Universität anstrebt, an den genannten vier Wegen.

Bei allen Instituten hat sich nach dem Zweiten Weltkrieg - weniger durch wissenschaftspolitische Planung als auf Grund individueller Interessenlagen - eine standortspezifische Verbindung zu Fragestellungen von Technik und technischer Kultur herausgebildet: Technikphilosphie, Technikgeschichte, Medienforschung, Technikdidaktik (jeweils mit eigener Professur), Techniksoziologie, Elektronische Musik u.a. In der Lehre gibt es traditionell einen breiten Sektor von Dienstleistungen für andere Fakultäten.

Neben den klassischen Aufgaben der Fächer und den fachspezifischen Technikschwerpunkten sind auch kulturwissenschaftliche Fragestellungen für die meisten Institute von Bedeutung. Aus der Fakultät kam die Initiative für die Gründung eines interfakultären Instituts für Angewandte Kulturwissenschaft (IAK), die nach Vorstufen (1984: Forschungsgruppe) schließlich 1989 vollzogen wurde. Heute sind an diesem fakultätsunabhängigen Institut mehr Professoren der Technik-, Wirtschafts- und Naturwissenschaften tätig als Mitglieder der Fakultät für Geistes- und Sozialwissenschaften. Das Institut bietet unter wesentlicher Beteiligung von Geistes- und Sozialwissenschaftlern seit Jahren ein Begleitstudium „Angewandte Kulturwissenschaft", für das sich etwa 200 Studierende aller Fakultäten eingeschrieben haben.

6.4 Das Fakultätsprogramm „Berufsorientierte Zusatzqualifikationen (BOZ)"

Geisteswissenschaftliche Fakultäten oder Fachbereiche an einer Technischen Universität sind quantitativ nicht immer so ausgebaut worden, daß sie als Einrichtung an Breite von Forschung und Lehre mit klassischen Universitäten in einen Wettbewerb treten könnten. Dies ist bei den kleineren Fakultäten nur für einzelne Wissenschaftlerpersönlichkeiten oder einzelne Institute möglich. Wohl aber können Geisteswissenschaften an Technischen Universitäten aus der Verbindung mit der dort durch die Ingenieurwissenschaften kompetent in Forschung und Lehre vertretenen

Technik einen Mehrwert in Technologie und Berufspraxis gewinnen. So haben die Karlsruher Geistes- und Sozialwissenschaften seit 1996 am Dekanat das Fakultätsprogramm „Berufsorientierte Zusatzqualifikationen (BOZ)“ aufgebaut.* Den Studierenden bietet es, zunächst auf der Basis der Freiwilligkeit, die Wahl zwischen mehreren Einführungen in Grundwissen und -fähigkeiten möglicher Berufsfelder für Geistes- und Sozialwissenschaftler. Wer eine komplette Berufsorientierte Zusatzqualifikation absolviert, erhält ein Zertifikat der Fakultät. Die Lehreinheiten umfassen jeweils 4 Kurse, also 8 Semesterwochenstunden, das heißt 86 bis 112 Stunden im Semester, in Arbeit für Rundfunk, Presse, Fernsehen; Multimedia-Arbeit; Projektmanagement und Organisation; Interkulturelle Kommunikation/ Deutsch als Fremdsprache; Betriebspädagogik.

Partner der fächerübergreifenden Lehre sind die Abteilung für Presse- und Öffentlichkeitsarbeit der Universität, Redakteure des Südwestrundfunks, die Fakultät für Wirtschaftswissenschaften und das Sprachenzentrum der Universität.

Als weitere Zusatzqualifikationen sind geplant: Ökologie; Technik und Kommunikation; Verlag, Archiv und Bibliothek; Existenzgründung (Multimedia); Praktische Pädagogik.

Erwünschte Partner sind: Naturwissenschaftliche Fakultäten, ingenieurwissenschaftliche Fakultäten der Universität Karlsruhe (TH) sowie die Hochschule für Gestaltung Karlsruhe, Archive des Landes und der Stadt in Karlsruhe, der „Karlsruher Existenzgünder Impuls (KEIM)“ und die Pädagogische Hochschule Karlsruhe.

6.5 Multimedia-Aktivitäten

Um 1995 begannen einzelne Institute der Fakultät mit Multimedia-Entwicklungen und -Produktionen. Seit 1996/97 ist damit ein neuer Schwerpunkt der Fakultät entstanden. Er ist für Forschung, Lehre, berufspraktische Orientierung der Studierenden und Drittmitteleinwerbung von Bedeutung. Ebenso hoch schätzt die Fakultät diesen Schwerpunkt jedoch als Drehscheibe für die Zusammenarbeit mit den Ingenieurwissenschaften.

Wesentliche Bedeutung hatte für die Entwicklung der Multimedia-Aktivitäten der Fakultät die Verbindung mit Wissenschaftlern der Fakultät für Informatik. Skopus gemeinsamer Arbeit war zunächst das Thema „high quality information“ unter dem besonderen Aspekt multimedialer Wissenschaftskommunikation. Die Verbindung mit der Informatik-Fakultät führte dann zur Beteiligung am „Virtuellen Hochschulverbund Karlsruhe (ViKar)“, einem Zusammenschluß von Multimedia-Arbeitsgrup-

---

* Wesentliche Verdienste um den Aufbau des Fakultätsprogramms BOZ hat sich Herr Dipl.-Kunst. Ulrich Höhne, wiss. Angestellter am Dekanat, erworben.

pen aller Karlsruher Hochschulen. Die Fakultät ist seit dessen Start im Jahre 1997 an diesem durch Landesmittel geförderten Projekt mit der Herstellung eines „Multimedialen Wörterbuchs deutscher Bildungsbegriffe“ vertreten.

Kurz nach dem Eintritt in ViKar, im Wintersemester 1997/98, hat die Fakultät ein eigenes *Studienzentrum Multimedia* gegründet. Es zieht in Kürze mit seinen etwa 15 Arbeitsplätzen in vollausgestattete, für Schulung, wissenschaftliche Lehre, Beratung und Forschung gleichermaßen geeignete Räume auf dem Campus.* Das bislang am Dekanat angesiedelte Zentrum wird dann auch eine neue Organisationsform erhalten. Ein Transferzentrum bietet Firmen, Verbänden und anderer Institutionen gemeinsam nutzbare Multimedia-Entwicklungen an, zunächst im Bereich von Arbeit, Freizeit, Sport.

An der Fakultät kann Multimedia-Kompetenz auch für Abschlußprüfungen bedeutungsvoll werden. Es sind bereits mehrere multimedia-gestützte Magisterarbeiten fertiggestellt worden; entsprechende Dissertationen, zum Beispiel über das höfische Werte-System des Hochmittelalters, stehen vor der Fertigstellung. Bei diesen Pionierarbeiten hat das klassische papierschriftliche Medium die Priorität, es wird aber, wissenschaftlich reflektiert, durch multimedale Formen der Wissenschaftskommunikation ergänzt.

Mit diesen Einrichtungen und Angeboten wird die Fakultät ihr Profil innerhalb und außerhalb der Technischen Universität Karlsruhe stärken. Von den oben genannten Wegen sind damit zumindest zwei beschritten worden: die Schaffung neuer fächerübergreifender Einrichtungen mit „Anschlüssen“ an die Ingenieurwissenschaften und die Einbindung technologischer Kompetenz in Abschlußprüfungen.

Wie werden die beiden anderen Wege beschritten: die „partiell gemeinsame Ausbildung mit Studierenden der Ingenieur- und Naturwissenschaften“ und die „projektbezogene interfakultäre Forschung als Beitrag zur Gestaltung der Zukunft“?

7 Ein neuer Magisterstudiengang nach dem Bachelor/Mastermodell**

Einen großen Sprung in neue Strukturen interdisziplinärer Zusammenarbeit unternahm die Fakultät im Wintersemester 1998/99 mit dem Beschluß, umgehend einen neuen modularisierten Magisterstudiengang nach dem *Bachelor/Master*-Modell

---

* Für ihre kreative und initiative Arbeit, für die Fülle an eingebrachter Expertise danke ich den wiss. Angestellten am Dekanat Dipl.-Kunst. Ulrich Höhne und Hans-J. Röhrs M.A. sowie Felix Pfefferkorn (ViKar/Institut für Literaturwissenschaft/Mediävistik).

** Entwurf eines neuen zweistufigen Studienganges (Bachelor/Master) vom 3. August 1998. Ich danke an dieser Stelle dem Studiendekan der Fakultät, Hans Peter Schütt (Institut für Philosophie), für seine Mitwirkung an der Planung des neuen Studiengangs. Konzeptionsstärke, administrative Kompetenz und Beharrlichkeit zeichnen diese Mitwirkung aus.

einzuführen. Der neue Studiengang bietet den Studierenden zusätzlich zu dem jetzt teilweise obligatorischen BOZ-Angebot eine wesentlich weiterreichende und wissenschaftlich tiefer fundierte interdisziplinäre Lehre. Der neue zweistufige Studiengang soll den bisherigen traditionellen Magisterstudiengang ersetzen. Die Fakultät strebt die Etablierung des neuen Studiengangs für das Jahr 1999 an. Sie sieht den Erfolg des Studiums nicht nur von seiner Qualität, sondern auch von einer wirksamen, nachhaltigen Informationstätigkeit und Öffentlichkeitsarbeit abhängig.

Die Einführung eines *Bachelor/Master*-Modells an der Universität Karlsruhe (TH) wurde von der Hochschulstrukturkommission des Landes Baden-Württemberg empfohlen. Die Karlsruher Geistes- und Sozialwissenschaften wurden dabei als Pilotstandort, wenn schon nicht definiert, so doch benannt. Das Ministerium für Wissenschaft, Forschung und Kunst des Landes ermöglicht unbürokratisch die rasche Einführung durch eine im Universitätsgesetz vorgesehene Experimentierklausel.

7.1 Der Baccalaureus/Bachelor-Studiengang

In Übereinstimmung mit den Vorschlägen der Hochschulstrukturkommission soll sich der neue dreijährige berufsqualifizierende Studiengang durch fachliche Konzentration und zugleich eine stärkere Praxisorientierung der Lehrinhalte auszeichnen. Dies gilt auch für seine fächerspezifischen Teile. Zu diesem Zweck sieht die Fakultät die Einrichtung neuer Lehreinheiten vor, die das Unterrichtsangebot in ihren klassischen Fächern nicht ersetzen, sondern ergänzen.

Abweichend von früheren Vorstellungen, die im Ministerium diskutiert wurden, soll im Gegensatz zum Magister/*Master*-Programm (M.A.-Programm) der Baccalaureus/*Bachelor*-Studiengang (B.A.-Studiengang) nicht nur ein Fach, sondern zwei Fächer umfassen. Er besteht aus

- einem Hauptfach (*major subject*) mit 72 Semesterwochenstunden im Pflicht- und Wahlpflichtbereich sowie
- einem affinen klassischen Nebenfach oder einem fakulätenübergreifenden praxisorientierten Nebenfach (*minor subject*) mit jeweils 36 Semesterwochenstunden.

Mit der Zwei-Fächer-Lösung für den B.A.-Studiengang bleibt zumindest für die Studierenden, die das klassische Nebenfach gewählt haben, der mögliche Wechsel an eine andere Universität mit traditioneller Studienstruktur möglich.

Das Studium gliedert sich in ein Grundstudium, das mit einer Vorprüfung abgeschlossen wird und ein Vertiefungsjahr, das mit der B.A.-Prüfung abgeschlossen wird. Eine Orientierungsprüfung findet nach dem ersten Studienjahr statt. Die Prüfungen sind zum Teil studienbegleitend. Die Regelstudienzeit beträgt 6 Semester (3 Jahre) für das ganze Studium; 4 Semester (2 Jahre) für das Grundstudium.

7.2 Interdisziplinäre und berufsorientierte Module im Baccalaureus-Studiengang

Sowohl der B.A.-Studiengang wie das darauf aufbauende M.A.-Programm bauen auf interdisziplinäre, ja interfakultäre Kooperation. Die neuen Lehreinheiten beider Studienangebote zeichen sich aus durch Praxisorientierung, durch die gleichgewichtige Beteiligung mehrerer Fächer der Fakultät und durch die Integration von Lehrinhalten aus technischen und naturwissenschaftlichen Fächern, die ihrerseits diese Lehreinheiten wieder als fächerübergreifendes Studienangebot für ihre Studierenden nutzen können (Programm GESINA). Die neuen Lehreinheiten sind:

- die zum Teil bereits eingerichteten *Berufsorientierten Zusatzqualifikationen (BOZ)* im Umfang von je 8 Semesterwochenstunden, verteilt auf zwei Semester (s.o.);
- die vorwiegend geistes- und sozialwissenschaftlichen *Grundlagen- oder Basismodule* im Umfang von 8 bis 12 Semesterwochenstunden;
- ein *fächerübergreifendes Tutorium*, erstmals erprobt im Wintersemester 1997/98. Es wird auf den Stundenumfang im Hauptfach angerechnet.

Die Basismodule bilden einen integrierten Teil des Hauptfachs. Mindestens ein interdsiziplinärer Basismodul muß absolviert werden und wird auf den Stundenumfang des Hauptfachs (72 Semesterwochenstunden) angerechnet.

Nach dem derzeitigen Stand der Diskussion sind als Basismodule vorgesehen: Innovation und Modernisierungsprozesse; Logik, Sprache, Wissenschaft; Erkennen, Verstehen, Kommunizieren; Vermitteln (Lehren und Lernen); Emprirische Methodik; Empirische Soziologie; Innovation und Planung in den Ingenieurwissenschaften. Über Anzahl und Themen der Basismodule ist noch keine Einigung erzielt worden. Wünschenswert ist eine stärkere Einbeziehung der Naturwissenschaften in das Programm, etwa durch ein Basismodul Naturwissenschaftliches Denken. Zur Diskussion stehen als weitere Basismodule: Medien, Technik und Kultur; Interkulturalität; Ästhetik. Die für den B.A.-Studiengang gedachten Module integrieren Lehrangebote aus verschiedenen Fächern der Fakultät, zum Teil anderer Fakultäten. Sie stehen auch Studierenden aus ingenieur- und naturwissenschaftlichen Fächern, Studierenden der Fakultät für Wirtschaftswissenschaften sowie der Karlsruher Partnerhochschulen (Pädagogische Hochschule, Staatliche Hochschule für Musik, Staatliche Hochschule für Gestaltung) offen.

7.3 Fakultätenübergreifende praxisorientierte Nebenfächer neuen Typs

Als besonderes Angebot an ihre geistes- und sozialwissenschaftlichen Studierenden, aber auch an Studierende anderer, insbesondere der Ingenieurfakultäten, die das Angebot in Teilen nutzen können, plant die Fakultät fakultätenübergreifende praxisorientierte Nebenfächer neuen Typs mit 36 Semesterwochenstunden:

- ‚Multimedia' (Planung vor dem Abschluß, beteiligt sind die Fakultäten für Elektrotechnik und für Informatik),
- ‚Angewandte Kulturwissenschaft' (auf der Grundlage des bereits bestehenden Begleitstudiums des erwähnten Interfakultativen Instituts für Angewandte Kulturwissenschaft IAK),
- ‚Programmgestaltung und Technik des Fernsehens' (Kontaktaufnahme mit Fernsehanstalten erfolgt).

7.4 Der Magister/Master-Studiengang

Qualifizierten Absolventinnen und Absolventen des Studiengangs soll ein dreisemestriges M.A.-Programm angeboten werden, das sich auf das gewählte Hauptfach konzentriert und einer intensiven Anleitung zur selbständigen wissenschaftlichen Arbeit in eigens für Graduierte reservierten Lehrveranstaltungen dient. Der erfolgreiche Abschluß des Programms ist Voraussetzung für die Zulassung zur Promotion.

Das M.A.-Programm ist als Studium nur in einem einzigen Fach geplant. Es bietet die inhaltliche Erweiterung, methodische Differenzierung und historische Vertiefung des in einem B.A.-Studiengang erworbenen Fachwissens. Als Zulassungsvoraussetzung ist eine mit mindestens „gut" bestandene B.A.-Prüfung vorgesehen. Gleichwertige im Ausland erworbene B.A.-Abschlüsse werden anerkannt, weil die Fakultät in Zusammenarbeit mit den deutschen Mittlerorganisationen und ausländischen Partneruniversitäten Vereinbarungen über die Betreuung von ausländischen Stipendiaten des vierten Studienjahres anstrebt.

Das Magisterstudium umfaßt zwei Semester, ergänzt durch ein Prüfungssemester. Auch im Magisterstudiengang sind ein oder zwei interdisziplinäre Module von jeweils 8 Semesterwochenstunden zu absolvieren. Vorgeschlagen sind: Grundlagen und Methoden der Geistes- und Sozialwissenschaften; Aktuelle Fragen der kulturellen Entwicklung; Bildung und Ausbildung unter den Bedingungen von Internationalisierung und Globalisierung. Die Magistermodule sollen in Zusammenarbeit mit anderen Fakultäten und Karlsruher Partnerhochschulen angeboten werden. Das Studium soll mit einer M.A.-These, Klausuren und mündlichen Prüfungen abgeschlossen werden.

8 Das Forschungsprojekt „Innovation und Tradition im Zeitalter der Globalisierung“*

Zu den Wegen einer Zusammenarbeit von Geisteswissenschaften und Ingenieurwissenschaften gehört auch, wie erwähnt, die interfakultäre projektbezogene Forschung als Beitrag zur Gestaltung der Zukunft auf gesellschaftlich-kulturell wichtigen Feldern.

‚Globalisierung‘ ist der Erkenntnishorizont des thematischen Schwerpunkts, der von der Fakultät für ein Forschungsprojekt vorgeschlagen wird, an dem sich auch Wissenschaftler und Wissenschaftlerinnen anderer Fakultäten der Universität Karlsruhe sowie anderer Karlsruher Hochschulen beteiligen. Partnerfakultäten in Kanada, Marokko, Japan, der Türkei, Tunesien und den USA sind bereits gefunden oder werden noch gesucht. Das Projekt ist auf zehn bis zwölf Jahre angelegt und soll im Rahmen eines Geisteswissenschaftlichen Zentrums verwirklicht werden. Dafür wird eine Anschubfinanzierung aus Forschungsförderungsmitteln des Landes Baden-Württemberg beantragt. Bei Erfolg soll später mit Unterstützung der DFG ein Kulturwissenschaftliches Kolleg eingerichtet werden.

Mit ‚Globalisierung‘ ist kein rationales Modell der Welteinheit gemeint, sondern ein heute, inbesondere durch neue technische Mittel, immer deutlicher profiliertes System globaler Kommunikation in Wirtschaft, Politik, Wissenschaft und Kultur. Allerdings führt die Verdichtung der Beziehungen und die damit verbundene Wahrnehmung des kulturell Anderen (Fremden) auch zu Abgrenzung und Fragmentarisierung. Die Forderung nach neuen Verhaltensmustern, einem adäquaten Wertesystem zur Beurteilung neuartiger interkultureller Erfahrungen sowie nach Regeln und Ordnungen für eine kulturenübergreifende Kommunikation und Weltgestaltung werden um so dringlicher.

- Neben einer wirksamen und nachhaltigen Reproduktion und Verbreitung von Wissen (Wissenschaftskommunikation) gehören dazu auch
- eine Erneuerung von Bildung und Ausbildung sowie
- die Entwicklung neuer kulturenübergreifender (im weitesten Sinne: ästhetischer) Formen im Zeichen- und Symbolhaushalt der Kulturen, zum Beispiel im Film, in den neuen Medien u.a.

---

* Das Forschungsprojekt wurde von mir in Zusammenarbeit mit dem Prodekan der Fakultät, Uwe Japp (Institut für Literaturwissenschaft) und dem Studiendekan Hans Peter Schütt (Institut für Philosophie) entwickelt. Verbesserungsvorschläge und Anregungen verdanken die Autoren Prof. Mittelstraß (Konstanz) und Frau Dr. Robertson-Wensauer (Interfakultatives Institut für Angewandte Kulturwissenschaft der Universität Karlsruhe TH).

Dies sind zugleich die Themen der vorgesehenen drei Arbeitsgruppen. Diese erarbeiten ihr Thema kulturvergleichend sowohl unter dem Aspekt der historischen Dispositionen (Tradition) als auch unter den Aspekten der Gegenwarts- und Trendanalyse sowie der Zukunftsgestaltung (Innovation). Der Blick auf die aktuellen und zu erwartenden Leistungen der Technik, insbesondere der Informations- und Kommunikationstechnologien - und damit die Expertise von Ingenieurwissenschaftlern - hat dabei wesentliche Bedeutung.

Mit Regeln, Ordnungen ist keine normative Vereinheitlichung gemeint, sondern die Entwicklung von kulturenübergreifenden ‚Codes' des Zusammenlebens, die transkulturell anerkannt werden. Als Beispiel mag das bereits an der Fakultät bestehende, von der VW-Stiftung finanzierte Projekt „Menschenrechte aus interkultureller Sicht" genannt werden. Globalisierung ist also keine ideologische Zwangsjacke, sondern das, was man von Modernisierung gesagt hat: eine mode de civilisation, eine Art der Kultur. Deren Regeln freilich müssen im Zusammenwirken der Wissenschaften, der Künste und der Kulturen noch erarbeitet werden - eine große Innovationsaufgabe.

Teil 6:

Management von technischen Systemen im interkulturellen Vergleich

Systeminnovationen durch interkulturelle Vergleiche

Hans-Liudger Dienel

1 Einführung

Die Geisteswissenschaften können nicht nur mit ihrem spezifischen Fachwissen sondern auch ihren Methoden für die Analyse der Wirklichkeit und Entwicklung neuer Problemlösungen einen Beitrag zu Innovationen leisten. In den folgenden vier Beiträgen sowie auch dem einleitenden Aufsatz von Bolko von Oetinger geht es vor allem um die Innovationskraft geisteswissenschaftlicher Methoden und Arbeitsweisen. Die Beiträge konzentrieren sich exemplarisch auf die Entwicklung neuer technischer und organisatorischer Systeme durch interkulturelle Stilvergleiche und dadurch mögliche Übertragungsinnovationen. Wegen dieser Fokussierung auf die Methode des Vergleichs kann der hier untersuchte Themenbereich, in dem Innovationen ausgelöst werden sollen, relativ breit gehalten werden.

Dieser Beitrag präzisiert die analytischen Stärken der Geisteswissenschaften und beschreibt ihre Funktion für die schöpferische Entwicklung eines bestimmten Typs von Innovationen, den Übertragungsinnovationen. Aus unserer Sicht sind Übertragungsinnovationen unter allen Innovationen einer der häufigsten Typen, ohne daß sie von den Beteiligten unbedingt als solche erkannt werden müssen. Viele Innovationen kommen eben durch die Übertragung von Ideen aus einem Kontext in einen anderen zustande. Wir konzentrieren uns dabei sowohl auf die Übertragung von technischen Systemen in neue kulturelle Rahmenbedingungen als auch auf die Kombination und Übertragung bekannter Lösungen zur Schaffung neuer technischer Systeme. In beiden Fällen gilt, daß Geisteswissenschaften für Übertragungsinnovationen desto notwendiger werden, je komplexer die beteiligten technischen Systeme sind.

Dieser Beitrag charakterisiert den Typ von Innovationen und beschreibt Potentiale und zukünftige Aufgabe für Geisteswissenschaftler am Beispiel der Übertragung technischer Systeme. Die Ausführungen werden durch den Wirtschaftshistoriker und früheren Unternehmensberater Matthias Kipping im Hinblick auf betriebliche Managementsysteme und Organisationskulturen erweitert.

Sodann folgen eine beispielhafte Umsetzung der Theorie und eine nachfrageorientierte Bewertung der geisteswissenschaftlichen Angebote. Zuerst präsentiert der Technikhistoriker Joachim Radkau einige historische Analysen aus dem Bereich der Energiesystemtechnik. Seine diachronischen Vergleiche ermöglichen dem Leser eine neue Perspektive auf die untersuchten Innovationsentscheidungen der Energieunternehmen. Radkau kann insbesondere belegen, daß die differenzierte Skepsis und Vorsicht im Innovationsentscheidungsprozeß sich in der Regel ausgezahlt hat und ein Hinweis auf technologische Kompetenz und das entsprechende Selbstbewußtsein war (Radkau 1989, 1995).

In einem zweiten und abschließenden Beitrag zeigt der Unternehmensberater Christoph-Friedrich Freiherr von Braun, daß dieses Innovationspotential in den deutschen innovationsorientierten Unternehmen und Unternehmensberatungen noch kaum ausgeschöpft worden ist. Warum das so ist, und wie das geändert werden könnte, sind zentrale Fragen für die Stärkung der Innovationskraft der bundesrepublikanischen Gesellschaft.

2 Die Bedeutungszunahme technischer Systemvergleiche

Der Vergleich zwischen unterschiedlichen technischen Lösungen für prinzipiell ähnliche Probleme und Aufgabenstellungen war immer eine Quelle für Innovation. Doch die sich in den letzten Jahrzehnten aus (wirtschafts-)politischen und technologischen Gründen beschleunigende Globalisierung des Marktes und Internationalisierung der Konkurrenz hat den interkulturellen Vergleich für die Entwicklung technischer und organisatorischer Innovationen aus mehreren Gründen noch attraktiver gemacht. Zwar führt die Globalisierung durchaus zu einer weltweiten Tendenz der Standardisierung und Konfektionierung der Nachfrage, der vorgelagerten Wünsche, Lebens- und Organisationsformen und Kulturen und damit auch der Produkte und Dienstleistungen; - ein Prozeß der sich wechselseitig eher verstärkt.*) Andererseits nimmt für das einzelne Unternehmen in zumeist noch größerem Umfang die kulturelle Vielfalt, die es verkraften und in der es sich und seine Produkte positionieren muß, zu. So mag die Zahl der weltweit angebotenen Automobiltypen abnehmen. Auf dem lokalen Markt jedoch ist das Angebot an Autotypen durch die Globalisierung gewachsen. Trotz des Standardisiserungsdrucks ist daher das Wissen um die Unterschiedlichkeit der Rahmenbedingungen für Unternehmen wichtiger geworden. Auch innerhalb von Unternehmen, die immer öfter in räumlich (oft weltweit) verteilten Strukturen produzieren, wird der Blick für kulturelle Unterschiede und interkulturelle Vergleiche wichtiger. Nicht nur große Unternehmen, wie der Volkswagen-Konzern mit seinen autonomen Töchtern in Südamerika, China, Spanien, Tschechien und anderen Ländern, sondern auch Mittelständler besitzen heute weltweit verteilt Produktionsstätten oder Beteiligungen in unterschiedlichen Kulturen oder haben Eigner aus dem Ausland. Die kulturellen Unterschiede nicht nur als Problem zu erkennen sondern für Innovationen zu nutzen, erfordert kombinatori-

*) Die weltweite Vermarktung nahezu baugleicher Produkte und Systeme ist aber nur in wenigen Branchen sehr ausgeprägt. In den meisten Branchen, etwa der Autoindustrie, unterscheidet sich die Positionierung weltweit angebotener Produkte auf kulturell unterschiedlichen Märkten erheblich.

sches, vergleichendes Geschick. Im folgenden soll beispielhaft deutlich werden, von welcher Art die hier angesprochenen Innovationen sein können. Hier wollen wir nur festhalten, daß die Bedeutungszunahme von kulturellen Unterschieden und Interkulturalität geisteswissenschaftlichen Perspektiven und Geisteswissenschaftlern neue Aufgaben und neue Arbeitsbereiche für einen Beitrag zu Innovationen in Unternehmen eröffnet, insbesondere den interkulturellen Vergleich und die sich daraus ergebenden Übertragungsinnovationen.

Mit interkulturellen Vergleichen sind dabei sowohl Vergleiche zwischen regionalen und nationalen Kulturen, also auch zwischen verschiedenen Zeiten oder verschiedenen Gruppen innerhalb einer Kultur, also etwa zwei unterschiedlichen Abteilungen innerhalb eines Unternehmens gemeint.

Geisteswissenschaftler sind besonders geübt im Vergleichen (Haupt/Kocka 1996). Die Beschreibung der Besonderheiten von Artefakten, Handlungen und Epochen, die Typisierung von Handlungen, die Beschreibung komplexer Sachverhalte als Lebensform, Attitüde oder Habitus in den Geisteswissenschaften basieren, verallgemeinert gesprochen, allesamt auf Stilvergleichen (Zum Begriff des technologischen Stils: Dienel 1992, 1995). Die Komplexitätsreduktion und Handhabbarkeit des Vergleiches ohne Verfälschung der Wirklichkeit ist das hochgesteckte methodische Ziel. In ihrer Liebe zum Detail sind die Geisteswissenschaften den Ingenieurwissenschaften nicht unähnlich und auch deshalb gute Partner für die gemeinsame Entwicklung von Innovationen.

Auch in den Sozialwissenschaften hat die vergleichende, typologisierende Technikforschung gerade in den letzten fünfzehn Jahren große Fortschritte gemacht und hat sich seit Mitte der 1980er Jahre auch auf die vergleichende Beschreibung großer technischer Systeme eingelassen, in Deutschland vor allem im Umfeld von Bernward Joerges (1994). Doch trotz der oft treffenden Konzeptualisierung großer technischer Systeme gingen viele bisherige Ansätze der sozialwissenschaftlichen Technikforschung nicht zuletzt deshalb oft ins Leere, weil sie den technischen Systemen selbst zu wenig Aufmerksamkeit widmeten (Mai 1994). Studien zur Technikbewertung haben lange nicht genügend Detailinteresse für die technischen Innovationen aufgebracht und erst langsam, allerdings mit wachsendem Erfolg, geistes- und kulturwissenschaftliche Perspektiven integriert.[*)] Im angelsächsischen Raum dagegen war die Zusammenarbeit mit der Technikgeschichte etablierter und auch effektiver und wurde die Technik- und Kulturgeschichte für Stilvergleiche technischer Systeme weit stärker genutzt. Wichtige amerikanische technikhistorische Systemvergleiche kamen von Thomas Hughes, Alfred Chandler, Nathan Rosenberg und

---

*) Vgl. z.B. die kommentierten Literaturübersichten zur Technikbewertung (Technology Assessment) und zur Wissenschafts- und Technikforschung, die halbjährlich vom Informationszentrum Sozialwissenschaften in Bonn herausgegeben werden. Zu den jüngeren Arbeiten als Überblick: Naschold 1997

David Mowery (theoretisch wegweisend: Thomas Hughes 1983). Mehrere Zeitschriften haben sich als ein eigenes Forum für die interdisziplinäre Berührung von Kulturwissenschaft, Wirtschaftswissenschaft und Politikwissenschaft für internationale Techniksystemvergleiche etabliert oder die Technikgeschichte später in ihren Ansatz integriert, so die seit 1973 erscheinende amerikanische Zeitschrift Science and Public Policy oder die bei Oxford University Press seit 1992 erscheinende Industrial and Corporate Change. Neuere Arbeiten zum innovationsorientierten Vergleich technischer Systeme und zu Übertragungsinnovationen von David Mowery, David Hounshell, seinen Schülern und anderen werden in den Business Schools als Fallstudien für die strategische Unternehmensberatung genutzt (Hounshell/Smith 1988, Rosenberg 1982 und 1994, Mowery/Rosenberg 1989, Mowery/Oxley 1995). Die Technikgeschichte ist sich ihrer Möglichkeiten und Bringschuld für die Innovationsforschung bewußter und die Bereitschaft in den angewandten Business Schools, historische Perspektiven für Innovationen zu nutzen, größer. Auch die Technikwissenschaften, jedenfalls an den führenden amerikanischen Universitäten, haben - vermittelt durch etablierte STS-Programme (Science-Technology and Society) - mehr Kontakt zu den Geisteswissenschaften als hierzulande.

Zurück zu den Technikwissenschaften in Deutschland. Hier wird das Vergleichen komplexer Systeme in den Ingenieurwissenschaften wenig geübt. Natürlich gibt es einen technikwissenschaftlichen Vergleich zwischen alter und neuer Lösung, doch er ist in der Regel reduzierter und konkreter. Technikhistoriker haben die Art der Entwicklung neuer Lösungen durch Ingenieure in der Technik als "parameter variation" bezeichnet: Bei diesem Vorgehen bleiben alle Parameter bis auf einen, der ausgetauscht wird, gleich (Constant 1973). Dies vereinfacht zwar den Vergleich kolossal, doch verhindert auf der anderen Seite den auch oft notwendigen Systemvergleich, die Untersuchung der Alternativen und den Vergleich mit bestehenden Lösungen, die dabei leicht unter den Tisch fallen können. Um im Bild zu bleiben: Wer für den notwendigen Vergleich von Äpfeln und Birnen beim Einkauf auf dem Markt kein methodisches Rüstzeug mitbringt, kann sich leicht darauf zurückziehen, man könne Äpfel und Birnen nicht vergleichen. Doch dieser Vergleich ist für die Entscheidung am Markt nicht unerheblich.

Zwei Beispiele aus dem Bereich der deutschen Verkehrsforschung der letzten Jahre sollen verdeutlichen, daß fehlende Vergleiche Übertragungsinnovationen aus dem Ausland und aus für die Ingenieure fremden Nutzerkulturen verhindert haben.

Das erste Beispiel betrifft die ambitionierten Nahverkehrsforschungsprogramme der 70er Jahre. Typische Vorhaben waren die Entwicklung von Hängeschienenbahnen, später dann kombinierten Fahrgastinformations- und Fahrscheinverkaufssystemen oder der behindertengerechten Haltestellengestaltung. Das Programm war nach Verkehrssystemen eingeteilt, also nach schienengebundenen und straßengebundenen Systemen, nach Informationssystemen und Verkehrskonzepten und erschwerte damit den Vergleich zwischen den Verkehrssystemen. Entwickelt wurden Lösungen von Ingenieuren für Ingenieure, doch gebaut wurde von den neuen Nahverkehrsystemen fast nichts. Die entwickelten Systeme konnten den Vergleich mit den konkurrierenden Verkehrssystemen am Markt nicht bestehen.

Ein zweites Beispiel betrifft den viel zu späten internationalen Vergleich im Hochgeschwindigkeitsverkehr. In Deutschland vertraten Bahntechniker in den 60er Jahren die These, die klassische Rad-Schiene-Technik sei nicht für Hochgeschwindigkeiten über 250 km/h geeignet und ließen sich durch die japanischen Erfolge mit dem Shinkansen davon nicht beeindrucken. Der Shinkansen war aus ingenieurtechnischer Sicht schlicht zu weit weg und konnte daher in einer national ausgerichteten Branche als nur wenig bedrohlich beiseite geschoben werden. In Deutschland blieb man dabei, daß eine nachhaltige Steigerung der Geschwindigkeit ein ganz neues Transportsystem, etwa die Magnetschwebetechnik, oder einen neuen Typ von Rad-Schiene-System erfordere. Das 1972 aufgelegte Rad-Schiene-Forschungsprogramm des BMBF sollte die Grundlagen für die Einführung des Hochgeschwindigkeitsverkehrs in Deutschland erforschen. Diese "grundlegende" Erforschung des Zusammenhangs von Rad und Schiene bei Hochgeschwindigkeiten bis 350 km/h ging solange gut, bis in Frankreich der TGV 1981 mit recht konventioneller Technik auf der gerade eingeweihten Strecke Paris-Lyon über 380 km/h fuhr. Damit war "die ursprüngliche Zielsetzung der deutschen Rad/Schiene-Forschung, die Grenzen des Systems bei etwa 350 km/h zu finden, gegenstandslos geworden", wie einer der Sprecher des Programms offen eingestand. Nun allerdings reagierte das deutsche Innovationssystem schnell: das Programm wurde umgestellt, und die Bahn, bisher in dem Programm nur ein Auftragnehmer, übernahm die Rolle des zentralen Akteurs. Innerhalb von vier Jahren konnte ein Versuchsfahrzeug des Intercity-Experimental präsentiert werden, 1991 folgte die Indienststellung des ICE, genau 10 Jahre nach dem TGV (Abel 1997).

Interkulturelle Techniksystemvergleiche hätten in beiden Beispielen einen Innovationsschub für eine marktfähigere und ambitioniertere Technikentwicklung auslösen können. Ingenieure allein waren hier jeweils überfordert. Eine multiperspektivische Analyse, in der sich die einzelnen disziplinären Perspektiven mit dem Ziel eines Konsenses ergänzen, hätte hier die Zahl der Optionen vergrößert, vor allem aber auch zur Fokussierung der realistischen Entwicklungsoptionen beigetragen.

3 Perspektiven für den interkulturellen Vergleich technischer Systeme

Der interkulturelle Vergleich technischer Systeme kann in dreifacher Hinsicht einen Beitrag zu Innovationen leisten: erstens, für die Entwicklung und Kombination neuer Übertragungsinnovationen, zweitens für die gezielte Pflege der eigenen Stärken in der Innovationskultur und drittens für eine angepaßtere Moderation des Technologietransfers. Diese drei Handlungskonzepte waren das Ziel der Sektion. Im Verlauf der Diskussion war dabei schnell deutlich geworden, daß alle drei Bereiche für die nächsten Jahre gleichsam Forschungsprogramme darstellen, denn die konkrete Einbindung der Geisteswissenschaften zur kreativen Lösung der hier beschriebenen Aufgaben läßt bisher im unternehmerischen Umfeld auf sich warten.

Übertragungsinnovationen

Im interkulturellen Vergleich zeigt sich, wie im Prinzip ähnliche wirtschaftlich-technische Aufgabenstellungen ganz unterschiedlich definiert und gelöst werden. (Zu den Möglichkeiten technischer Kulturvergleiche in einer Branche mit hohem Standardisierungsdruck, der Luftfahrtbranche: Dienel/Lyth 1998). Der Vergleich öffnet daher neue Einsichten in Alternativen, macht neue Leitbildangebote und führt zu einem eigenen Typ von Innovationen, den Übertragungsinnovationen. Dabei ist es unerheblich, ob wir räumlich getrennte nationale Kulturen betrachten oder etwa die kulturellen Unterschiede zwischen der kaufmännischen und der technischen Abteilung eines Unternehmens. In beiden Fällen haben Geisteswissenschaftler besondere Kompetenzen, die Unterschiede zu verstehen und in Zusammenarbeit mit technischen und ökonomischen Fachwissenschaftlern Übertragungsinnovationen zu entwickeln.

Übertragungsinnovationen sind nur selten ein direkter Transfer von Lösungen aus einer Problemwelt in die andere, sondern meist eine geschickte Kombination unterschiedlicher Teillösungen zu einem neuen Ganzen. Das partielle Lernen von anderen, die Übertragung, Veränderung und Kombination setzt analytische Fähigkeiten voraus, wie sie Geisteswissenschaftler lernen. Dennoch sind Beispiele für Übertragungsinnovationen durch oder unter Mitwirkung von Geisteswissenschaftlern in Unternehmen heute noch selten, einfach, weil es wenig professionelle Geisteswissenschaftler in den Unternehmen gibt.

Historische Beispiele für Übertragungsinnovationen wären zum Beispiel die naturwissenschaftlich-technische Revolution der frühen Neuzeit, die durch philologisches Interesse an der Antike und ihren Texten ausgelöst oder mitausgelöst wurde, die Industrialisierung auf dem europäischen Kontinent durch ausgewählte Transfers englischer Vorbilder (Harris 1985, Paulinyi 1993), die "Erfindung" der Massenfabrikation in den Vereinigten Staaten durch Verbesserung europäischer Fertigungsverfahren (Rosenberg 1981, Hindle/Lubar 1988), die Entstehung der japanischen Fahrzeug- und optischen Industrie durch gezielte Übertragungen und Anpassungen aus Deutschland und den USA (Tsutomu 1980, Mokyr 1990I) oder die heutigen wechselseitigen Übertragungen in der Konstruktionsmethodik zwischen Deutschland und Japan (Moritz 1997). Ein Beispiel für Übertragungsinnovationen zwischen zwei technischen Systemen ist etwa die "Erfindung" der kontinuierlichen Sauerstofferzeugung durch Tieftemperaturregeneratoren, die sich der Quergeist und Autodidakt Mathias Fränkl in den 20er Jahren von der Stahlverhüttung abschaute. Die

Innovation senkte die Kosten für die Sauerstoffproduktion auf ein Zehntel und revolutionierte im Gegenzug wiederum die Stahlindustrie durch die Einführung des Sauerstoffaufblasverfahrens in der Stahlerzeugung (Dienel, 1995 II). Die beiden Beispiele sollen zeigen, daß der vergleichende Blick in eine andere Zeit oder Produktionskultur mit technischem Fachwissen gepaart sein muß, denn man erkennt nur, was man kennt. Aus diesem Grund plädiert der hier vorgetragene Ansatz für die Einrichtung kleiner multidisziplinärer Entwicklungsgruppen, in welche Geisteswissensschaftler nur eine von mehreren Perspektiven einbringen.

Ein drittes, eher aktuelles Beispiel für Übertragungsinnovationen ist der Versuch des Philologen Daniel Goeudevert, der als Vorstandsvorsitzender von Ford Deutschland versuchte, Mitte der 80er Jahre die Problemlösungskompetenz seiner Mitarbeiter neu zu definieren. Sie seien nicht primär Autobauer sondern Mobilitätsprovider, welche neue Mobilitätsdienstleistungen entwickeln und vertreiben sollten. Goeudevert kam zwar in seinem Unternehmen und auch seinem nächsten Arbeitgeber, der Volkswagen AG, zu früh, doch heute folgen mehrere deutsche Autobauer und Verkehrsunternehmen den damals bei Ford entwickelten, aber nicht umgesetzten Vorschlägen (Goeudevert 1990, Vester 1992).

Weitere Beispiele für Übertragungsinnovationen sind die Entwicklung neuer technischer Systeme für Senioren im privaten häuslichen Alltag durch Übertragung von Lösungen aus der Welt der Funktionsgebäude (Krankenhaus zuhause etc.), oder die Entwicklung von Spiel- und Freizeitgeräten für Senioren als Übertragungsinnovation aus dem Bereich der Jugendspiele.

Die Verschiebung der technischen Aufgabenstellungen durch die Internationalisierung und die gleichzeitige informationsgestützte Zurverfügungstellung des technischen Handwerkszeugs führt zu neuen Anforderungsprofilen an Entwickler, die Geisteswissenschaftler als Teammitglieder gut abdecken.

Neben den technischen Produkten und Prozessen sind die global tätigen Unternehmen, deren Mitarbeiter und Vorstände aus verschiedenen Kulturkreisen kommen, und ihre Struktur selbst ein dankbares Objekt für den Systemvergleich und organisatorische Übertragungsinnovationen. Die Entwicklung einer globalen Unternehmensidentität und Überwindung unternehmensinterner Kulturbrüche einerseits, aber auch die Vorbereitung von Unternehmensentscheidungen zur Differenzierung unterschiedlicher Unternehmensfunktionen an unterschiedlichen Standorten andererseits wird in diesen Unternehmen eine wachsende Aufgabe werden. Dazu folgt mehr im Beitrag von Matthias Kipping.

Pflege der eigenen kulturellen Stärken

Der Vergleich ermöglicht nicht nur Übertragungsinnovationen sondern auch die Kultivierung eigener, gewachsener Stärken. Wenn die gewohnten Standortfaktoren wie Kapital, Qualifikation der Arbeit und Infrastruktur weltweit mobiler und in einer wachsenden Anzahl von Ländern verfügbarer werden, sich aber die gewachsene Kultur und die geisteswissenschaftliche Verankerung der Mobilität widersetzen, wird die Kultur aus diesen zwei Gründen ein immer wichtigerer Standortfaktor. Das gilt für Regionen und Nationen, aber auch für Unternehmen (Zysman 1994, Mokyr 1990 II). Nach Gerybadze/Meyer-Krahmer u.a. (1997) steht nicht mehr die optimierende Produktionsmaschinerie im Vordergrund, die sich ihre Standorte nach faktorkostentheoretischen Überlegungen sucht, sondern die global lernende Unternehmung, die Optionen an den führenden Intelligenzzentren erkundet und diese möglichst schnell in marktfähige Projekte umsetzt. Dann wird es noch wichtiger werden, die in der Kultur verankerten Haltungen und Erfahrungen bewußt zu machen, sie bewußt als fördernden Faktor einzusetzen und die Stärken vermeintlicher Schwächen herauszufinden.*) Auch diese Erkenntnis ist nur durch Vergleich möglich. Eine anwendungsorientierte Geisteswissenschaft könnte hier ihren Beitrag zum Wettbewerb der Kulturräume und zum Management kultureller Unterschiede leisten. Wie Joachim Radkau in seinem Beitrag mit vielen Beispielen belegt, kann die vergleichende Analyse aber auch dazu führen, enthusiastischen Technikvisionen mehr Augenmaß zu geben.

Moderation des Technologietransfers

Ein drittes Anwendungsfeld für interkulturelle Vergleiche ist die Moderation des Transfers technischer Systeme und die Anpassung an unterschiedliche kulturelle Gegebenheiten. Die Aufgaben der Moderation wachsen aus zwei Gründen. Zum einen wegen des wachsenden Anspruchs der Nachfrager an optimal angepaßte Systeme und zum zweiten wegen der zunehmenden Komplexität von Exportgütern. Der Export ganzer Infrastrukturen und Dienstleistungssysteme erfordert eben in der Regel mehr kulturwissenschaftliche Moderation als der Export handlicher Produkte. Die klassischen Methoden des Technologietransfers sind im Rahmen von Förderkonzepten für Entwicklungsländer entwickelt worden, meist im Rahmen von historischen Studien, (Gerschenkron 1966, Jeremy 1991, Poser 1991, Jeremy/ Stapleton

---

*) Als Beispiel sei die von Japan ausgegangene Verbreitung der Fax-Geräte genannt, obwohl die ersten Entwicklungsschritte aus Deutschland kamen. Doch in Europa erkannte man die Vorteile des Faxgerätes nicht, weil die Entwickler am Prinzip der nur einmaligen Erfassung von Zeichen festhielten. In Japan mit seinen mehr handschriftlichen Mitteilungen gab es dagegen eine große Bereitschaft, Faxgeräte zu entwickeln. Die Japaner machten aus der "Schwäche" ihrer Schrift die Stärke eines weltweiten Marktvorteils. Ähnlich könnte die Sprachenvielfalt Europas, die den Handel und die internationale Kooperation behindert, sich künftig als Stärke erweisen, wenn die Europäer mehr als andere die Entwicklung von Sprach- und Übersetzungswerkzeugen vorantrieben, um diese Schwäche auszugleichen.

1991) haben sich jedoch inzwischen auf ganz unterschiedliche Bereiche bis hin zum Transfer zwischen Hochschule und regionaler Wirtschaft ausgedehnt und wirken in dieser angereicherten Form inzwischen auf die Entwicklungsproblematik zurück (Samli 1985, Dierkes 1991).

Je komplexer technische Systeme werden, desto schwieriger ist die Übertragung der gewählten Lösung in einen räumlich neuen Problemzusammenhang. Zwar sind Infrastrukturplaner und -erbauer schon seit vielen Jahrzehnten international aktiv. Doch zahlreiche mißlungene Projekte, die entweder am Bedarf vorbei oder zu anspruchsvoll in der Wartung waren, haben die Notwendigkeit einer besseren kulturellen Implementation und Integration der Kundensicht deutlich gemacht. Infrastrukturbetreiber, etwa Wasser- oder Stromversorgungsbetriebe, wären wegen ihrer größeren Endkundennähe für Übertragungen oft besonders geeignete Partner. Sie sind, nicht zuletzt wegen der Unterschiedlichkeit der Kundenbedürfnisse, bis vor kurzer Zeit international kaum tätig geworden. Dies hat sich aber geändert. Ein Beispiel sind die Berliner Wasserbetriebe, die im Export von Infrastrukturen ein zunehmend wichtiges Geschäftsfeld erkennen und nach kulturwissenschaftlichen Partnern für die Erforschung und Bewertung des unterschiedlichen Versorgungsbedarfs in ausgewählten Regionen suchen. Ein Beispiel: In einem gemeinsamen Forschungsvorhaben am Zentrum Technik und Gesellschaft der TU Berlin, an dem auch die Berliner Wasserbetriebe und die Wasserwerke Istanbul beteiligt sind, erforscht eine kultur- und technikwissenschaftliche Arbeitsgruppe die unterschiedlichen Rahmenbedingungen für die Wasserversorgungs- und entsorgungssysteme in Istanbul und Berlin.

Ein zweites Beispiel für die gelungene Kooperation von Infrastrukturanbietern und kulturwissenschaftlichen Beratungen sind großflächige Bauwerksnaturierungen in urbanen Ballungsräumen zur Verbesserung des Stadtklimas, die Senkung von Lärmimmissionen und der Schadstoffbelastung der Luft. Hier sind in den vergangenen Jahren in Deutschland und für deutsche Städte innovative, wirtschaftlich attraktive Lösungen entwickelt worden. Diese Lösungen werden nun in Kooperation mit Kultur- und Sozialwissenschaftlern aus Deutschland und vor Ort für Agglomerationen in Lateinamerika (Mexiko City, San Juan, Rio), Rußland (Moskau) und Asien (Tokyo) angepaßt (*Institut für Agrar- und Stadtökologische Projekte 1998).* Der Beitrag der Geisteswissenschaften hat sich in diesen Projekten von der beratenden Forschung bereits gelöst. Geistes- und Sozialwissenschaftler arbeiten in direkt tätigen und beratenden Unternehmen mit. Unternehmensberatungen haben für internationale Projekte, in denen Übertragungsinnovationen eine Rolle spielen, Geistes- und Sozialwissenschaftler angestellt.

Sowohl bei den unternehmensinternen kulturellen Unterschieden als auch den kulturell unterschiedlichen Märkten gibt es eine potentielle Nachfrage nach Beiträgen der Geisteswissenschaften. Wie sind die Geisteswissenschaften nun für diese Aufgaben gerüstet? Es gibt eine reichhaltige Literatur zum interkulturellen Management

(Überblick bei Ronen 1986, Trompenaars 1993, Hofstede 1993). Diese Studien von ethnologischer, anthropologischer oder historischer Seite beschäftigen sich mit den kulturellen Unterschieden und belegen insofern die Kompetenzen und Fähigkeiten für die Wahrnehmung kultureller Unterschiede. Es gibt auch zahlreiche praktische Anleitungen, beispielsweise zur Vorbereitung von Mitarbeitern auf Auslandsaufenthalte. Doch das Ziel der meisten Forschungen und Beratungen ist weiterhin die Vermeidung negativer Konsequenzen in der internationalen Zusammenarbeit. Kulturelle Unterschiede werden noch selten als Stärke angesehen, die gezielt eingesetzt werden kann.

Die Stärke der Geisteswissenschaften liegt in ihrer analytischen Fähigkeiten bei der Beschreibung der eigenen kulturellen Identität und der kulturellen Identität der Partner, und Abschätzung der Anschlußfähigkeit verschiedener Kulturen. Diese analytische Stärke kann innovativ wirken, etwa, wenn es darum geht, sich in andere Situationen zu versetzen und andere Identitäten zu erproben.

Aus zwei weiteren Gründen haben Geisteswissenschaftlicher als Mitarbeiter in global agierenden Unternehmen gleichsam automatisch eine innovationsorientierte Position. Zum einen haben sie, anders als Ingenieure und Kaufleute, im Unternehmen kein festgefügtes Berufsbild und bringen zwangsläufig eine moderne Bereitschaft zur Flexibilität mit. Zweitens stehen sie im Unternehmen quer zu den traditionellen fachlichen Gliederungen und können dadurch als Modernisierer wirken.

4 Was ist zu tun?

Bisher haben Geisteswissenschaftler kaum in der strategischen Innovationsberatung oder im Unternehmen selbst Fuß gefaßt. Wenn sie im Unternehmen angekommen sind, verbleiben sie häufig im Bereich der Kommunikationsabteilungen, der Kulturabteilungen oder, von außen kommend, der allgemeinen, einführenden Kulturvermittlung. Die hier beschriebenen Stärken der Geisteswissenschaften in der Anbahnung von Innovationen bleiben auf diese Weise weitgehend ungenutzt.

Auch von geisteswissenschaftlicher Seite gibt es Hemmschwellen gegenüber der Zusammenarbeit zu überwinden. Die erfolgreiche Anwendung geisteswissenschaftlicher Methoden in der Innovationsanbahnung steht in den geisteswissenschaftlichen Disziplinen selbst nach wie vor unter Häresieverdacht und hat mit dem Vorurteilen gegenüber der fachlichen Qualität zu kämpfen. Es fehlen Erfahrungen und Dokumentationen erfolgreicher Kooperationen. Es fehlen Konzepte für die Handhabung kulturwissenschaftlicher Analysen in innovationsorientierten Vorhaben.

Ein pragmatischer, erfolgversprechender Ansatz für die Stärkung des geisteswissenschaftlichen Beitrags zu Übertragungsinnovationen sind zeitlich befristete Kooperationen von Geistes-, Technik- und Wirtschaftswissenschaften in konkreten Projekten, denn den multidisziplinären Teams muß Zeit eingeräumt werden, um zu einer fruchtbaren Zusammenarbeit zu kommen. Die Koordination dieser Kooperation ist als Problem und Aufgabe der Forschungsförderung unterschätzt worden. Es ist durchaus plausibel, zu behaupten, daß es für die Beteiligung von Geisteswissenschaften an Innovationen an Kooperationsformen mangelt, die erst entwickelt, eingeführt und eingeübt sein wollen. Bisherige multidisziplinäre Projekte zeigen, daß die Kooperationen thematisch so angelegt sein sollten, daß sie erkennbar mehrere disziplinäre Perspektiven benötigen und damit integrieren können. Solche Themen gibt es zuhauf. Ganze potentielle Innovationsfelder liegen brach, weil sie nur mit einem solchen multidisziplinären Ansatz beackert werden können, zu dem es aber immer noch viel zu selten kommt. Die Zusammenarbeit in der angewandten Forschung zu stärken, sollte deshalb als Ziel der Forschungspolitik stärker gewichtet werden. Noch wissen wir zuwenig über die Erfolgsfaktoren in der Kooperation von Geistes-, Wirtschafts- und Technikwissenschaften bei der gemeinsamen Arbeit an Innovationen. Das muß sich ändern.

Die Forschungsförderung sollte zudem internationale Vergleiche stärker fördern als bisher. Auch die vergleichende Gegenüberstellung von Forschungsthemen und -feldern kann dazu dienen, Erfolge abzuschätzen, aber auch gezielt Übertragungsinnovationen suchen zu lassen. Auch die Unternehmen und Verbände sollten stärker zur konkreten Zusammenarbeit von Geistes-, Technik- und Wirtschaftswissenschaftlern aufgefordert werden. Auch die Geisteswissenschaften selbst müßten sich stärker auf die Innovationsforschung einlassen, müßten die Komplexität ihrer analytischen Aussagen reduzieren, ohne zu verflachen, und müßten mehr Vergleiche regionaler und nationaler technologischer Systeme durchführen.

Auf diese Weise würden kulturelle Unterschiede im globalen Wettbewerb aktiv aufgegriffen und für Innovationen genutzt. Besonders drängende und attraktive Aufgaben für Übertragungsinnovationen stellen sich in den nächsten Jahren im Technologietransfer und der Zusammenarbeit mit Osteuropa. Der Branchen- und Ländervergleich von Problemlösungsstrategien kann hier zu vielen Übertragungsinnovationen führen.

Im Ergebnis könnten Geisteswissenschaften durch ihre Beschreibung der Rolle von Innovationskulturen im globalen Standortwettbewerb Wegbereiter künftiger Innovationen sein. Die erhofften Ergebnisse entsprechender Forschungen liegen in praktischen Beiträgen von Geisteswissenschaftlern zu Innovationen, als interne Angestellte und externe Unternehmensberater.

Management und Transfer von Organisationskulturen

Matthias Kipping *

1 Globalisierung und organisatorische Innovationen

Die zunehmende Öffnung der Weltwirtschaft hat in den letzten Jahrzehnten hat nicht nur zu einem verstärkten Wettbewerb zwischen Firmen, sondern auch zwischen Standorten geführt. Dies hat in der Forschung eine lebhafte Diskussion über den möglichen Beitrag der Nationalstaaten zur internationalen Wettbewerbsfähigkeit ausgelöst. Einige Autoren gestanden dabei den Regierungen erhebliche Einflußmöglichkeiten zu, und zwar vor allem durch die Bereitstellung von modernen Infrastrukturen und die Förderung von Innovationen und Innovationsklima (Porter 1991, Reich 1991). Andere machten in erster Linie die Vielzahl von staatlichen Auflagen, hohe Steuern und die mangelnde Flexibilität des Arbeitsmarktes für die unzureichende Schaffung von neuen Arbeitsplätzen in Europa verantwortlich (Krugman 1994).

Die Diskussion unter Politikern, Arbeitgeber- und Arbeitnehmervertretern über die Sicherung des Standortes Deutschland hat sich in den letzten Jahren weitestgehend in ähnlichen Dimensionen bewegt. Der Innovationsfähigkeit und dem Innovationsklima wird dabei ein erheblicher Stellenwert eingeräumt, vor allem von denjenigen, die eine gestaltende Rolle des Staates bewahren möchten. Dabei wird der Begriff "Innovation" fast ausschließlich auf technologische und naturwissenschaftliche Neuerungen bezogen. Organisatorische Innovationen, d.h. Veränderungen im Unternehmensaufbau und im Ablauf von unternehmensinternen Prozessen, spielen dagegen in der politischen Debatte und im öffentlichen Bewußtsein kaum eine Rolle (Strambach 1997; Berry 1983).

Dabei erscheint klar, daß die Verflechtung der Weltwirtschaft zu einer Intensivierung der Kontakte zwischen nationalen und unternehmensspezifischen Organisationskulturen führt. Diese Kontakte entstehen vor allem auf drei Arten. Erstens kommt es vermehrt zu Joint Ventures, Übernahmen oder Zusammenschlüssen zwischen Firmen aus verschiedenen Nationen. Gerade im Automobilbereich hat es in

* Ich möchte hiermit den Organisatoren des Kolloquiums und insbesondere PD Dr. Hans-Luidger Dienel dafür danken, mir die Möglichkeit zur Teilnahme eingeräumt zu haben. Verpflichtet bin ich ebenfalls Dr. Simone Strambach und Dr. Siegfried Lange für Hinweise zur schriftlichen Fassung meines Beitrages, sowie meiner Doktorandin Cristina Crucini für ihre Hilfe bei der Zusammenstellung der Tabelle. Selbstverständlich trage ich für den Inhalt die alleinige Verantwortung.

jüngster Zeit eine ganze Reihe von Fällen mit deutscher Beteiligung gegeben, wie etwa BMW und Rover, Volkswagen und Rolls-Royce oder die geplante Fusion von Daimler Benz mit Chrysler. Im letzten Fall bietet schon allein die unterschiedliche Vergütung der jeweiligen Spitzenmanager einen Einblick in die erheblichen Diskrepanzen der Organisationskulturen. Diese und ähnliche Zusammenschlüsse verlangen auch nach innovativen Lösungen für eine Zahl von organisatorischen Fragen, wie etwa die Anwendung der Mitbestimmung im Ausland, falls das fusionierte Unternehmen eine Gesellschaft deutschen Rechts ist (Hank 1998).

Zweitens gründen mehr und mehr Firmen Niederlassungen außerhalb ihres Heimatlandes, was nicht nur zu einer zunehmenden Präsenz von deutschen Managern im Ausland (oder von ausländischen in Deutschland) führt, sondern auch zu einer Zunahme der Multikulturalität in einzelnen Unternehmen. So stellte etwa der im Daimler-Benz-Werk in Alabama für Personalfragen zuständige Manager kürzlich fest, daß es dort im Hinblick auf die Einstellung zur Organisation der Produktion erhebliche Unterschiede zwischen den Mitarbeitern gab, die aus Deutschland kamen und denjenigen, die man von den Niederlassungen der japanischen Automobilhersteller in den Vereinigten Staaten abgeworben hatte: "When we brought in Daimler and Mercedes people, their background was more like that of old craftsmen. People from Toyota and Nissan were production-oriented, mass-producers" (Financial Times, 15. Juli 1998). D.h. hier mußten und müssen immer wieder neue Formen der Zusammenarbeit über die Grenzen der bisherigen Organisationskulturen gefunden werden. Dadurch kann die Multikulturalität aber durchaus zu einer Quelle für mögliche Wettbewerbsvorteile werden.

Drittens tragen auch eine Reihe von verschiedenen, miteinander auf unterschiedlichste Weise verknüpften Wissensvermittlern dazu bei, daß sich organisatorische Neuerungen in relativ kurzer Zeit international ausbreiten. In den letzten Jahren ist es gerade in diesem Bereich zu einem quasi exponentiellen Wachstum von neuen oder scheinbar neuen, teilweise nur kurzlebigen Ideen und deren kommerzieller Verbreitung gekommen (Huczynski 1993, Kieser 1998, Micklethwaite/Wooldrige 1996). Eine besondere Rolle spielen dabei international tätige Beratungsunternehmen, wie Andersen Consulting, McKinsey & Co. oder The Boston Consulting Group (BCG), und die sogenannten Management-Gurus, wie Tom Peters oder Michael Porter. Gerade die letzeren zeigen, daß die Grenzen zwischen Forschung, Lehre und Beratung bei einer solchen Übertragung von organisatorischen Innovationen sehr fließend sind (Fridenson 1994; Kipping 1996).

Was die Analyse von nationalspezifischen Kulturen betrifft, hat die wissenschaftliche Forschung seit den achtziger Jahren erhebliche Fortschritte gemacht. Das gilt vor allem für die möglichen Dimensionen zur Beschreibung und zum Vergleich von Organisationskulturen in verschiedenen Ländern, wo Begriffe wie *uncertainty avoidance* oder *power distance* bzw. die Gegenüberstellung von *high* und *low context cultures* inzwischen zumindest in den angelsächsischen Ländern weite Anwendung finden (Hofstede 1980, Hall 1976, Adler 1996). Es gibt ebenfalls eine reichhaltige Literatur, die sich mit den verschiedenen Elementen von sogenannten nationalen Management-Systemen beschäftigt. Dazu zählen vor allem die Ausbildung von Managern und Arbeitnehmern, die Beziehungen zwischen den Sozialpartnern und die Rolle von Konkurrenz bzw. Kooperation zwischen verschiedenen Unternehmen (Whitley/Kristensen 1997).

Abbildung 24: Die Schaffung und Vermittlung von Managementwissen

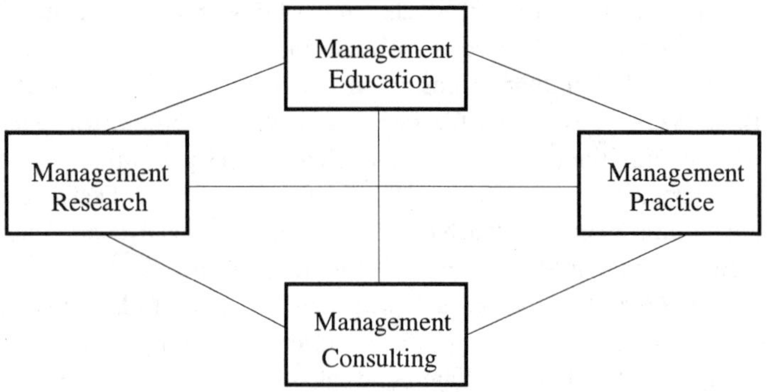

Nach Engwall/Alvarez/Amdam/Kipping 1997

Die systematische Untersuchung von unternehmenspezifischen Kulturen und deren Einfluß steckt dagegen noch in den Kinderschuhen. So fehlt zum Beispiel ein gleichermaßen anerkannter und von vielen Forschern benutzter Begriffsapparat wie beim Vergleich von nationalen Kulturen (Schein 1996). Auch Versuche, die Zusammenhänge zwischen firmenspezifischen und nationalen Organisationskulturen aufzudecken sind erst in Ansätzen vorhanden (Trompenaars 1993). Aus geisteswissenschaftlicher Sicht besonders interessant ist hier aber die Arbeit des französischen Ethnologen Philippe d'Iribarne. Er versucht, die in je einem französischen, amerikanischen und niederländischen Werk beobachteten Beziehungen zwischen den Mitarbeitern durch die in der jeweiligen Gesellschaft allgemein und im politischen System angelegten Mechanismen zu erklären (d'Iribarne 1993).

Beim Kontakt und der Übertragung von Organisationskulturen zwischen Unternehmen aus dem gleichen oder verschiedenen Ländern tut sich die Forschung ebenfalls schwer. Der Großteil der Literatur bezieht sich vor allem auf den Technologietransfer (Rogers 1995). Es gibt allerdings eine Reihe von Theorien, die eine schrittweise Konvergenz von Organisationskulturen weltweit voraussagen (DiMaggio/Powell 1991). Vor allem der Versuch, die anscheinend so erfolgreichen japanischen Management-Methoden in den Westen zu übertragen, hat seit Ende der achtziger Jahre zu einem erheblichen Ansteigen der empirisch fundierten Arbeiten in diesem Bereich geführt (Kenney/Florida 1995; Lillrank 1995). In den letzten Jahren wurden schließlich auch vermehrt historische Fallstudien durchgeführt, sowohl von Soziologen als auch von Historikern (Guillén 1994, Kipping/Bjarnar 1998). Dabei zeigt sich, daß eines der entscheidenden Probleme für die ersteren die unzureichende empirische Fundierung, für die zweiten die mangelnde Generalisierung ist.

Noch dürftiger wird es, wenn es zur Beratung von Unternehmen beim Management und Transfer von Organisationskulturen kommt. Zwar gibt es eine Vielzahl von Handbüchern und auch Seminaren, die versuchen, Manager auf einen Auslandsaufenthalt vorzubereiten, sie für die Kultur des Gastlandes zu sensibilisieren. Dies geht jedoch häufig nicht weit über ein Aufzeigen der unterschiedlichen Eßgewohnheiten oder allenfalls des formalen Verhaltenskodex im Firmenzusammenhang hinaus. Bei Unternehmenszusammenschlüssen auf nationaler und internationaler Ebene werden häufig die Leistungen der obengenannten "klassischen" Beratungen in Anspruch genommen. Doch beschränken diese sich weitestgehend auf die "technischen" Aspekte der Fusion, wie Strukturen und Organigramme oder die Integration der unterschiedlichen Informationssysteme. Und wenn Beratungsunternehmen selbst zur Übertragung von Management-Wissen beitragen, postulieren sie häufig ein bloßes Imitieren der "best practice", auch wenn diese Ihren Ursprung in einem anderen Kulturkreis hat. Der Grund dafür liegt natürlich auch im Funktionieren der Beratungen selbst, die trotz gegenteiliger Beteuerungen, standardisierte Lösungen vorziehen, da sie sich wesentlich leichter nach außen verkaufen und den eigenen Mitarbeitern vermitteln lassen.

Trotz zahlreicher Fortschritte in den letzten Jahren, bestehen insgesamt gesehen also noch erhebliche Defizite im Verständnis und vor allem in der praktischen Umsetzung des Managements von multikulturellen Unternehmen und des Transfers von Organisationskulturen. Der vorliegende Beitrag möchte daher im folgenden aufzeigen, welche Leistung die Geisteswissenschaften, und insbesondere die Unternehmens- und Wirtschaftsgeschichte in diesem Bereich erbringen könnten. An einigen Beispielen aus der neuesten Forschung verdeutlicht er zunächst einmal das spezifische Angebot dieser Disziplinen und zeigt dann auf, ob und wo eine Nachfrage für diese Leistungen besteht und wie sich diese eventuell fördern ließe.

2 Der spezifische Beitrag der Geschichtswissenschaft

Die Geistes- und insbesondere die Geschichtswissenschaften haben spezifische methodische Ansätze, die in ihrer Kombination dazu in der Lage wären, einen wichtigen Beitrag zum besseren Verständnis des Managements und der Übertragung von Organisationskulturen zu leisten. So könnten etwa die jüngsten Forschungsergebnisse aus der Wirtschafts- und Unternehmensgeschichte durchaus Anwendung bei konkreten Gegenwartsproblemen finden. Diese möglichen Leistungen der Geschichtswissenschaften lassen sich in drei Kategorien zusammenfassen: integrativ, perspektiv und komparativ.

Durch ihre Zielsetzung sollte die Geschichtswissenschaft eigentlich in der Lage sein, traditionelle Grenzen zwischen verschiedenen wissenschaftlichen Disziplinen leichter zu überwinden und übergreifende Beiträge zu leisten. Da sie versucht, einen umfassenden Einblick in eine bestimmte historische Epoche oder ein bestimmtes Ereignis zu bieten, muß sie normalerweise zahlreiche Faktoren (aus Politik, Wirtschaft, Gesellschaft etc.) einbeziehen. Dies gilt auch für Wirtschafts- und Unternehmenshistoriker, die in ihren Arbeiten nicht nur technische und ökonomische, sondern ebenfalls soziale, kulturelle und rechtliche Veränderungen und deren Einfluß auf bestimmte Firmen oder Industriezweige betrachten sollten. Leider gibt es sowohl in der allgemeinen Geschichte als auch in der Wirtschafts- und Unternehmensgeschichte nur wenige Beispiele für eine solche umfassende Sichtweise.

In der letzteren gehören dazu vor allem die bahnbrechenden Arbeiten von Alfred Chandler zur Entstehung und Ausbreitung von Großunternehmen seit dem Ende des 19. Jahrhunderts. Daß es zunächst in den Vereinigten Staaten und dann auch in anderen Teilen der Welt zur integrierten Serien- und Volumenfertigung kommt, führt er auf eine Vielzahl von technischen, wirtschaftlichen, sozialen und politischen Faktoren zurück. Dazu gehören: der Aufbau eines Eisenbahn- und Telegraphennetzes, wodurch Güter und Informationen über weite Strecken transportiert werden konnten; der Zuwachs der Bevölkerung durch Einwanderer, die nicht nur die notwendigen Arbeitskräfte bereitstellten, sondern auch einen potentiellen Massenmarkt schufen; technische Veränderungen, die den Bau von Produktionsanlagen bislang ungeahnter Größenordnungen ermöglichten; gesetzgeberische Maßnahmen, die beispielsweise Kartelle verboten, aber Zusammenschlüsse erlaubten, und andere, die die Grundlagen für einen Kapitalmarkt schufen. Entscheidend für das Zusammenbringen und die wirtschaftliche Ausnutzung all dieser Faktoren war aber eine organisatorische Neuerung, die Übernahme von Koordinationsaufgaben in den Unternehmen durch professionelle Manager (Chandler 1990, Chandler/Amatori/Hikino 1997).

Trotz der in der letzten Zeit wieder mehr ins Rampenlicht gerückten Rolle von kleinen und mittleren Unternehmen vor allem bei der Schaffung von Arbeitsplätzen, haben Großunternehmen bis heute nichts von ihrer Bedeutung verloren. Eher im Gegenteil. Wie die folgende Tabelle zeigt, entsprechen die weltweiten Umsätze der bestehenden oder durch Zusammenschlüsse neu geschaffenen Unternehmensriesen dem Bruttosozialprodukt eines mittelgroßen europäischen Landes.

Allerdings werden diese Unternehmen und ihr Einfluß von verschiedenen akademischen Disziplinen einerseits und von Wissenschaft und Politik andererseits weitestgehend in Isolation betrachtet.

Abbildung 25: Die wirtschaftliche Bedeutung von Großunternehmen und Staaten

Umsatz 1997 in MRD. US $		*BSP 1996 in Mrd. US $*	
General Motors	178.2	Deutschland	2184.0
Daimler Chrysler	132.7	Spanien	583.0
Exxon	122.4	Südkorea	512.3
BP Amoco	104.0	Dänemark	173.0
Citicorp Traveller	72.3	Polen	134.5
	Quelle: Fortune		Quelle: Euromonitor

So beschäftigen sich die Volkswirtschaft (*economics*) mit deren Bedeutung für den Wettbewerb, die Betriebswirtschaft (*management*) mit den Herausforderungen für Aufbau- und Ablauforganisation in diesen Unternehmen und die Politiker, je nach couleur, mit den Folgen für Arbeitsplätze und/oder die Umwelt. Eine umfassende, integrierte Betrachtungsweise könnte dagegen das Zusammenwirken und die Interdependenz der verschiedenen Faktoren herausarbeiten. Möglicherweise würden dadurch für die Politik neue Handlungsmöglichkeiten eröffnet. Aufgrund ihrer oben erwähnten fachübergreifenden Ansatzweise, könnten dabei Historiker – zumindest theoretisch – eine wichtige, integrative Rolle spielen. Das erfordert allerdings eine enge Zusammenarbeit mit den anderen genannten akademischen Disziplinen, um deren spezifisches Wissen einzubeziehen.

Der zweite mögliche Beitrag von Historikern zum Verständnis von Organisationskulturen betrifft deren zeitliche Gebundenheit. Von den Forschern anderer Disziplinen wird in der Tat oft eine historische Perspektive gewählt, wenn es darum geht, die Ursprünge von Unterschieden in den nationalen Kulturen zu erklären. So weißt etwa Geert Hofstede auf die Rolle des römischen bzw. germanischen Einflusses für bestimmende Züge im Verhalten in verschiedenen Teilen Europas hin. Das betrifft beispielsweise die höhere Akzeptanz von hierarchischen Unterschieden und Autoritätsverhältnissen in südeuropäischen im Vergleich zu nordeuropäischen Ländern (Hofstede 1994). Auch die Unterschiede in den nationalen Management-Systemen werden oft auf historische Entwicklungen zurückgeführt. So lassen sich zum Beispiel die Haltung der Gewerkschaften zum kapitalistischen System insgesamt und ihre unterschiedliche Kooperationsbereitschaft mit den Arbeitgebern in Großbritannien, Frankreich und Deutschland zumindest teilweise durch die Geschichte der Arbeiterbewegung in diesen Ländern erklären (Lane 1989).

Vielfach beruhen diese Erklärungsversuche jedoch auf dem historischen Allgemeinwissen dieser Autoren oder bestenfalls auf einer teilweisen Kenntnis der – zumeist in der Zwischenzeit überholten – historischen Literatur. Durch eine engere Zusammenarbeit zwischen Historikern und Forschern aus anderen Disziplinen, ließe sich die Überzeugungskraft solcher Interpretationen sicherlich verbessern. Gleichzeitig könnten damit die Historiker die Relevanz ihrer Arbeiten für die Gegenwart demonstrieren, obwohl diese natürlich nicht der einzige Grund für die Daseinsberechtigung oder die Auswahl von Forschungsthemen für die Geschichtswissenschaft sein oder werden darf. Am besten wäre es, wenn in Forschungsprojekten, in denen die Unterschiede und der Transfer von Organisationskulturen untersucht werden sollen, Historiker bereits bei der Festlegung von Zielrichtung und Methoden einbezogen würden.

Auch für die einzelnen Unternehmen und deren Organisationskultur können Historiker eine wichtige Rolle spielen. Begrenzte Ansätze dazu gibt es ja bereits. Einige Großunternehmen halten sich eine Art Haus- und Hofhistoriker und eine große Anzahl von Firmen aller Größenordnungen geben –normalerweise anläßlich eines bevorstehenden Jubiläums– die Abfassung einer mehr oder weniger fundierten Unternehmensgeschichte in Auftrag. Dadurch leisten die Historiker sicher einen Beitrag zu *corporate image* und *identity*, d.h. einerseits bei der Außendarstellung und anderseits bei der Kodifizierung der unternehmensinternen Kultur, deren Bedeutung für die Motivation der Mitarbeiter und den Erfolg des Unternehmens in der Literatur oft betont worden ist (Peters/Waterman 1982). Was die wissenschaftliche Qualität dieser Unternehmensgeschichten betrifft, sind die Unterschiede allerdings erheblich und reichen vom illustrierten Bilderbuch zu sehr seriösen Arbeiten. Auf alle Fälle stellt die Abfassung solcher Auftragsarbeiten einen wichtigen Markt für Historiker dar.

Doch auch hier könnte man sicher weiter gehen. Die Erforschung von Unternehmenskulturen steht, wie bereits erwähnt, noch in ihren Anfängen. Es ist vorstellbar, daß Historiker – oft in Zusammenarbeit mit anderen Geisteswissenschaften, wie Sprach- und Literaturwissenschaften oder benachbarten Disziplinen, wie der Organisationssoziologie – dazu einen wichtigen Beitrag liefern könnten, vor allem was eine Analyse der konstituierenden "Texte" einer Unternehmenskultur anbetrifft. Erste vielversprechende Ansätze in dieser Richtung gibt es bereits, zum Beispiel im Hinblick auf den Industriefilm und dessen Außen- sowie Innenwirkung (Rasch et al. 1997). Andererseits könnten Historiker und Geisteswissenschaftler auf dieser Basis auch beratend tätig werden. Und das nicht nur bei Beratungen, die sich auf das *corporate image* spezialisieren, sondern auch bei den klassischen Unternehmensberatungen, wenn es um die Integration von Unternehmen mit unterschiedlichen Organisationskulturen geht. Eine dezidiert historische Analyse könnte sicher deren Ursprünge erhellen, die Überwindung von möglichen Gegensätzen und Konflikten erleichtern und damit ein wichtiges Hindernis für die Integration beseitigen helfen. Denn auch wenn diese Probleme in letzter Zeit vermehrtes Interesse finden (Handelsblatt, 31. August 1998), ist es bei den am Integrationsprozeß beteiligten Beratungen noch nicht zur dezidierten Einbeziehung von Unternehmenshistorikern oder anderen Geisteswissenschaftlern gekommen dazu.

Der dritte mögliche Beitrag der Geschichtswissenschaft zum Verständnis von organisatorischen Innovationen und deren Transfer ergibt sich aus der Bereitstellung von vergleichbaren Situationen oder Ereignissen in der Vergangenheit. Vergleiche werden ja auch von anderen wissenschaftlichen Disziplinen benutzt, wobei diese sich meist auf unterschiedliche Fälle aus der Gegenwart beziehen. Auch Politiker weisen gerne auf andere Länder als mögliches Vorbild hin, oft mit sehr kurzem Gedächtnis. So sollte etwa die Tatsache zur Vorsicht mahnen, daß Deutschland für die Briten bis vor kurzem als nachahmenswertes Modell einer erfolgreichen Industriegesellschaft galt, während heutzutage von deutschen Politikern und Arbeitgebervertretern die Flexibilität des Arbeitsmarktes in Großbritannien als beispielhaft dargestellt wird.

Demgegenüber können die Geschichtswissenschaften nicht nur auf die zeitliche Bedingtheit solcher Vergleiche hinweisen, sondern vor allem mögliche Parallelen, und eventuell sogar bestimmte Lehren aus der Vergangenheit bereitstellen. So hat beispielsweise in den letzten Jahren die wissenschaftliche Erforschung des Marshall-Plans erhebliche Fortschritte gemacht. Dabei ist vor allem deutlich geworden, daß es sich nicht nur um ein Hilfsprogramm gehandelt hat, sondern es damals auch zu einem massiven Transfer von Technologie und, für unser Thema von besonderem Interesse, von amerikanischen Organisationsmodellen gekommen ist. Diese Übertragung erfolgte vor allem im Rahmen der sogenannten Produktivitätsmissionen, d.h. mehrwöchige Aufenthalte von europäischen (und japanischen) Unternehmern, Technikern, Arbeitnehmern aus verschiedenen Industriezweigen in den Vereinigten Staaten. Gleichzeitig versuchten amerikanische Beamte und Berater, Unternehmen in Europa und Japan dazu zu bewegen, neue Arbeitsweisen einzuführen (Kipping/Nioche 1997, Kipping/Bjarnar 1998).

Die Erkenntnisse über die damals angewandten Übertragungsmechanismen und ihre Erfolgsaussichten lassen sich sicher mit Gewinn auch auf die bereits erwähnte Übertragung von japanischen Management-Methoden und besonders auf den gegenwärtigen Wandlungsprozeß in den mittel- und osteuropäischen Ländern anwenden. Leider gibt es aber bislang kaum solche Bemühungen. Historiker schrecken – mit wenigen Ausnahmen– von Generalisierungen ihrer Forschungsergebnisse zurück (Zeitlin 1999). Forscher aus anderen Disziplinen haben dort weniger Hemmungen. So gibt es beispielsweise Versuche, Erkenntnisse über die makroökonomische Bedeutung des Marshall-Plans auf die gegenwärtige Situation in Mittel- und Osteuropa anzuwenden – teilweise unter Einbeziehung von Wirtschaftshistorikern (Eichengreen/Uzan 1992, Eichengreen 1995). Bei vielen dieser Autoren sind jedoch die historischen Kenntnisse unzureichend und dementsprechend müssen die daraus gezogenen Schlußfolgerungen mit Vorsicht genossen werden. Ein besonders abschreckendes Beispiel in dieser Hinsicht ist die kürzlich veröffentlichte Arbeit einer Soziologin zum Export des amerikanischen Wirtschaftsmodels nach dem Ende

Soziologin zum Export des amerikanischen Wirtschaftsmodels nach dem Ende des Zweiten Weltkriegs (Djelic 1998). Durch ihre mangelnde Kenntnis der relevanten Literatur und aufgrund einer zu schmalen Quellenbasis, kommt sie zu sehr oberflächlichen und teilweise falschen Aussagen.

Es ließen sich noch eine ganze Reihe von anderen Beispielen anführen, und das nicht nur im Hinblick auf Organisationskulturen, wo Wirtschafts- und Unternehmenshistoriker einen Beitrag zur Lösung von Gegenwartsproblemen leisten könnten (siehe unter anderem auch den warnenden Beitrag von Joachim Radkau in diesem Band). Dazu gehört sicher die europäische Wirtschafts- und Währungsunion, wo aber ebenfalls die Diskussion den Wirtschaftswissenschaftlern und Politikern überlassen wurde – mit einer einzigen, sehr begrenzten, aber gleichzeitig lehrreichen Ausnahme (Holtfrerich 1989).

Rein theoretisch gesehen, besteht also durchaus erhebliches Potential für einen konstruktiven Beitrag der Geschichtswissenschaften zum Management und Transfer von Organisationskulturen. Daß solche Beiträge bislang kaum erfolgt sind und auch von den Forschern selbst nur in den wenigsten Fällen angestrebt werden, zeigt bereits eine der zu überwindenden Schwierigkeiten. Die Ursachen dafür sind vielfältig. Ein wichtiger Grund liegt in den erheblichen Kommunikationsbarrieren zwischen der Wissenschaft, den Beratern und den Anwendern (Kieser 1998). Ähnliche Barrieren bestehen auch zwischen den unterschiedlichen wissenschaftlichen Disziplinen, wie auch die Inhalte und die Stile der Vorträge im Kolloquium "Beitrag der Geisteswissenschaften zu Innovationen" deutlich gemacht haben. Im nächsten Abschnitt wird versucht aufzuzeigen, wie sich solche Barrieren möglicherweise überwinden lassen.

3 Grundzüge möglicher Kooperationen

Die obige Darstellung bedarf sicher an manchen Stellen einer detaillierteren Ausarbeitung und Diskussion. Was den spezifischen Beitrag der Geschichtswissenschaft zum Verständnis und zur eventuellen Förderung von organisatorischen Innovationen betrifft, dürfte sie jedoch deutlich gemacht haben, daß es zumindest theoretisch ein reichhaltiges Angebot an möglichen Leistungen von Historikern in diesem Bereich gibt. Im folgenden geht es nun darum zu untersuchen, inwiefern dieses Angebot bereits wahrgenommen wird und welche konkreten Maßnahmen ergriffen werden könnten und sollten, um eine stärkere Einbeziehung der Geschichtswissenschaft in Fragen des Managements und des Transfers von Organisationskulturen zu fördern. Dabei stehen die drei Bereiche von Lehre, Forschung und Beratung im Mittelpunkt.

In der Lehre gibt es sicherlich einige positive Ansätze, eine historische Perspektive in Studiengängen des Managements einzubeziehen, allerdings vor allem in den angelsächsischen Ländern. So erfreut sich der von Alfred Chandler eingeführte Kurs zur Entstehung der *corporate economy* an der Harvard Business School (HBS) auch unter seinem Nachfolger weiterhin großer Beliebtheit unter den Studenten. Dort gibt es auch noch einige weitere Professoren, deren Forschung (und Lehre) unternehmenshistorischen Themen gewidmet ist. Damit steht die HBS aber unter den weltweit führenden Business Schools weitgehend alleine da. In Großbritannien tragen an der University of Reading Unternehmenshistoriker erheblich zum Unterricht in Management-Kursen bei. Das spiegelt sich auch in deren Inhalt wieder, der es erlaubt, die historischen Wurzeln von Unterschieden in den jeweiligen Organisationskulturen zu verdeutlichen. Dies findet sowohl bei den Studenten als auch bei den sogenannten external examiners sehr positiven Anklang, wie die entsprechenden Bewertungsbogen und die Stellungnahmen der Letztgenannten zeigen. Ob die im Gange befindliche Reform der Studiengänge in Deutschland mehr Raum für ähnliche Experimente schafft, bleibt abzuwarten. Die Pläne der Technischen Universität München, durch geisteswissenschaftliche Pflichtkurse die soziokulturelle Kompetenz der Ingenieure zu stärken, geben zur Hoffnung Anlaß (Ulrich Wengenroth in diesem Band).

In der Forschung haben sich in den letzten Jahren die Unternehmenshistoriker und benachbarte Disziplinen wie die Soziologie und Teile der Wirtschaftswissenschaften (vor allem die sogenannte Institutionenökonomik und die ökonomische Evolutionstheorie) sehr deutlich aufeinander zubewegt. Wie entsprechende programmatische Aufsätze zeigen, besteht auf beiden Seiten das Bedürfnis, von den Methoden und den Ergebnissen des jeweils anderen zu lernen (Kieser 1994, Jones 1995). Vor allem in der englischsprachigen Literatur gibt es bereits einige Veröffentlichungen, die den Nutzen einer fächerübergreifenden Sichtweise verdeutlichen (Casson/Rose 1997, Plumpe 1998). Die Zusammenarbeit zwischen Unternehmenshistorikern, Organisationssoziologen und Institutionsökonomen, vor allem im Rahmen von konkreten Forschungsprojekten steht allerdings erst in ihren Anfängen. Ein gutes Beispiel ist das von der EU geförderte Projekt "The Creation of European Management Practice (CEMP)", wo sich ein Team von Forschern verschiedener Fachrichtungen mit der Rolle von Wissensvermittlern und deren Beitrag zu einer möglichen Homogenisierung von Management-Praktiken in Europa befaßt (Engwall et al. 1997). Hier sind allerdings noch erhebliche weitere Anstrengungen notwendig (Zald 1996). Entscheidend dazu beitragen können die entsprechenden Fördergremien. Leider agieren diese zum Großteil immer noch innerhalb von sehr eng gesteckten Disziplinsgrenzen. So wurde beispielsweise vor kurzem ein von einer interdisziplinären Forschungsgruppe vorgelegter Antrag zur Einrichtung eines Forschungsschwerpunktes "Unternehmensgeschichte" von der DFG abgelehnt.

Schließlich stellt sich noch die Frage, inwiefern Historiker und Geisteswissenschaftler insgesamt also Berater tätig sind, und damit ganz konkret am Transfer von Organisationskulturen mitwirken. Trotz der Beteuerungen vieler Beratungsunternehmen, man stehe den Geisteswissenschaftlern sehr aufgeschlossen gegenüber, sind gegenwärtig nur eine verschwindend geringe Anzahl von ihnen tatsächlich bei den bekannten "klassischen" Beratungen wie McKinsey oder BCG tätig (von Braun in diesem Band). Dabei handelt es sich aber vor allem um solche, die eine wirtschaftswissenschaftliche Zusatzausbildung absolviert oder sich durch die Aufnahme in Institutionen wie die Studienstiftung als besonders lernfähig und/oder intelligent erwiesen haben. Fälle, wo Beratungsunternehmen die oben aufgezeigten spezifischen Leistungen der Geisteswissenschaftler im allgemeinen und der Geschichtswissenschaftler im besonderen konkret nachfragen, sind nicht bekannt. Dabei muß man aber auch bedenken, daß nur sehr wenige Geisteswissenschaftler ein Interesse daran haben, in der Wirtschaft oder in Beratungen tätig zu werden. Hier wäre es unter Umständen angebracht, bestimmte, eventuell öffentlich finanzierte Pilotprojekte durchzuführen, um entsprechende Barrieren auf beiden Seiten zu überwinden.

Wie man sieht, ist das Potential der Historiker, einen Beitrag zu Management und Transfer von Organisationskulturen zu leisten, kaum oder so gut wie überhaupt nicht ausgeschöpft. Die vielversprechendsten Ansätze für mögliche Kooperationen finden sich momentan sicherlich in der Forschung. Man kann nur hoffen, daß sie Früchte tragen, sich ausweiten und möglicherweise in nicht allzu ferner Zukunft auch zu einer engeren Zusammenarbeit zwischen der Unternehmensgeschichte und anderen Disziplinen in Lehre und Beratung führen.

Auch Innovationsbremsen gehören zur erfolgreichen Innovation: Die historische Erfahrung und die Vernunft der Vorsicht

Joachim Radkau

Eine nicht unwichtige Lehre aus der Geschichte besteht darin, mit vermeintlichen "Lehren der Geschichte" kritisch umzugehen, ganz besonders dann, wenn diese mit apodiktischem Ton verkündet werden: In diesem Fall besteht begründeter Verdacht, daß die selbsternannten Geschichtslehrer nicht begriffen haben, daß die Geschichte, genau besehen, in ihren praktischen Konsequenzen für die Gegenwart oft mehrdeutig ist.

Was die Technik anbelangt, so war die Lehre der Geschichte Mitte der 50er Jahre für viele Zeitgenossen klipp und klar: So wie einst die Dampfmaschine als die stärkere und konzentriertere Kraftquelle der Motor der Industriellen Revolution gewesen sei, so sei nun die Atomkraft als die noch viel stärkere und noch viel konzentriertere Kraftquelle dazu berufen, zum Motor einer noch viel gewaltigeren neuen Industriellen Revolution zu werden. Schon um 1900 sah Conrad Matschoß, der Gründervater der deutschen Technikgeschichte, in der Steigerung der Kraft das tiefste Wesen des technischen Fortschritts; die Atomkraft war genau die Pointe, die diesem energetischen Geschichtsbild noch fehlte. Heute erkennen wir in alledem die Tücke des historischen Analogiedenkens. Schon die Bedeutung der Dampfmaschine wird meist überschätzt: Die frühere Industrialisierung vollzog sich großenteils mit Menschen-, Tier- und Wasserkraft. Auch andere Lesarten der Geschichte sind möglich: die gesamte Weltgeschichte als Fortschritt zu verbesserter Information und Kommunikation. Da steht die moderne Informations- und Kommunikationstechnik am Ende als das große Ziel der Entwicklung, und ihre weitere Vervollkommnung erscheint als das Wesen des künftigen Fortschritts. Aber auch ganz konträre Geschichtsbilder haben ihre Logik: so etwa Geschichte als Manifestation des Entropiesatzes, demzufolge jeder große Energieaufwand, jede Entfesselung potentieller Energien und jedes Aufbrechen überkommener Gefälle zwischen Energiepotentialen den Wärmetod allen Daseins ein Stück näher bringt. Das erinnert an den Satz Hegels, die Zeiten des Glücks seien "leere Blätter im Buch der Geschichte". Wenn nicht viel passiert, wird der Anstieg der Entropiesumme nicht beschleunigt.

Eine gleichsam "strukturelle" Quintessenz der Geschichte, die den meisten Historikern so selbstverständlich ist, daß sie sie gar nicht ausformulieren, läuft auf die Einsicht hinaus, daß Innovationsprozesse nur sehr begrenzt planbar sind. Konstitutiv für die Geschichtswissenschaft ist die Kategorie "Entwicklung". In der Geschichte handelt es sich bei diesem Begriff um eine Metapher: "Entwicklung" meint nicht Wachstum im biologischen Sinne, aber doch einen Prozeß, der viele ungeplante, "naturwüchsige", aus unvorhergesehenen Synergien hervorgehende Elemente enthält. Das kann so weit gehen, daß der planvoll handelnde Mensch in der Versenkung verschwindet. Nach meiner Auffassung geht eine solche Historie ohne handelnde Menschen zu weit; Geschichte ist kein Naturprozeß, - planvolles Handeln kann durchaus etwas bewirken. Aber der Erfolg des Handelns hängt doch weitgehend davon ab, daß es sich in bestehende Trends einfügt und zum richtigen Zeitpunkt die Gelegenheit beim Schopf ergreift. In dieser Hinsicht trifft sich die Quintessenz der Geschichte mit der praktischen Erfahrung.

Die Geschichte der Langzeit-Technikprognosen bietet die reinste Hitparade grandioser gedanklicher Flops. Viele Techniker glaubten um die Jahrhundertwende allen Ernstes, in ferner Zukunft werde man elektrische Energie mit Antennen aus dem Weltraum abzapfen. Der sozialdemokratische Führer August Bebel schwärmte damals, in einer schöneren Zukunft werde man alle Lebensmittel aus der Chemie beziehen und daher, da man vom Ackerbau unabhängig werde, die keimfreien Wüsten zum gesunden "Lieblingsaufenthalt" machen. Ein 1910 erschienener Sammelband "Die Welt in 100 Jahren" prophezeite, Röntgenstrahlen würden in Zukunft auch die Seele transparent machen, so daß endlich in der Liebe keinerlei Illusionen und Enttäuschungen mehr möglich seien. In der Atomeuphorie der 50er Jahre kursierte die Prophezeiung, spottbillige nukleare Wärme werde die arktischen Eiswüsten in eine Riviera verwandeln. Eugen Sänger, der bundesdeutsche Raumfahrtpapst jener Zeit, verkündete, schon in wenigen Jahrzehnten würden die Menschen nicht mehr an der See und in den Bergen, sondern auf anderen Planeten Urlaub machen. Der Bremer Autoindustrielle Borgward glaubte damals an eine kommende Massenmotorisierung per Hubschrauber. Der Sputnik-Start von 1957 führte selbst bei Antikommunisten zu einer völlig unsinnigen Überschätzung der sowjetischen Technik; nur wenige erkannten, wie irrelevant Raumfahrt-Erfolge für das allgemeine ökonomisch-technische Niveau sind. Die systematische Verwischung zwischen Fakten und Prognosen gehört seit langem zum Stil des öffentlichen Technikdiskurses. Jeder Historiker weiß jedoch, daß zwischen Fakten und Prognosen ein scharfer und riesengroßer Unterschied besteht. Gegenüber technologiepolitischen Strategien, die auf eine weite Zukunft gerichtet sind, ist daher eine tiefe Skepsis angebracht: vor allem dann, wenn sie über allgemeine Normen hinausgehen und sich auf die Forcierung konkreter technischer Entwicklungen einlassen.

Haben wir im technisch hochentwickelten Ausland - in den USA, in Japan - unsere eigene Zukunft vor Augen? Viele populäre Technik-Bücher gehen davon aus. Aber auch hier ist große Vorsicht angebracht. Zum einen ist gar nicht leicht zu sagen, worin das "Modell USA", "Modell Japan" wirklich besteht, und in welcher Hinsicht es vorbildlich und nachahmenswert ist. Über große und ferne Länder lassen sich leicht angebliche Insider-Weisheiten verkünden, deren Wahrheitsgehalt schwer zu überprüfen ist. Zum anderen ist zweifelhaft, ob "Technologietransfer" überhaupt ein sinnvolles Ziel und ein treffender Begriff für einen wünschenswerten Fortschritt ist. Über Jahrzehnte wurde "Technologietransfer" wie ein Zauberwort gehandelt; aber das daran geknüpfte mechanische Bild der Technikdiffusion trifft die realen Vorgänge nur sehr begrenzt. Mit Recht folgert Sidney Pollard aus der neueren Technikgeschichte, daß die unveränderte Übernahme ausländischer Technik gewöhnlich ein Zeichen von Unterentwicklung, die Anpassung auswärtiger Technik an eigene Bedingungen dagegen ein Indiz für technologische Reife sei. Die Geschichte dieser Technikanpassung ist jedoch erst in Ansätzen geschrieben worden. Es ist eine Geschichte, bei der man genau hinschauen muß.

Aber geht der Trend im Zuge der "Globalisierung" nicht dahin, daß sich nationale Unterschiede - ob in der Technik oder anderswo - mehr und mehr abschleifen? Vieles spricht jedoch dafür, daß diese Auffassung nur eine Teilwahrheit enthält, die - wenn sie für die ganze Wahrheit genommen wird - zu einem fundamentalen Mißverständnis neuzeitlicher Entwicklungen führt. Wie schon die Weltausstellungen des 19. Jahrhunderts in faszinierender Weise erkennen ließen, verschärft die globale Szenerie zugleich nationale und regionale Profile. Je mehr man die Welt überblickt, desto mehr wird man sich der nationalen Eigenart bewußt und sucht diese als Trumpf auszuspielen, um in der internationalen Konkurrenz mithalten zu können. Der Nationalismus hat im 19. Jahrhundert nach archaischen Wurzeln gesucht; in Wahrheit ist er jedoch zu einem wesentlichen Teil eine Erfindung der Moderne, - eine Reaktion auf fortschreitende Globalisierungsprozesse. Kein Wunder, daß sich Prophezeiungen vom Ende der Nation als Irrtum erwiesen haben. Daß niemand genau definieren kann, was eine Nation eigentlich ist, beweist gerade deren Realität. Die Schicksale der Sowjetunion und Jugoslawiens führen warnend vor Augen, daß der Nationalismus gerade dann am zerstörerischsten wirkt, wenn Völker in einen Superstaat hineingezwungen werden, den sie nicht wollen. Es ist sehr merkwürdig, wie wenig die Fürsprecher eines Superstaates Europa diese Warnsignale wahrnehmen, und mit welcher Selbstverständlichkeit sie eine weitere Forcierung der europäischen Einigung mit einer Verbesserung der Beziehungen zwischen den europäischen Völkern gleichsetzen.

Außerordentlich lehrreich in dieser und anderer Hinsicht ist die Geschichte der 1957 gegründeten Europäischen Atomgemeinschaft (Euratom); sie ist heute in Vergessenheit geraten. In den 50er Jahren herrschte in der Öffentlichkeit die Überzeugung, Europa und das Atom seien wie geschaffen füreinander; nur die mit konkreten Nuklearprojekten befaßte bundesdeutsche Industrie sträubte sich mit Händen und Füßen gegen die Atomgemeinschaft, und Adenauer mußte streckenweise mit der SPD und den Gewerkschaften zusammen operieren, um Euratom durchzusetzen. Einige wohlinformierte Insider munkelten zwar, der eigentliche Sinn von Euratom sei die deutsche Mitfinanzierung der französischen Atomrüstung; aber vielen erschien die Atomgemeinschaft damals als Inbegriff zukunftsorientierter Vernunft. War nicht die Atomkraft die große Verheißung unendlichen Wohlstands, und war sie nicht der ideale Katalysator für die kommende europäische Gemeinschaft, da sie die Möglichkeiten der einzelnen europäischen Nationen überschritt? Wie konnte man diese so einfachen großen Wahrheiten verkennen? Man muß solche Vergangenheiten erst einmal richtig verstehen, um aus ihnen zu lernen.

Denn die wirkliche Geschichte der Euratom, die dann folgte, ist das reinste Horrorkabinett grotesk sinnloser Projekte, die keinerlei ökonomischen Nutzen brachten und nur Streit zwischen den Mitgliedstaaten stifteten. Die Geschichte des organisch moderierten Reaktors (OMR), des wichtigsten Euratom-Reaktorprojekts, ist eine einzige Tragikomödie. Es ist erstaunlich, in welchem Maße derartige Erfahrungen verdrängt und vergessen werden und immer neue Luftschlösser gewaltiger europäischer Zukunftstechnik-Projekte am Horizont auftauchen. Als der OMR ein Opfer der Lächerlichkeit geworden war, erhob sich die Fata Morgana einer europäischen Brüterentwicklung; auch dieser Plan ist längst vergessen. Trotz allem Europäisierungsgerede wurden die wirklich attraktiven Atomprojekte doch in der Regel von den nationalen Industrien für sich behalten; "Europa" war ein Abschiebegleis für fragwürdig gewordene Projekte, nach denen kein echter Bedarf bestand. Dabei zeigte sich, daß eine rationale Steuerung technischer Großprojekte auf internationaler Ebene, wo Querschüsse gleich zum Politikum werden, noch schwieriger ist als auf nationaler Ebene. Bereits dort ist sie schwer genug!

Aus welthistorischer Sicht erkennt man in aller Klarheit, daß der einzigartige Reiz und Erfolg Europas ganz wesentlich auf seiner Vielfalt beruht: auf seiner kulturellen Mannigfaltigkeit, die auch eine Vielfalt der politischen Gebilde zur Voraussetzung hatte. Gewiß besaß diese Polykratie ihre düstere Kehrseite: Das zeigten gerade in unserem Jahrhundert die beiden Weltkriege in schrecklichster Weise. Aber zumindest in Mittel- und Westeuropa sind innereuropäische Kriege heute unvorstellbar geworden. Stattdessen verstärkt sich die andere Gefahr, daß das kreative Lebenselement der europäischen Vielfalt in der EU-Rhetorik in Vergessenheit gerät. Hans Albert Richard, als Rektor der Universität Paderborn in der Welt der elektronischen Ära gewiß bestens versiert, warnte 1992, Europa habe nur dann eine Chance, wenn es ein "Europa der Vielfalt" werde oder bleibe. Daß derzeit fast alles "europagenormt" werden solle, wirke sich auf die europäische Zukunft schädlich aus. Es ist nicht auszuschließen, daß die größte Gefahr für das gute Zusammenleben der europäischen Völker in Zukunft nicht von den alten Nationalismen, sondern von der Forcierung europäischer Uniformität kommen wird, und daß vor allem dies Europas wirtschaftliche Chancen in der Welt beeinträchtigt. Dieser Hintergrund ist bei aller Technologietransferpolitik zu beachten.

Automobile kann man ohne große Probleme in ferne Länder exportieren; große technische Systeme jedoch im allgemeinen nicht: Sie sind viel stärker als Einzelprodukte an Raum und Zeit gebunden, und das auf vielerlei Art. Ähnliches gilt für viele Bereiche der Umwelttechnik. Wenn die *Erzeugung* von Umweltproblemen auf der ganzen Welt nach gewissen stereotypen Grundmustern erfolgt, so kann die *Lö-*

sung dieser Probleme in vielen Fällen doch nur auf regionalspezifischen Wegen vor sich gehen: Darin besteht ein Grundproblem aller Umweltpolitik. Kläranlagen kann man nicht komplett und unverändert in andere Weltregionen exportieren. Die Emschergenossenschaft entdeckte schon in den 20er Jahren, daß die Nutzung des Kohleschlamms "ein liebevolles Eingehen auf die Eigenart der verschiedenen Schlammsorten" erfordert. Einen ähnlich "liebevollen" Umgang mit dem Müll erfordern auch die Müllverbrennungsanlagen. Wieweit die häusliche Mülltrennung funktioniert oder nicht, wird gewiß durch Elemente der Alltagskultur mitbedingt, - aber hier gibt es noch eine weite terra incognita.

Die Geschichte der Kerntechnik ist in vieler Hinsicht ein Lehrstück, was jedoch nicht bedeutet, daß alle aus ihr zu ziehenden Lehren ein- für allemal feststünden: Vielleicht wird man in Zukunft noch manches Lehrreiche entdecken, das man bislang nicht beachtet hat. Schon im bisherigen Verlauf der Entwicklung pendelten die Lehren manchmal hin und her. Bis Mitte der 70er Jahre fühlte man sich als Insider, wenn man kapiert hatte, daß es nicht nur auf die Kernkraftwerke, sondern auch auf die "Schließung des Brennstoffkreislaufs" sprich: Wiederaufarbeitung ankommt; einige Zeit darauf begann man mühsam zu begreifen, daß der Nutzen der Wiederaufarbeitung sehr fragwürdig ist und es sich bei dem "Reprocessing", historisch gesehen, lediglich um einen Euphemismus für militärische Plutoniumproduktion handelte. Ein anderes Beispiel des wiederholten Umlernens: Am Anfang, in den 50er Jahren, favorisierten führende bundesdeutsche Experten einen eigenen deutschen Weg in der Kerntechnik und lehnten den amerikanischen Weg als zu kurzfristig-kommerziell orientiert ab. Seit dem Siegeszug der amerikanischen Leichtwasserreaktoren in den 60er Jahren galt jedoch ganz im Gegenteil die Übernahme der US-Technik als Weg zum Erfolg. Da Bonn den Bau von Kernkraftwerken damals forcierte, war es logisch, solche Reaktortypen zu bevorzugen, bei denen bereits eine relativ lange und breite Erfahrung vorlag. Die USA waren jedoch ein Land, das es sich leisten konnte, Kernkraftwerke in relativ weitem Abstand zu dichtbesiedelten Gebieten zu placieren; wenn nicht offiziell, so rangierte doch zumindest inoffiziell der Sicherheitsfaktor "distance" im allgemeinen ziemlich hoch. Als man in der Bundesrepublik große Kernkraftwerke in dichtbesiedelten Gebieten errichten wollte, wäre - wie auch Bonner Experten erkannten - eigentlich eine entsprechende "deutsche Sicherheitsphilosophie" im Sinne einer erheblich höheren inhärenten Sicherheit nötig gewesen; aber zu dieser ist es nie gekommen. Insofern hat es durchaus seine Logik, wenn die Kontroverse um die Kernenergie in der Bundesrepublik mit besonderer Heftigkeit entbrannte. An einer angeblichen spezifisch deutschen Anlage zur Hysterie hat das schwerlich gelegen.

Die Kontroverse führte zu einem Strom neuer Sicherheitsauflagen. Hatte die Bundesrepublik in den 60er Jahren amerikanische Reaktortypen übernommen, so sahen die deutschen Kernkraftwerke schon Ende der 70er Jahre ganz anders aus als die amerikanischen. Einem konflikthaltigen Technologietransfer folgte eine Technikanpassung an einheimische Bedingungen. Aus dem Rückblick kann man sagen, daß die richtige Einsicht von der Notwendigkeit eines deutschen Weges in der Kerntechnik in den 50er Jahren im Prinzip da war; hätte man dieses Konzept konsequent weiterverfolgt - was die Kernenergie-Entwicklung gewiß erheblich verlangsamt hätte -, dann wäre die große Kontroverse vielleicht vermieden oder doch abgeschwächt worden. Die forcierte Entwicklung während der 60er Jahre ließ jedoch keine andere Wahl als die Leichtwasserreaktoren.

Hätte es in späterer Zeit noch Sinn gehabt, die alte Idee des inhärent sicheren Reaktors wiederzubeleben und energisch in die Praxis umzusetzen; oder beweist die Geschichte ganz im Gegenteil, daß diese Idee von den mittlerweile geschaffenen vollendeten Fakten längst überholt ist? Zeigt die Geschichte großer technischer Systeme überdies, daß es ohnehin nicht so sehr auf die Grundidee, sondern auf die Kumulation der Erfahrung und auf die vielen großen und kleinen Verbesserungsinnovationen im Zuge der großtechnischen Realisierung ankommt und daher exotische Innovationsideen, die gegenüber diesem gewaltigen Erfahrungsfundus nicht anschlußfähig sind, keinerlei Chance haben? Dieser Standpunkt hat einiges für sich. Insgesamt gesehen, handelt es sich jedoch um einen typischen Fall, wo die "Lehre der Geschichte" doppeldeutig ist wie manchmal das Orakel von Delphi. In dem Augenblick, wo die bisherige Kernenergie-Entwicklung definitiv abgebrochen wird, wird manches Neue möglich: Das zeigt der Reaktor-Exot des italienischen Nobelpreisträgers Carlo Rubbia, den vor Tschernobyl kaum ein Sachkenner ernst genommen hätte. Die Leidensgeschichte des bundesdeutschen Hochtemperaturreaktors zeigt allerdings, daß ein Reaktortyp, der für seine Anhänger einst das Ei des Kolumbus war, im Zuge seiner Verwirklichung unerwartete Tücken enthüllt.

Der Atomkonflikt der 70er Jahre wurde von Beteiligten und Zuschauern als Zusammenprall von "zwei Kulturen" und zwei Menschentypen empfunden: Aus der Sicht der Pro-Seite als ein Konflikt zwischen rationalen Tatmenschen und emotionalen Hysterikern, aus der Anti-Perspektive als ein Kampf zwischen Momos "grauen Herren" und den sanften, sensiblen, sozialen Menschen. Auch manche Systemtheoretiker waren mit Theorien rasch bei der Hand, die die Kontroverse zu einem unversöhnlichen Systemkonflikt hochstilisierten.

Aus historischer Sicht ist das alles aus der Luft gegriffen. Ausgerechnet das RWE, in den 70er Jahren die Führungsmacht der Atomlobby, war bis in die späten 60er Jahre der stärkste Gegenspieler der Atomenthusiasten gewesen, während der Philosoph Ernst Bloch, der Mentor des Studentenführers Rudi Dutschke und Abgott vieler "68er", davon geschwärmt hatte, das friedliche Atom werde die Wüste Sahara ergrünen lassen und Sibirien in eine Riviera verwandeln, wenn nur erst die "spätkapitalistischen" Hemmnisse der Kernenergie-Entwicklung beiseitegeräumt seien. Nicht nur hier, sondern auch anderswo ist der Blick auf die Geschichte oftmals geeignet, den geheimen Zusammenhang der vermeintlichen Gegensätze zu zeigen und den Weg für eine Konsensfindung freizumachen, während eine ganz unter der Suggestion der Gegenwart erfolgende Theoriebildung dazu neigt, Konflikte zu fundamentalen Gegensätzen aufzubauschen.

Die Kernenergie-Entwicklung verlief über weite Strecken ungeplant und programmwidrig, aber auch nicht ganz und gar "naturwüchsig": Sie ergab sich aus der Synergie vieler kleiner, oft unscheinbarer Weichenstellungen. Man hat - nicht nur hier - von der "Diktatur der kleinen Entscheidungen" gesprochen. Dietmar Klenke hat in seiner Habilitationsschrift über die bundesdeutsche Verkehrspolitik der 50er Jahre detailliert dargestellt, wie der damals anrollende Prozeß der Massenmotorisierung, der aus der Rückschau wie eine Naturkatastrophe wirkt, entgegen den ursprünglichen Absichten Adenauers und seines Verkehrsministers Seebohm durch wenig beachtete politische Rahmensetzungen wesentlich vorangetrieben wurde, so durch die Kilometerpauschale bei der Steuerabschreibung oder durch die Zweckbindung der Mineralölsteuer an den Straßenbau. Wenn eine politische Planung großen Stils in der Technik-Entwicklung nur geringe Erfolgschancen hat, so folgt daraus nicht, daß die Politik ganz unschuldig und bedeutungslos wäre und die Politiker gar nichts machen könnten. Es kommt entscheidend darauf an, den vorstrukturierenden und kumulativen Effekt der "kleinen Entscheidungen" unter Kontrolle zu bekommen. Voraussetzung ist natürlich, daß man das überhaupt *will*!

Seit zwei Jahrzehnten steht die Forderung nach "sozialverträglicher" Technik im Raum. In jener Zeit ist die "Gesellschaft", die man sich in den 70er Jahren noch einigermaßen kompakt vorstellte, zu einem immer vieldeutigeren Gebilde geworden; und demgemäß kann man für die "Sozialverträglichkeit", wenn man will, eine Kriterienliste ohne Ende aufstellen. Natürlich ist das eine unfehlbare Methode, um die "sozialverträgliche" Technikgestaltung von einer praktisch-politischen Aufgabe in ein Thema für unendliche Diskussionen zu verwandeln. Man kann "Technikfolgenabschätzung" auch dadurch in die Sackgasse manövrieren, indem man ihr Aufgabenfeld auf viel zu komplizierte Art definiert. Von einer gewissen Höhe der Abstraktion an aufwärts wird die Problematik der sozialverträglichen Techniksteuerung unlösbar. Oft ist es jedoch so, daß Probleme, für die es keine allgemeine theoretische Lösung gib, im konkreten Fall und in der spezifischen Situation durchaus eine einigermaßen befriedigende praktische Lösung finden. Konkret besehen, sind die anstehenden Aufgaben ja in der Regel begrenzt, und der Kreis der Koeffizienten wird durch die Spezifik der Situation eingeschränkt.

Eine Weiterentwicklung des konkreten Denkens dürfte als politische Entscheidungshilfe weit nützlicher sein als allgemeine und globale Modelle, die von der konkreten historischen Situation abstrahieren. Das gilt für die Wirtschaftspolitik ebenso wie für die Technologiepolitik. In einem Generalangriff auf die britische Wirtschaftspolitik der Ära Thatcher warf Sidney Pollard den maßgebenden britischen Ökonomen vor, daß sie die praktischen Probleme über ihren makroökonomischen Modellen systematisch ignorierten. In der Tat ist die moderne Makroökonomie - in scharfem Gegensatz zu den Klassikern von Adam Smith bis Schumpeter -

durch einen gerade fanatischen Abscheu gegen alles Konkrete gekennzeichnet. Ihr geringer praktischer Erfolg im Vergleich zu den Klassikern dürfte nicht zuletzt damit zusammenhängen.

Theorien über Politik, Wirtschaft und Technik sind gefrorene Erfahrung, - nur daß man die lebendige Erfahrung in eingefrorenem Zustand als solche oft nicht mehr wiedererkennt. Daß die Welt in ewigem Wandel ist und auch die Theorien unmerklich altern, ist nur schwer zu begreifen; selbst der Historiker, der das am besten wissen sollte, verfällt gefühlsmäßig leicht in die Einbildung, er befinde sich an einem Ende der Geschichte, von dem aus er die Vergangenheit in Ruhe betrachten und ordnen könne. Der unruhige vagabundierende Blick, der bei aller handwerklichen Solidität doch den besonderen Wert des historischen Zugangs ausmacht, sollte sich nicht nur auf die Vergangenheit, sondern auch auf die Gegenwart richten, um das praktische Potential der Historie zum Vorschein zu bringen.

Nehmen wir als letztes Beispiel die gegenwärtig nicht gerade rosigen Aussichten der Magnetschwebebahn, des Transrapid. Rein physikalisch-technisch wirkte dieses Verkehrssystem, das die Reibung minimierte, außerordentlich faszinierend, und zwar gerade auch aus ökologischer Sicht, da es die Belastung der Erdatmosphäre durch die Kurzstreckenflüge drastisch zu reduzieren versprach. Was man dabei übersehen hatte, waren nicht so sehr viele technische Detailprobleme, sondern war vor allem die Historizität großer technischer Systeme. Heute befinden wir uns nicht mehr in der Zeit der ersten Eisenbahnen: Neue großtechnische Systeme stoßen bereits auf ein dichtes Netz bestehender Systeme und dürften im allgemeinen nur dann eine Chance haben, wenn sie gegenüber diesen Systemen anschlußfähig sind. Eine Verbesserung bestehender Systeme verspricht gewöhnlich mehr Erfolg als die Etablierung eines von Grund auf neuen Netzwerks, sofern dessen Vorzüge nicht handgreiflich und überwältigend sind: Darin besteht das Dilemma des Transrapid! Die Chancen neuer Technik lassen sich nicht ohne Berücksichtigung von Raum, Zeit und Geschichte beurteilen.

Seien wir jedoch ehrlich: Auch wenn der Historiker hernach alles besser weiß, so heißt das noch nicht, daß er ein guter Prophet für die Zukunft ist! Der prognostische Wert der historischen Methode bedarf noch der Erprobung. Vor allem wird der Historiker mit Blick auf die Komplexität der Wirklichkeit auf die ungeheure Schwierigkeit aller Langzeit-Prognosen hinweisen. "Anschlußfähigkeit an bestehende technische Systeme" ist kein eindeutiges Kriterium, - im 19. Jahrhundert gaben viele den Fernstraßen keine Zukunft, da das expandierende Eisenbahnnetz alle Verkehrsbedürfnisse zu erfüllen schien. Auch in Sachen Magnetschwebebahnen war Anfang der 70er Jahre, als die Weichenstellung in Bonn erfolgte, die Problematik längst nicht so klar wie heute. Die hermeneutische und multiperspektivische Methode des Historikers mit ihrem Grundprinzip, auch Gegenpositionen erst einmal so stark wie möglich zu machen, ist zunächst und vor allem ein gutes Gegenmittel gegen eine "Digitalisierung des Denkens": gegen jene von der Fixierung auf einseitige Aspekte bewirkte Illusion, als gebe es bei politischen Entscheidungen ein durch Standardmethoden gleichsam per Knopfdruck zu ermittelndes JA oder NEIN, RICHTIG oder FALSCH. Erst wenn man das Für und Wider verschiedener Optionen und die Relativität aller Entscheidungsgrundlagen erkennt, ist die Basis für illusionslose Entscheidungsprozesse gegeben.

Die Einbindung der Geisteswissenschaften in den Innovationsentscheidungsprozeß

Christoph-Friedrich von Braun

In der Wirtschaft sind kaum Geisteswissenschaftler zu finden. Der Grund sind Unterschiede im Denken zwischen Geistes- und Ingenieurwissenschaften. Geisteswissenschaftler entwickeln ein besseres Verständnis von Problemlagen, von gesellschaftlicher Einbettung von Innovationen, können Innovationsprioritäten besser formulieren und sich besser in Aufgaben wie Ökologie, Design oder Verkauf von Produktideen hineinfinden. Warum werden nicht beide Denkstile zusammengefügt? Ein möglicher Ansatz liegt darin, daß wir uns vom Disziplindenken lösen, und daß wir sagen, es ist falsch zu fragen, wie können wir Geisteswissenschaftler reinholen. Die richtige Frage müßte sein, wie können wir diese Palette, die Bandbreite der Talente, die wir im Land haben, richtig einbinden. Das scheint mir eine Fragestellung des ganzen Kolloquiums zu sein.

Einleitung

Als ich angesprochen wurde, zu diesem Kolloquium beizutragen, war meine erste Reaktion, das ist ein interessantes Thema; da hat jemand, ich weiß leider nicht wer, einen wirklich guten Gedanken gehabt; und damit will ich mich gerne auseinandersetzen. Meine nun schon recht lange Beschäftigung mit Innovations- und Technologiefragen sowohl hier in Deutschland wie auch im Ausland, vor allem in Japan, hat gezeigt, daß die wesentlichen Elemente dieses Fragenbereichs sich zumindest in den westlichen Industrienationen innerhalb von *Unternehmen* abspielen. Dort wird der größte Teil des Geldes ausgegeben, dort sind die meisten Beschäftigten, die sich mit diesem Thema auseinandersetzen und von dort erwarten wir auch die wesentlichen Anstöße und Umsetzungsmaßnahmen. Betrachtet man nun die Landschaft *innerhalb* der Unternehmen, so stellt man schnell fest, daß es in erster Linie die Kaufleute und Technologen (Naturwissenschaftler oder Ingenieure) sind, die das Heft dabei in der Hand halten. Geisteswissenschaftler greifen – zumindest nach meiner Beobachtung – nur dort in das Innovationsgeschehen ein, wo sie auf Grund fachspezifischer Kenntnisse (z.B. als Sprach- oder Kulturwissenschaftler) gefragt sind. Vor diesem Hintergrund ergaben sich für mich daher drei Fragen:

- Gibt es geisteswissenschaftliche Beiträge im Innovationsablauf auch auf allgemeinerer Ebene und außerhalb bestimmter fachlicher Fragestellungen?
- Wenn nicht, wie könnte man sich einen solchen Beitrag vorstellen?
- Und wie läßt sich dieser in die Tat umsetzen?

Der erste Schritt bestand daher in der Frage, ob es überhaupt Geisteswissenschaftler bzw. eine wie auch immer gestaltete Nachfrage nach Geisteswissenschaftlern in der Wirtschaft gibt oder nachgefragt wird. Irgendeine Nachfrage nach Geisteswissenschaftlern müßte sich wiederum darin äußern, daß sie an irgendeiner Stelle in der Innovationsgestaltung *in ihrer Eigenschaft als Geisteswissenschaftler* bereits heute eine Rolle spielen.

Die zur Beantwortung dieser Frage angestellten Stichproben in der deutschen Innovationslandschaft sind in keiner Weise erschöpfend, sondern bieten allenfalls einige, wenn auch aufschlußreiche Schlaglichter. Es mag durchaus sein, daß der daraus folgende Gesamteindruck nicht mit der deutschen Gesamtwirklichkeit in Übereinstimmung steht. Dennoch bin ich ziemlich sicher, daß man im Großen und Ganzen die Ergebnisse verallgemeinern kann und konträre Aussagen, wo sie auch auftauchen mögen, sich durch die Sondersituation von Einzelfällen hinreichend erklären lassen.

Abbildung 26: Verteilung von Hochschulabgängern nach Disziplinen bei der Henkel KGaA, Düsseldorf (n = 1002), 1996

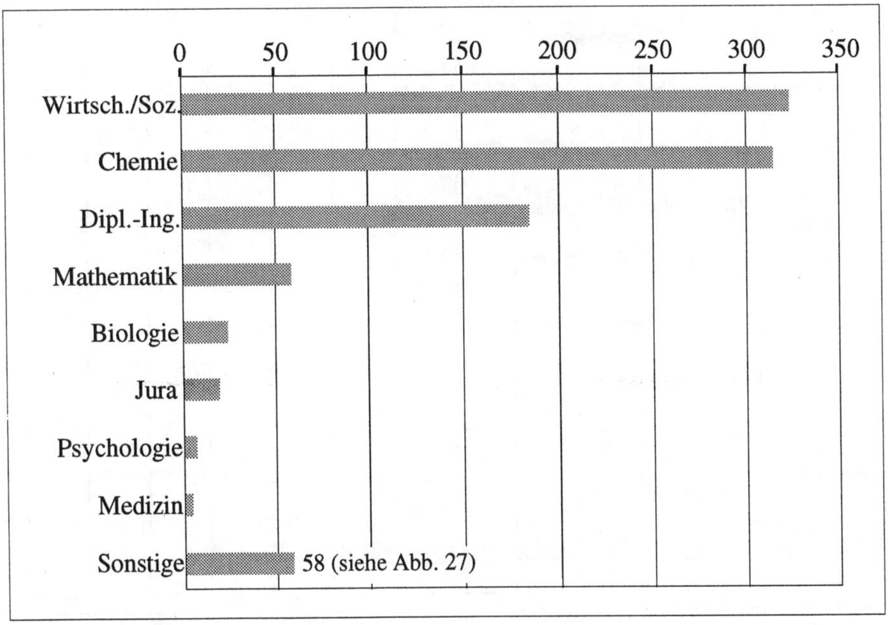

Abb. 26 zeigt die Verteilung nach Disziplinen von 1.002 Hochschulabgängern (Universität und Fachhochschule) von insges. ca. 6.000 Mitarbeitern bei der Henkel KGaA am Standort Düsseldorf-Holthausen. Das Unternehmen ist in verschiedenen sehr stark umkämpften Chemiebranchen wie Waschmitteln und Kosmetik tätig, die sich u.a. durch intensive Innovationsaktivitäten auszeichnen, die ihrerseits vor allem durch Hochschulabgänger gekennzeichnet sind. Das Chart legt nahe, daß sich bei Henkel diese Aktivitäten in erster Linie unter Ökonomen, Chemikern und Diplomingenieuren (vor allem chemical engineers, d.h. Verfahrensingenieuren) abspielt. Daneben gibt es noch einige Mathematiker, Biologen, Juristen, Psychologen und Mediziner.

Abbildung 27: Verteilung der "sonstigen" Hochschulabgänger nach Disziplinen bei der Henkel KGaA, Düsseldorf

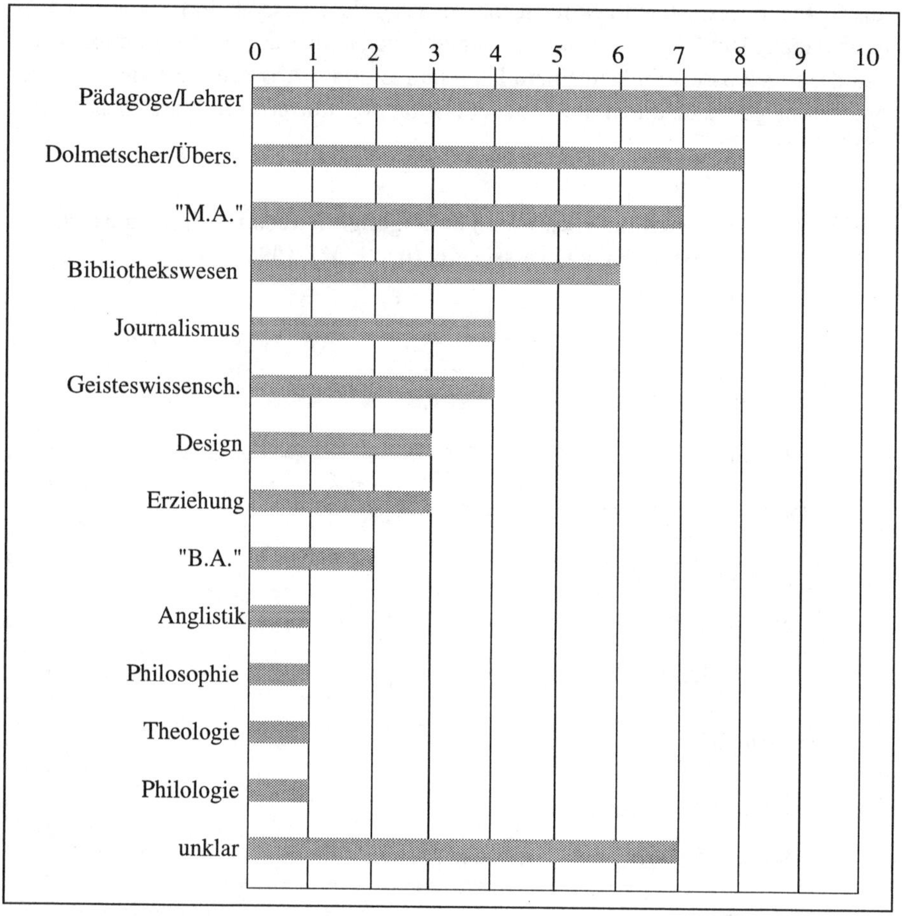

Die "Sonstigen" 58 Hochschulabsolventen, die man im weiteren Sinne zu den Geisteswissenschaftlern zählen kann, sind in Abb. 27 aufgeschlüsselt. Darunter befinden sich eine Reihe von Pädagogen/Lehrern, vermutlich für das firmeninterne Ausbildungswesen. Eine Reihe von Dolmetschern. "M.A." (magister artium) wurden ohne genauere Spezifizierung angegeben und den Geisteswissenschaftlern zugerechnet. Das gleiche geschah mit Bibliothekaren und Journalisten, obwohl sich dahinter durchaus auch Naturwissenschaftler (z.B. Chemiker) verbergen können. Alles in allem dürfte die relativ kleine Zahl von insgesamt 58 Geisteswissenschaftlern unter 1.002 Hochschulabgängern daher eher ein Ober- als ein Unterwert sein.

Abbildung 28: Studiendisziplin von Vorstandsvorsitzenden deutscher Großunternehmen

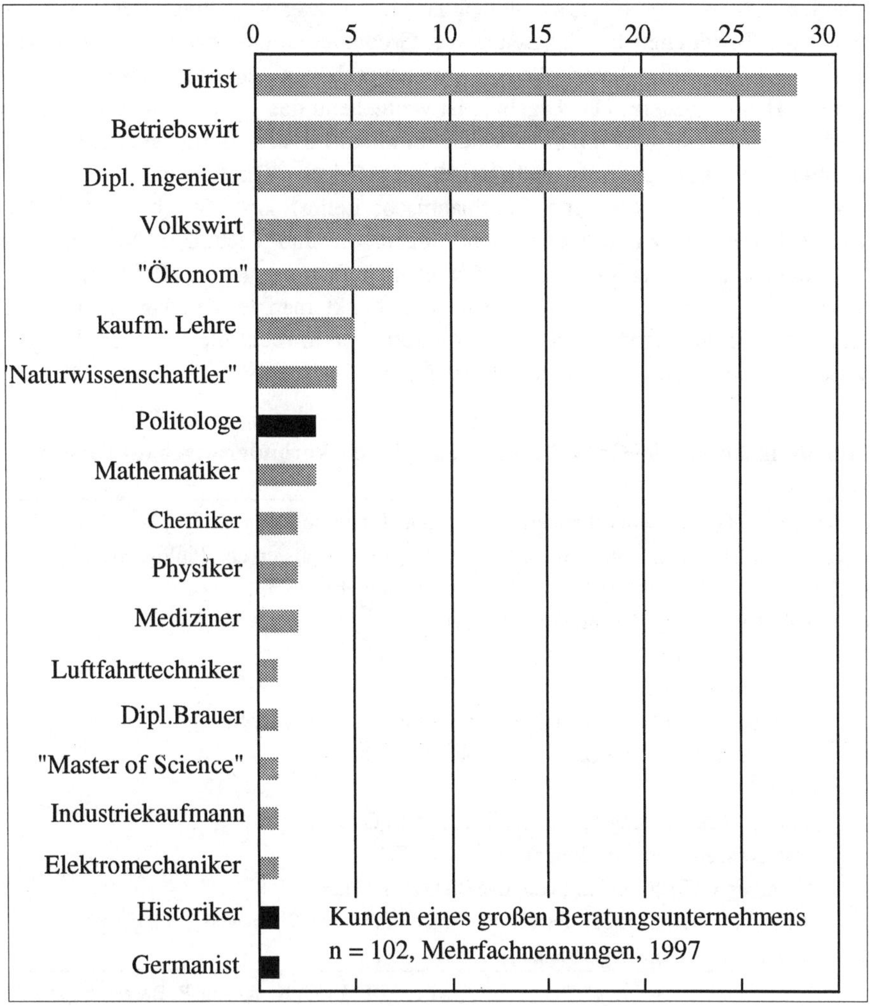

Zur Sicherheit habe ich es nicht bei diesem einen Eindruck bewenden lassen und die gleiche Aufschlüsselung, wenn auch in geringerer Detailtiefe bei der Bayer AG in Leverkusen und der Siemens AG in München abgefragt. Die Ergebnisse blieben weitgehend dieselben. Typische Aussage "Wir haben keine Geisteswissenschaftler. Oder wenn doch, dann sind sie nicht in dieser Eigenschaft, sondern fachfremd eingesetzt" (z.B. Anglisten in der Exportfakturierung).

Abb. 28 geht der gleichen Frage nach wie Abb. 26, nämlich der Suche nach Geisteswissenschaftlern im Innovationsentscheidungsprozeß, aber unter dem Blickwinkel einer anderen Dimension. Dort sind die Studiendisziplinen der Vorstandsvorsitzenden der Kundenfirmen eines großen deutschen Beratungsunternehmens abgefragt (Quellen: "Who-Is-Who" sowie telephonische Anfragen). Hinter der Erhebung stand die Überlegung, daß die Leiter von Großunternehmen auch diejenigen sein müßten, die das unternehmerische Innovationsgeschehen - sei es mit fester oder mit lockerer Hand - steuern. Das Ergebnis ist weitgehend das gleiche wie zuvor: Unter den Vorstandsvorsitzenden befinden sich vor allem Juristen, Betriebswirte, Diplom-Ingenieure, Volkswirte sowie nicht weiter spezifizierte "Ökonomen". Eine weitere Gruppe umfaßt Nicht-Studierte (kaufmännische Lehre). Erst danach folgen Naturwissenschaftler (spezifiziert oder nicht) Ingenieure und Techniker. Nur fünf von 102 konnten als Geisteswissenschaftler eingestuft werden: drei Politologen und jeweils ein Historiker und ein Germanist. Bedenkt man ferner, daß unter diesen auch Vorstandsvorsitzende mit Doppelstudium waren, rückt die Rolle der Geisteswissenschaftler noch weiter in den Hintergrund.

Abbildung 29: Große Consultingfirmen nehmen Veränderungen oft vorweg

- Bei großen Unternehmensberatern mit starkem Technologieeinschlag gab es früher einen beträchtlichen Anteil Historiker, Theologen, Linguisten und Philosophen.
- Trotz gegenteiliger Wünsche gilt das heute nicht mehr.
- Grund: Kunden sind "change-oriented" geworden:
  - sie wollen einen ganz bestimmten Effekt erzielen,
  - möglichst schnell,
  - Spekulation oder der Vorstoß ins Unbekannte ist unerwünscht,
  - das geht nur mit Consulants, die "Fachleute" sind.
- Folge:
  - Berater-Rekrutierung fast ausschließlich von Ökonomen, Naturwissenschaftlern, Ingenieuren und MBAs,
  - bevorzugte Hochschulen IMD, INSEAD, WHU u.ä.,
  - Ausnahme: BCG erhöht derzeit die Einstellung von Geisteswissenschaftlern, wenn auch auf niedriger Basis (ca. 4%).

Quelle: ADL, BCG, Kienbaum, R. Berger, Booz-Allen

Als letzte Dimension zum Aufspüren von Beiträgen von Geisteswissenschaftlern diente noch ein Blick auf die Beschäftigungsstruktur bekannter Unternehmensberater. Hintergrund hierfür war die Überlegung, daß viele der Konzepte und Veränderungen, die im industriellen Umfeld zu beobachten sind, ihre erste Erarbeitung und

Realisierung bei Consultants erfahren. Auf Grund ihrer Stellung im Wettbewerbsgeschehen, stehen hochrangige Berater unter dem beständigem Druck, die aus der akademischen Welt oder von ihren eigenen Vordenkern herrührenden neuen Verfahren und Ansätze bereits vorwegzunehmen, ehe sie diese bei ihren eigenen Kunden als Beratungsprodukte verkaufen.

Das Ergebnis der Gespräche mit einer Reihe von sehr bekannten Beratungsunternehmen, die sich gezielt mit Fragen des Innovationsmanagements befassen, ist in Abb. 29 zusammengefaßt. Grundsätzlich ging die Meinung dahin, daß die Beratungsunternehmen zwar an sich gerne Geisteswissenschaftler wegen ihrer breiteren Sicht und Bildung engagieren würden, dies jedoch auf Grund von Marktgegebenheiten praktisch nicht können. Eines der angesprochenen Beratungsunternehmen zitierte einen Kunden, bei dem ein bestimmter einzelner Berater zum Einsatz kommen sollte, wie folgt: "Ich habe hier ein spezifisches Problem mit meinen Entwicklungszeiten und Sie bringen mir einen Historiker. Was soll ich mit dem?" Kundenprobleme hingen heute oft an schnellebigen Phänomenen und sollten möglichst schnell gelöst werden ohne irgendwelche weitergehenden Spekulationen, Vorstöße oder sachfremde Gedanken. Dementsprechend würden Berater heute fast ausschließlich unter Ökonomen oder unter Technikern und Naturwissenschaftlern mit ökonomischer Zusatzausbildung (MBA, Wirtschaftsingenieure u.dgl.) rekrutiert.

Ein Grund für den Mangel an Geisteswissenschaftlern im Innovationsprozeß ist Abb. 30 zu entnehmen. Dort ist in Form eines Flußdiagramms vereinfacht dargestellt, wie in einem Industrieunternehmen typischerweise eine Innovationsidee aufgeworfen, geprüft und anschließend umgesetzt bzw. verworfen wird. Am Anfang steht eine Initiativphase: Jemand hat eine Idee oder eine Vorstellung oder hat etwas gelesen, wobei die eigentliche Anregung von verschiedenen Akteuren ausgehen kann. Dies kann die unmittelbare Marktnachfrage sein, indem ein Kunde einen bestimmten Produktwunsch oder nach Eigenschaften eines bestimmten Produktes zu verstehen gibt. Alternativ kann es auch eine technische Lösung oder ein Druchbruch sein, wodurch neue Leistungsmerkmale oder Produkteigenschaften möglich werden, für die nun die entsprechende Aufnahmebereitschaft im Markt zu identifizieren ist. Oft kann auch der Wettbewerb die Initiative für eine Innovation legen, indem er zur Nachahmung anregt. Ein letzter Grund schließlich liegt in der Kontinuität, die aus vorhandenen Produkten und deren Lebenszyklen herrührt.

Die einmal vorgetragene Idee wird nach technisch/wirtschaftlichen Kriterien bewertet. Prinzipiell wird geprüft: Gibt es einen Markt? Was kostet die Entwicklung? Wie wird das finanziert? Welche Fristen stehen zur Verfügung? Gibt es Probleme mit Aufsichtsbehörden? Welche Risiken oder Alternativen gibt es? Oft genug spielen auch irrationale Überlegungen eine Rolle (z.B. der persönliche Ehrgeiz Einzelner). Am Ende der Prüfung steht eine ja/nein-Entscheidung oder die Aufforderung zur erneuten Prüfung. Bei alledem wird aus der Natur dieses Bewertungsvorgangs deutlich, daß für geisteswissenschaftliche Überlegungen nicht viel Raum bleibt. Sie werden dementsprechend auch nicht in Anspruch genommen.

Abbildung 30: Schema des Innovationsablaufs

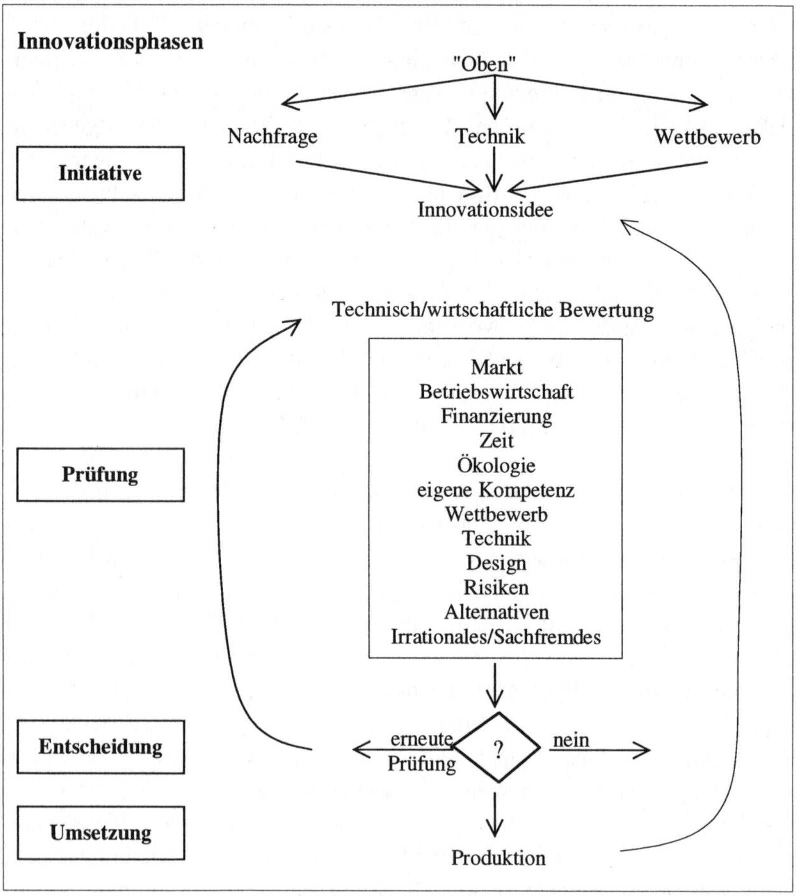

Zum besseren Verständnis dieses Mangels ist es nützlich, sich einige Unterscheidungen zwischen den Geistes- und den anderen Wissenschaften zu vergegenwärtigen, die nicht auf den Betrachtungsgegenstand der einzelnen Wissenschaften abstellen, sondern allgemeiner auf jeweils typische Ansätze und Methoden. Entscheidend für die vorliegende Fragestellung mag dabei der grundsätzliche Unterschied im Innovationsverständnis in der Wirtschaft und in den Geisteswissenschaften sein, wie er schlagwortartig in Abb. 31 zum Ausdruck kommt.

Abbildung 31: Unterschiedliche Innovationsbegriffe

In der Wirtschaft: Innovation ist stets mit der Zerstörung des Alten verbunden. > *Substitution*	*In den Geisteswissenschaften:* Die Innovation gesellt sich zum Alten. Sie ergänzt es und läßt es weiterbestehen. > *Addition*

Die Wirtschaft hält es mit Schumpeter: Innovation ist stets mit der Zerstörung des Alten verbunden. Das heißt, bei jeder Innovation findet ein Substitutionsprozeß statt. Es gibt keine Innovation, deren Ergebnis nicht in irgendeiner Weise auch früher bewerkstelligt werden konnte. Bevor es z.B. Dampfschiffe gab, gab es Segelschiffe, um über das Meer zu fahren, und bevor es den Buchdruck gab, gab es die Feder und davor die Wachstafel oder den Papyrus. Das alte Verfahren oder die alte Technik mag zwar mühsamer gewesen sein oder kostspieliger oder länger gedauert haben, aber es gab – außer vielleicht zu Anbeginn der Menschheit - immer ein vorheriges Mittel für den wesentlich gleichen Zweck, das durch die Neuerung ersetzt wurde.

In den Geisteswissenschaften ist das nicht unbedingt so. Im Prinzip ist dort die Innovation ein additiver Prozeß - das Neue gesellt sich zum Alten, ohne es gleich zu ersetzen. Philosophische Schulen etwa können durchaus gleichzeitig existieren. Offenbar liegt hier ein grundsätzlich andersgeartetes Mentalmodell zugrunde, dessen Existenz nicht nur jedem Geisteswissenschaftler klar sein sollte, der sich im Innovationsgeschehen der Wirtschaft engagieren will, sondern umgekehrt auch jedem anderen, der für eine stärkere Involvierung der Geisteswissenschaftler im Innovationsprozeß eintritt.

Wenn diese Einbeziehung tatsächlich stattfinden soll, wäre allerdings auf einer etwas detaillierteren Ebene zu fragen, welche Eigenschaften, Werkzeuge, Fähigkeiten und Fertigkeiten Geisteswissenschaftler dabei einbringen können. In Abb. 32 wird der Versuch unternommen, die besonderen Werkzeuge der Natur-, Ingenieur- und Wirtschaftswissenschaften, die bereits seit längerem bei Innovationsentscheidungen zum Einsatz kommen, mit einigen Werkzeugen und Methoden zu kontrastieren, deren sich Geisteswissenschaftler typischerweise bedienen. Die einzelnen Zeilen der Tabelle sollten dabei nicht durchgängig 1:1 gegenübergestellt werden, sondern als Auflistung verstanden werden, die noch verbesserungs- und sicherlich auch ergänzungsbedürftig ist.

In der linken Säule sind diejenigen Methoden und Werkzeuge aufgelistet, wie sie typischerweise Ingenieure, Wirtschafts- und Naturwissenschaftler bei der Konzipierung und Bewertung von Innovationsideen verwenden. So setzt der Naturwissenschaftler z.B. das Experiment ein, ein wesentliches, vielleicht das wichtigste Werkzeug der Forschung und Entwicklung, das dem Geisteswissenschaftler allerdings in der Regel nicht zur Verfügung steht. Für Geisteswissenschaftler sind Beispiele und Anekdoten häufig verwendete Mittel der Erklärung und des Verständnisses. In der Wirtschaft sind Machbarkeitsstudien gang und gäbe, in der Geisteswissenschaft Diskurse und Diskussionen. Es gibt diverse Formen von Wirtschaftlichkeitsanalysen auf der einen Seite, und verschiedene Interpretationstechniken auf der anderen.

Abbildung 32: Instrumente, Methoden und Haltungen im Vergleich

Gängige Mittel der Innovationssteuerung durch Natur-, Ingenieur- u. Wirtschaftswissenschaft	**Einige geisteswissenschaftliche Instrumente, Methoden und Haltungen**
Experiment	Beispiel / Anekdote
Machbarkeitsstudie	Diskurs
benchmarking	historische Präzedenz
Wirtschaftlichkeitsanalyse, z.B. • interne Verzinsung • Barwert • pay-back • cash-flow	Interpretationstechniken (Hermeneutik), z.B. • wortwörtlich • teleologisch • historisch • werkimmanent
Kosten-Nutzenanalyse	Gerechtigkeitsempfinden
wichtig: nur Inhalt	wichtig: Inhalt *und* Form
technology roadmaps	ethische Bewertung
brainstorming	emotionale Bewertung
Szenariotechnik	Sympathie / Antipathie
Trendextrapolation	Ästhetik
Modellierung / Simulation	common sense
Statistik / Wahrscheinlichkeitsrechnung	Analogie / Umkehrschluß
quantitative Methoden	qualitative Bewertungen
in der Regel kapitalintensiv	"brainware", Archive
Eindeutigkeit	Spekulation
Reduktion	Abstraktion
cartesianisch	holistisch
möglichst große Objektivität	Subjektivität akzeptiert
Beweis (genauer: Falsifizierung) genügt	Schlüssigkeit,Geschlossenheit (Ausnahmen i.O.)
Ockham's razor (einfach ist in dubio gut)	Komplexität (einfach ist nicht unbedingt gut)

Quelle: Interviews, eig. Recherchen

In den Naturwissenschaften ist ausschließlich der Inhalt von Darstellungen entscheidend, in den Geisteswissenschaften sind es Inhalt und Form. Das Gefäß ist dort so wichtig wie der Inhalt. Von technology road maps haben wahrscheinlich nur wenige Geisteswissenschaftler je gehört, ethische Bewertungen stehen bei Technologen bestenfalls in der Anfangsphase. Die vielleicht wichtigste Unterscheidung, weil sie die fundamental unterschiedlichen Ansätze zwischen beiden Seiten anreißt, findet sich weiter unten in der Tabelle: Reduktion und cartesianisches Denken auf der einen Seite, Abstraktion und Holistik auf der anderen.

Es versteht sich von selbst, daß die beiden Säulen nicht so trennscharf unterscheiden, wie aus Abb. 32 der Eindruck entstehen könnte. Die Trennlinie ist bewußt nur gestrichelt. Es steht auch außer Zweifel, daß zahlreichen Geisteswissenschaftlern z.B. die Verwendung von Statistiken oder Wahrscheinlichkeitsrechnungen durchaus geläufig ist, ebenso wie es – gottlob – genug Natur- und Wirtschaftswissenschaftler gibt, die es an common sense nicht mangeln lassen oder der Abstraktion fähig sind. Dennoch hat sich bei diversen Einzelgesprächen über Abb. 32 immer wieder eine tendenziell größere Vertrautheit mit Werkzeugen, bzw. Vertrauen in die Werkzeuge entweder der einen oder der anderen Seite gezeigt. Volle "Zweigleisigkeit" trat eher selten und dann unter denjenigen auf, die das jeweils "andere" Gedankengut z.B. im Rahmen eines Doppelstudiums aufgenommen hatten. In der Tat, gerade das Gespräch mit denjenigen, die sowohl ein geisteswissenschaftliches wie ein naturwissenschaftliches Studium absolviert hatten, brachte viele der in Abb. 32 genannten Unterscheidungen überhaupt erst zutage.

Eine dritte Unterscheidung zwischen Natur- und Geisteswissenschaftlern betrifft die Unterschiede in der praktischen Forschungsarbeit und ist plakativ in Abb. 33 zusammengefaßt:

Abbildung 33: Vorgehensunterschiede

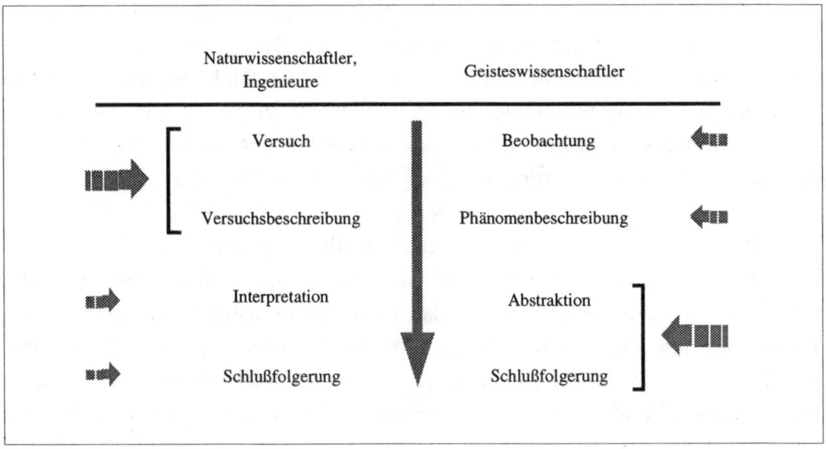

In der naturwissenschaftlichen Forschung und Entwicklung folgt auf den eigentlichen Versuch typischerweise die Versuchsbeschreibung, daraus die Interpretation des Versuchsergebnisses und daraus schließlich die entsprechenden Schlußfolgerungen. In den Geisteswissenschaften steht die Beobachtung am Anfang, auf die die Phänomenbeschreibung, anschließend die Abstraktion und schließlich die Schlußfolgerung folgt. Die eckigen Klammern und unterschiedlich großen Pfeile in Abb. 33 deuten - nach meiner persönlichen Bewertung - die Phasen an, in denen jeweils der größere und auch der schwerere Teil der kreativen Arbeit liegt. Bei den Geisteswissenschaftlern besteht dies darin, aus einzelnen oder zahlreichen Beobachtungen das allgemeine Bild - die Abstraktion eben - herzuleiten. Die entscheidende Leistung des Naturwissenschaftlers hingegen steht eher am Anfang, nämlich in der sorgfältigen und durchdachten Planung und Gestaltung eines Versuchs dergestalt, daß daraus sinnvolle Ergebnisse gefolgert werden können. Phantasieanregend ist nun die Vorstellung, den ersten Teil des linken Ablaufs mit dem zweiten Teil des rechten Ablaufs in Abb. 33 auf eine noch zu definierende Weise miteinander zu koppeln. Es wäre eventuell denkbar, hieraus ein enorm wirksames Innovationswerkzeug zu gestalten. Das gleiche gilt für die in Abb. 32 gezeigten Werkzeuge. Ihre Zusammenfügung könnte den Innovationsvorgang nicht nur besser an gesellschaftlichen Bedürfnislagen ausrichten und objektivieren, sondern auch verbilligen und langfristig erfolgreicher gestalten.

Abb. 34 enthält eine erste Vorstellung davon, wie man die einmal identifzierten geisteswissenschaftlichen "Talente" in den Innovationsentscheidungsprozeß integrieren könnte, wobei auf die Struktur von Abb. 30 zurückgegriffen wird. Die technisch-wirtschaftliche Bewertung wird dabei um eine "geisteswissenschaftliche" Bewertung ergänzt. Bei denjenigen Aspekten einer Innovation, die einer "geisteswissenschaftlichen" Bewertung ausgesetzt würden, ist in Klammern hinzugefügt, in welcher Unternehmensfunktion eine solche Bewertung angesiedelt werden könnte, unter der Voraussetzung, daß die Unternehmen der Zukunft nach den gleichen oder ähnlichen Prinzipien strukturiert sein sollten wie heute. Diese Funktionen liegen vor allem in der Strategischen Planung, in Forschung und Entwicklung und im Marketing. Eine Reihe von Bewertungsschritten sollte mit großer Wahrscheinlichkeit Hand in Hand mit der technisch-wirtschaftlichen Bewertung stattfinden, z.B. in der Ökologie oder in der Identifzierung von geeigneten Innovationsalternativen.

Der Realisierung einer solchen Integration steht allerdings nach wie vor ein ernsthaftes Problem entgegen, das weniger auf faktische als auf mentale Hürden zurückzuführen ist. Es gibt nur wenig Zweifel, daß zwischen Industrie und Geisteswissenschaft Berührungsängste bestehen. Einige typische Äußerungen sind stellvertretend für viele in Abb. 35 wiedergegeben. Sie rühren von beiden Seiten her und legen beredtes Zeugnis dafür ab, daß zwischen beiden Welten noch eine weite Kluft liegt.

Abbildung 34: Erweitertes Schema des Innovationsablaufs

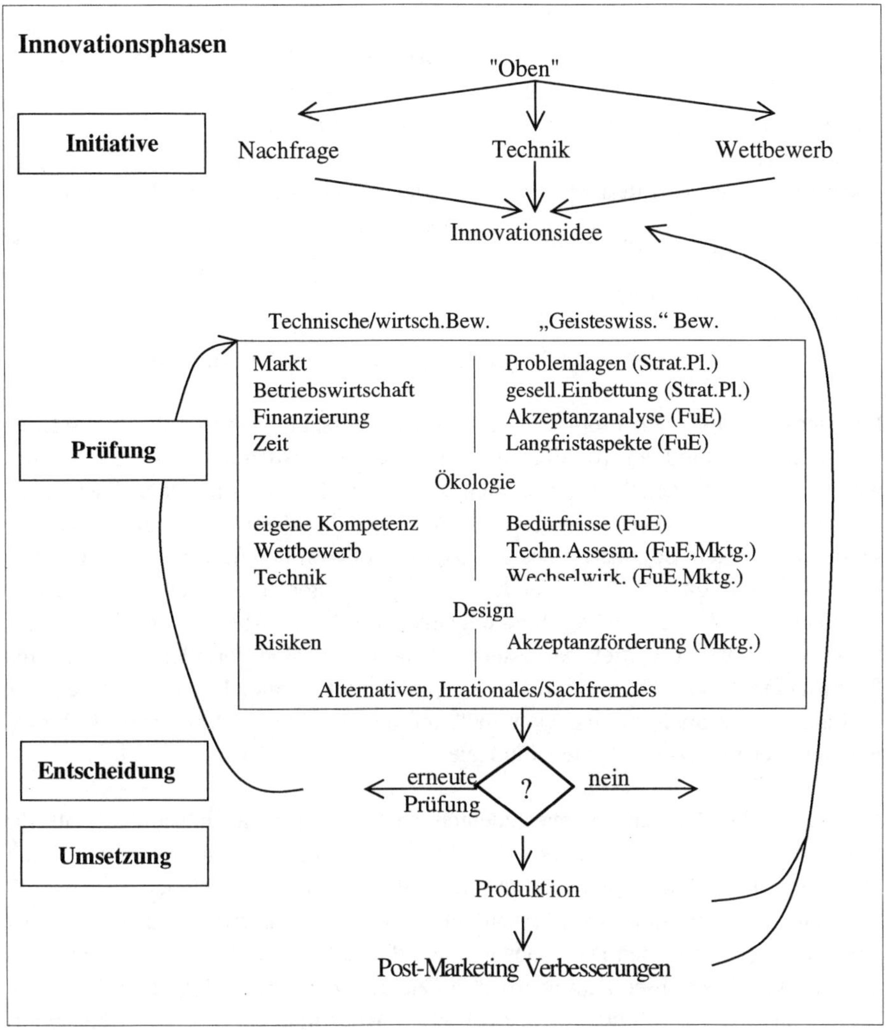
Innovationsphasen
"Oben"
Initiative
Nachfrage
Technik
Wettbewerb
Innovationsidee
Technische/wirtsch.Bew.
„Geisteswiss." Bew.
Prüfung
Markt
Betriebswirtschaft
Finanzierung
Zeit
Problemlagen (Strat.Pl.)
gesell.Einbettung (Strat.Pl.)
Akzeptanzanalyse (FuE)
Langfristaspekte (FuE)
Ökologie
eigene Kompetenz
Wettbewerb
Technik
Bedürfnisse (FuE)
Techn.Assesm. (FuE,Mktg.)
Wechselwirk. (FuE,Mktg.)
Design
Risiken
Akzeptanzförderung (Mktg.)
Alternativen, Irrationales/Sachfremdes
Entscheidung
erneute Prüfung
?
nein
Umsetzung
Produktion
Post-Marketing Verbesserungen

Abbildung 35: Die Ablehnung ist gegenseitig

Industrie:	*Geisteswissenschaft:*
"Geisteswissenschaftler reden zuviel"	"Industrie ist geistlos"
"können wir nicht einsetzen"	"Industrie ist böse"
"Das sind exotische Tiere"	"Industrie ist langweilig"
"keine Ahnung von der Realität"	"Unternehmer sind rücksichtslos, brutal"
aber auch:	
"die sind sprachlich stark"	"die bewegen was"
"die sehen Zusammenhänge"	"die ernähren mich"

Quelle (teilw.): Personalreferentin Bayer AG (Germanistin, Philosophin)

Eng verwandt mit dem Problem gegenseitigen Verständnisses ist das der schwer kompatiblen Ausbildung, vor allem an deutschen Universitäten. Zur Verdeutlichung wird in Abb. 36 beispielhaft der Studiengang eines Chemikers mit dem eines Ägyptologen kontrastiert. Die Gegenüberstellung zeigt, daß das Chemiestudium im wesentlichen aus acht Segmenten besteht, angefangen von der Anorganischen Chemie bis hin zu Analytik und Meßmethoden. Das Ägyptologiestudium läßt sich in sieben Segmente einteilen. Bei beiden Studiengängen wurden in Abb. 36 jeweils zwei der Segmente zusätzlich vertieft dargestellt. Auffällig ist dabei vor allem die weit größere Bandbreite von Themen, die ein Ägyptologe im Vergleich zu einem Chemiker im Laufe seines Studiums abdecken muß und die auf einen viel breiteren Bildungsgrad des Geisteswissenschaftlers hindeuten.

Daraus zu schließen, daß Chemiestudenten weniger zu tun haben, wäre verfehlt. Ihr Studium ist nur sehr viel enger fokussiert. Allein die Zeit für Vorlesungen und Übungen eines Chemiestudenten an der LMU München z.B. addiert sich auf 40 Stunden Universitätspräsenz wöchentlich. Er muß 9 Vollzeitpraktika von jeweils mindestens 6 - 8 Wochen Dauer absolvieren, die addiert mindestens einem Jahr Arbeit gleichkommen. Eine Diplomarbeit in Chemie dauert in der Regel ein Jahr, eine Promotion drei (allzuoft über dasselbe Thema). Alles in allem liegt das Arbeitsvolumen an der Grenze des Bewältigbaren, so daß nur wenig Platz für zusätzliche Themen wie etwa ethischen, historischen oder sprachlichen Fragestellungen bleibt.

Überspitzt ausgedrückt: Für Chemiker bleibt für Fachfremdes nur wenig Zeit, für Ägyptologen gibt es nur wenig Fachfremdes.

Abbildung 36: Vergleich der zur Diplomierung erforderlichen Vorlesungen und Übungen mit Haupt- und Untergebieten (Auswahl)

Chemie

Anorganische Chemie:

Strukturchemie, Festkörperchemie, Photochemie, spez. Komplexchemie, spez. Nichtmetallchemie

Physikalische Chemie

Theoretische Chemie

Chemische Mathematik

Biochemie

Organische Chemie:

Reakt. Zwischenstufen, Stereochemie, Heterocyclen, Pheromone, Naturstoffe

Physik

Analytik/Meßmethoden

Ägyptologie

Archäologie

Geschichte:

Anthropologie, Kriegskunde/Militärorg., Politik, Verwaltung, Recht, Bodenschätze, Handel u. Verkehr, Landwirtschaft, Soziologie, Chromologie/Genealogie, Ethnologie, Koptologie, Afrikanistik, Musik, Instrumente, Sport/Spiel, Orientalistik, Prosopographie

Kunstgeschichte

Philologie

Theologie/Mythologie

Handwerk

Naturwissenschaften:

Geographie, Topographie, Zoologie, Botanik, Metereologie, Hydrologie, Astronomie, Chemie (Einbalsamierung), Medizin, Heilkunde, Physik/Technik, Mathematik/Metrologie, Datierungsmethoden

Quelle: Ludwigs-Maximilians-Universität

Zusammenfassung

- Die vorangegangen Befunde sind Schlaglichter und keine umfassende Untersuchung. Die Eindrücke können falsch sein, obwohl bislang nur wenig gegen sie spricht.
- Außer in ihrem Fachgebiet sind Geisteswissenschaftler heute am Innovationsentscheidungsprozeß praktisch nicht beteiligt.
- Zugleich verfügen sie über eine Fülle von Fähigkeiten, Fertigkeiten und Erfahrungen, die für den Innovationsentscheidungsprozeß sowohl bei kleinen wie großen Unternehmen von großem Wert sein könnten.
- Ein sehr wichtiger Bereich läge in der besseren Formulierung von Innovationsprioritäten. Die Technik ist heute an einem Punkt angelangt, wo fast alles, was denkbar ist, auch machbar ist, sofern der Wunsch danach besteht. Gerade hier, in der Formulierung dessen, was wünschenswert ist, könnten Geisteswissenschaftler oder die Geisteswissenschaften wesentlich beitragen.
- Zugleich könnten Geisteswissenschaftler auf Grund ihrer sprachlichen Stärken, ihrer am Menschen orientierten Bewertungsdimensionen und ihrer größeren Vertrautheit mit ethischen Fragen der Innovationsakzeptanz in der Gesellschaft einen leichteren Weg bereiten und damit auch die Zahl der Innovationsfehlschläge reduzieren.
- Schwierigkeiten liegen vor allem im Organisatorischen und im Mentalen.
- Ein möglicher Ansatz zur Überwindung dieser Schwierigkeiten könnte in der Loslösung vom Disziplindenken liegen. Dies würde allerdings auch den Ansatz dieses Seminars in Zweifel ziehen.
- Wie die Geisteswissenschaft*ler* in den Innovationsprozeß integriert werden können, wäre demnach die falsche Frage. Die richtige müßte statt dessen lauten, wie können wir diese Geistenswissenschaft*en* mit ihrer enormen Bandbreite nützlicher Methoden und Ansätze richtig einbinden?

Zur Verdeutlichung: Vor einiger Zeit fragte ich einen zufälligen Gesprächsnachbarn nach seinem Beruf. Er sagte, er sei Kaufmann. Auf näheres Fragen hin, stellte sich heraus, daß er in der Personalverwaltung des Roten Kreuzes tätig war. Er kaufte oder verkaufte überhaupt nichts. Er betrachtete sich als Kaufmann, weil er Betriebswirtschaft studiert hatte. Das Problem ist, daß wir in Deutschland denken, unser Beruf ist das, was wir (vielleicht vor Jahren) gelernt haben und nicht das, was wir tun oder tun müssen. Eine stärkere Ausrichtung auf letzteres würde vielleicht auch das Einreißen von alten Grenzen erleichtern.

Verzeichnisse

Abbildungsverzeichnis

Literaturverzeichnis

Abel, J. (1997): "Von der Vision zum Serienzug. Technikgenese im schienengebundenen Hochgeschwindigkeitsverkehr", Berlin, 251-255

Ach, N. (1905): "Über die Willenstätigkeit und das Denken", Vandenhoeck & Ruprecht, Göttingen

Ach, N. (1910): "Über den Willensakt und das Temperament", Quelle & Meyer, Leipzig

Adler, N. J. (1996): "International Dimensions of Organizational Behaviour", 3. Aufl., London

Aggleton, J.P. (1992): "The Amygdala: Neurobiological Aspects of Emotion, Memory, and Mental Dysfunction", Wiley-Liss, New York, Chichester

Albach, H. (1991): "Einheit in der Vielheit. Zur Rolle einer interdisziplinären Akademie der Wissenschaften", in: Einheit der Wissenschaften, Forschungsbericht 4, Akademie der Wissenschaften zu Berlin, Walter de Gruyter, Berlin, New York

Arrow, K. (1962): "Economic welfare and the allocation of resources for invention", in: National Bureau of Economic Research (ed.): The rate and direction of inventive activity: Economic and social factors, Cambridge/Mass., S. 609-626

Asante, M. K.; W. B. Godykunst (1990) Hrsg.: "Handbook of International and Intercultural Communication", New York

Baars, B.J. (1988): "A Cognitive Theory of Consciousness. Cambridge", Cambridge University Press.

Bauer, D.; F. Segond; A. Zaenen (1995): „LOCOLEX: Translation Rolls of Your Tongue“, in: Proceedings of the Conference of the Association for Computers and the Humanities and the Association for Literary and Linguistic Computing, (ACH-ALLC'95) Santa Barbara, USA, July

Baumgart, R.; V. Eichener (1991): "Norbert Elias - zur Einführung", Junius Verlag, Hamburg

Baumol, W. J.; S. A. B. Blackman; E. Wolff (1991): Productivity and American Leadership. The Long View, Cambridge/Mass.

Bechara, A.; H. Damasio; D. Tranel, D.; A. R. Damasio (1997): "Deciding advantageously before knowing the advantageous strategy", Science 275: 1293-1295

Bermúdez, J.L.; A. Marcel; N. Eilan (1995) Hrsg.: "The Body and the Self", Cambridge, MA: MIT Press.

Berry, M. (1983): "Une technologie invisible? L'impact des instruments de gestion sur l'évolution des systèmes humains", Paris, Ecole Polytechnique

Binning, G. (1997) im Gespräch mit G. Wendt-Rohrbach: "Warum ist es einfach, kreativ zu sein?", in Heinrich von Pierer und Bolko von Oetinger, a.a.O., S. 227-231, S. 229.

Bischof-Köhler, D. (1989): "Spiegelbild und Empathie", Bern: Huber. Nachdruck 1993

Bischof-Köhler, D. (1996): "Ichbewußtsein und Zeitvergegenwärtigung. Zur Phylogenese spezifisch menschlicher Erkenntnisformen", in Barkhaus, A., Mayer, M., Roughley, N. & Thürnau, D. (Hrsg.), Identität, Leiblichkeit, Normativität. Neue Horizonte anthropologischen Denkens, Frankfurt am Main: Suhrkamp

Block, N.; O. Flanagan; G. Güzeldere (1997) Hrsg.: "Consciousness: Philosophical Debates", Cambridge, MA: MIT Press.

Blumenberg, H. (1987): "Lebenswelt und Technisierung", in: ders.: Wirklichkeiten, in denen wir leben, Stuttgart

Bod, R. (1998): „An Experience-Based Theory of Language: Data Oriented Parsing", Cambridge University Press (CSLI Publications)

Bourdieu, P. (1979): „La distinction", Paris

Braun, I.; B. Joerges (1994) Hrsg: Technik ohne Grenzen. Frankfurt/Main

Breidt, E.; H. Feldweg (1997): „Accessing Foreign Languages with COMPASS", in: Machine Translation, Vol. 12, No. 1-2, S. 153-174

Bresnan, J. (1988) Hrsg.: „The Mental Representation of Grammatical Relations", MIT Press Series on Cognitive Theory and Mental Representation, The M. I. T. Press, Cambridge, Massachusetts/London

Brown, J. S.; B. von Oetinger (1998): "Ergebnis Innovation", München, Wien: Carl Hanser Verlag

Brockhaus Enzyklopädie in 24 Bänden (1997): 20. völlig neu bearbeitete Auflage, Bd. 10, Leipzig, S. 555 - S. 558

Bruns, W. (1997): "Sinnlichkeit in der Technikgestaltung und Technikhandhabung. Ein konstruktiver Ansatz", S. 191-208 in: Technik und Subjektivität. Das Wechselverhältnis zwischen Mensch und Computer aus interdisziplinärer Sicht, Hrsg. von Christina Schachtner, Frankfurt/M

Bundesen, C. (1990): "A theory of visual attention", Psychological Review, 97, 523-547

Burckhardt, J. (1970): "Weltgeschichtliche Betrachtungen. Über Geschichtliches Studium", Gesammelte Werke, Band 4, Darmstadt

Busemann, St.; H. Horacek (1998): „A Flexible Shallow Approach to Text Generation", in: Eduard Hovy (Hrsg.): Proceedings of the Nineth International Natural Language Generation Workshop (INLG '98), Niagara-on-the-Lake, Canada, August, 238-247

Capra, F. (1996): "The Web of Life. A new scientific understanding of living systems", New York, London, Toronto, Sydney, Auckland: Anchor Books, Doubleday

Casson, M.; M. Rose (1997) Hrsg.: "Institutions and the Evolution of Modern Business, Sonderheft der Zeitschrift Business History 39, No. 4 (October)

Castells, M. (1996): „The Rise of the Network Society", Malden/MA, Oxford, Blackwell

Chandler, A. D. (1990): "Scale and Scope. The Dynamics of Industrial Capitalism", Cambridge, Mass.

Chandler, A. D.; F. Amatori; H. Takashi (1997) Hrsg.: "Big Business and the Wealth of Nations", New York, Cambridge University Press

Chomsky, N. (1975): „The logical structure of linguistic theorie", New York

Cohen, W.; D. Levinthal (1989): "Innovation and learning: The two faces of R&D", in: Economic Journal 99, S. 569-596

Cole R.A.; J. Mariani; H. Uszkoreit; A. Zaenen; V. Zue (Hrsg.) (1997): „Survey of the State of the Art in Human Language Technology", Cambridge University Press and Giardini

Collins, A.M.; M.R. Quillian (1969): „Retrieval Time from Semantic Memory", Journal of Verbal Learning and Verbal Behavior, 8, 1969

Conant, R.C. & W. R. Ashby (1970): "Every good regulator of a system must be a model of that system", International Journal of Systems Science, 2, 89-97

Constant, E. W. (1973): "A model for technological change applied to the turbojet revolution", in: Technology and Culture 14(1973), 553-572

Cramon, D. von (1988): "Planen und Handeln", in: D. von Cramon und J. Zihl (Hrsg.), Neuropsychologische Rehabilitation. Springer, Berlin u.a.

Creutzfeldt, O.D. (1983): "Cortex Cerebri. Leistung, strukturelle und funktionelle Organisation der Hirnrinde", Springer, Berlin u.a.

Crick, F. (1994): "Was die Seele wirklich ist: Die naturwissenschaftliche Erforschung des Bewußtseins", München, Artemis & Winkler

Csikszentmihalyi, M.; E. Rochberg-Halton (1981): „The Meaning of Things. Domestic Symbols and the Self", Cambridge 1981

Damasio, A.R. (1994): "Descartes' Irrtum. Fühlen, Denken und das menschliche Gehirn", List, München

Dasgupta, P.; P. Stoneman, Hrsg. (1987): "Economic policy and technological performance", Cambridge, Cambridge University Press

Deecke, L. (1996): "Planning, preparation, execution, and imagery of volitional action", Cognitive Brain Research 3: 59-64

Deecke, L.; H. H. Kornhuber (1978): "An electrical sign of participation of the mesial 'supplementary' motor cortex in human voluntary finger movement", Brain Res. 159: 473-476

Dennett, D.C. (1987): "The Intentional Stance", Cambridge, MA und London, MIT Press.

Dertouzos, M. et al. (1989): "Made in America. Regaining the Productive Edge", MIT, Cambridge/USA

Deubel, H.; W. X. Schneider (1996): "Saccade Target Selection and Object Recognition: Evidence for a Common Attentional Mechanism", Vision Research, 36, 1827-1837

Deubel, H.; W. X. Schneider; I. Paprotta (1998): "Selective dorsal and ventral processing: Evidence for a common attentional mechanism in reaching and perception", Visual Cognition, 5(1/2), 81-107

Diehle, A. (1987): "Zur Herkunft des Willensbegriffs", in: H. Heckhausen, P.M. Gollwitzer und F.E. Weinert (Hrsg.) Jenseits des Rubikon. Der Wille in den Humanwissenschaften. Springer, Berlin u.a., S. 29-32

Dienel, H.-L. (1992): "Zum Begriff des technologischen Stils: Nationale technologische Stile in der deutschen und amerikanischen Kältetechnik 1850-1950", in: Technik - Kultur - Arbeit. Geschichte der industriellen Arbeit. Band 2, Marburg 1992, S. 35-55

Dienel, H.-L. (1995 I): "Sociological and Economic Technology Research. A Guideline for the History of Technology?", in: ICON 1(1995), S. 70-85

Dienel, H.-L. (1995 II): "Ingenieure zwischen Hochschule und Industrie. Kältetechnik in Deutschland und Amerika, 1870-1930", Göttingen

Dienel, H.-L. (1997): "Die Analyse von Handlungsspielräumen als Aufgabe für die Geschichtswissenschaft: Konkurrierende Güterfernverkehrssysteme im west-ost-deutschen Vergleich, 1945-95, S. 397-413 in: 100 Jahre LKW - Geschichte und Zukunft des Nutzfahrzeuges", Hrsg. Harry Niemann und Armin Herrmann, Franz Steiner Verlag Stuttgart

Dienel, H.-L.; P. Lyth (1998): "Flying the Flag. European Commercial Air Transport since 1945", London, New York

Dierkes, M. (1991): "Technology assessment for less industrialized countries", in: Wolfgang König etal (eds.): Technological development, society and state. Western and chinese civilizations in comparison. Singapore 1991, 241-251.

Dierkes, M. (1997) Hrsg.: "Technikgenese. Befunde aus einem Forschungsprogramm"

Dilthey, W. (1883): "Einleitung in die Geisteswissenschaften"

DiMaggio, P. J.; W. W. Powell (1991): "The Iron Cage Revisited: Institutional Isomorphism and Collective Rationality in Organizational Fields", in: W. W. Powell and P. J. DiMaggio, The New Institutionalism in Organizational Analysis, Chicago, S. 63-82.

Djelic, M.-L. (1998): "Exporting the American Model", Oxford

Dosi, G.; C. Freeman; R. Nelson; G. Silverberg; L. Soete (Hrsg.) (1988): "Technical Change and Economic Theory", London

Dreher, C.; J. Fleig; M. Harnischfeger; M. Klimmer (1995): "Neue Produktionskonzepte in der deutschen Industrie - Bestandsaufnahme, Analyse und wirtschaftspolitische Implikationen", Schriftenreihe des Fraunhofer-Institut für Systemtechnik und Innovationsforschung (ISI), Band 18, Physica-Verlag, Heidelberg

Duncan, J., G. Humphreys; R. Ward (1997): "Competitive brain activity in visual attention", Current Opinion in Neurobiology, 7, 255-261

Duncker, K. (1935): "Zur Psychologie des produktiven Denkens", Springer, Berlin

Dunnigan, J.; D. Masterson (1997): "The way of the warrior. Business tactics and techniques from history's twelve greatest generals", New York: St. Martin's Press

Eccles, J.C. (1982): "The initiation of voluntary movements by the supplementary motor area", Arch. Psychiatr. Nervenkr. 231: 423-441

Eccles, J.C. (1994): "Wie das Selbst sein Gehirn steuert", Piper, München

Eichengreen, B.; M. Uzan (1992): "The Marshall Plan: Economic Effects and Implications for Eastern Europe and the Former USSR", Centre for Economic Policy Research, Discussion Paper No. 638, März 1992

Eichengreen, B. (1995) Hrsg.: "Europe's Post-war Recovery", Cambridge

Engwall, L.; J.-L. Alvarez; R. P. Amdam; M. Kipping (1997): "The Creation of European Management Practice (CEMP)", Vorschlag an die EU-Kommission für ein Forschungsprojekt im Rahmen des Targeted Socio-Economic Research (TSER) Programms

Erbach, G.; G. Neumann; H. Uszkoreit (1997): „MULINEX: Multilingual Indexing, Navigation and Editing Extensions for the World-Wide Web", Proceedings AAAI Spring Symposium on Cross-Language Text and Speech Retrieval. Menlo Park CA

Ergas, H. (1987): "Does technology policy matter?", in: Guile, B., Brooks, H. (eds.): Technology and global industries, Washington, National Academy Press

Esken, F.; H.-D. Heckmann (1998) Hrsg.: "Bewußtsein und Repräsentation", Paderborn: Schöningh

EUROHORC (1997): "Reports on the Strengths and Weaknesses of European Science", European Science and Technology Assembly (ESTA) and European Union Research Organisations Heads of Research Councils (EUROHORC)

Fellbaum, Christiane (1998) Hrsg.: „WordNet: An Electronic Lexical Database", MIT Press, Cambridge, Maasachusets, USA

Finkler, W.; G. Neumann (1988): „MORPHIX. A Fast Realization of a Classification-Based Approach to Morphology", in: Trost, H. (Hrsg.): 4. Österreichische Artificial-Intelligence-Tagung. Wiener Workshop - Wissensbasierte Sprachverarbeitung. Proceedings. Berlin etc.: Springer, S.11-19

Fluhr, Chr. (1997): „Multilingual Information Retrieval", in: Cole R.A., J. Mariani, H. Uszkoreit, A. Zaenen, V. Zue (Hrsg.) Survey of the State of the Art in Human Language Technology, Cambridge University Press and Giardini

Foucault, M. (1991): "Nietzsche, die Genealogie, die Historie", in: Alfredo Guzzoni (Hrsg.): 100 Jahre philosophische Nietzscherezeption. Frankfurt, S. 103-126

Freeman, C. (1982): "The Economics of Industrial Innovation", 2nd edition, London

Freund, H.-J. (1987): "Abnormalities of motor behavior after cortical lesions in humans", in: Handbook of Physiology. Vol. 5. Ed: Plum, F., Williams and Wilkins, Baltimore, S. 763-810

Freund, H.-J. (1995): "The Apraxia. In. Recent advances in clinical neurology", Ed. Ch. Kennard, Churchill Livingstone, New York, S. 29-49

Freund, H.-J. (1997): "Die kortikale Organisation der Sensomotorik", Neuroforum 2: 42-50

Friedell, E. (1927): "Kulturgeschichte der Neuzeit", Band 1, C. H. Beck'sche Verlagsbuchhandlung München

Fridenson, P. (1994): "La circulation internationale des modes manageriales", in: J.-P. Bouilloud and B.-P. Lecuyer, Hrsg.: L'invention de la gestion. Histoire et pratiques, Paris, L'Harmattan, S. 81-89.

Frith, C.D. (1992): "The Cognitive Neuropsychology of Schizophrenia", Lawrence Earlbaum, Hove, Hillsdale

Fritsch, M. (1995): "The market - market failure, and the evaluation of technology promoting programmes", in: Becher, G., Kuhlmann, S. (eds.): Evaluation of technology policy programmes in Germany, London, Kluwer Academic Publishers

Gall, L. (1997): "Das Argument der Geschichte. Überlegungen zum gegenwärtigen Standort der Geschichtswissenschaft", in: Historische Zeitschrift 264

Gehrke, B.; H. Grupp (1994): "Innovationspotential und Hochtechnologie - technologische Position Deutschlands im internationalen Wettbewerb", Schriftenreihe des Fraunhofer-Instituts für Systemtechnik und Innovationsforschung (ISI), Band 8, Physica-Verlag, Heidelberg

Gell-Mann, M. (1994): "Das Quark und der Jaguar. Vom Einfachen zum Komplexen – die Suche nach einer neuen Erklärung der Welt", München, Zürich: Piper

Gerhardt, V. (1992): "Friedrich Nietzsche", München 1992, S. 104-105

Gerschenkron, A. (1966): "Economic backwardness in historical perspective. A book of essays", Cambridge/Mass. 1966, 5-30

Gerybadze, A.; F. Meyer-Krahmer; G. Reger (1997): "Globales Management von Forschung und Innovation", Stuttgart, Schäffer-Poeschel Verlag

Gerybadze, A.; F. Meyer-Krahmer; St. Schrader; T. Sommerlatte (1997) Hrsg.: "Internationales Management und Innovation", Stuttgart 1997

Geus, A. de (1997): "The Living Company", Boston: Harvard Business School Press 1997, S. 34-37

Gibbons, M.; C. Limoges; H. Nowotny; S. Schwartzman; P. Scott; M. Trow (1994): „The New Production of Knowledge. The Dynamics of Science and Research in Contemporary Societies", London/Tousend Oaks/New Delhi, Sage

Glastetter, W.; R. Paulert; U. Spörel (1983): „Die wirtschaftliche Entwicklung in der Bundesrepublik Deutschland 1950-1980. Befunde, Aspekte, Hintergründe", Frankfurt am Main 1983

Goeudevert, Daniel (1990): "Die Zukunft ruft", Herford

Goldstein, E. B. (1997): "Wahrnehmungspsychologie", Heidelberg, Spektrum

Gollwitzer, P. M. (1987): "Suchen, Finden und Festigen der eigenen Identität: Unstillbare Zielintentionen", in: H. Heckhausen, P.M. Gollwitzer und F.E. Weinert (Hrsg.) Jenseits des Rubikon. Der Wille in den Humanwissenschaften. Springer, Berlin u.a., S. 176-189

Goodale, M. A.; A. D. Milner (1992): "Separate Visual Pathways for Perception and Action", Trends in Neurosciences, 15, 20-25

Goschke, T. (1995): "Wille und Kognition: Zur funktionalen Architektur der intentionalen Handlungssteuerung", in: Enzyklopädie der Psychologie. Motivation, Volition und Handlung. Motivation und Emotion, 4. Hogrefe, Göttingen u.a.

Greenaway, P. (1997) im Gespräch mit Hannah Hurtzig: "Richtiges Kino kommt erst noch", in Heinrich von Pierer und Bolko von Oetinger, a.a.O., S. 32

Grivois, H.; J. Proust (1998) Hrsg.: "Subjectivité et Conscience d'Agir", Paris: Presses Universitaires de France

Grupp, H. (1993) Hrsg.: "Technologie am Beginn des 21. Jahrhunderts", Schriftenreihe des Fraunhofer-Instituts für Systemtechnik und Innovationsforschung (ISI), Band 3, Physica-Verlag, Heidelberg

Grupp, H.; U. Schmoch (1992): "Wissenschaftsbindung der Technik. Panorama der internationalen Entwicklung und sektorales Tableau für Deutschland", Physica-Verlag, Heidelberg

Guillén, M. F. (1994): "Models of Management. Work, Authority, and Organization in a Comparative Perspective", Chicago, The University of Chicago Press

van Gulick, R. (1988a): "Consciousness, intrinsic intentionality, and self-understanding machines", in A. Marcel & E. Bisiach (eds), Consciousness in Contemporary Science, Oxford, Oxford University Press

van Gulick, R. (1988b): "A functionalist plea for self-consciousness" Philosophical Review, 97, 149-88

Hall, E. (1976): "Beyond Culture", Garden City, NY

Hamp, B.; H. Feldweg (1997): „GermaNet – a Lexical-Semantic Net for German", in: P. Vossen, N. Calzolari, G. Adriaens, A. Sanfilippo, Y. Wilks (Hrsg.) Proceedings of the ACL/EACL-97 workshop „Automatic Information Extraction and Building of Lexical Semantic Ressources for NLP Applications", Madrid

Hank, R. (1998): "In der Welt AG", in: Frankfurter Allgemeine Zeitung, 22. Juli

Hanusch, H.; U. Cantner (1993): "Neuere Ansätze in der Innvationstheorie und der Theorie des technischen Wandels - Konsequenzen für eine Industrie- und Technologiepolitik, in : Meyer-Krahmer, F. (Hrsg.): Innovationsökonomie und Technologiepolitik - Forschungsansätze und politische Konsequenzen, Heidelberg, S. 11 - 46

Harman, D. (1993): „The DARPA TIPSTER Project SIGIR Forum", 26(2), S. 26-28

Harris, J. (1985): "Industrial Espionage in the Eighteenth Century", in: Industrial Archeology 7(1985), 127-138

Haupt, H.-G.; J. Kocka (Hrsg.) (1996): "Geschichte und Vergleich. Ansätze und Ergebnisse international vergleichender Geschichtsschreibung", New York

Heckhausen, H. (1987): "Perspektiven einer Psychologie des Wollens", in: H. Heckhausen, P.M. Gollwitzer und F.E. Weinert (Hrsg.) Jenseits des Rubikon. Der Wille in den Humanwissenschaften. Springer, Berlin u.a., S. 121-142

Hemer, J.; S. Lange (1990): "Workshop: Produktion multilingualer Dokumente", Bremen

Henderson, B. D. (1993) "Das Konzept der Strategie" und "Geht es um Strategie – Schlag bei Darwin nach", in Bolko v. Oetinger (Hg.), Das Boston Consulting Strategie-Buch. Die wichtigsten Managementkonzepte für den Praktiker, Düsseldorf, Wien, New York, Moskau: Econ-Verlag 1993. S. 20-61

Hiessl, H.; D. Toussaint (1995): "Ansätze zur Schließung von Stoffkreisläufen im Rahmen einer Kreislaufwirtschaft", Beitrag zum Workshop "Entsorgung von Produkten und (sonder)-abfallvermeidende Produktgestaltung" des Umweltministeriums Baden-Württemberg und der Abfallberatungsagentur ABAG am 21. 11. 1995 in Stuttgart

Hindle, B.; St. Lubar (1988): "Engines of change. The American industrial revolution, 1790-1860", Washington 1988, 59-73

Hockerts, H. G. (1994): "Zeitgeschichte in Deutschland. Begriffe, Methoden, Themenfelder", S. 136 - 163 in: Paradigmen deutscher Geschichtswissenschaft, Hrsg. Ilko-Sascha Kowalczuk, Berliner Debatte, Berlin

Hofstadter, D. R. (1985): "Gödel, Escher, Bach - Ein endloses geflochtenes Band", Klett-Cotta, Stuttgart

Hofstede, G. (1980): "Culture's Consequences. International Differences in Work-related Values", London

Hofstede, G. (1993): "Interkulturelle Zusammenarbeit. Kulturen - Organisationen - Management", Wiesbaden

Hofstede, G. (1994): "Cultures and Organizations. Software of the Mind. Intercultural Cooperation and its Importance for Survival", London

Holtfrerich, C.-L. (1989): "The Monetary Unification Process in 19th-Century Germany: Relevance and Lessons for Europe Today", in: M. de Cecco and A. Giovannini (Hrsg.), A European Central Bank?, Cambridge, S. 216-243

Hounshell, D.; J. K. Smith (1988): "Science and corporate strategy. Du Pont R&D, 1902-1980," Cambride

Hubig, Chr. (1997): "Technologische Kultur", Leipzig

Huczynski, A. A. (1993): "Management gurus. What makes them and how to become one", London

Hughes, Th. (1983): "Networks of Power. Electrification in Western Society 1880-1930", Baltimore/London

Institut für Agrar- und Stadtökologische Projekte an der Humboldt-Universität zu Berlin (1998) Hrsg.: "Bauwerks-Großflächen-Naturierung", Berlin 1998.

d'Iribarne, Ph. (1993): "La logique de l'honneur. Gestion des entreprises et traditions nationales", 2. Aufl., Paris, 1993

Irwin, D. E. (1996): "Integrating information across saccadic eye movements", Current Directions in Psychological Science, 5, 94-100

Jaffe, A. (1988): "Demand and supply influences in R&D-intensity and productivity growth", in: Review of Economics and Statistics 70, S. 431-437

James, W. (1890): "Principles of Psychology", Nachdruck 1984, Encycopedia Brittanica, Chicago u.a.

Jeannerod, M. (1997): "The Cognitive Neuroscience of Action", Blackwell, Oxford

Jeremy, D. (1991): "Introduction: Some of the larger issues posed by technlogy transfer", in: David Jeremy (ed.): International technology transfer. Europe, Japan and the USA, 1700-1914. Aldershot 1991, 1-5;

Jeremy, D. J.; D. H. Stapleton (1991): "Transfers between culturally-related nations: The movement of textile and railroad technologies between Britain and the United States, 1780-1840. In: David Jeremy: (ed.): International Technology Transfer. Europe, Japan and the USA, 1700-1914. Aldershot 1991, 31-48.

Jones, G. (1995): "Business History: Theory and Concepts", in: Proceedings of the Conference on Business History, October 24 and 25, 1994, Rotterdam, S. 196-207

Kaelble, H. (1989): "Was Prometheus Most Unbound in Europe? The Labour Force in Europe During the Late XIXth and XXth Centuries", in: Journal of European Economic History, Bd. 18 (1989), S. 75-80

Kaiser, G. (1992): "Editorial" zu: Das Magazin, Wissenschaftszentrum Nordrhein-Westfalen 2/1992

Kandel, E.R.; J.H. Schwartz; T.M. Jessell (1991): "Principles of Neural Science", 3. Auflage, Elsevier, New York

Kant, I. (1987/1983): "Kritik der reinen Vernunft", Meiner, Hamburg

Kaplan, R. M.; M. Kay (1994): „Regular Models of Phonological Rule Systems", Computational Linguistics Vol. 20 No. 3 (20)3, S.331-378.

Kenney, M.; R. Florida (1995): "The Transfer of Japanese Management Styles in two US Transplant Industries: Autos and Electronics", Journal of Management Studies 32:6 (November), S. 789-802

Kieser, A. (1994): "Why Organization Theory Needs Historical Analyses – And How This Should be Performed", in: Organization Science 5, No. 4 (November), S. 608-620

Kieser, A. (1996): "Business Process Reengineering: Neue Kleider für den Kaiser?", in: Zeitschrift für Organisation 65, No. 3, S. 179-185

Kieser, A. (1998): "Communication Barriers between Management Science, Consultancies and Business Companies", Paper presented to Subtheme 7 (The Creation and Diffusion of Management Practices) of the 14th EGOS Colloquium in Maastricht, The Netherlands, 9-11 July

Kieser, A. (1998): "How Management Science, Consultancies and Business Companies (Do not) Learn from Each Other", Universität Mannheim, Sonderforschungsbereich 504: Rationalitätskonzepte, Entscheidungsverhalten und ökonomische Modellierung, No. 98-20, August

Kinsbourne, M. (1995): "Awareness of one's own body: An attentional theory of its nature, development, and brain basis", in Bermúdez et al.

Kipping, M. (1996): "The U.S. Influence on the Evolution of Management Consultancies in Britain, France, and Germany since 1945", in: Business and Economic History, Vol. 25, No. 1 (Herbst), S. 112-123

Kipping, M.; J.-P. Nioche (1997): "Politique de productivité et formations à la gestion en France (1945-1960): un essai non transformé", in: Entreprises et Histoire, No. 14 (June), S. 65-87

Kipping, M.; O. Bjarnar (1998) Hrsg.: "The Americanisation of European Business", London, Routledge

Kittredge, R.; A. Polguere; E. Goldberg (1986): „Synthesizing Weather Forecasts from Formated Data", COLING-86: Proceedings of the 11th International Conference on Computational Linguistics, Bonn, pp 563-565.

Kline, St. J. (1995): „Conceptual Foundation for Multidisziplinary Thinking“, Stanford(CA, Stanford University Press

Klodt, H. (1995): "Grundlagen der Forschungs- und Technologiepolitik", München, Vahlen

Kolb, B.; I. Q. Wishaw (1993): "Neuropsychologie", Spektrum, Heidelberg

Kolb, B.; I. Q. Wishaw (1990): "Fundamentals of human neuropsychology", New York, NY: W.H. Freeman and Company

Kornhuber, H.H. (1987): "Handlungsentschluß, Aufmerksamkeit und Lernmotivation im Spiegel menschlicher Hirnpotentiale. Mit Bemerkungen zu Wille und Freiheit", in: H. Heckhausen, P.M. Gollwitzer und F.E. Weinert (Hrsg.) Jenseits des Rubikon. Der Wille in den Humanwissenschaften. Springer, Berlin u.a., S. 376-401

Kornhuber, H.H.; L. Deecke (1965): "Hirnpotentialänderungen bei Willkürbewegungen und passiven Bewegungen des Menschen: Bereitschaftspotential und reafferente Potentiale", Pflügers Archiv für Gesamte Physiologie 284: 1-17

Kosslyn, S. M.; O. Koenig (1992): "Wet mind: the new cognitive neuroscience", New York, NY: The Free Press

Kranzberg, M. (1990): The uses of history in Studies of Science, Technology, and Society. In: Bulletin of Science, Technology, and Society 10(1990), 6-11

Krugman, P. (1994): "Competitiveness: A Dangerous Obsession", in: Foreign Affairs 73, Nr. 2, März/April, S. 28-44

Küppers, B. O. (1994): "Ist die Biologie eine Geisteswissenschaft?", S. 68 - 82 in: Vom Chaos zur Endophysik - Wissenschaftler im Gespräch, Hrsg. Florian Rötzer, Klaus Boer Verlag, München

Lane, Chr. (1989): "Management and Labour in Europe. The Industrial Enterprise in Germany, Britain and France", Aldershot, Edward Elgar

Lange, S. (1984) Hrsg.: "Ermittlung und Bewertung industrieller Risiken", Springer-Verlag, Berlin

Lange, S. (1992): "Der Weg zum europäischen Museumsnetz", Ars Electronica 1992

Lange, S. (1994): "Unsichtbares sichtbar machen und neue Wirklichkeit entstehen lassen - Räumlichkeit als Herausforderung für die Informationstechnik", S. 384ff in: Herausforderungen für die Informationstechnik, Hrsg. Peter Zoche, Schriftenreihe des Fraunhofer-Institut für Systemtechnik und Innovationsforschung (ISI), Band 7, Physica-Verlag, Heidelberg

Laszlo, E.; Chr. Laszlo; A. von Liechtenstein (1992): "Evolutionäres Management. Globale Handlungskonzepte", Fulda: PAIDIA Verlag

LeDoux, J. (1998): "Das Netz der Gefühle. Wie Emotionen entstehen", Carl Hanser Verlag München-Wien

Libet, B. (1985): "Unconscious cerebral initiative and the role of conscious will in voluntary action", Behav. Brain Sci. 8: 529-566

Libet, B. (1990): "Cerebral processes that distinguish conscious experience from unconscious mental functions", in: J.C. Eccles und O.D. Creutzfeldt (eds.) The principles of design and operation of the brain. Pontificae Academiae Scientiarum Scripta Varia 78: 185-202

Libet, B.; C.A. Gleason; E.W. Wright; D.K. Pearl (1983): "Time of conscious intention to act in relation to onset of cerebral activity (readiness-potential)", Brain 106: 623-642

Lillrank, P. (1995): "The Transfer of Management Innovations from Japan", in: Organization Studies 16, No. 6, S. 971-989

Lottermann, St.; Chr. Bolduan 1998: "Das im Unternehmen vorhandene Wissen muß besser erschlossen werden", in: FAZ, 26.10.1998, Nr. 248, S. 37

Lundvall, B.-A. (Hrsg.) (1992): "National Systems of Innovation: An Analytical Framework", London

Lycan, W.G. (1996): "Consciousness and Experience", Cambridge, MA, MIT Press

Maddison, A. (1995): Monitoring the World Economy 1820-1992, Paris

Madrick, J. (1998): Computers: Waiting for the Revolution, The New York Review of Books, vol.XLV, no. 5 (March 26), S. 29-33.

Mai, M. (1994): Zur Steuerbarkeit technischer Systeme und zur Steuerungsfähigkeit des Staates. In: Zeitschrift für Soziologie 23(1994), 447-459

Mainzer, K. (1997): "Kopf oder Computer", Spektrum der Wissenschaft, Oktober 1997, S. 34 - 48

Makino,T.; M. Yoshida; K. Torisawa; J. Tsujii (1998): „LiLFeS -- Towards Practical HPSG Parsers", in: Proceedings of COLING-ACL '98 August

Marcus, M.; B. Santorini; M.-A. Marcinkiewicz (1993): „Building a large annotated corpus of English: The Penn Treebank", Computational Linguistics, 19.2, S. 313-330

Marquard, O. (1987): Apologie des Zufälligen, Reclam, Stuttgart

Marquard, O. (1998): Interdisziplinarität als Kompensation. Zum Dialog zwischen Natur- und Geisteswissenschaften", in: Universitas, 53. Jg., Nr. 625, S. 609-918

Maunsell, J. H. R. (1995): "The brain's visual world: Representation of visual targets in cerebral cortex", Science, 270, 764-769

Mayer, N. Z. (1996): "More Fragmentation? Unfinished Business in Linking the Social Sciences and the Humanities", in: Administrative Science Quarterly 41, S. 251-261

Melzack, R. (1989): "Phantom limbs, the self and the brain: The D.O. Hebb memorial lecture", Canadian Psychology, 30, 1-16

Melzack, R. (1992): "Phantom limbs", Scientific American, 266, 90-6

Metzinger, T. (1993): "Subjekt und Selbstmodell. Die Perspektivität phänomenalen Bewußtseins vor dem Hintergrund einer naturalistischen Theorie mentaler Repräsentation", Paderborn: Schöningh. [Erste Auflage vergriffen]

Metzinger, T. (1994): "Schimpansen, Spiegelbilder, Selbstmodelle und Subjekte", in S. Krämer (Hrsg.), Geist - Gehirn - Künstliche Intelligenz, Zeitgenössische Modelle des Denkens, Berlin, Walter de Gruyter

Metzinger, T. (1995a): "Phänomenale mentale Modelle", in K. Sachs-Hombach (Hrsg.), Bilder im Geiste: Zur kognitiven und erkenntnistheoretischen Funktion piktorialer Repräsentationen. Reihe "Philosophie & Repräsentation". Amsterdam and Atlanta, GA: Rodopi

Metzinger, T. (1995b; 3., erweiterte Auflage 1996) Hrsg.: "Bewußtsein - Beiträge aus der Gegenwartsphilosophie", Paderborn, Schöningh

Metzinger, T. (1996): "Niemand sein"., in S. Krämer (Hrsg.), Bewußtsein - Philosophische Positionen, Frankfurt am Main, Suhrkamp

Metzinger, T. (1997): "Ich-Störungen als pathologische Formen mentaler Selbstmodellierung", in Northoff, G. (Hrsg.), Neuropsychiatrie und Neurophilosophie, Paderborn, Schöningh

Metzinger, T. (1995) Hrsg.: "Bewußtsein - Beiträge aus der Gegenwartsphilosophie", Schöningh, Paderborn

Meyer, E., Vice-President for Human Resources, Daimler-Benz, Tuscaloosa (1998): in: Financial Times, 15. Juli 1998

Meyer-Krahmer, F. (1993) Hrsg.: "Innovationsökonomie und Technikpolitik. Forschungsansätze und politische Konsequenzen", Physica-Verlag, Heidelberg

Micklethwaite, J.; A. Wooldridge (1996): "The Witch Doctors. What the management gurus are saying, why it matters and how to make sense of it", London

Milner, A. D.; M. A. Goodale (1995): "The Visual Brain In Action", New York: Oxford University Press

Mittelstraß, J. (1987): "Der arme Wille: Zur Leidensgeschichte des Willens in der Philosophie", in: H. Heckhausen, P.M. Gollwitzer und F.E. Weinert (Hrsg.) Jenseits des Rubikon. Der Wille in den Humanwissenschaften. Springer, Berlin u.a., S. 33-48

Mittelstraß, J. (1992): "Leonardo-Welt - Über Wissenschaft, Forschung und Verantwortung", Suhrkamp Taschenbuch Wissenschaft 1042, Frankfurt

Mokyr, J. (1990 I): "The lever of riches. Technological creativity and economic progress", Oxford 1990, 208-238

Mokyr, J. (1990 II): "The historical roots of technological creativity", in: Joel Mokyr: Twenty-Five centuries of technological change. An historical survey. Chur/London/Paris 1990, 101-117

Moritz, E. F. (1997): "Market versus customer orientation. Smilarity versus differentiation, synthesis versus analysis. Ten theses illustrating differences in product innovation between Japan and Germany", in: Yoshimi Ito and Eckehard F. Moritz (eds). Synergy of culture and production. Sottrum 1997, 177-204.

Mowery, D. (1994): "Science and Technology Policy in Interdependent Economies", Boston, Kluwer Academic Publishers

Mowery, D.; N. Rosenberg (1989) Hrsg.: "Technolgoy and the pursuit of economic growth", Cambridge

Mowery, D.; J.E. Oxley 1995: "Inward technology transfer and competiveness. The role on national innovation systems", in: Cambridge Journal of Economics 19(1995), 67-93

Mulisch, H. (1997) im Gespräch mit P. Saalbach: "Man muß ablernen", in Heinrich von Pierer und Bolko von Oetinger, a.a.O., S. 189-194, S. 191

Nagel, T. (1992): "Der Blick von nirgendwo", Frankfurt am Main, Suhrkamp

Naschold, F. et al (1997) Hrsg.: "Ökonomische Leistungsfähigkeit und institutionelle Innovation. Das deutsche Produktions- und Politikregime im globalen Wettbewerb", WZB-Jahrbuch 1997. Berlin 1997

Neisser, U. (1967): "Cognitive psychology", New York: Appleton-Century-Crofts

Nelson, R. (ed.) (1993): "National Innovation Systems. Comparative Analysis", New York

Netter, K. (1998): „POP-EYE and OLIVE - Human Language as the Medium for Cross-lingual Multimedia Information Retrieval", in: Languages and the Media. Proceedings of the 2nd International Conference on Quality and Standards in Audiovisual Language Transfer Berlin, October

Neumann, G.; R. Backofen; J. Baur; M. Becker; C. Braun (1997): „An Information Extraction Core System for Real World German Text Processing", in: Proceedings of 5th ANLP, Washington, March

Neumann, O.; W. Prinz (1987): "Kognitive Antezedenzien von Willkürhandlungen", in: H. Heckhausen, P.M. Gollwitzer und F.E. Weinert (Hrsg.) Jenseits des Rubikon. Der Wille in den Humanwissenschaften. Springer, Berlin, S. 195-215

Nieuwenhuys, R.; J. Voogd; Chr. van Huijzen (1991): "Das Zentralnervensystem des Menschen", Springer, Berlin u.a.

Nowotny, H. (1997): „Über die Multiplizität des Neuen", in: Technik und Gesellschaft, Jahrbuch 9: „Innovation - Prozesse, Produkte, Politik", Frankfurt a.M./New York, Campus

Oard, D. W.; B. J. Dorr (1996): „A Survey of Multilingual Text Retrieval", UMIACS-TR-96-19 University of Maryland, Institute for Advanced Computer Studies

Oard, D. W. (o.J.): "Alternative Approaches for Cross-Language Text Retrieval," in Cross-Language Text and Speech Retrieval, AAAI Technical Report

OECD (1993a): "The Impacts of National Technology Programmes", Paris

OECD (1993b): "National Systems for Financing Innovation", Paris

OECD (1995): „Historical Statistics 1960-1993", Paris.

OECD (1997): „Labour Force Statistics, 1976–1996", Paris

Oepen, St.; D. Flickinger (im Druck): „Towards systematic grammar profiling: Test suite technology ten years after", in: R. Gaizauskas (Hrsg.), Journal of Computer Speech and Language Special Issue on Evaluation in Speech and Language Technology

O'Shaughnessy, B. (1995): "Proprioception and the body image", in Bermúdez et al.

Pashler, H. E. (1997): "The psychology of attention", Cambridge, MA: MIT Press

Passingham, R. (1993): "The frontal lobes and voluntary action", Oxford University Press, Oxford, New York, Tokyo

Paulinyi, A. (1993): "Machine Tools in the Transfer Policy of the Prussion "Gewerbeförderung" (1820-1840)", in: Dan Christensen (ed.): European Historiography of Technology. Odense 1993, 17-30

Pavitt, K.; B. Patel (1988): "The International Distribution and Determinance of Technological Activities", in: Oxford Review on Economic Policy 4

Penrose, R. (1995): "Schatten des Geistes. Wege zu einer neuen Physik des Bewußtseins", Spektrum Akademischer Verlag, Heidelberg

Peters, T.; R. H. Waterman (1982): "In Search of Excellence", London

*Picot, A.; R. Reichwald; R. T. Wigand (*1996): „Die grenzenlose Unternehmung. Information, Organisation und Management", Wiesbaden

Pierer, H. von; B. von Oetinger (1997): "Wie kommt Das Neue in die Welt?", München

Plumpe, W. (1998): "Das Unternehmen als soziale Organisation - Thesen zu einer erneuerten historischen Unternehmensforschung, in: Akkumulation, No. 11, S. 1-7

Pollard, C.; I. A. Sag (1994): „Head-Driven Phrase Structure Grammar", Studies in Contemporary Linguistics, University of Chicago Press, Chicago/London

Pöppel, E. (1994): "Wenn die Maschine läuft, ist sie nicht mehr zu reparieren", S. 148 - 160 in: Vom Chaos zur Endophysik - Wissenschaftler im Gespräch, Hrsg. Florian Rötzer, Klaus Boer Verlag, München 1994

Porter, M. (1991): "The Competitive Advantage of Nations", New York, The Free Press

Poser, H. (1991): "Technology transfer and cultural background", in: Wolfgang König et al. (eds.): Technological development, society and state. Western and chinese civilizations in comparison. Singapore 1991, 73-91

Posner, M. I.; M. E. Raichle (1994): "Images of Mind", New York: Scientific American Library

Prinz, W. (1996): "Freiheit oder Wissenschaft?" in: von Cranach, M. und Foppa, K. (Hrsg.) Freiheit des Entscheidens und Handelns. Roland Asanger, Heidelberg, S. 86-103

Prinz, W. (1997): "Perception and action planning", European Journal of Cognitive Psychology, 9, 129-154

Prinz, W. (1998): "Bewußtsein und Ich-Konstitution", in G. Roth & W. Prinz (Hrsg.), Kopf-Arbeit - Gehirnfunktionen und kognitive Leistungen, Heidelberg, Spektrum Verlag

Projektträger Biologie, Energie, Ökologie des BMBF (1997): "Einsatz neuer Technologien in den Geisteswissenschaften", Projektträger Biologie, Energie, Ökologie des BMBF, Forschungszentrum Jülich GmbH

Radkau, J. (1988): "Hiroshima und Asilomar - Die Inszenierung des Diskurses über die Gentechnik vor dem Hintergrund der Kernenergie-Kontroverse", S. 329ff. in: Geschichte und Gesellschaft 14 (1988), Vandenhoeck & Ruprecht

Radkau, J. (1989): "Technik in Deutschland. Vom 18. Jahrhundert bis zur Gegenwart", Frankfurt 1989, 120 u. 149

Radkau, J. (1995): "Techniksteuerung und historische Erfahrung", in: Herbert Kubicek und Peter Seeger (Hg): Perspektive Techniksteuerung. Interdisziplinäre Sichtweisen eines Schlüsselproblems entwickelter Industriegesellschaften, Berlin 1995, 181-191

Rammert, W. (1997) Hrsg.: "Innovation im Netz", in: Soziale Welt 48, S. 1 - 20

Rammert, W. (1998) Hrsg.: "Technik und Sozialtheorie", Frankfurt/ New York

Ramser, H. (Hrsg.) (1993): "Industrieökonomik und Innovationstheorie", Zeitschrift für empirische Wirtschaftsforschung, Berlin

Rasch, M. et al. (1997) Hrsg.: "Industriefilm: Medium und Quelle. Beispiele aus der Eisen- und Stahlindustrie", Essen

Réal, B. (1990): La puce et le chomage. Essai sur la relation entre le progrès technique, la croissance et l'èmploi, Paris

Reich, R. B. (1991): The Work of Nations. Preparing Ourselves for the 21st Century Capitalism, New York

Rensink, R. A.; J. K. O'Regan; J. J. Clark (1997): "To see or not to see: The need for attention to perceive changes in scenes", Psychological Science, 8, 368-373

Rihm, W. (1997) im Gespräch mit Margarete Zander: "Vertraue auf die Schwerkräfte", in Heinrich von Pierer und Bolko von Oetinger, a.a.O., S. 115-119, S. 116

Ritter, H. (1997): "Kopf oder Computer", Fachgespräch und Artikel in: Spektrum der Wissenschaft, Oktober 1997, S. 34 - 48

Rizzolatti, G.; L. Fogassi; V. Gallese (1997): "Parietal cortex: From sight to action", Current Opinion in Neurobiology, 7, 562-567

Rizzolatti, G.; M. Gentilucci; M. Matelli (1985): "Selective spatial attention: One center, one circuit, or many circuits?", in M. I. Posner & O. S. Marin (Eds.), Attention and Performance XI (pp. 251-265). Hillsdale, NJ: Lawrence Erlbaum Associates

Rogers, E. M. (1995): "The Diffusion of Innovations", 3. Auflage, New York

Roland, P.E.; B. Larsen; N. A. Lassen; E. Skinhut (1980): "Supplementary motor area and other cortical areas in organization of voluntary movements in man", J. Neurophysiol. 43: 118-136

Ronen, S. (1986): "Comparative and multinational management", New York

Ropohl, G. (1987): "Technikbewertung als gesellschaftlicher Lernprozeß", in: Technik und Ethik, Hrsg. von H. Lenk/ G. Ropohl, Stuttgart, S. 268ff.

Rosenberg, N. (1981): "Why in America?", in: Otto Mayr and Robert C. Post (eds.): Yankee Enterperise. The rise of American system of manufactures. Washington 1981, 49-63

Rosenberg, N. (1982): "Inside the black box. Technology and economics", Cambridge

Rosenberg, N. (1994): "Exploring the black box. Technology, Economics and History", Cambridge/New York

Roth, G. (1996): "Das Gehirn und seine Wirklichkeit. Kognitive Neurobiologie und ihre philosophischen Konsequenzen", Suhrkamp, Frankfurt

Roth, G. (1995): "Das Verhältnis von Philosophie und Neurowissenschaften bei der Beschäftigung mit dem Geist-Gehirn-Problem", S. 139-151 in: "Philosophische Orientierung - Festschrift zum 65. Geburtstag von Willi Oelmüller", Hrsg. Friedrich Hermanni und Volker Steenblock, Wilhelm Fink Verlag, München

Roth, G. (1997): "Gehirn und Bewußtsein", S. 32ff in: Das Rätsel von Leib und Seele, Hrsg. R. Breuer, Deutsche Verlagsanstalt, Stuttgart

Roussel, M.; Rainer Hank (1998): "In der Welt AG", in: Frankfurter Allgemeine Zeitung, 22. Juli 1998

Sachverständigenrat zur Begutachtung der gesamtwirtschaftlichen Entwicklung (1994): "Jahresgutachten 1993/94, Teil B, VIII"

Samli, A. C. (1985): "Technology transfer to third world countries and economic development", in: A. Coskun Samli (ed.): Technology transfer. Geographical, economic, cultural, and technical dimensions. Westport 1985, 17-26

Scheerer, E. (1991a): Artikel "Repräsentation I .1, I.2, 1.4 (Antike, Mittelalter, 17. und 18. Jahrhundert)", in Ritter, J. & Gründer, K. (Hrsg.), Historisches Wörterbuch der Philosophie, Band 8: 790ff., Basel, Schwabe & Co. AG.

Scheerer, E. (1991b): Artikel "Repräsentation IV. (Psychologie und Kognitionswissenschaft)". In Ritter, J. & Gründer, K. (Hrsg.), Historisches Wörterbuch der Philosophie, Band 8: 834ff., Basel, Schwabe & Co. AG.

Schein, E. (1996): "Culture: The Missing Concept in Organization Studies", in: Administrative Science Quarterly 41, S. 229-240

Schiller, F. (1945): "Was heißt und zu welchem Ende studiert man Universalgeschichte? Eine akademische Antrittsrede", Schillers Historische Schriften, herausgegeben und eingeleitet von Edgar Bonjour, Erster Band, Basel: Burg Verlag, S. 29-55

Schnabel, U.; A. Sentker (1998): "Der Traum von der Wirklichkeit", in: Die Zeit, vom 2. Juli 1998

Schnabel, F. (1925): „Die Anfänge des technischen Hochschulwesens", Karlsruhe

Schnabel F. (o.J.): „Deutsche Geschichte im 19. Jahrhundert"

Schneider, W. X. (1995): "VAM: A neuro-cognitive model for visual attention control of segmentation, object recognition, and space-based motor action", Visual Cognition, 2, 331-375

Schneider, W. X. (im Druck): "Visual-spatial working memory, attention, and scene representation: A neuro-cognitive theory", Psychological Research

Schneider, W. (1976): "Wörter machen Leute - Magie und Macht der Sprache", Piper Verlag München, Zürich, S.13

Scholz, O.R. (1991): Artikel "Repräsentation III. (19. und 20. Jahrhundert)". In Ritter, J. & Gründer, K. (Hrsg.), Historisches Wörterbuch der Philosophie, Band 8: 826ff., Basel, Schwabe & Co. AG.

Schultz, U. (1965): "Immanuel Kant", rowohlts Monographien, Hamburg: Rowohlt Taschenbuch Verlag 1965, S. 9

Schummer, J. (1996): "Philosophie der Stoffe: Bestandsaufnahme und Ausblick", S. 143-164 in: "Philosophie der Chemie - Bestandsaufnahme und Ausblick", Hrsg. Nikos Psarros, Klaus Ruthenberg, Joachim Schummer, Königshausen & Neumann, Würzburg 1996

Schumpeter, J. A. (1964): "Theorie der wirtschaftlichen Entwicklung", 6. Auflage, Berlin

Shallice, T. (1988): "From Neuropsychology to Mental Structure", Cambridge University Press, Cambridge Mass.

Shaw, G. B. (1909): "Der Arzt am Scheideweg", Komödie in 5 Akten, Fischer, Berlin

Siemens (1998): "Standpunkt", Heft 2/1998

Simons, D.J.; D. T. Levin (1997): "Change blindness", Trends in Cognitive Sciences , 1(7), 261-267

Skut, W.; T. Brants (1998): „A Maximum-Entropy Partial Parser for Unrestricted Text“, in: Proceedings of the Sixth Workshop on Very Large Corpora (WVLC-6), August 15-16, Montréal, Québec, Canada

Skut, W.; B. Krenn; T. Brants; H. Uszkoreit (1997): „An Annotation Scheme for Free Word Order Languages“, in: Proceedings of the Fifth Conference on Applied Natural Language Processing (ANLP) Washington, D.C., March 31 - April 3

Smith, K. (1991): "Innovation Policy in an Evolutionary Context", in: Saviotti, P. P., Metcalfe, J. S. (eds.): Evolutionary Theories of Economic and Technological Change, Harwood Academic Publishers, Reading, pp. 256-275

Spranz-Fogasy, T. (1997): "David und Goliath - Bürger in umweltpolitischen Auseinandersetzungen mit Behörden und Verwaltung", Vortrag auf der 28. Jahrestagung der Gesellschaft für Angewandte Linguistik e. V. GAL in Bielefeld 1997

Strambach, S. (1997): "Wissensintensive unternehmensorientierte Dienstleistungen – ihre Bedeutung für die Innovations- und Wettbewerbsfähigkeit Deutschlands", in: Vierteljahrshefte zur Wirtschaftsforschung, 66, No. 2, S. 230-242

Suematsu, H. (1993): „Current Status of the DER Electronic Dictionary Project and Ist Evaluation Research“, New Generation Computing 12(3), S. 311-316

Swedberg, R. (1994): "Joseph A. Schumpeter. Eine Biographie", Stuttgart: Klett-Cotta, S. 215

Sywottek, A. (1974): "Geschichtswissenschaft in der Legitimationskrise. Ein Überblick über die Diskussion um Theorie und Didaktik der Geschichte in der Bundesrepublik Deutschland 1969-73", Bonn-Bad Godesberg

Tanji, J. (1996): "Involvement of motor areas in the medial frontal cortex of primates in temporal sequencing of multiple movements", in: R. Caminiti, K.-P. Hoffmann, F. Lacquaniti and J. Altman (eds.): Vision and movement mechanisms in the cerebral cortex. Human Frontier Science Program, Strasburg, S. 63-70

Tsutomu, D. (1980): "Der deutsche Einfluss auf die japanische Motorrad-Industrie der Nachkriegszeit", in: Erich Pauer (ed.): Technologietransfer Deutschland - Japan : Von 1850 bis zur Gegenwart. München 1992, 207-223

Treisman, A.; G. Gelade (1980): "A feature-integration theory of attention", Cognitive Psychology, 12, 97-136

Trompenaars, F. (1993): "Riding the Waves of Culture", London

Uszkoreit, H. (1997): "Sprache ohne Grenzen? Multilingualität auf dem Internet", S. 7ff in: Forum Sprache ohne Grenzen - Zukunftsorientierte Sprachtechnologie für die Informationsgesellschaft, Tagungsband

Uszkoreit, H. (im Druck): „Cross-Lingual Information Retrieval: From Naive Concepts to Realistic Applications", in: Language Technology in Multimedia Information Retrieval, Proceedings of the14th Twente Workshop on Language Technology 1998.

Uszkoreit, H.; R. Backofen; S. Busemann; A. K. Diagne; E. A. Hinkelman; W. Kasper; B. Kiefer; H. Krieger; K. Netter; G. Neumann; S. Oepen; S. Spackman (1994): „DISCO - An HPSG-based NLP System and its Application for Appointment Scheduling", in: Proceedings of the 15th COLING-94, Kyoto, Japan

Uszkoreit, H.; T. Brants; D. Duchier; B. Krenn; L. Konieczny; St. Oepen; W. Skut (1998): „Studien zur performanzorrientierten Linguistik. Aspekte der Relativsatzextraposition im Deutschen", in: Kognitionswissenschaft 7: S.129 - 133.

Uszkoreit, H.; A. Zaenen (1997): „Grammar Formalisms", in: R. A. Cole et al. (Hrsg.), Survey of the State of the Art in Human Language Technology, Cambridge University Press and Giardini

Vester, F. (1992): "Ausfahrt Zukunft. Strategien für den Verkehr von morgen. Eine Systemuntersuchung", München

Wahlster, W. (1993): „Verbmobil: Übersetzung von Verhandlungsdialogen", Verbmobil Verbundvorhaben/Report 1, Juli 1993 , DFKI

Waldenfels, B. (1991): "Umdenken der Technik", in: Technologisches Zeitalter oder Postmoderne?, Hrsg. von W. Chr. Zimmerli, München, 2. Aufl., 199-211

X *Walter, H. (1998):* "Neurophilosophie der Willensfreiheit", Reihe GEIST – ERKENNTNIS – KOMMUNIKATION, Paderborn, Schöningh

Weinert, F. E. (1987): "Bildhafte Vorstellungen des Willens", in: H. Heckhausen, P.M. Gollwitzer und F.E. Weinert (Hrsg.) Jenseits des Rubikon. Der Wille in den Humanwissenschaften. Springer, Berlin u.a., S. 10 – 26

Weinert, F. E. (1997): "Das Individuum", in Heinrich von Pierer und Bolko von Oetinger, a.a.O.,S.201-207, S.206

Weinrich, H. (1996): "Gibt es eine Kunst des Vergessens?" Jacob Burckhardt, Gespräche auf Castelen, Basel: Schwabe & Co Verlag

Weinrich, H. (1997): "Lethe. Kunst und Kritik des Vergessens", München: C.H. Beck

Whitley, R.; P. H. Kristensen (1997) Hrsg.: "Governance at Work. The Social Regulation of Economic Relations", Oxford, Oxford University Presse

Wiener, N. (1963): "Kybernetik : Regelung und Nachrichtenübertragung im Lebewesen und in der Maschine", Econ-Verlag, Düsseldorf und Wien

van Willigenburg, T. (1991): "Inside the Ethical Expert. Problem Solving in Applied Ethics", Kampen

Wilson, E. O. (1998): "Consilience, The unity of knowledge", Knopf, 1998

Winkler, H.; B. Grünig; M. Die (1996): VDI-Studie „Ingenieurbedarf", Universität Gesamthochschule Kassel

Yates, J. (1975): "The content of awareness is a model of the world", Psychological Review, 92, 249-84

Zapf, W. (Hrsg.) (1979): "Theorien des sozialen Wandels"

ZEIT und IBM Deutschland (1997): "Internet-Literaturpreis 1997"

Zeitlin, J. (1999): "Introduction", in J. Zeitlin und G. Herrigel (Hrsg.), Americanization and Its Limits, Oxford, Oxford University Presse, im Druck

Zeki, S.M. (1993): "A vision of the brain", Oxford: Blackwell Scientific Publications.

Zoche, P. (Hrsg.) (1994): "Herausforderungen für die Informationstechnik", Schriftenreihe des Fraunhofer-Instituts für Systemtechnik und Innovationsforschung (ISI), Band 7, Physica-Verlag, Heidelberg

Zysman, J. (1994): "How institutions create historically rooted trajectories of growth", in: Industrial and Corporate Change 3(1994), 243-283

Autorenverzeichnis

- *Peter Bosch*, IBM Deutschland Informationssysteme GmbH, Institut für Logik und Linguistik, Global Services, Vangerowstr 18, D-69115 Heidelberg, Fax 49-06221-593400, pbosch@de.ibm.com
- *Dr. Christoph-Friedrich Freiherr von Braun*, Mauerkircherstraße 12, D-81679 München, chr_von_braun@compuserve.com, 49-89-9827185
- *Norbert Brinkhoff-Button*, Europäische Kommission, Generaldirektion XIII, Language Engineering, DG XIII E4, EUFO 0-179, Batiment Jean Monnet, Rue Alcide de Gasperi, L-2920 Luxemburg, norbert.brinkhoff@lux.dg13.cec.be, Fax 352-4301-34999
- *Dr. Hans-Liudger Dienel*, Zentrum Technik und Gesellschaft der Technischen Universität Berlin, Hardenbergstraße 4-5, D-10623 Berlin, Dienel@ztg.tu-berlin.de, Fax 49-30-31426917
- *Dr. jur. Bernhard Döll*, Bundesminister für Bildung und Forschung BMBF, Referat Auslandsinstitute, Akademien, Geisteswissenschaften, Heinemannstraße 2, D-53170 Bonn, Fax 49-228-572096, BMBF@BMBF.Bund400.de
- *Prof. Dr. Erhard W. Hinrichs*, Seminar für Sprachwissenschaft, Eberhard-Karls-Universität Tübingen, Wilhelmstr. 113, D-72074 Tübingen, eh@sfs.nphil.uni-tuebingen.de, Fax 49-7071-550520
- *Prof. Dr. DLitt h.c. Gert Kaiser*, Wissenschaftszentrum NRW, Reichstraße 45, D-40217 Düsseldorf, Fax 49-211-370586
- *Dr. Matthias Kipping*, Centre for International Business History, The University of Reading, PO Box 218, Whiteknights, Reading RG6 6AA, UK, m.kipping@reading.ac.uk, Fax 44-118-9750236
- *Dr. Siegfried Lange*, Fraunhofer-Institut für Systemtechnik und Innovationsforschung (ISI), Breslauer Straße 48, D-76139 Karlsruhe, sl@isi.fhg.de, Fax 49-721-689152
- *Prof. Dr. Evelies Mayer*, Staatsministerin a.D., Technische Universität Darmstadt, Hochschulstrasse 10, 64289 Darmstadt, EMayer@ifs.tu-darmstadt.de, Fax : +49 6151 16 4981
- *PD Dr. Thomas Metzinger*, Hanse-Wissenschaftskolleg, Lehmkuhlenbusch 4, 27753 Delmenhorst, Tel. 04221-9160-0, metzinger@uni-bremen.de
- *Prof. Dr. Frieder Meyer-Krahmer*, Fraunhofer-Institut für Systemtechnik und Innovationsforschung (ISI), Breslauer Straße 48, D-76139 Karlsruhe, fmk@isi.fhg.de, Fax 49-721- 6809270

- *Dr. Bolko von Oetinger*, The Boston Consulting Group München, Sendlinger Str. 7, D-80331 München, oetinger.bolko.von@bcg.com, Fax 49-89-23174104
- *Prof. Dr. Joachim Radkau*, Fakultät für Geschichtswissenschaft und Philosophie der Universität Bielefeld, Universitätsstraße 25, D-33615 Bielefeld, Postfach 100131, D-33501 Bielefeld, Fax 49-521-8752853
- *Prof. Dr. Dr. Gerhard Roth*, Hanse-Wissenschaftskolleg, Lehmkuhlenbusch 4, 27753 Delmenhorst, Tel. 04221-9160-0, Zkwroth@uni-bremen.de, Fax 49-4221-9160199
- *PD Dr. Werner X. Schneider*, Ludwig-Maximilians-Universität München, Allgemeine und Experimentelle Psychologie, Leopoldstr. 13, D-80801 München, E-mail: wxs@psy.uni-muenchen.de, Fax 49-89-2180-5211
- *Prof. Dr. Bernd Thum*, Institut für Literaturwissenschaft, Mediävistik, Interkulturelle Germanistik, Technische Universität Karlsruhe, Postfach 6980, D-76128 Karlsruhe, ea01@rz.uni-karlsruhe.de, Fax 0721-608-4778
- *Prof. Dr. Hans G. Ulrich*, Institut für Systematische Theologie, Universität Erlangen-Nürnberg, Kochstraße 6, D-91054 Erlangen, HansG.Ulrich@t-online.de, Fax 49-9131-43147
- *Prof. Dr. Hans Uszkoreit*, Deutsches Forschungszentrum für Künstliche Intelligenz, Forschungsbereich Sprachtechnologie, Stuhlsatzenhausweg 3, D-66123 Saarbrücken, Johanns@dfki.de, Fax 49-681-3025338
- *Prof. Dr. Ulrich Wengenroth*, Zentralinstitut für Geschichte der Technik, Technische Universität München c/o Deutsches Museum, Museumsinsel, D-80538 München, Ulrich.Wengenroth@lrz.tu-muenchen.de, Fax 49-89-2179-408

Teilnehmerverzeichnis

- *Dr. Susan Armstrong*, ISSCO/ETI, Université de Genève, 54 Route des Acacias, CH-122 Genf
- *Dr. Marita Baumgarten*, Hanse Wirtschaftskolleg, Fischstr. 31, D-27749 Delmenhorst
- *Dr. Peter Binkelmann*, DLR, Projektträger Geisteswissenschaften, Südstr. 125, D-53175 Bonn
- *Dr. Hans Ulrich Block*, Siemens AG München, Abteilung ZT IK 5, Otto-Hahn-Ring6, D-81730 München
- *Prof. Dr. Fritz Böhle*, Institut für Sozialwissenschaftliche Forschung ISF, Jakob-Klar-Str. 9. D-10796 München
- *Dr. Manfred Briegel*, Deutsche Forschungsgemeinschaft, Kennedyallee 40, D-53175 Bonn
- *Dr. Klaus Eßer*, Deutsches Institut für Entwicklungspolitik DIE, Gemeinnützige Gesellschaft m.b.H., Hallerstr. 3, D-10587 Berlin
- *Dr. Jürgen Fleig*, Fraunhofer-Institut für Systemtechnik und Innovationsforschung ISI, Breslauer Str. 48, D-76139 Karlsruhe
- *Ltd. MinR. Dr. Klaus Herberger*, Ministerium für Wissenschaft, Forschung und Kunst, Baden-Württemberg, Postfach 10 34 53, D-70029 Stuttgart
- *Dr. Harald Hiessl*, Fraunhofer-Insitut für Systemtechnik und Innovationsforschung, Breslauer Str 48. D-76139 Karlsruhe
- *PD Dr. Bernhard Hommel*, MPI für psychologische Forschung, Leopoldstr. 13, D-80802 München
- *Prof. Dr. Wolfgang Kaschuba*, Humbold-Universität zu Berlin, Institut für Europäische Ethnologie, Schiffbauerdamm 19, D-10117 Berlin
- *Dr. Dr. Castulus Kolo*, Fraunhofer-Institut für Systemtechnik und Innovationsforschung ISI, Breslauer Str. 48, D-76139 Karlsruhe
- *Prof. Dr. Martha Koukkou-Lehmann*, EEG-Brain-Mapping Labor, Universität Bern, Psychatrische Dienste, CH-3000 Bern 60
- *Dr. Dirk van Laak*, Historisches Institut, Humboldtstr. 11, D-07743 Jena
- *MinR. Dr. Hans-Peter Lorenzen*, Bundesministerium für Wirtschaft und Technologie, Abteilung VIA, Villemombler Str. 76, D-53107 Bonn
- *Dr. Helmut Mangold*, Daimler-Benz AG Forschungszentrum, Wilhelm-Runge-Str. 11, D-89081 Ulm

- *PD Dr. Dieter Münch*, TU Berlin, Opitzstr. 3, D-12163 Berlin
- *Prof. Dr. Wolf Paprotté*, Westfälische Wilhelms-Universität Münster, Fachbereich 11, Arbeitsbereich Linguistik, Hüfferstr. 27, D-48149 Münster
- *Prof. Dr. Günter Ropohl*, Johann Wolfgang Goethe-Universität, Fachbereich 21, Institut für Sportwissenschaft/Arbeitslehre, Postfach 11 19 32, D-60054 Frankfurt
- *Dipl.-Ing. Werner Schenkel*, Umweltbundesamt, Bismarckplatz 1, D-14193 Berlin
- *Dr. Abdolreza Scheybani*, Auguststr. 72, D-10117 Berlin
- *Prof. Dr. W. J. Schmidt*, Zoologische Institut, Abt. Neuropharmakologie, Mohlstr. 54/1, D-72074 Tübingen
- *Vera Stercken, M.A.*, Bundesministerium für Bildung und Forschung, Heinemannstraße 2, D-53170 Bonn
- *Prof. Dr. Gerhard Stickel*, Institut für deutsche Sprache, Postfach 10 16 21, D-68016 Mannheim
- *Dr. Simone Strambach*, Institut für Geographie, Universität Stuttgart, Azenbergstr. 12, D-70174 Stuttgart
- *Dr. Axel Streiter*, Leiter des Bereichs IV, Sonderforschungsbereiche der Deutschen Forschungsgemeinschaft, Kennedyallee 40, D-53175 Bonn
- *MinDirig. Dr. Christian Uhlhorn*, Bundesministerium für Bildung und Forschung, Heinemannstraße 2, D-53170 Bonn
- *MinR Hansvolker Ziegler*, Bundesministerium für Bildung und Forschung, Heinemannstraße 2, D-53170 Bonn
- *Prof. Dr. Alf Zimmer*, Lehrstuhl für Psychologie, Universität Regensburg, Universitätsstr. 31, D-93053 Regensburg

Namensverzeichnis

A

B

C

D

E

L

M

N

O

T

U

V

W

Y

Z

Stichwortverzeichnis

A

B

C

D

E

F

G

H

I

J

K

L

M

N

O

P

Q

R

S

T

Ü

V

W

Z

TECHNIK, WIRTSCHAFT und POLITIK

Schriftenreihe des Fraunhofer-Instituts
für Systemtechnik und Innovationsforschung (ISI)

Band 2: B. Schwitalla
Messung und Erklärung industrieller Innovationsaktivitäten
1993. ISBN 3-7908-0694-3

Band 3: H. Grupp (Hrsg.)
Technologie am Beginn des 21. Jahrhunderts, 2. Aufl.
1995. ISBN 3-7908-0862-8

Band 4: M. Kulicke u. a.
Chancen und Risiken junger Technologieunternehmen
1993. ISBN 3-7908-0732-X

Band 5: H. Wolff, G. Becher, H. Delpho
S. Kuhlmann, U. Kuntze, J. Stock
FuE-Kooperation von kleinen und mittleren Unternehmen
1994. ISBN 3-7908-0746-X

Band 6: R. Walz
Die Elektrizitätswirtschaft in den USA und der BRD
1994. ISBN 3-7908-0769-9

Band 7: P. Zoche (Hrsg.)
Herausforderungen für die Informationstechnik
1994. ISBN 3-7908-0790-7

Band 8: B. Gehrke, H. Grupp
Innovationspotential und Hochtechnologie, 2. Aufl.
1994. ISBN 3-7908-0804-0

Band 9: U. Rachor
Multimedia-Kommunikation im Bürobereich
1994. ISBN 3-7908-0816-4

Band 10: O. Hohmeyer, B. Hüsing
S. Maßfeller, T. Reiß
Internationale Regulierung der Gentechnik
1994. ISBN 3-7908-0817-2

Band 11: G. Reger, S. Kuhlmann
Europäische Technologiepolitik in Deutschland
1995. ISBN 3-7908-0825-3

Band 12: S. Kuhlmann, D. Holland
Evaluation von Technologiepolitik in Deutschland
1995. ISBN 3-7908-0827-X

Band 13: M. Klimmer
Effizienz der computergestützten Fertigung
1995. ISBN 3-7908-0836-9

Band 14: F. Pleschak
Technologiezentren in den neuen Bundesländern
1995. ISBN 3-7908-0844-X

Band 15: S. Kuhlmann, D. Holland
Erfolgsfaktoren der wirtschaftsnahen Forschung
1995. ISBN 3-7908-0845-8

Band 16: D. Holland,
S. Kuhlmann (Hrsg.)
Systemwandel und industrielle Innovation
1995. ISBN 3-7908-0851-2

Band 17: G. Lay (Hrsg.)
Strukturwandel in der ostdeutschen Investitionsgüterindustrie
1995. ISBN 3-7908-0869-5

Band 18: C. Dreher, J. Fleig
M. Harnischfeger, M. Klimmer
Neue Produktionskonzepte in der deutschen Industrie
1995. ISBN 3-7908-0886-5

Band 19: S. Chung
Technologiepolitik für neue Produktionstechnologien in Korea und Deutschland
1996. ISBN 3-7908-0893-8

Band 20: G. Angerer u. a.
Einflüsse der Forschungsförderung auf Gesetzgebung und Normenbildung im Umweltschutz
1996. ISBN 3-7908-0904-7

Band 21: G. Münt
Dynamik von Innovation und Außenhandel
1996. ISBN 3-7908-0905-5

Band 22: M. Kulicke, U. Wupperfeld
Beteiligungskapital für junge Technologieunternehmen
1996. ISBN 3-7908-0929-2

Band 23: K. Koschatzky
Technologieunternehmen im Innovationsprozeß
1997. ISBN 3-7908-0977-2

Band 24: T. Reiß, K. Koschatzky
Biotechnologie
1997. ISBN 3-7908-0985-3

Band 25: G. Reger
Koordination und strategisches Management internationaler Innovationsprozesse
1997. ISBN 3-7908-1015-0

Band 26: S. Breiner
Die Sitzung der Zukunft
1997. ISBN 3-7908-1040-1

Band 27: M. Kulicke, U. Broß, U. Gundrum
Innovationsdarlehen als Instrument zur Förderung kleiner und mittlerer Unternehmen
1997. ISBN 3-7908-1046-0

Band 28: G. Angerer, C. Hipp D. Holland, U. Kuntze
Umwelttechnologie am Standort Deutschland
1997. ISBN 3-7908-1063-0

Band 29: K. Cuhls
Technikvorausschau in Japan
1998. ISBN 3-7908-1079-7

Band 30: J. Fleig
Umweltschutz in der schlanken Produktion
1998. ISBN 3-7908-1080-0

Band 31: S. Kuhlmann, C. Bättig K. Cuhls, V. Peter
Regulation und künftige Technikentwicklung
1998. ISBN 3-7908-1094-0

Band 32:
Umweltbundesamt (Hrsg.)
Innovationspotentiale von Umwelttechnologien
1998. ISBN 3-7908-1125-4

Band 33: F. Pleschak, H. Werner
Technologieorientierte Unternehmensgründungen in den neuen Bundesländern
1998. ISBN 3-7908-1133-5

Band 34: M. Fritsch, F. Meyer-Krahmer F. Pleschak (Hrsg.)
Innovationen in Ostdeutschland
1998. ISBN 3-7908-1144-0